科学出版社“十三五”普通高等教育本科规划教材

统计预测与决策

陈华友　周礼刚
刘金培　陶志富　编著

安徽省级质量工程项目统计学特色专业和
省级教学研究项目资助图书

科学出版社
北京

内 容 简 介

本书主要介绍常用的统计预测与决策方法. 统计预测方法主要包括定性统计预测、统计回归预测、时间序列分解法和趋势外推法、马尔可夫预测、平稳时间序列预测、模糊时间序列预测、灰色系统预测、神经网络预测和组合预测方法；决策方法主要包括不确定型决策、风险型决策、多目标决策和序贯决策等. 本书注重阐述统计预测与决策模型的基本原理和方法, 使之具有一定的系统性和新颖性; 同时也介绍了各类模型的特点和适用范围, 并给出应用案例, 突出学以致用. 另外, 每章都配有适量的习题, 部分习题具有一定的拓展性.

本书可作为高等院校统计和应用统计专业的教材, 也可以作为数学与应用数学专业、系统工程专业、工商管理等专业的本科生或研究生的教材, 或者可作为工程技术人员、管理人员的参考读物.

图书在版编目(CIP)数据

统计预测与决策/陈华友等编著. —北京：科学出版社, 2018.4
科学出版社“十三五”普通高等教育本科规划教材
ISBN 978-7-03-056994-3

Ⅰ. ①统…　Ⅱ. ①陈…　Ⅲ. ①统计预测-高等学校-教材②统计决策理论-高等学校-教材　Ⅳ. ①C8②O212.5

中国版本图书馆 CIP 数据核字(2018) 第 051677 号

责任编辑：张中兴　梁　清／责任校对：张凤琴
责任印制：张　伟／封面设计：迷底书装

科学出版社出版
北京东黄城根北街 16 号
邮政编码：100717
http://www.sciencep.com
北京凌奇印刷有限责任公司 印刷
科学出版社发行　各地新华书店经销

2018 年 4 月第　一　版　开本: 720 × 1000　B5
2022 年 6 月第八次印刷　印张: 17 1/2
字数: 353 000
定价: 59.00 元
(如有印装质量问题, 我社负责调换)

前　言

在现实世界中, 复杂系统无处不在. 例如, 我们研究的社会系统、经济系统和生物系统等均为复杂系统. 由于科学技术和全球经济取得了前所未有的快速发展, 复杂的社会经济系统面临一个变化迅速的外界环境. 不确定因素的显著增加使得人们从心理上迫切要求了解和掌握未来. 古人云: "凡事预则立, 不预则废," 可见预测的重要性. 预测就是对未来事物的可能变化情况做出事先推测. 科学的预测方法要求根据社会经济现象的历史和现实, 综合多方面的信息, 运用定性和定量相结合的分析方法来揭示客观事物的发展变化的规律, 从而逐步形成了预测学. 决策泛指做出决定. 决策学就是在管理过程中寻求最佳行动方案的科学. 管理的关键在于决策, 决策的前提就是预测, 可见预测和决策关系十分密切.

统计预测与决策是统计学和应用统计学专业的一门重要的必修课程. 该课程的教学不仅要求在人才培养的过程中要强化理论知识的教育, 而且要重视应用能力的培养. 我校统计学专业是安徽省高等学校省级教学质量与教学改革工程的特色专业, 本书是编者承担的安徽省级质量工程项目统计学特色专业 (2014tszy003) 和省级教学研究项目 (统计学课程中统计建模教学方法的创新与实践研究, 2015jyxm047) 的部分研究成果. 我们在参阅大量的国内外统计预测与决策方面的相关教材和研究文献的基础上, 结合编者多年的教学和研究经验, 以及我们对统计预测与决策的理解编写了本书. 本书主要介绍一些常用和新近发展起来的统计预测与决策的理论和方法.

在编写过程中我们注意到以下两个方面. 一个方面是力求常用统计预测与决策方法的系统性介绍, 同时兼顾一些最新的科研成果, 以增加授课内容新颖性和前沿性. 另一个方面是考虑到预测与决策方法具有良好的应用背景, 增加一些实证分析的内容, 尽量做到理论和应用的统一.

本书内容适合统计学和应用统计学专业的特点和要求, 同时兼顾数学与应用数学专业、信息与计算科学专业、经济统计学专业、系统工程、管理科学与工程和工商管理等专业的要求, 可作为相关专业的本科生或研究生的教材, 也可作为工程技术人员、管理干部和相关学者的参考书.

本书的出版得到了安徽省级质量工程项目统计学特色专业和省级教学研究项目的资助, 以及科学出版社的大力支持和帮助, 我们在此一并表示衷心的感谢.

本书共 15 章. 陈华友编写第 1 章、第 2 章、第 10—12 章, 周礼刚编写第 13—15 章, 刘金培编写第 3 章、第 5 章、第 9 章, 陶志富编写第 4 章、第 6—8 章. 全书由陈华友负责统稿和定稿工作.

尽管我们为提高教材的质量作了不少的努力, 但是由于我们的学识水平有限, 书中难免存在疏漏和不足, 欢迎读者不吝赐教, 以便今后进一步修改和完善.

作　者

2017 年 9 月

于合肥安徽大学磬苑校区

目　录

前言

上篇　统计预测

第 1 章　统计预测概述 ······ 3
1.1　统计预测的概念 ······ 3
1.2　统计预测方法的分类 ······ 4
1.3　统计预测的原则和步骤 ······ 5
1.3.1　统计预测的原则 ······ 5
1.3.2　统计预测的步骤 ······ 6
1.4　统计预测的发展现状 ······ 7
1.4.1　不确定性预测方法 ······ 8
1.4.2　组合预测方法 ······ 9
1.5　统计预测与决策的关系 ······ 10
习题 1 ······ 11
第 2 章　定性统计预测方法 ······ 12
2.1　定性预测概述 ······ 12
2.2　德尔菲法 ······ 13
2.2.1　德尔菲法的实施过程 ······ 13
2.2.2　德尔菲法特点 ······ 14
2.2.3　专家意见的统计处理 ······ 15
2.2.4　德尔菲法在中国生物制药行业技术预测分析中的应用 ······ 16
2.3　主观概率法 ······ 17
2.3.1　主观概率法 ······ 17
2.3.2　主观概率预测方法的案例 ······ 18
习题 2 ······ 19
第 3 章　统计回归预测方法 ······ 21
3.1　一元线性回归预测方法 ······ 21
3.1.1　回归模型的建立 ······ 21
3.1.2　一元线性回归模型参数的估计 ······ 22
3.1.3　一元线性回归模型的检验 ······ 22

3.1.4 一元线性回归模型的预测 ······ 24
3.2 多元线性回归预测方法 ······ 25
3.2.1 多元线性回归模型 ······ 26
3.2.2 参数估计 ······ 27
3.2.3 统计检验 ······ 27
3.2.4 多元线性回归模型进行预测 ······ 29
3.3 非线性回归预测方法 ······ 31
3.4 主成分回归预测方法 ······ 32
3.4.1 主成分分析 ······ 32
3.4.2 主成分回归预测 ······ 36
习题 3 ······ 38
第 4 章 时间序列分解法和趋势外推法 ······ 40
4.1 时间序列以及时间序列分解 ······ 40
4.1.1 时间序列的含义 ······ 40
4.1.2 时间序列确定性因素分解 ······ 41
4.2 趋势外推法概述 ······ 42
4.2.1 趋势外推概念 ······ 42
4.2.2 趋势外推法分类 ······ 43
4.2.3 趋势外推模型的选择 ······ 44
4.3 多项式曲线趋势外推法 ······ 46
4.3.1 二次多项式曲线预测 ······ 46
4.3.2 三次多项式曲线预测 ······ 48
4.4 指数曲线趋势外推法 ······ 50
4.4.1 指数曲线预测 ······ 50
4.4.2 修正的指数曲线预测 ······ 52
4.5 生长曲线趋势外推法 ······ 53
4.5.1 Gompertz 曲线模型 ······ 53
4.5.2 Logistic 曲线模型 ······ 55
4.6 曲线拟合优度分析 ······ 57
习题 4 ······ 59
第 5 章 马尔可夫预测方法 ······ 60
5.1 马尔可夫链基本理论 ······ 60
5.2 马尔可夫预测方法 ······ 64

5.3 市场占有率预测 …… 65
5.4 股票价格走势预测 …… 67
习题 5 …… 70
第 6 章 平稳时间序列预测方法 …… 72
6.1 平稳时间序列 …… 72
6.1.1 平稳时间序列概念 …… 72
6.1.2 平稳性检验 …… 73
6.2 平稳时间序列模型及识别 …… 78
6.2.1 AR(p) 模型 …… 78
6.2.2 MA(q) 模型 …… 79
6.2.3 ARMA(p,q) 模型 …… 81
6.2.4 ARMA(p,q) 模型定阶 …… 82
6.3 平稳时间序列模型的参数估计 …… 86
6.3.1 矩估计 …… 86
6.3.2 最小二乘估计 …… 88
6.4 平稳时间序列模型的预测 …… 88
6.4.1 AR(p) 序列预测 …… 89
6.4.2 MA(q) 序列预测 …… 90
6.4.3 ARMA(p,q) 序列预测 …… 91
习题 6 …… 92
第 7 章 模糊时间序列预测方法 …… 94
7.1 模糊时间序列 …… 94
7.1.1 模糊数学基本概念与理论 …… 94
7.1.2 模糊时间序列模型 …… 95
7.2 一阶模糊时间序列预测方法 …… 96
7.3 高阶模糊时间序列预测方法 …… 101
7.3.1 高阶模糊时间序列分析简介 …… 101
7.3.2 高阶模糊时间序列分析模型建立 …… 102
7.4 多因素模糊时间序列预测方法 …… 104
7.4.1 多因素高阶模糊时间序列分析 …… 104
7.4.2 多因素高阶模糊时间序列模型建立 …… 107
习题 7 …… 110
第 8 章 灰色系统预测方法 …… 112
8.1 灰色预测 GM(1, 1) 模型 …… 112
8.1.1 灰色系统基本概念 …… 112

8.1.2 GM(1, 1) 预测模型的基本原理 ········ 112
8.2 GM(1, 1) 模型检验 ········ 115
8.2.1 GM(1, 1) 模型残差检验 ········ 115
8.2.2 GM(1, 1) 模型后验差检验 ········ 115
8.2.3 GM(1, 1) 模型关联度检验 ········ 116
8.3 GM(1, 1) 残差模型 ········ 116
8.4 GM(n, h) 模型 ········ 118
8.4.1 GM($1, h$) 模型 ········ 118
8.4.2 GM(n, h) 模型 ········ 121
习题 8 ········ 123
第 9 章 神经网络预测方法 ········ 124
9.1 BP 神经网络预测模型 ········ 124
9.1.1 人工神经元数学模型 ········ 124
9.1.2 BP 神经网络的结构 ········ 125
9.1.3 传递函数 (激活函数) ········ 126
9.1.4 BP 神经网络学习算法及流程 ········ 127
9.2 BP 神经网络的 MATLAB 工具箱函数 ········ 128
9.2.1 数据的预处理和后处理 ········ 128
9.2.2 创建网络 ········ 129
9.2.3 设定参数 ········ 129
9.2.4 训练网络 ········ 130
9.2.5 BP 神经网络的仿真 ········ 130
9.2.6 模拟输出 ········ 130
9.3 神经网络预测案例 ········ 130
习题 9 ········ 134
第 10 章 组合预测方法 ········ 135
10.1 组合预测的概念及分类 ········ 135
10.2 非最优正权组合预测模型权系数的确定方法 ········ 137
10.2.1 几种常规的非最优正权组合预测模型权系数的确定方法 ········ 137
10.2.2 非最优组合预测系数确定方法的应用举例 ········ 139
10.3 以预测误差平方和达到最小的线性组合预测模型 ········ 140
10.3.1 最优线性组合预测模型的建立 ········ 140
10.3.2 最优线性组合预测模型的解的讨论 ········ 142
10.4 基于相关系数的最优组合预测模型 ········ 144
10.4.1 基于相关系数的最优组合预测模型 ········ 144

10.4.2 实例分析 ······ 146
10.5 基于 IOWA 算子的组合预测方法 ······ 148
10.5.1 OWA 算子和 IOWA 算子的概念及性质 ······ 148
10.5.2 基于 IOWA 算子的组合预测模型 ······ 150
10.5.3 实例分析 ······ 152
习题 10 ······ 155

下篇　统计决策

第 11 章　统计决策概述 ······ 159
11.1 决策问题的基本概念 ······ 159
11.1.1 决策的基本概念 ······ 159
11.1.2 统计决策的三个基本概念 ······ 159
11.2 决策的种类 ······ 160
11.3 决策的过程与决策分析的要素和原则 ······ 161
11.3.1 决策的过程 ······ 161
11.3.2 决策分析 ······ 162
11.3.3 决策的原则 ······ 162
习题 11 ······ 163
第 12 章　不确定型决策方法 ······ 164
12.1 乐观准则决策方法 ······ 164
12.2 悲观准则决策方法 ······ 165
12.3 乐观系数决策方法 ······ 165
12.4 等可能性准则决策方法 ······ 166
12.5 后悔值准则决策方法 ······ 166
12.6 信息集成法在决策中的应用 ······ 167
12.6.1 多属性决策方法 ······ 167
12.6.2 基于 OWA 算子的多属性决策方法 ······ 169
12.7 几种决策方法的比较分析 ······ 170
习题 12 ······ 172
第 13 章　风险型决策方法 ······ 175
13.1 风险型决策的基本问题 ······ 175
13.2 风险型决策的期望值准则 ······ 176
13.3 决策树分析法 ······ 178
13.4 风险决策的灵敏度分析 ······ 180

13.4.1　敏感性分析的概念和步骤 …… 180
13.4.2　两状态两行动方案的敏感性分析 …… 180
13.4.3　三状态三行动方案的敏感性分析 …… 181
13.5　效用理论及风险评价 …… 183
13.5.1　效用的含义 …… 183
13.5.2　效用曲线 …… 184
13.5.3　效用曲线的类型 …… 185
13.5.4　效用曲线的应用 …… 186
13.6　连续型变量的风险型决策方法 …… 188
13.6.1　边际分析法 …… 188
13.6.2　标准正态分布决策法 …… 191
13.7　主观概率决策法 …… 193
13.7.1　主观概率的基本概念 …… 193
13.7.2　主观概率的估计方法 …… 194
13.7.3　主观概率决策 …… 196
13.8　贝叶斯决策法 …… 197
13.8.1　贝叶斯决策的概念和步骤 …… 197
13.8.2　后验预分析 …… 198
13.8.3　贝叶斯决策 …… 202
习题 13 …… 204
第 14 章　多目标决策方法 …… 208
14.1　多目标决策概述 …… 208
14.1.1　多目标决策过程 …… 208
14.1.2　多目标决策问题的要素 …… 210
14.2　层次分析法 …… 214
14.2.1　层次分析法的基本原理 …… 214
14.2.2　层次分析法的基本步骤 …… 220
14.3　字典式法 …… 222
14.4　TOPSIS 法 …… 223
14.5　ELECTRE 法 …… 227
14.5.1　级别高于关系的性质 …… 228
14.5.2　级别高于关系的构造 …… 229
14.5.3　级别高于关系的应用 …… 230
14.5.4　算法步骤 …… 231
14.6　LINMAP 法 …… 234

14.7 优劣系数法 ······ 239
习题 14 ······ 244
第 15 章　序贯决策方法 ······ 247
15.1 单目标确定性序贯决策 ······ 247
15.2 单目标随机性序贯决策 ······ 251
15.3 马尔可夫决策 ······ 255
15.3.1 状态转移概率矩阵及其决策特点 ······ 255
15.3.2 马尔可夫决策的应用步骤 ······ 256
15.4 多目标序贯决策 ······ 259
15.4.1 多目标序贯决策的理论模型 ······ 259
15.4.2 多目标序贯决策的分层解法 ······ 260
习题 15 ······ 263

参考文献 ······ 265

上篇

统 计 预 测

第 1 章　统计预测概述

1.1　统计预测的概念

中国有两句古话："凡事预则立, 不预则废" 和 "人无远虑, 必有近忧". 这正是对预测的重要性所做的经验总结. 统计预测是适应社会经济的发展和管理的需要而产生、发展起来的. 随着人类社会的发展, 生产力得到了较大的提高. 特别是作为生产力的第一要素的科学技术水平显著地提高, 科学的统计预测逐步取代了迷信占卜和经验预测而发展成为一门学科. 统计预测真正成为一门自成体系的独立的学科仅仅是近几十年的事情. 特别是第二次世界大战以后, 由于科学技术和世界经济取得了前所未有的快速发展, 社会经济现象的不确定因素显著增加, 诸如政治危机、经济危机、能源危机、恐怖活动等. 所有这些不确定因素增加了人们从心理上了解和掌握未来的必要性和迫切性. 人们日益意识到科学统计预测的重要性, 这也就成为统计预测学科进一步发展的推动力.

对于 "统计预测" 一词, 可以从不同的角度来理解. 它有三个含义, 即统计预测工作、统计预测结果、统计预测学.

首先, 从统计预测工作来看, 它是指一种实践活动. 统计预测是如何利用统计方法, 对不确定的事件或未知的事件根据其过去和现状的信息来推知、估计未来, 探索事件发展变化的规律. 亦即根据已知推断未知的过程.

其次, 从统计预测结果来看, 它是统计预测工作的成果和 "产品". 具体表现为统计预测工作过程所获得的统计预测值. 这些统计预测值是反映社会经济现象的数量特征及其规律性.

最后, 从统计预测学来看, 它是阐述统计预测方法的一门学科和理论. 科学统计预测方法是采用科学的统计判断和计量方法, 对未来事件的可能变化情况做出事先推测的一种技术. 统计预测学是一门统计模型应用的方法论学科. 科学统计预测方法要求根据社会、经济和工程领域的历史和现实统计资料, 综合多方面的信息, 运用定性和定量相结合的统计分析方法, 来揭示客观事物的发展变化的规律, 并指出事物之间的联系、未来发展的途径和结果等.

上述三个含义既有区别也有联系. 统计预测结果是统计预测工作的成果. 统计预测学是统计预测工作的理论概括和总结, 因此统计预测学阐述的统计预测方法对统计预测工作起着指导作用. 统计预测工作一方面接受统计预测方法对其的指导作用, 另一方面可以用来检验统计预测理论方法正确与否, 从而促进统计预测理论方法的发展. 统计预测学与预测工作、预测结果之间的关系表明理论来源于实践, 又反过来服务于实践, 体现着理论与实践的辩证关系.

统计预测学已发展成为一门综合性的学科, 它突破了自然科学和社会科学的界限. 目前统计预测学应用研究领域有很大的开拓, 它广泛应用于人口、环境、资源、教育、金融、交通运输、城市规划、医药卫生、材料科学、科技管理等领域. 可见统计预测方法与各个学科、各个部门均有密切联系. 同时统计预测学理论研究有了新的进展, 但是我们还不能说统计预测学已经发展得很成熟. 它在以较快的速度继续向前发展. 在发展过程中不断地吸收其他学科的营养, 进一步丰富和完善自己.

现代统计预测理论由五个基本要素组成: 预测者、预测依据、预测方法、预测对象、预测结果. 五个基本要素的关系如图 1.1.1 所示.

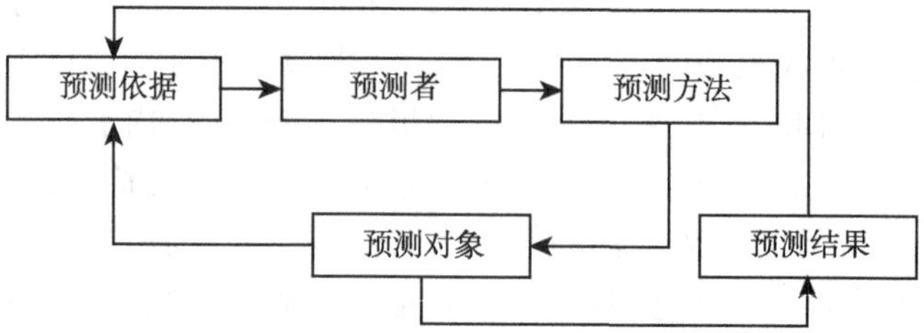

图 1.1.1　统计预测五个基本要素之间的关系

1.2　统计预测方法的分类

根据其目标和特点不同, 统计预测可以分成不同的类别. 传统的预测方法按属性不同, 可以分为定性预测方法和定量预测方法.

定性预测方法就是以人的经验、事理等主观判断为主的预测方法, 对事物的未来性质做出描述. 一般地, 定性预测方法适用于缺少历史统计资料, 而需要在更多地依赖专家经验的情况下使用. 定性预测方法通常有德尔菲法、主观概率法、市场调查法、领先指标法、模拟推理法和相关因素分析法等. 定性预测法的特点可归纳如下:

(1) 强调对事物发展的性质进行描述性的预测. 这主要通过专家的经验以及分析判断能力. 尤其是对预测对象所掌握的历史数据不多或影响预测对象因素众多、复杂的情况下, 难以做出定量分析, 此时定性预测方法是较好的可行方法.

(2) 强调对事物发展的趋势、方向和重大转折点进行预测. 例如, 某商品在市场上所处的阶段、市场总体形势的变化、国家产业政策的变化、新产品的开发、企业经营环境分析等.

从上面定性预测方法的特点可知, 定性预测法的优点在于预测事物未来发展性质方面, 且定性预测法的灵活性较强, 能充分发挥人们的主观能动性, 同时定性预测法预测简单迅速, 可节省一定的人力、物力和财力. 当然定性预测方法也存在缺点, 其缺点表现为它受人们的主观因素的影响较大. 这是因为定性预测方法主要依赖于人们的知识、经验和能力等, 因此它缺乏成套的数学模型, 难以对事物发展做出数量上的精确度量.

定量预测方法就是利用预测对象的历史和现状的数据, 按变量之间的函数关系建立数学模型, 从而计算出预测对象的预测值. 显然定量预测方法适用于历史统计资料较为丰富的情况. 定量预测方法通常有移动平均法、指数平滑法、线性回归法、非线性回归法、马尔可夫预测法、灰色预测法、Box-Jenkins 模型法、经济计量模型法、组合预测方法等等.

(1) 强调对事物发展的数量方面进行较为精确性的预测. 这主要通过历史统计数据建立相应的统计模型对事物发展做出数量上的预测.

(2) 强调对事物发展的历史统计资料和统计模型利用的重要性, 且要利用计算机应用软件来解决定量预测法中复杂的数学模型的参数计算问题. 目前, 计算机的普及和若干统计软件的开发, 为定量预测法提供了良好的技术条件.

从上面定量预测方法的特点可知, 定量预测法的优点偏重于预测事物未来发展数量方面的准确描述. 它较少依赖于人的知识、经验等主观因素, 而是更多地依赖于预测对象客观的历史统计资料, 利用电子计算机对数学模型进行大量的计算获得预测结果. 其缺点是: 对预测者的素质要求较高, 预测者必须掌握统计方法、计算机技术及相应的专门理论; 另外定量预测法的精确度较多地依赖于统计资料的质量和数量, 以及统计预测方法的选取等. 同时若预测对象的系统结构发生质的变化时, 相应的统计数据发生较大的波动, 此时定量预测法难以获得满意的预测结果.

1.3 统计预测的原则和步骤

1.3.1 统计预测的原则

一般而言, 统计预测遵循以下基本原则.

(1) 连贯性原则. 统计预测对象具有的规律性不仅在过去和现在起作用, 而且在未来的一段时间内继续发挥作用, 这种连贯性包括时间的连贯性和统计预测系统结构的连贯性.

(2) 相关类推原则. 统计预测对象的发展变化与某些因素密切. 有的呈正相关关系, 有的呈负相关关系. 因此类推原则要求在建立适当的统计预测模型后, 根据相关因素发展变化来类推统计预测对象的规律.

(3) 概率性原则. 统计预测对象的发展既受到偶然因素的影响, 又受到必然因素的影响. 概率性原则要求利用统计方法可以获得统计预测对象发展的必然规律.

(4) 系统性原则. 预测者在做统计预测时, 要采用系统分析的方法. 所谓的系统, 就是由相互作用、相互依赖、相互制约的若干组成部分结合而成的, 具有特定功能的有机整体, 它可能是某个更大系统的子系统. 因此, 预测事物要从系统的观点出发, 研究其全局性的预测问题, 不能将其随意割裂. 同时注意事物发展的动态阶段以及与其他系统的相互关系. 例如, 交通系统作为社会的一个子系统, 其发展变化必然受到整个社会系统的影响, 并且政治、经济、文化等的发展变化也会引起交通系统发展变化. 因此, 统计预测的系统性原则要求做交通预测时, 不仅要考虑到其自身的发展变化, 还要考虑到社会其他子系统的发展变化.

1.3.2　统计预测的步骤

统计预测是一个完整的过程, 在解决实际的预测问题时, 一般包括以下步骤.

(1) 分析统计预测问题, 明确预测目标.

因为统计预测所解决的问题一般都是来源于实际的社会经济系统较为复杂的问题, 涉及的因素较多, 事情发展的后果难以预计, 所以要通过调查研究, 理清影响因素以及可能导致的后果. 明确预测目标是解决问题的关键.

(2) 收集和整理历史及现实统计信息.

统计预测根据事物过去和现在的信息来推知和估计其未来的发展变化规律. 因此有必要根据预测目标去收集和整理统计资料. 这不仅包括其自身发展的历史和现实信息, 而且也要包括影响其发展的相关因素的历史和现实信息. 当然, 收集来的信息需要进行适当的整理, 去粗取精, 去伪存真.

(3) 建立合适的统计预测模型.

模型是对客观世界的事物、现象、过程和系统作简化的描述, 是对实际问题的抽象概括和严格的逻辑表达. 统计预测模型和方法有很多, 每种模型和方法都有其自身特点和适用范围. 由于实际预测问题的复杂性, 所以很难总结出一套规范的方法来建立通用的统计模型. 因此建立统计预测模型是一项创造性的劳动, 要依靠预测工作者发挥其聪明才智, 并利用其预测经验来完成. 在建立统计预测模型时, 还应考虑收集信息的充足情况, 预测对象的特点以及完成预测任务的时间限制等因素.

(4) 进行实际预测, 并评价统计预测模型.

首先根据建立好的预测模型, 把模型中因素变量信息代入到模型中进行计算和处理, 从而得到预测值. 然后将预测值和实际的观察值进行比较, 获得模型的预测误差. 预测误差总是不可避免的, 此时需要分析误差的来源, 并判定预测误差是否在可允许范围之内. 由此来评价所建立的预测模型的有效性. 特别地, 当模型误差较大时, 需要考虑重新建模来改进预测方法.

(5) 撰写预测报告.

预测结果需要以报告的形式呈现给相关部门, 为部门决策提供依据. 一般而言, 预测报告的标题要简明和醒目. 在预测报告的前言部分, 要求以简短扼要的文字说明预测的目的, 或公布预测的结果, 以引起读者的注意. 在预测报告的正文部分, 首先, 要说明数据收集的方法以及资料的代表性, 为进行预测分所提供依据; 其次, 利用数据信息说明定量分析和统计预测建模的过程; 最后, 在调查研究或科学实验获得数据信息的基础上, 利用建立的模型, 找出事物发展变化的规律. 在预测报告的建议部分, 预测者需要为领导提供能适应预测对象未来的发展变化的决策建议.

另外, 预测报告还需要包括图、表等数据材料以及具体的辅助材料等附件. 同时, 在预测报告的结尾处需要进一步总结预测结论, 并注明署名单位和报告完成的日期.

综上所述, 统计预测的步骤可表示成如下框图形式 (图 1.3.1).

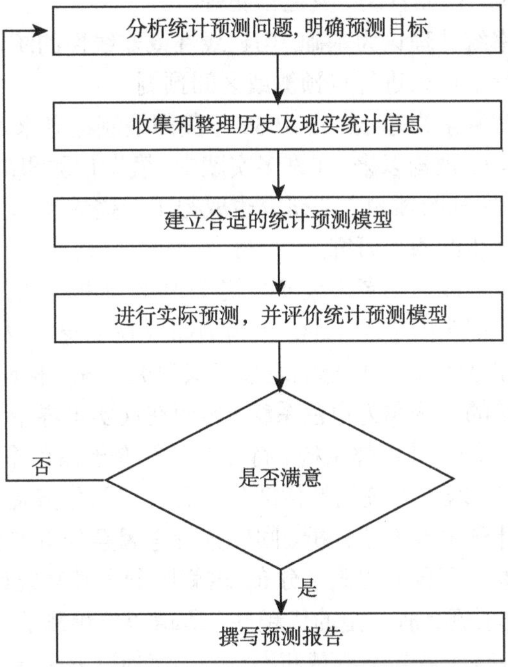

图 1.3.1 统计预测的步骤

1.4 统计预测的发展现状

目前, 统计预测的方法多达百余种, 常用的也有几十种. 比如, 前面提到的德尔菲法、主观概率法、市场调查法等定性预测方法, 以及移动平均法、指数平滑法、回归分析法、灰色预测法、Box-Jenkins 模型法、经济计量模型法等定量预测方法.

在现实生活中, 预测对象可能是较为复杂的系统, 它的各组成要素相互作用, 且与外部因素相互影响, 因而往往呈现一些非线性特征. 例如, 金融市场大都是高噪声、非平稳、带有不确定性复杂动态演化系统, 所以寻求新的适应性较强的统计预测的难度也越来越大, 这也成为统计预测工作者一项长期而艰巨的任务.

针对模糊性、灰色等不确定性系统, 以及综合利用各种预测方法所提供的有效信息, 统计预测有以下几个代表性的发展方向.

1.4.1 不确定性预测方法

不确定性预测就是寻找不确定性系统的发展规律. 系统的不确定性包括概率型、模糊型或灰色型等多种信息形式, 以及它们的复合等多重不确定信息. 不确定性预测包括概率预测、模糊预测、灰色预测等.

概率预测以概率统计理论为基础, 构建线性或非线性的统计模型, 利用样本数据对模型的参数进行估计来进行点预测或区间预测.

模糊预测以模糊数学为基础. 自 1965 年美国控制论专家 L. A. Zadeh 教授创建模糊集合 (fuzzy set) 理论以来, 在许多实践中, 模糊预测和决策方法的研究较为广泛. 虽然模糊时间序列的预测方法研究也取得了一些成果, 但是模糊预测模型和方法还有必要做进一步的深入研究.

灰色系统理论是由我国学者邓聚龙教授于 1982 年提出来的. 灰色系统一词是由自动控制理论中的黑箱引申而来的. 黑箱 (black box) 表示人们对系统的内部结构、特征全然不知, 而只能通过外部的表象对其研究. 与之相反, 人们把内部结构、特征了解得清清楚楚的系统称为白色系统. 然而在现实世界中, 人们遇到的绝大多数社会、经济、管理系统, 其内部结构、特征的了解介于黑色系统和白色系统之间, 所以称之为灰色系统. 灰色系统就是指部分信息已知部分信息未知的系统.

尽管在数理统计学中有方差分析、回归分析等因素分析方法, 但是统计方法中要求大样本及其样本具有典型的概率分布, 这就限制了某些统计方法的应用. 正是从这个角度说, 灰色预测具有一定的优越性. 所谓灰色预测法, 是指历史数据的不全面和不充分, 或某些变量尚不清楚和不确定, 使预测处于一种半明半暗的状态. 随着事件的发展, 数据的逐步积累, 一些不确定的因素逐步明确, 其预测将逐渐由暗变明. 灰色预测法通过建立灰色预测模型 (grey model) 来进行预测的, 该模型简称为 GM 模型. GM 模型是对原始时间数列数据进行一次累加生成后用微分方程来刻画. 它可以用阶数 M 和自变量个数 N 表示, 记为 GM(M, N).

1.4.2 组合预测方法

在实际预测中, 预测对象往往是由多种不确定性因素构成的一个复杂系统. 传统的单项预测模型因为信息源的不够广泛或者模型设定的形式存在偏差等原因, 单项预测模型可能会产生随机预测误差或系统误差, 从而带来预测风险, 因而单项预测存在一定的缺陷. 实际上, 不同的单项预测方法由于利用多种不同的信息源, 它们能够从不同的角度反映预测对象的发展趋势. 这些信息源之间是相互联系和相互补充的. 因此, Bates 和 Granger 首先提出了组合预测方法的概念. 在实际的预测实践中, 组合预测方法确能有效地提高预测的精度, 1983 年 Makridakis 和 Winkle 在对 111 个时间序列的外推研究中发现, 有两种方法组合时, 其误差降低 7.2%, 当组合方法增加到 5 种时, 其误差降低 16.3%. 因此组合预测是国内外预测研究的热点课题之一.

国际预测领域的重要学术刊物 *Journal of Forecasting* 出版了组合预测方法专辑, 诺贝尔经济学奖获得者 Granger 教授在其主编的 *Handbook of Economic Forecasting*(Volume 1) 以及国际预测专家 Armstrong 教授主编的教科书 *Principles of Forecasting* 中都专门用一章来介绍组合预测方法及其应用.

组合预测将各单项预测方法中的有用信息通过适当的加权平均方法, 集成为一个综合的结果, 其关键是确定各个单项预测方法的权重系数. 自组合预测模型提出以来, 许多研究者对组合预测模型权系数确定方法进行研究. 组合预测的权重系数一般分为最优权重确定方法与非最优权重确定方法.

非最优正权组合预测模型权系数的确定方法包括算术平均方法、预测误差平方和倒数方法、均方误差倒数方法、简单加权平均方法、二项式系数方法. 非最优权重的优点是计算复杂度低, 但是从组合预测的误差指标的结果来看, 其预测效果往往不能令人满意.

多数学者致力于研究组合预测模型中最优权重的计算方法. 例如, 建立极小化组合预测误差平方和的组合预测模型来确定最优加权系数; 建立以预测方法有效性指标为目标函数的组合预测优化模型来确定最优加权系数; 建立基于标准差的预测有效度的组合预测模型来确定最优加权系数; 建立不确定性环境下的区间型组合预测模型来确定最优加权系数.

从上面的权重确定方法综述可以看出, 对于权重系数为实数的情形研究已相对完善, 但是针对不确定环境下的组合预测模型, 其权重系数为区间数和三角模糊数情形的研究相对较少. 由于不同的单项预测方法可以在不同的领域进行应用, 所以其预测性能是 "时好时坏" 的, 即预测精度具有一定的不稳定性. 组合预测的权重体现了该种单项预测方法的重要性程度, 既然单项预测方法的预测表现 "时好时坏", 其重要性程度的度量, 即单项预测方法在组合预测中的权系数用区间数和三角模糊数表示会更贴切一些. 因此带有模糊权重系数的组合预测更具有灵活性和适用性, 所以对权重系数为区间数和三角模糊数的组合预测模型, 同时在不确定信息环境下把若干广义信息集成算子和组合预测进行有机结合, 充分发挥新的信息集成算子在组合预测中信息有效融合的作用有待于进一步探索.

1.5　统计预测与决策的关系

统计预测是一门交叉学科, 它是采用科学的统计判断和计量方法, 结合定性和定量分析方法来探索自然、社会、工程和管理等领域的事物发展变化的前景. “凡事预则立, 不预则废” 表明预测的重要性. 但是, 预测不是目的, 它是为决策服务的.

(1) 统计预测对实际决策起着很大的指导作用. 大到一个国家, 小到个人, 科学的统计预测为实际的决策会发挥特殊而有效的作用. 例如, 经过统计预测测定, 自 20 世纪 90 年代以来, 中国妇女总和生育率进入低水平, 目前已不足 1.5, 即妇女总和生育率下降并维持在更低水平以下, 且呈现出持续下降的趋势. 低生育率意味着人口内部已潜藏着负增长的态势, 而这种态势正在加速集聚, 可能会带来更长时间的人口负增长. 因此我国人口的主要矛盾是人口红利消失、临近超低生育率水平、人口老龄化、出生性别比失调等问题. 为此党的十八届五中全会公报中调整了我国的人口政策, 积极开展应对人口老龄化行动, 全面实施“二孩政策”. 可见, 科学的人口统计预测为人口政策的决策提供了科学的依据.

(2) 实际决策也会对预测有反作用. 事实证明: 没有较为准确的预测, 人们可能会失去最好的决策机会, 从而给实际工作带来不良的后果. 例如, 在实际经济系统的预测中, 为了反映宏观经济运行状况, 以便在经济系统失衡发生前发出警报, 从而提出了宏观经济监测预警方法. 该方法利用工业增加值、投资、消费、进出口、消费物价、M1(狭义货币供应量)、贷款总额、财政收入、工业企业销售收入、发电量等多个指标来构建经济景气指数, 以此来刻画经济运行五种状况, 包括过热区间、趋热区间、适度区间、趋冷区间、偏冷区间, 并分别用红灯、黄灯、绿灯、浅蓝灯、蓝灯来表示. 在经济系统的预警中, 如经济趋热态势继续发展下去, 则会出现经济要素总需求超过总供给, 由此引发物价指数的全面持续上涨的现象发生. 很显然, 如果人们有时间和力量采用金融和财政等政策措施, 改变决策行动的过程, 则经济过热的实际结果可能没有出现. 这种完全 “不准确” 的预测有可能成为 “很好” 的预测. 这体现了决策对预测的反作用, 同时也表明预测的效果能否发挥, 也取决于决策者的态度.

(3) 统计预测可为决策提供多种可能的方案, 决策选择最佳方案. 例如, 在企业的市场决策中, 需要对某种产品生产做出决策. 经过统计预测, 我们获得了未来市场有三种可能的自然状态: 需求量大、需求量中等和需求量小的概率分布, 同时对未来的三种生产方案: 大批量生产、中批量生产和小批量生产在不同状态下的收益情况进行估计, 从而为决策提供多种可能的方案.

总之, 统计预测是对客观事物的科学分析, 决策是对有利时机的科学选择. 统计预测是决策的基础和前提条件. 科学的预测为决策提供科学依据. 另一方面, 决策是预测的服务对象, 预测不是目的, 决策为预测提供了很好的实践机会. 两者相互影响, 相互作用, 不可偏废.

习 题 1

1. 叙述统计预测的概念.
2. 叙述统计预测方法的分类及其特点.
3. 结合实例, 给出统计预测的步骤.
4. 查阅文献, 写一篇统计预测的发展的综述论文.
5. 试述统计预测与决策的关系.

第2章　定性统计预测方法

2.1　定性预测概述

定性预测 (qualitative forecast) 是指预测者根据自己的丰富经验和专业知识, 综合分析问题的能力, 以及已掌握的历史资料和数据, 对事物的未来发展做出性质和程度上的判断, 然后, 再通过一定形式综合各方面的意见, 作为预测未来的主要依据.

定性预测是以人的经验、事理等主观判断为主的预测方法, 对事物的未来的性质做出描述. 一般地, 定性预测方法适用于缺少历史统计资料, 而需要更多地依赖专家的经验的情况下使用. 定性预测方法通常有德尔菲法、主观概率法、市场调查法等. 定性预测法的特点可归纳如下：

(1) 强调对事物发展的性质进行描述性的预测. 这主要通过专家的经验以及分析判断能力, 尤其是对预测对象所掌握的历史数据不多或影响预测对象因素众多、复杂的情况下, 难以做出定量分析. 此时定性预测方法是较好的可行方法.

(2) 强调对事物发展的趋势、方向和重大转折点进行预测. 例如, 某商品在市场上所处的阶段、市场总体形势的变化、国家产业政策的变化、新产品的开发、企业经营环境分析等.

从上面定性预测方法的特点可知：定性预测法的优点在于预测事物未来发展性质方面, 且定性预测法的灵活性较强, 能充分发挥人们的主观能动性, 同时定性预测法预测简单迅速, 可节省一定的人力、物力和财力. 当然定性预测方法存在一些缺点, 主要表现为它受主观因素的影响较大. 这是因为定性预测方法主要依赖于人们的知识、经验和能力的大小等, 因此它缺乏成套的数学模型, 难以对事物发展做出数量上的精确度量.

定量预测方法就是利用预测对象的历史和现状的数据, 按变量之间的函数关系建立数学模型, 从而计算出预测对象的预测值. 显然定量预测方法适用于历史统计资料较为丰富的情形. 定量预测方法通常有移动平均法、指数平滑法、回归预测法、马尔可夫预测法、灰色预测法、Box-Jenkins 模型法等等. 定量预测方法的特点可归纳如下：

(1) 强调对事物发展的数量方面进行较为精确性的预测. 这主要通过历史统计数据建立相应的数学模型对事物发展做出数量上的预测.

(2) 强调对事物发展的历史统计资料利用的重要性. 目前, 国家统计局及其他各级政府部门的官方网站提供的统计数据正好成为定量预测法的信息来源.

(3) 强调建立数学模型的重要性, 且要利用计算机来解决定量预测法中复杂数学模型的参数计算问题. 目前, 电子计算机的迅速发展和普及, 为定量预测法提供了良好的技术条件.

从上面定量预测方法的特点可知: 定量预测法的优点偏重于事物未来发展数量方面的准确描述. 它较少依赖于人的知识、经验等主观因素, 而是更多地依赖于预测对象客观的历史统计资料, 利用计算机对数学模型进行大量的计算而获得预测结果. 其缺点是: 对预测者的素质要求较高, 预测者必须掌握数学方法、计算机技术及其他学科的专业知识; 另外定量预测法的精度较多地依赖于统计资料的数量和质量. 同时若预测对象的系统结构发生质的变化时, 相应的统计数据发生较大的波动, 此时定量预测法难以获得满意的预测结果.

2.2 德尔菲法

德尔菲 (Delphi) 法是在 20 世纪 40 年代由美国兰德公司首次提出的一种直观预测技术. 专家依据一定的程序对所函询的研究对象进行独立判断, 本质上它是一种反馈匿名函询法. 这种方法通常以匿名的方式, 组织者对每一轮的专家意见进行汇总, 经过反馈和多次循环逐步汇总专家的意见和看法, 使专家意见趋于一致. 因此, 德尔菲法的预测结果具有代表性和可靠性. 但这种方法的操作过程较为繁杂、预测的时间成本较大.

德尔菲法作为一种主观、定性的方法, 不仅可以用于预测领域, 而且可以广泛应用于各种评价指标体系的建立和具体指标的确定, 因此在预测和评价指标筛选方面均有广泛的应用. 下面主要介绍用德尔菲法的实施过程.

2.2.1 德尔菲法的实施过程

1. 成立规划小组并选择评估专家

德尔菲法要求先成立课题规划小组, 小组成员包含专业人士、统计学专家等, 主要任务是拟定研究主题, 编制咨询表, 选择专家和调查表资料的统计分析. 在选择评估专家时, 按照课题所需要的知识范围的具体情况来确定专家人数, 专家人数以 10—50 人比较适宜, 因为人数太少, 专家组成的代表性较差; 人数太多, 难以组织, 数据处理复杂且工作量大. 但对于一些重大问题, 专家人数可以适当地扩大.

2. 采用信函法征询专家意见

首先设计函询调查表, 表中所提的问题要集中、明确. 一般函询四轮.

第一轮函询, 提出预测目标、指标及措施, 提供有关背景资料和咨询要求, 征求专家意见并请专家补充有关内容. 这轮调查完全没有框框限制.

第二轮函询, 归纳整理第一轮专家反馈意见, 在调查表中提出预测问题, 请专家对所列问题再进行评价, 并阐明理由, 然后, 由规划小组对专家意见进行统计, 计算出中位数, 再反馈给各位专家.

第三轮函询, 第二轮的统计结果反馈给专家后, 专家再次对调查表所列目标、指标及措施进行评价, 同时要求专家修改预测, 并对所提不同意见陈述理由.

第四轮函询, 最后预测. 将第三轮专家反馈的意见进行统计整理分析, 再反馈给专家, 请专家提出最后的预测意见, 若这些意见基本收敛, 则可作为预测和评价的依据.

德尔菲法的实施过程可用以下框图描述 (图 2.2.1).

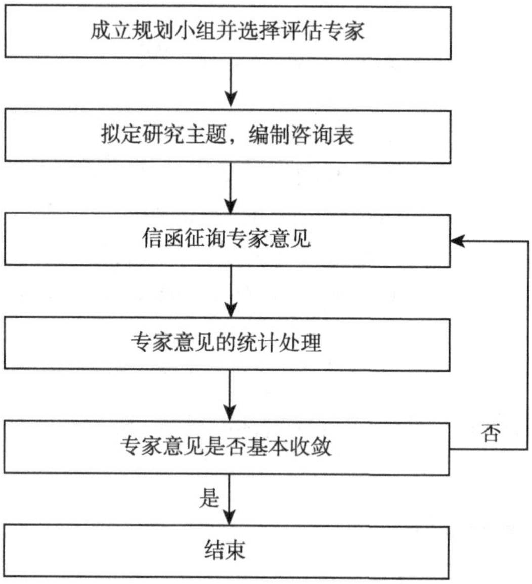

图 2.2.1　德尔菲法的实施过程框图

2.2.2　德尔菲法特点

(1) 匿名性. 匿名是德尔菲法的极其重要的特点, 从事预测的专家采用匿名的方式, 使每一位专家不受权威、资历等方面的影响, 因而能够做出自己独立的判断.

(2) 反馈性. 德尔菲法一般要经过若干轮反馈才能完成预测, 专家的交流是通过回答组织者的问题来实现的.

(3) 权威性. 德尔菲法要求专家具有权威性, 这样才能充分利用专家的经验和学识.

(4) 收敛性. 经过多轮反馈后, 专家的意见逐步趋于一致, 相对收敛.

(5) 定量性. 以前在计算预测结果时一般是反映多数人的观点, 少数人的观点往往被忽视. 德尔菲法的预测统计则要求报告一个中位数和两个四分点, 其中一半落在两个四分点内, 一半落在两个四分点之外. 这样, 每种观点都可包括在内. 这些特点使它成为一种非常有效的判断预测法.

总之, 德尔菲法能充分发挥各位专家的作用, 能把各位专家意见的分歧点表达出来, 集思广益, 准确性高; 同时能避免权威人士的意见影响, 有利于专家愿意提出并修改自己原来不妥的意见. 当然德尔菲法的主要缺点是过程比较复杂, 花费时间较长, 不适合进行快速预测与决策.

2.2.3 专家意见的统计处理

在对德尔菲法预测结果进行统计分析时, 用中位数代表专家们预测的结果, 用上、下四分点代表专家们意见的分散程度.

将专家们预测的结果在水平轴上按顺序排列, 并分成四等份, 则中分点值称为中位数, 表示专家中有一半人估计的值小于它, 而另一半人估计的值大于它. 或者理解为有 50%的专家认为预测结果成立. 先于中分点的四分点为下四分点, 后于中分点的四分点为上四分点. 上、下四分点之间的距离表示专家意见的置信区间.

现给出它们的简单算法. 设 $x_1 \leqslant x_2 \leqslant \cdots \leqslant x_n$ 为按大小排列的 n 个专家的预测值, 此数列的中位数为

$$x_{中} = \begin{cases} x_{k+1}, & n = 2k+1, \\ \dfrac{x_k + x_{k+1}}{2}, & n = 2k. \end{cases}$$

数列的上、下四分点为

$$x_{上} = x_{中} + \frac{1}{2}\left(x_n - x_{中}\right),$$

$$x_{下} = x_{中} - \frac{1}{2}\left(x_{中} - x_1\right).$$

例如, 设有 9 位专家对某个指标作预测, 得出如下预测结果:

x_1	x_2	x_3	x_4	x_5	x_6	x_7	x_8	x_9
21	22	23	24	25	26	27	28	29

则有

$$x_{中} = x_5 = 25,$$

$$x_{上} = x_5 + \frac{1}{2}(x_9 - x_5) = 25 + \frac{1}{2}(29 - 25) = 27,$$

$$x_{下} = x_5 - \frac{1}{2}(x_5 - x_1) = 25 - \frac{1}{2}(25 - 21) = 23.$$

2.2.4 德尔菲法在中国生物制药行业技术预测分析中的应用

生物制药是一个技术导向性很强的行业. 生物制药项目的技术先进性、经济性和可行性等, 直接决定了项目未来是否具有良好的市场前景, 因而也在很大程度上决定了该项目是否具有潜在的投资价值. 因此技术预测是生物制药行业投资机会分析中一个重要部分. 英国学者 Martin 对技术预测的定义是对科学、技术、经济、环境和社会的远期未来进行有步骤的探索过程, 其目的是选定可能产生最大经济与社会效益的战略研究领域和通用新技术.

企业对生物药品研发思路和新药研发模式的选择很大程度上决定了研发的周期、投入的规模以及产品研发成功的概率大小等因素, 生物药品的总体研发思路代表着未来一段时间行业技术的走向, 对投资者而言则意味着投资风险的大小.

企业对生物药品研发思路和新药研发模式的选择包括如下五项技术创新模式, 它们分别是:

(1) 完全创新;

(2) 通过改变药物剂型以及发现新的适应证来开发新药;

(3) 跟踪国外新药研发进展抢创新药;

(4) 跟踪模仿与创新相结合;

(5) 模仿国外专利即将过期的药物.

现用德尔菲法说明这五项技术创新模式的选择. 通过设计我国生物医药技术发展趋势预测专家调研问卷, 并选择了入选国家药品监督局药品评审专家库成员, 共 100 多位专家作为调研对象, 按德尔菲法的要求反复进行咨询. 对每项技术创新模式, 按 “很重要”“重要”“一般”“不重要”“很不重要” 分别赋予 5, 4, 3, 2, 1 分. 征询表格设计如表 2.2.1.

表 2.2.1 德尔菲法函询调查表

	5 分很重要	4 分重要	3 分一般	2 分不重要	1 分很不重要
完全创新药物					
改变药物剂型					
跟踪抢创新药					
模仿创新结合					
模仿过期专利					

由于上四分位数 $x_{上}$ 和下四分位数 $x_{下}$ 均在区间 [1, 5] 中, 在专家咨询过程, 若 $x_{上} - x_{下} \leqslant 1.1$, 则可认为专家的意见趋于一致, 具有相对收敛性.

三轮征询的统计结果分别列于表 2.2.2— 表 2.2.4 这三张表格中.

表 2.2.2 德尔菲法第一次统计表

	$x_中$	$x_上$	$x_下$	$x_上 - x_下$	比较
完全创新药物	2	3	2	1	<1.1
改变药物剂型	3	4	3	1	<1.1
跟踪抢创新药	3	4	2	2	>1.1
模仿创新结合	3	4	2	2	>1.1
模仿过期专利	3	4	2	2	>1.1

表 2.2.3 德尔菲法第二次统计表

	$x_中$	$x_上$	$x_下$	$x_上 - x_下$	比较
完全创新药物	1	2	1	1	<1.1
改变药物剂型	3	4	2	2	>1.1
跟踪抢创新药	3	4	3	1	<1.1
模仿创新结合	4	5	4	1	<1.1
模仿过期专利	2	2	2	0	<1.1

表 2.2.4 德尔菲法第三次统计表

	$x_中$	$x_上$	$x_下$	$x_上 - x_下$	比较
完全创新药物	1	2	1	1	<1.1
改变药物剂型	4	4	3	1	<1.1
跟踪抢创新药	3	4	3	1	<1.1
模仿创新结合	5	5	4	1	<1.1
模仿过期专利	2	2	2	0	<1.1

表 2.2.4 统计表明, 可认为专家的意见趋于一致, 具有相对收敛性. 按中位数从大到小排列, 这五项生物药品研发思路和新药研发模式按着重要性程度排列的次序依次为

$$
\begin{aligned}
&\text{模仿创新结合} \succ \text{改变药物剂型} \succ \text{跟踪抢创新药} \\
&\succ \text{模仿过期专利} \succ \text{完全创新药物}.
\end{aligned}
$$

从德尔菲法的计算结果可以看出, 专家认为根据我国目前生物制药领域的研究条件、研发力量和研发投入的现状, 我国生物药品的研发应当走跟踪模仿与创新相结合的道路, 或者对现有药物进行剂型或适应证方面的改进来开发新药, 不应采取完全创新的思路.

2.3 主观概率法

2.3.1 主观概率法

主观概率以个人信念为基础, 根据个人丰富的经验或过去的相对频率对事物发

生的可能性进行推测或预估而产生的概率.

主观概率可以定义为根据确凿有效的证据对个别事件发生的可能性进行估计的概率. 这里所说的证据, 可以是事件过去的相对频率的形式, 也可以是根据丰富的经验进行的推测. 例如, 某个营销人员根据经济发展的态势和个人营销经验对某个产品的销售大幅增长的可能性估计为 60%, 小幅增长的可能性估计为 20%, 持平的可能性为 10%, 下降的可能性为 10%. 这就是主观概率. 主观概率也要满足概率的性质, 包括非负性和规范性.

客观概率是根据事物发展客观的统计资料进行估算的概率. 但在充满不确定因素的各种实际问题中, 由于不存在大量重复性过程, 决策者面对的情形是事件只发生一次, 因此往往需要运用主观概率进行估计. 目前, 许多统计学家意识到: 客观概率和主观概率是事物不确定程度连续排列的两个部分. 因而其应用均受到专家的重视.

在利用主观概率进行判断的时候, 需要注意以下两点:

(1) 由于不同人的学识背景和经验的丰富程度不同, 他们对同一件事情的主观概率的估计往往不完全相同;

(2) 主观概率是否正确无法得到验证, 因此有必要探讨较为合理和最佳的主观概率. 在统计预测的实践中, 常常通过增加群组判断的专家人数来提高主观概率估计的准确率.

2.3.2　主观概率预测方法的案例

例 2.3.1　某公司现有 3 名营销人员对公司主打产品的销售额和主观概率如表 2.3.1 所示.

表 2.3.1　营销人员对公司主打产品的销售额和主观概率估计

营销人员	估计销售状态	销售额	主观概率
甲	最高销售	112	0.25
	最可能销售	97	0.50
	最低销售	64	0.25
	期望值		0.3
乙	最高销售	108	0.2
	最可能销售	97	0.5
	最低销售	66	0.3
	期望值		0.35
丙	最高销售	120	0.25
	最可能销售	98	0.6
	最低销售	60	0.15
	期望值		0.35

又知道计划人员的预测销售的期望值是 100 万元, 统计人员的预测销售的期望值是 90 万元, 计划人员和统计人员的预测能力是销售人员的 1.2 倍和 1.4 倍. 试用主观概率的加权平均法求每位营销人员的销售预测的期望值; 三位营销人员的加权平均预测期望值; 该公司明年的预测销售额是多少?

下面叙述预测的过程.

步骤 1 计算每位营销人员的销售预测期望值.

甲的销售预测期望值为

$$x_{\text{甲}} = 112 \times 0.25 + 97 \times 0.50 + 64 \times 0.25 = 92.5.$$

乙的销售预测期望值为

$$x_{\text{乙}} = 108 \times 0.2 + 97 \times 0.5 + 66 \times 0.3 = 89.9.$$

丙的销售预测期望值为

$$x_{\text{丙}} = 120 \times 0.25 + 98 \times 0.6 + 60 \times 0.15 = 97.8.$$

步骤 2 计算三位营销人员总的销售预测期望值.

根据三位营销人员的重要性权重, 则有

$$x_{\text{营销}} = 92.5 \times 0.3 + 89.9 \times 0.35 + 97.8 \times 0.35 = 93.445.$$

步骤 3 计算三类人员总的销售预测期望值.

因为计划人员和统计人员的预测能力是销售人员的 1.2 倍和 1.4 倍, 所以营销人员的权重为 0.2778, 计划人员的权重为 0.3333, 统计人员的权重为 0.3889, 所以有

$$x_{\text{总}} = 93.445 \times 0.2778 + 100 \times 0.3333 + 90 \times 0.3889 = 94.2903.$$

即综合三类人员的主观概率预测该公司明年的销售额为 94.2903 万元.

习 题 2

1. 叙述定性预测的概念, 它有哪些特点.

2. 叙述德尔菲法的特点, 结合实际, 给出德尔菲法的应用案例.

3. 某品牌笔记本电脑公司经理召集销售部门、计划财务部门和生产部门的负责人, 对明年的笔记本电脑的销售情况进行预测. 几个部门的负责人的初步判断如表 2.1 所示.

表 2.1 三个部门负责人的销量和概率估计

部门	销售量的估计	销售额	概率
销售部门负责人	最高销售量	18600	0.1
	最可能销售量	11160	0.7
	最低销售量	9920	0.2
	期望值		1/3

续表

部门	销售量的估计	销售额	概率
计划财务部门负责人	最高销售量	12400	0.1
	最可能销售量	11160	0.8
	最低销售量	9300	0.1
	期望值		1/3
生产部门的负责人	最高销售量	12400	0.3
	最可能销售量	10540	0.6
	最低销售量	7440	0.1
	期望值		1/3

试对明年的笔记本电脑的销售情况进行预测？若根据各部门负责人对市场情况的熟悉程度给予不同的权重, 设销售部门负责人的权重系数为 2, 其他两个部门的负责人权重分别为 1, 明年的笔记本电脑的销售情况会有什么变化？

第 3 章 统计回归预测方法

回归分析是英国生物学家高尔顿 (F.Galton) 在研究人类身高的遗传特性时首先提出来的. 通过大量的统计资料高尔顿发现身材高的父亲, 他的儿子身材比其略矮. 反之, 身材矮的父亲, 他的儿子身材比其略高. 即人类的身高有向平均数靠近的倾向, 这种现象称为回归. 回归分析预测方法是一种因果分析预测. 它是研究某一个随机变量与一个或几个变量之间的数量关系, 用一个或几个非随机变量来预测某一个随机变量的方法.

3.1 一元线性回归预测方法

3.1.1 回归模型的建立

一元线性回归模型又称简单线性回归模型. 假定因变量 y 主要受自变量 x 的影响, 它们之间存在着近似的线性函数关系, 即

$$y=\beta_0+\beta_1 x+\varepsilon, \tag{3.1.1}$$

其中 x 为自变量 (解释变量), 为可控制的、无测量误差的非随机变量; y 为因变量 (被解释变量), 为随机变量; ε 为随机误差项, 是一个特殊的随机变量, 表示所有未在模型中考虑的、未列示的, 作用可以互相抵消的随机因素的影响; β_0 和 β_1 是未知的参数, 称为回归参数, 也分别称为截距和斜率. 由式 (3.1.1) 可以看出, 变量 y 的取值分为两部分: 一部分是确定的、可由变量 x 来解释的线性变化部分 $\beta_0+\beta_1 x$; 另一部分为随机因素引起的、不能用 x 解释的随机项 ε.

对一组容量为 n 的简单随机样本 (x_i, y_i), $i=1,2,\cdots,n$, 则有下式成立:

$$y_i=\beta_0+\beta_1 x_i+\varepsilon_i. \tag{3.1.2}$$

随机误差项 ε_i 通常假设其满足以下标准假定:

(1) $E(\varepsilon_i)=0$, $\operatorname{var}(\varepsilon_i)=\sigma^2$, $\varepsilon_i \sim N(0,\sigma^2)$, $i=1,2,\cdots,n$;

(2) $\operatorname{cov}(\varepsilon_i,\varepsilon_j)=0,\ \ i\neq j,\ \ i,j=1,2,\cdots,n$;

(3) $\operatorname{cov}(X_i,\varepsilon_j)=0,\ \ i,j=1,2,\cdots,n$.

进一步, 根据式 (3.1.2), 有 $E(y_i)=\beta_0+\beta_1 x_i$.

3.1.2　一元线性回归模型参数的估计

要将一元线性回归方程应用于预测, 需要估计出 β_0 和 β_1 这两个未知的参数. 建立以下一元线性回归预测式

$$\hat{y}_i = \hat{\beta}_0 + \hat{\beta}_1 x_i, \tag{3.1.3}$$

式中 $\hat{\beta}_0$ 和 $\hat{\beta}_1$ 分别为 β_0 和 β_1 的估计.

估计回归参数的一种思路是要求样本观测值与回归直线上的偏离越小越好. 由式 (3.1.2) 和 (3.1.3) 可知, 样本观测值与回归直线垂直方向的偏差$e_i = y_i - \hat{y}_i$. 该偏差有正有负, 为了防止正负偏差相互抵消, 用所有样本残差的平方和

$$\sum_{i=1}^{n} e_i^2 = \sum_{i=1}^{n} (y_i - \hat{y}_i)^2$$

作为衡量总偏差的指标, 这种方法称为最小二乘法 (OLS). 即 β_0和 β_1 的最小二乘估计满足

$$Q(\hat{\beta}_0, \hat{\beta}_1) = \min \sum_{i=1}^{n} (y_i - \hat{\beta}_0 - \hat{\beta}_1 x_i)^2. \tag{3.1.4}$$

根据极值的必要条件, 令 Q 分别对参数 $\hat{\beta}_0, \hat{\beta}_1$ 的偏导数为零, 经计算可得

$$\hat{\beta}_1 = \frac{l_{xy}}{l_{xx}}, \quad \hat{\beta}_0 = \bar{y} - \hat{\beta}_1 \bar{x}, \tag{3.1.5}$$

式中 $\bar{x} = \dfrac{1}{n}\sum_{i=1}^{n} x_i$, $\bar{y} = \dfrac{1}{n}\sum_{i=1}^{n} y_i$, $l_{xx} = \sum_{i=1}^{n}(x_i - \bar{x})^2$, $l_{xy} = \sum_{i=1}^{n}(x_i - \bar{x})(y_i - \bar{y})$.

3.1.3　一元线性回归模型的检验

对参数进行估计后, 需要对模型进行检验. 取统计量

$$\hat{\sigma}^2 = \sum_{i=1}^{n} \frac{(y_i - \hat{\beta}_0 - \hat{\beta}_1 x_i)^2}{n-2} \tag{3.1.6}$$

为参数 σ^2(随机误差项 ε 的方差) 的估计量, 可以证明, $\hat{\sigma}^2$ 为 σ^2 的无偏估计, 即 $E(\hat{\sigma}^2) = \sigma^2$.

关于 β_0 和 β_1 估计的标准差分别为

$$\mathrm{sd}(\hat{\beta}_0) = \hat{\sigma}\sqrt{\frac{1}{n} + \frac{\bar{x}^2}{l_{xx}}}, \quad \mathrm{sd}(\hat{\beta}_1) = \frac{\hat{\sigma}}{\sqrt{l_{xx}}}. \tag{3.1.7}$$

可以证明, $T_j = \dfrac{\beta_j - \hat{\beta}_j}{\mathrm{sd}(\hat{\beta}_j)} \sim t(n-2)$, $j = 0, 1$. 根据区间估计的原理, 对于给定的显

著性水平 α, 则有回归系数的区间估计为

$$[\hat{\beta}_j - t_{\frac{\alpha}{2}}(n-2) \times \mathrm{sd}(\hat{\beta}_j),\ \hat{\beta}_j + t_{\frac{\alpha}{2}}(n-2) \times \mathrm{sd}(\hat{\beta}_j)], \quad j = 0, 1.$$

1. **对回归参数的检验**

从回归参数的估计式 (3.1.5) 可以知道, 在回归系数的估计中, 不一定要知道 y 与 x 是否有线性关系, 但如果不存在这种关系, 那么回归方程便毫无意义. 因此需要对回归参数进行检验. 在统计意义上 β_1 是 y 随 x 线性变化的变化率, 若 $\beta_1 = 0$, 则 y 实际上并不随 x 有线性变化, 仅当 $\beta_1 \neq 0$ 时, 一元线性回归方程才有意义. 因此假设检验为

$$H_0 : \beta_1 = 0,\ \ H_1 : \beta_1 \neq 0.$$

当 H_0 成立时, 统计量

$$T = \frac{\hat{\beta}_1 - \beta_1}{\mathrm{sd}(\hat{\beta}_1)} = \frac{\hat{\beta}_1}{\mathrm{sd}(\hat{\beta}_1)} \sim t(n-2),$$

对于给定的显著性水平 α, 检验的拒绝域为

$$|T| \geqslant t_{\alpha/2}(n-2).$$

2. **回归方程的拟合优度检验**

因变量的样本观测值与样本均值的离差平方和, 反映了因变量的总变异程度, 即 $\sum_{i=1}^{n}(y_i - \bar{y})^2$, 它又被称为总的离差平方和, 记为 SST(total sum of squares). 总离差平方和可以分解为

$$\sum_{i=1}^{n}(y_i - \bar{y})^2 = \sum_{i=1}^{n}(y_i - \hat{y}_i)^2 + \sum_{i=1}^{n}(\hat{y}_i - \bar{y})^2, \tag{3.1.8}$$

式中, $\sum_{i=1}^{n}(y_i - \hat{y}_i)^2$ 是因变量的残差平方和, 记为 SSE. $\sum_{i=1}^{n}(\hat{y}_i - \bar{y})^2$ 是因变量的样本回归值与样本均值的离差平方和, 称为回归平方和, 记为 SSR, 反映了能够由回归直线解释的部分. 式 (3.1.8) 可以改写为

$$\mathrm{SST} = \mathrm{SSE} + \mathrm{SSR}. \tag{3.1.9}$$

在因变量的总变动中, 被样本回归方程所解释的部分越多, 说明样本观测值与回归直线的拟合效果越好. 因此, 用回归平方和占总平方和的比重来衡量模型的**拟合优**

良程度 (拟合优度), 称其为判定系数, 记作 r^2, 即

$$r^2=\frac{\text{SSR}}{\text{SST}}=1-\frac{\sum_{i=1}^{n}(y_i-\hat{y}_i)^2}{\sum_{i=1}^{n}(y_i-\bar{y})^2}. \tag{3.1.10}$$

r^2 的取值范围为 $0\leqslant r^2\leqslant 1$, 判定系数越大, 说明拟合效果越好. 由公式可以看出当所有的样本点都位于回归直线上时, $r^2=1$, 说明总离差可以完全由所估计的样本回归直线来解释. 值得注意的是, 在一元回归中, 判定系数等于自变量与因变量相关系数的平方.

3. 回归方程的显著性检验

线性关系检验是检验自变量 x 和因变量 y 之间的线性关系是否显著, 或者说它们之间能否用一个线性模型 $y=\beta_0+\beta_1 x+\varepsilon$ 来表示. 该检验以回归平方和 SSR 与残差平方和 SSE 为基础, 构造 F 统计量. 提出假设, 假设回归方程线性关系不显著, 则原假设为 $H_0:\beta_1=0$. 如果原假设成立, 则

$$F=\frac{\text{SSR}/1}{\text{SSE}/(n-2)}\sim F(1,n-2). \tag{3.1.11}$$

根据观测值计算 F 统计量, 对于给定的显著性水平 α, 当 $F>F_\alpha(1,n-2)$ 时, 拒绝原假设, 即认为总体模型中自变量与因变量的线性回归关系显著; 当 $F<F_\alpha(1,n-2)$ 时, 则接受原假设.

3.1.4 一元线性回归模型的预测

如果所拟合的样本回归方程通过了各种检验, 则可以用该样本回归方程进行预测.

(1) **点预测** 对于自变量 x 给定的值 x_0, 根据式 (3.1.3) 可以得出因变量的点预测值为 $\hat{y}_0=\hat{\beta}_0+\hat{\beta}_1 x_0$, 可以证明该预测量为最优线性无偏估计量 (BLUE).

(2) **区间预测** 区间预测是对 x 一个给定的值 x_0, 以 $1-\alpha$ 的概率求出 y 的一个预测区间 (也称为预测置信带) 内. 其计算公式为

$$\hat{y}_0\pm t_{\alpha/2}(n-2)s_e\sqrt{1+\frac{1}{n}+\frac{(x_0-\bar{x})^2}{\sum_{i=1}^{n}(x_i-\bar{x})^2}}, \tag{3.1.12}$$

其中,

$$s_e=\sqrt{\frac{\sum_{i=1}^{n}(y_i-\hat{y}_i)^2}{n-2}}$$

为随机误差项 ε 的标准差的估计量.

例 3.1.1 以我国城市居民家庭人均可支配收入和消费支出的关系为例, 建立一元线性回归模型, 进行参数估计. 当城镇居民家庭的人均可支配收入为 10 千元时, 人均消费性支出的预测值. 已知资料如表 3.1.1.

表 3.1.1 我国城镇居民家庭人均可支配收入和消费性支出 (单位: 千元)

年份	人均可支配收入	人均消费性支出	年份	人均可支配收入	人均消费性支出
1995	4.283	3.538	2003	8.472	6.511
1996	4.839	3.919	2004	9.422	7.182
1997	5.160	4.186	2005	10.493	7.943
1998	5.425	4.332	2006	11.760	8.697
1999	5.854	4.616	2007	13.786	9.997
2000	6.280	4.998	2008	15.781	11.243
2001	6.860	5.309	2009	17.175	12.265
2002	7.703	6.030			

因为居民消费支出随着人均可支配收入的增加而增加, 所以我们以人均可支配收入为自变量 x, 以人均消费性支出为因变量 y, 建立一元线性回归模型, 并由式 (3.1.5) 可得 $\hat{\beta}_0 = 0.7272$, $\hat{\beta}_1 = 0.6741$. 样本回归方程为

$$\hat{y}_i = 0.7272 + 0.6741x_i.$$

可以看出, 从 1995 年到 2009 年, 我国城镇居民家庭人均可支配收入每增加 1 千元, 人均消费性支出就会增加 0.6741 千元.

由式 (3.1.6) 得 $\hat{\sigma}^2 = 0.006744$. $\hat{\beta}_0$ 的区间估计为 [0.6149, 0.8395], $\hat{\beta}_1$ 的区间估计为 [0.6626, 0.6857].

对一元线性回归模型中 $\hat{\beta}_1$ 的回归系数进行检验, $\hat{\beta}_1$ 的估计标准差为 $\mathrm{sd}(\hat{\beta}_1) = 0.00534$, 对应的 $T = 13.9909 > t_{0.025}(13) = 2.1604$, 所以拒绝原假设, 表明在 $\alpha = 0.05$ 的显著性水平下, 人均可支配收入对消费性支出有显著的影响.

根据式 (3.1.10) 可得, $r^2 = 0.9992$, 说明具有良好的拟合优度. 对回归方程的显著性检验: $F = 15936.9497 > F_{0.05}(1, 13) = 4.667$, 因此, 说明 X 与 Y 之间的线性关系显著.

下面预测城镇居民家庭人均可支配收入为 10 千元时的人均消费性支出: 将 $x_i = 10$ 代入样本回归方程, 可得 $\hat{y}_i = 7.4682$, 预测区间为 [7.2845, 7.6519].

3.2 多元线性回归预测方法

一元线性回归是以一个主要影响因素作为自变量来预测因变量的变化. 然而, 在现实问题研究中, 一种现象常常是与多个因素相联系的, 此时就需要用两个或两

个以上的影响因素作为自变量来预测因变量的变化, 由多个自变量的组合共同来预测或估计因变量, 比只用一个自变量进行预测或估计更有效, 更符合实际. 在回归预测分析中, 如果有两个或两个以上的自变量, 就称为多元回归预测. 在实际的应用中, 多元线性回归预测比一元线性回归预测用途更广且实用意义更大. 多元线性回归分析的原理和方法同一元线性回归分析基本相同.

3.2.1　多元线性回归模型

在建立多元线性回归模型时, 随机变量 y 与一般变量 $x_1, x_2, \cdots, x_m$ 的多元线性回归模型为

$$y = \beta_0 + \beta_1 x_1 + \beta_2 x_2 + \cdots + \beta_m x_m + \varepsilon,$$

其中 $\beta_0, \beta_1, \beta_2, \cdots, \beta_m$ 是 $m+1$ 个未知参数, β_0 称为回归常数项, $\beta_1, \beta_2, \cdots, \beta_m$ 称为回归系数; y 称为被解释变量 (因变量), $x_1, x_2, \cdots, x_m$ 是 m 个可以精确测量并可控制的一般变量, 称为解释变量 (自变量). 系数 β_j 表示在其他自变量不变的情况下, 自变量 x_j 变动一个单位所引起的因变量 y 的平均变动单位, 其他回归系数的含义类似.

设 $(x_{i1}, x_{i2}, \cdots, x_{im}, y_i)(i = 1, 2, \cdots, n)$ 是随机变量 y 与自变量 $x_1, x_2, \cdots, x_m$ 的 n 次独立观测值, 则此时多元线性模型可表示为

$$y_i = \beta_0 + \beta_1 x_{i1} + \beta_2 x_{i2} + \cdots + \beta_m x_{im} + \varepsilon_i, \quad i = 1, 2, \cdots, n. \tag{3.2.1}$$

多元线性回归预测方程为

$$\hat{y}_i = \hat{\beta}_0 + \hat{\beta}_1 x_{i1} + \hat{\beta}_2 x_{i2} + \cdots + \hat{\beta}_m x_{im}, \tag{3.2.2}$$

式中 $\hat{\beta}_0, \hat{\beta}_1, \hat{\beta}_2, \cdots, \hat{\beta}_m$ 分别为 $\beta_0, \beta_1, \beta_2, \cdots, \beta_m$ 的估计.

为了方便起见, 令

$$y = \begin{bmatrix} y_1 \\ y_2 \\ \vdots \\ y_n \end{bmatrix}, \quad \hat{y} = \begin{bmatrix} \hat{y}_1 \\ \hat{y}_2 \\ \vdots \\ \hat{y}_n \end{bmatrix}, \quad \beta = \begin{bmatrix} \beta_0 \\ \beta_1 \\ \vdots \\ \beta_m \end{bmatrix}, \quad \hat{\beta} = \begin{bmatrix} \hat{\beta}_0 \\ \hat{\beta}_1 \\ \vdots \\ \hat{\beta}_m \end{bmatrix},$$

$$x = \begin{bmatrix} 1 & x_{11} & x_{12} & \cdots & x_{1m} \\ 1 & x_{21} & x_{22} & \cdots & x_{2m} \\ \vdots & \vdots & \vdots & & \vdots \\ 1 & x_{n1} & x_{n2} & \cdots & x_{nm} \end{bmatrix}, \quad \varepsilon = \begin{bmatrix} \varepsilon_1 \\ \varepsilon_2 \\ \vdots \\ \varepsilon_n \end{bmatrix},$$

则式 (3.2.1) 可改写为

$$y = x\beta + \varepsilon,$$

且满足 $E(\varepsilon) = 0$, $\mathrm{var}(\varepsilon) = \sigma^2 I$. 式 (3.2.2) 可改写为

$$\hat{y} = x\hat{\beta}. \tag{3.2.3}$$

3.2.2 参数估计

多元线性回归方程中回归系数的估计采用最小二乘法. 若对于变量, 记残差平方和为 $\mathrm{SSE} = (y - x\hat{\beta})^{\mathrm{T}}(y - x\hat{\beta}) = y^{\mathrm{T}}y - 2\hat{\beta}^{\mathrm{T}}x^{\mathrm{T}}y + \hat{\beta}^{\mathrm{T}}x^{\mathrm{T}}x\hat{\beta}$, 根据微积分中求极小值原理, 欲使 SSE 达到最小, 用 SSE 对向量 $\hat{\beta}$ 的偏导数使其值等于零. 即

$$\frac{\partial \mathrm{SSE}}{\partial \hat{\beta}} = -2x^{\mathrm{T}}y + 2x^{\mathrm{T}}x\hat{\beta} = 0,$$

在 $\mathrm{rank}(x) = m+1$ 的条件下, 所以 $x^{\mathrm{T}}x$ 的逆存在, 从而上述方程组的解存在且唯一, 其解为

$$\hat{\beta} = (x^{\mathrm{T}}x)^{-1}x^{\mathrm{T}}y, \tag{3.2.4}$$

上式即为多元线性回归方程中回归参数的估计式.

取 $\hat{e} = y - x\hat{\beta}$ 为残差向量, 取

$$\hat{\sigma}^2 = \frac{\hat{e}^{\mathrm{T}}\hat{e}}{n - m - 1} \tag{3.2.5}$$

为 σ^2 的估计, 也称为 σ^2 的最小二乘估计. 可以证明: $E\hat{\sigma}^2 = \sigma^2$. 即 $\hat{\sigma}^2$ 为 σ^2 的无偏估计. 进一步可以证明 β 的方差估计为

$$\mathrm{var}(\beta) = \hat{\sigma}^2(x^{\mathrm{T}}x)^{-1},$$

相应的 $\hat{\beta}$ 的标准差为

$$\mathrm{sd}(\hat{\beta}_i) = \hat{\sigma}\sqrt{c_{ii}}, \quad i = 0, 1, \cdots, m,$$

其中 c_{ii} 是矩阵 $C = (x^{\mathrm{T}}x)^{-1}$ 对角线上的第 i 个元素.

3.2.3 统计检验

与一元线性回归分析不同, 在多元线性回归分析中, 很难用图形来判断 $E(y)$ 是否随 $x_1, x_2, \cdots, x_m$ 作线性变化, 因而显著性检验尤为重要.

1. 拟合优度检验

测定多元线性回归的拟合程度, 使用多重判定系数, 其定义为

$$R^2=\frac{\mathrm{SSR}}{\mathrm{SST}}=1-\frac{\mathrm{SSE}}{\mathrm{SST}}=1-\frac{(y-x\hat{\beta})^{\mathrm{T}}(y-x\hat{\beta})}{\sum\limits_{i=1}^{n}(y_i-\bar{y})^2},$$

式中 SSR 为回归平方和, SSE 为残差平方和, SST 为总离差平方和.

R^2 的范围为 $0\leqslant R^2\leqslant 1$, R^2 越接近 1, 回归平面拟合程度越高; 反之 R^2 越接近 0, 回归平面拟合程度越低.

值得注意的是, 多元线性回归模型中各个回归模型所含变量的个数有可能不同, 为了利用判定系数比较不同模型拟合优度时不受自变量个数多少的影响, 需要计算用自由度调整的判定系数 $\bar{R}^2$, 其计算公式为

$$\bar{R}^2=1-\frac{\mathrm{SSE}/(n-m-1)}{\mathrm{SST}/(n-1)}=1-\frac{n-1}{n-m-1}\frac{(y-x\hat{\beta})^{\mathrm{T}}(y-x\hat{\beta})}{\sum\limits_{i=1}^{n}(y_i-\bar{y})^2}. \tag{3.2.6}$$

2. 回归方程的显著性检验 (F 检验)

所谓回归方程的显著性检验就是检验回归模型在整体上是否适当, 即检验 $H_0:\beta_1=\cdots=\beta_m=0$; $H_1:\beta_1,\cdots,\beta_m$ 不全为 0. 多元线性回归方程的显著性检验一般采用 F 检验. 在 H_0 成立的条件下, F 统计量服从的是第一自由度为 m, 第二自由度为 $n-m-1$ 的 F 分布, 即

$$F=\frac{\mathrm{SSR}/(m)}{\mathrm{SSE}/(n-m-1)}=\frac{\sum\limits_{i=1}^{n}(\hat{y}_i-\bar{y})^2/m}{(y-\hat{y})^{\mathrm{T}}(y-\hat{y})/(n-m-1)}\sim F(m,n-m-1).$$

如果 $F>F_\alpha(m,n-m-1)$(或者 $p<\alpha$), 就拒绝原假设 H_0, 接受备择假设 H_1, 认为所有回归系数同时与零有显著性差异, 自变量与因变量之间存在显著性的线性关系, 自变量的变化确实能够反映因变量的线性变化, 回归方程显著.

反之, 若 $F<F_\alpha(m,n-m-1)$(或者 $p>\alpha$), 则接受原假设 H_0, 认为所有回归系数同时与零无显著性差异, 自变量的变化无法反映因变量的线性变化, 回归方程不显著.

从 F 统计量的定义式可看出, 如果 F 值较大, 则说明自变量造成的因变量的变动远远大于随机因素对因变量造成的影响. 另外, 从另一个角度来看, F 统计量也可以反映回归方程的拟合优度. 将 F 统计量的公式与 R^2 的公式作结合转换, 可得

$$F=\frac{R^2/m}{(1-R^2)/(n-m-1)},$$

可见, 如果回归方程的拟合优度高, F 统计量就越显著; F 统计量越显著, 回归方程的拟合优度就越高.

3. 回归系数显著性检验 (t 检验)

回归方程的显著性检验是对线性回归方程的一个整体性检验. 除此之外, 我们还要对每个自变量逐一做显著性检验, 即回归系数的显著性检验. 回归系数的显著性检验是检验各自变量 $x_1, x_2, \cdots, x_k$ 对因变量 y 的影响是否显著, 从而找出哪些自变量对 y 的影响是重要的, 哪些是不重要的.

对于多元回归方程, 回归系数的显著性检验, 即检验假设 $H_{i0}: \beta_i = 0\ (i = 0, 1, 2, \cdots, m)$, 在假设成立的条件下, T 统计量

$$T = \frac{\hat{\beta}_i}{\hat{\sigma}\sqrt{c_{ii}}} \sim t(n - m - 1),$$

式中 c_{ii} 为 $C = (x^{\mathrm{T}}x)^{-1}$ 的对角线上第 i 个元素. t 检验步骤如下:

步骤 1 提出假设

$$H_{i0}: \beta_i = 0\ (i = 0, 1, 2, \cdots, m); \quad H_{i1}: \beta_i \neq 0\ \ (i = 0, 1, 2, \cdots, m),$$

如果零假设成立, 则说明 x_i 对 y 没有显著性的影响, 反之, 则说明 x_i 对 y 有显著性的影响;

步骤 2 在 H_{i0} 成立的前提下, 计算回归系数的 t 统计量 $T = \hat{\beta}_i / \hat{\sigma}\sqrt{c_{ii}}$;

步骤 3 给定的显著性水平 α, 确定临界值 $t_{\frac{\alpha}{2}}(n - m - 1)$, 或者计算 t 值所对应的相伴率值 p 的大小.

应注意的是, t 检验的临界值是由显著性水平 α 和自由度决定的, 这里进行的检验是双侧检验, 所以临界值为 $t_{\frac{\alpha}{2}}(n - m - 1)$.

如果 $|t| > t_{\frac{\alpha}{2}}(n - m - 1)$ (或者 $p < \alpha$), 就拒绝原假设 H_{i0}, 接受备择假设 H_{i1}, 认为回归系数 β_i 与零有显著性差异, 该自变量和因变量之间存在显著的线性关系, 它的变动较好地解释说明因变量的变动, 应保留在回归方程中;

反之, 如果 $|t| < t_{\frac{\alpha}{2}}(n - m - 1)$ (或者 $p > \alpha$), 就接受原假设 H_0, 认为回归系数 β_i 与零无显著性差异, 该自变量和因变量之间不存在显著的线性关系, 应予以剔除.

3.2.4 多元线性回归模型进行预测

所设定的多元线性回归模型若通过了各种检验, 则可以用于进行预测.

(1) **点预测** 对于一组给定的自变量 $[x_{01}, x_{02}, \cdots, x_{0m}]$, 因变量的点预测值为

$$\hat{y}_0 = \hat{\beta}_0 + \hat{\beta}_1 x_{01} + \hat{\beta}_2 x_{02} + \cdots + \hat{\beta}_m x_{0m}.$$

(2) **区间预测**　对于一组给定的自变量 $x_0=[1,x_{01},x_{02},\cdots,x_{0m}]^{\mathrm{T}}$, 以 $1-\alpha$ 的概率求出 y 的一个预测区间 (也称为预测置信带) 内. 其计算公式为

$$\hat{y}_0 \pm t_{\frac{\alpha}{2}}(n-m-1)s_e\sqrt{1+x_0^{\mathrm{T}}(x^{\mathrm{T}}x)^{-1}x_0}, \tag{3.2.7}$$

其中, $x=\begin{bmatrix}1 & x_{11} & x_{12} & \cdots & x_{1m}\\ 1 & x_{21} & x_{22} & \cdots & x_{2m}\\ \vdots & \vdots & \vdots & & \vdots\\ 1 & x_{n1} & x_{n2} & \cdots & x_{nm}\end{bmatrix}$, $s_e=\sqrt{\dfrac{\sum\limits_{i=1}^{n}(y_i-\hat{y}_i)^2}{n-m-1}}$ 为随机误差项 ε 的估计量.

例 3.2.1　近年来, 高校招生规模急剧扩大, 在教育产业化的背景下, 选取 1985—2003 年相关数据, 建立多元线性回归模型, 进行参数估计. 计算当国家财政教育经费为 900 亿元, 农村家庭人均年收入为 1300 元时, 高校招生人数的预测值. 已知资料如表 3.2.1($\alpha=0.05$).

表 3.2.1　高校招生人数影响因素的多元线性回归分析原始数据

年份	高校招生数 y	国家财政教育经费 x_1	农村家庭人均年收入x_2	年份	高校招生数 y	国家财政教育经费 x_1	农村家庭人均年收入 x_2
1985	46871	227.9	397.6	1995	51053	1028.4	1577.7
1986	41310	270.4	423.8	1996	59398	1211.91	1926.1
1987	39017	285.9	462.6	1997	63749	1357.73	2090.1
1988	35645	340.7	544.9	1998	72508	1565.592	2162
1989	28569	397.7	601.5	1999	92225	1815.76	2210.3
1990	29649	433.9	686.3	2000	128484	2085.679	2253.4
1991	29679	482.2	708.6	2001	165197	2582.38	2366.4
1992	33439	564.9	784	2002	202611	3114.238	2475.6
1993	42145	644.4	921.6	2003	268925	3453.86	2622.2
1994	50864	884	1221				

分别以我国国家财政教育经费 (单位：亿元) 和农村家庭人均年收入 (单位：元) 为自变量 x_1 和 x_2, 以高校招生数为因变量 y, 建立多元线性回归模型, 并由式 (3.2.4) 可得 $\hat{\beta}_0=27516.48$, $\hat{\beta}_1=105.129$, $\hat{\beta}_2=-54.203$. 样本回归方程为

$$\hat{y}=27516.48+105.129x_1-54.203x_2.$$

进一步由式 (3.2.5) 得 $\hat{\sigma}=10357.75$. 对回归模型中 $\hat{\beta}_1$ 的回归系数进行检验, $\hat{\beta}_1$ 的估计标准差为 $\mathrm{sd}(\hat{\beta}_1)=6.3507$, 对应的 $T=16.55302>t_{0.025}(16)=2.120$, 所以拒绝原假设, 表明在 $\alpha=0.05$ 的显著性水平下, $\hat{\beta}_1$ 的估计值通过了显著性检验. 类似地可以验证 $\hat{\beta}_2$ 的估计值也通过了显著性检验.

进一步计算可得 $R^2=0.9786$, 调整后的 $\bar{R}^2=0.9760$, 说明具有良好的拟合优度. 对回归方程的显著性检验: $F=366.6751>F_{0.05}(2,16)=3.63$, 因此, 说明该多元线性回归模型通过了显著性检验. 因此, 当 $x=[900, 1300]^{\mathrm{T}}$ 时, 得到相应的预测值为 51668.3, 预测区间为 [28980.95, 74355.66].

3.3 非线性回归预测方法

在现实的问题中, 广泛存在着因变量和自变量之间的非线性相关关系. 例如, 产品平均成本与产品产量之间的 U 形相关关系, 货币工资变化率与失业率之间的倒数相关关系等. 针对这些情况进行非线性回归分析能够更正确地反映客观现象之间的真实联系, 从而做出正确的预测.

本节介绍的非线性回归预测分为两种情况. 一种是因变量和参数之间的关系是线性的. 这种情况可以通过变量代换化为线性的形式. 另一种是因变量和参数之间的关系是非线性的. 这种情况下, 可以找到适当的变换而化为线性模型. 对于可化为线性形式的回归模型, 一般先化为线性模型, 然后用最小二乘法进行参数估计, 最后经过适当的变换, 可得到所求的回归曲线, 然后再利用这些回归曲线进行预测.

下面我们列出几类典型的非线性回归模型的函数形式.

(1) 双曲线模型:

$$y_i=\beta_0+\beta_1\frac{1}{x_i}+e_i; \tag{3.3.1}$$

(2) 多项式模型:

$$y_i=\beta_0+\beta_1x_i+\beta_2x_i^2+\cdots+\beta_nx_i^n+e_i; \tag{3.3.2}$$

(3) 对数模型:

$$y_i=\beta_0+\beta_1\ln x_i+e_i; \tag{3.3.3}$$

(4) 三角函数模型:

$$y_i=\beta_0+\beta_1\sin x_i+e_i; \tag{3.3.4}$$

(5) 指数模型:

$$y_i=ab^{x_i+e_i}, \tag{3.3.5}$$

$$y_i=\mathrm{e}^{\beta_0+\beta_1x_{1i}+\beta_2x_{2i}+e_i}; \tag{3.3.6}$$

(6) 幂函数模型:

$$y_i=ax_i^{b+e_i}. \tag{3.3.7}$$

我们将上述非线性回归模型分为两类来处理. 第一类: 若因变量和参数之间的关系是线性的, 采用直接换元型. 这类非线性回归模型通过简单的变量代换可直接转化为线性回归模型, 如式 (3.3.1)—(3.3.4). 对于这类非线性回归模型, 虽然包含非线性变量, 但因变量与待估计系数之间的关系却是线性的. 对于此类模型, 可以直接通过变量代换将其化为线性模型, 具体代换方法见表 3.3.1.

表 3.3.1 变量代换表

原模型	模型代换	代换后模型
$y_i=\beta_0+\beta_1\dfrac{1}{x_i}+e_i$	$x_i'=\dfrac{1}{x_i}$	$y_i=\beta_0+\beta_1x_i'+e_i$
$y_i=\beta_0+\beta_1x_i+\cdots+\beta_nx_i^n+e_i$	$x_{ik}=x_i^k$	$y_i=\beta_0x_{i0}+\beta_1x_{i1}+\cdots+\beta_nx_{in}+e_i$
$y_i=\beta_0+\beta_1\ln x_i+e_i$	$x_i'=\ln x_i$	$y_i=\beta_0+\beta_1x_i'+e_i$
$y_i=\beta_0+\beta_1\sin x_i+e_i$	$x_i'=\sin x_i$	$y_i=\beta_0+\beta_1x_i'+e_i$

第二类: 对某些因变量和参数之间的关系是非线性的这类非线性回归模型, 通过对数变形代换可间接地转化为线性回归模型, 如式 (3.3.5)—(3.3.7). 对这类非线性回归模型, 由于因变量与待估计参数之间的关系是非线性的, 所以不能通过直接换元化为线性模型. 可通过对回归方程两边取对数转换为可以直接换元的形式. 这种先取对数再进行变量代换的方法称为间接换元法.

对式 (3.3.5)—(3.3.7) 两边取对数, 可得

$$\ln y_i=\ln a+\ln bx_i+e_i\ln b, \tag{3.3.8}$$

$$\ln y_i=\beta_0+\beta_1x_{1i}+\beta_2x_{2i}+e_i, \tag{3.3.9}$$

$$\ln y_i=\ln a+b\ln x_i+u_i. \tag{3.3.10}$$

式 (3.3.8)—(3.3.10) 皆可经过适当的换元直接转化为线性回归方程, 通过线性回归的方法来进行参数估计.

3.4 主成分回归预测方法

在利用多元线性回归分析进行预测时, 如果自变量之间存在高度的相关关系, 这就会导致自变量的系数极不稳定, 当增减变量时, 系数取值会出现很大的变化, 甚至与实际情况相悖. 为了处理这种预测过程中的多重共线性的问题. 本节介绍一种新的多元回归预测方法 —— 主成分回归预测方法. 主成分回归预测方法就是先提取自变量的主成分, 再采用主成分分量对因变量进行线性回归的方法来对经济或社会现象进行预测.

3.4.1 主成分分析

主成分分析 (PCA) 的基本方法是通过构造原多个变量的适当的线性组合, 以产生一系列互不相关的新变量, 从中选出少数几个新变量并使它们含有尽可能多的

原变量带有的信息, 从而使用这几个新变量代替原变量分析问题和解决问题成为可能. 变量中含有信息的多少, 通常用该变量的方差或样本方差来度量. 下面给出主成分分析的计算过程:

若总体有 p 个变量, $X_{(k)} = [x_{k1}, x_{k2}, \cdots, x_{kp}]^{\mathrm{T}}$ $(k = 1, 2, \cdots, n)$ 为来自总体 $X = [X_1, X_2, \cdots, X_p]^{\mathrm{T}}$ 的一个容量为 n 的样本, 记样本数据矩阵为

$$X = \begin{bmatrix} x_{11} & x_{12} & \cdots & x_{1p} \\ x_{21} & x_{22} & \cdots & x_{2p} \\ \vdots & \vdots & & \vdots \\ x_{n1} & x_{n2} & \cdots & x_{np} \end{bmatrix} = \begin{bmatrix} X_{(1)}^{\mathrm{T}} \\ X_{(2)}^{\mathrm{T}} \\ \vdots \\ X_{(n)}^{\mathrm{T}} \end{bmatrix} = [X_1, X_2, \cdots, X_p],$$

其中 $X_{(k)}^{\mathrm{T}}$ 表示样本数据矩阵的各行, 即变量的第 k 个样本, X_j 表示样本数据矩阵的各列, 表示样本数据的第 j 个分量. 所以, 样本矩阵的方差矩阵 S 为

$$S = \frac{1}{n-1} \sum_{k=1}^{n} (X_{(k)} - \bar{X})(X_{(k)} - \bar{X})^{\mathrm{T}} = (s_{ij})_{p \times p}, \tag{3.4.1}$$

其中

$$\bar{X} = \frac{1}{n} \sum_{k=1}^{n} X_{(k)} = [\bar{x}_1, \bar{x}_2, \cdots, \bar{x}_p]^{\mathrm{T}},$$

$$s_{ij} = \frac{1}{n-1} \sum_{k=1}^{n} (x_{ki} - \bar{x}_i)(x_{kj} - \bar{x}_j), \quad i, j = 1, 2, \cdots, p.$$

样本的相关系数矩阵 R 为

$$R = \frac{1}{n-1} \sum_{k=1}^{n} X_{(k)}^{*} X_{(k)}^{*\mathrm{T}} = (r_{ij})_{p \times p}, \tag{3.4.2}$$

其中

$$X_{(k)}^{*\mathrm{T}} = \left[\frac{x_{k1} - \bar{x}_1}{\sqrt{s_{11}}}, \frac{x_{k2} - \bar{x}_2}{\sqrt{s_{22}}}, \cdots, \frac{x_{kp} - \bar{x}_p}{\sqrt{s_{pp}}} \right],$$

$$r_{ij} = \frac{s_{ij}}{\sqrt{s_{ii} s_{jj}}}, \quad i, j = 1, 2, \cdots, p.$$

1. 从协方差矩阵 S 出发求主成分

从样本相关系数矩阵 S 出发求主成分, 设 $\lambda_1 \geqslant \lambda_2 \geqslant \cdots \geqslant \lambda_p \geqslant 0$ 为样本协方差矩阵 S 的特征值, $a_1, a_2, \cdots, a_p$ 为相应的单位特征向量, 且彼此正交, $a_i = [a_{i1}, a_{i2}, \cdots, a_{ip}]^{\mathrm{T}}$. 则第 i 个主成分

$$Z_i = a_{i1} X_1 + a_{i2} X_2 + \cdots + a_{ip} X_p, \quad i = 1, 2, \cdots, p.$$

记 $Q=[a_1,a_2,\cdots,a_p]$, 则样本主成分为

$$Z_{(k)}=Q^{\mathrm{T}}X_{(k)},$$

$$\begin{aligned}Z=&\begin{bmatrix}z_{11}&z_{12}&\cdots&z_{1p}\\z_{21}&z_{22}&\cdots&z_{2p}\\\vdots&\vdots&&\vdots\\z_{n1}&z_{n2}&\cdots&z_{np}\end{bmatrix}=\begin{bmatrix}Z_{(1)}^{\mathrm{T}}\\Z_{(2)}^{\mathrm{T}}\\\vdots\\Z_{(n)}^{\mathrm{T}}\end{bmatrix}=\begin{bmatrix}X_{(1)}^{\mathrm{T}}Q\\X_{(2)}^{\mathrm{T}}Q\\\vdots\\X_{(n)}^{\mathrm{T}}Q\end{bmatrix}\\=&\begin{bmatrix}x_{11}&x_{12}&\cdots&x_{1p}\\x_{21}&x_{22}&\cdots&x_{2p}\\\vdots&\vdots&&\vdots\\x_{n1}&x_{n2}&\cdots&x_{np}\end{bmatrix}\begin{bmatrix}a_{11}&a_{21}&\cdots&a_{p1}\\a_{12}&a_{22}&\cdots&a_{p2}\\\vdots&\vdots&&\vdots\\a_{1p}&a_{2p}&\cdots&a_{pp}\end{bmatrix}\\=&[Xa_1,Xa_2,\cdots,Xa_p]=[Z_1,Z_2,\cdots,Z_p],\end{aligned}$$

其中 $Z_{(k)}^{\mathrm{T}}$ 表示样本主成分的各行, Z_j 表示样本主成分的各列.

对于样本主成分有如下性质:

(1) $\mathrm{var}(Z_j)=\lambda_j,\ j=1,2,\cdots,p$.

(2) $\mathrm{cov}\,(Z_i,Z_j)=0,\ \ i\neq j,\ \ i,j=1,2,\cdots,p$.

(3) 样本的总方差: $\sum\limits_{j=1}^{p}\lambda_j=\sum\limits_{j=1}^{p}s_{jj}$.

(4) X_j 与 Z_i 的样本相关系数

$$r\left(X_j,Z_i\right)=\frac{\sqrt{\lambda_i}}{\sqrt{s_{jj}}}q_{ji},\quad i,j=1,2,\cdots,p.$$

在实际的应用中, 常常将样本数据中心化, 这样不影响样本协方差矩阵, 对于中心化后数据的主成分为

$$Z=\begin{bmatrix}z_{11}&z_{12}&\cdots&z_{1p}\\z_{21}&z_{22}&\cdots&z_{2p}\\\vdots&\vdots&&\vdots\\z_{n1}&z_{n2}&\cdots&z_{np}\end{bmatrix}=\begin{bmatrix}Z_{(1)}^{\mathrm{T}}\\Z_{(2)}^{\mathrm{T}}\\\vdots\\Z_{(n)}^{\mathrm{T}}\end{bmatrix}=\begin{bmatrix}(X_{(1)}-\bar{X})^{\mathrm{T}}Q\\(X_{(2)}-\bar{X})^{\mathrm{T}}Q\\\vdots\\(X_{(n)}-\bar{X})^{\mathrm{T}}Q\end{bmatrix}.\tag{3.4.3}$$

称 $\lambda_k\Big/\sum\limits_{j=1}^{p}\lambda_j$ 为第 k 个主成分 Z_k 的贡献率, 前 k 个样本主成分的累积贡献率定义为 $\sum\limits_{j=1}^{k}\lambda_j\Big/\sum\limits_{j=1}^{p}\lambda_j$. 主成分分析的目的是简化数据, 用尽可能少的数据来代替原

来的 p 个变量, 可以通过累积贡献率确定主成分的个数, 如使主成分的累积贡献率达到一定的比例, 例如 80%或者 90%; 也可以计算所有特征值的平均值, 然后取大于平均值的特征值个数为主成分的个数; 也可以通过崖底碎石图 (即以数对 $(i,\ \lambda_i)$ 作图), 在图上找到拐弯处, 选取拐弯点对应的序号, 次序号特征值全部较小, 或者彼此大小差不多, 这样选出的号码作为主成分的个数.

2. 从相关系数矩阵 R 出发求主成分

当各自变量的单位不全相同, 或虽然单位相同, 但是变量间的数值大小相差较大时, 为了消除量纲的影响, 常常先将原始变量做标准化处理, 从相关系数矩阵 R 出发求主成分. 令

$$X_j^* = \frac{X_j - \bar{X}_j}{\sqrt{s_{jj}}}, \quad j = 1, 2, \cdots, p.$$

显然, $X^* = [X_1^*, X_2^*, \cdots, X_p^*]^{\mathrm{T}}$ 的协方差矩阵就是 X 的相关系数矩阵 R. 由 R 出发得到的样本主成分称为表转化样本主成分.

设 $\lambda_1^* \geqslant \lambda_2^* \geqslant \cdots \geqslant \lambda_p^* \geqslant 0$ 为样本相关矩阵 R 的特征值, $a_1^*, a_2^*, \cdots, a_p^*$ 为相应的单位特征向量, 且彼此正交, $a_i^* = [a_{i1}^*, a_{i2}^*, \cdots, a_{ip}^*]^{\mathrm{T}}$, 则相应的 p 个主成分为

$$Z_i^* = a_{i1}^* X_1^* + a_{i2}^* X_2^* + \cdots + a_{ip}^* X_p^*, \quad i = 1, 2, \cdots, p.$$

令 $Q^* = \left[a_1^*, a_2^*, \cdots, a_p^*\right]$, 于是

$$Z^* = \begin{bmatrix} z_{11}^* & z_{12}^* & \cdots & z_{1p}^* \\ z_{21}^* & z_{22}^* & \cdots & z_{2p}^* \\ \vdots & \vdots & & \vdots \\ z_{n1}^* & z_{n1}^* & \cdots & z_{np}^* \end{bmatrix} = \begin{bmatrix} Z_{(1)}^{*\,\mathrm{T}} \\ Z_{(2)}^{*\,\mathrm{T}} \\ \vdots \\ Z_{(n)}^{*\,\mathrm{T}} \end{bmatrix} = \begin{bmatrix} X_{(1)}^{*\,\mathrm{T}} Q^* \\ X_{(2)}^{*\,\mathrm{T}} Q^* \\ \vdots \\ X_{(n)}^{*\,\mathrm{T}} Q^* \end{bmatrix} = X^* Q^*$$

$$= \left[X^* a_1^*, X^* a_2^*, \cdots, X^* a_p^*\right] = \left[Z_1^*, Z_2^*, \cdots, Z_P^*\right],$$

其中 $Z_{(k)}^{*\,\mathrm{T}}$ 表示样本主成分的各行, Z_j^* 表示样本主成分的各列.

样本主成分有如下性质:

(1) $\mathrm{var}(Z_j^*) = \lambda_j^*,\ j = 1, 2, \cdots, p$;

(2) $\mathrm{cov}\left(Z_i^*, Z_j^*\right) = 0,\ i \neq j,\ i, j = 1, 2, \cdots, p$;

(3) $\sum\limits_{j=1}^{p} \lambda_j^* = p$;

(4) 原始变量 X_j^* 与主成分 Z_i^* 的样本相关系数为 $\rho\left(X_j^*, Z_i^*\right) = \sqrt{\lambda_i^*} q_{ji}^*,\ \ j, i = 1, 2, \cdots, p$. 称为因子负荷量. 用因子负荷量 $\rho\left(X_j^*, Z_i^*\right)$ 可以解释第 j 个变量对第 i 个主成分的重要性, 而不是采用变换系数来解释.

此时, 第 k 个主成分的贡献率为 λ_k^*/p, 前 k 个主成分的累积贡献率为 $\sum_{j=1}^{k}\lambda_k^*/p$.

3.4.2　主成分回归预测

下面通过实例说明主成分回归预测方法和相关步骤.

瓦斯 (煤层气) 既是我国煤矿生产过程中的主要灾害, 也是一种新型的洁净能源和优质的化工原料, 在利用统计分析研究煤层瓦斯赋存规律时, 如果只考虑煤层埋藏深度或者煤层底板深高, 建立一元回归模型, 显然会丢失大量信息, 预测不够准确. 有证据表明, 回采工作面的瓦斯涌出量与 11 个因素有关: 煤层瓦斯含量 (单位: m^3/t)、煤层深度 (单位: m)、煤层厚度 (单位: m)、工作面长度 (单位: m)、推进速度 (单位: m/min)、采出率、临近层瓦斯含量 (单位: m^3/t)、临近层厚度 (单位: m)、临近层层间距 (单位: m)、层间岩性、开采深度 (单位: m). 表 3.4.1 是实测的某矿 18 个回采工作面的影响其瓦斯涌出量的影响因素及瓦斯涌出量相关数据. 其中前 15 个回采工作面的数据用来建立回归模型, 后 3 个回采工作面的数据用来检验预测模型的预测效果.

表 3.4.1　回采工作面瓦斯涌出量与影响因素样本数据

工作面编号	煤层瓦斯含量	煤层深度	煤层厚度	工作面长度	推进速度	采出率	临近层瓦斯含量	临近层厚度	临近层层间距	层间岩性	开采深度	瓦斯涌出量
1	1.92	408	2	155	4.42	0.96	2.02	1.5	20	5.03	1825	3.34
2	2.15	411	2	140	4.16	0.95	2.1	1.21	22	4.87	1527	2.97
3	2.14	420	1.8	175	4.13	0.95	2.64	1.62	19	4.75	1751	3.56
4	2.58	432	2.3	145	4.67	0.95	2.4	1.48	17	4.91	2078	3.62
5	2.4	456	2.2	160	4.51	0.94	2.55	1.75	20	4.63	2104	4.17
6	3.22	516	2.8	180	3.45	0.93	2.21	1.72	12	4.78	2242	4.60
7	2.8	527	2.5	180	3.28	0.94	2.81	1.81	11	4.51	1979	4.92
8	3.35	531	2.9	165	3.68	0.93	1.88	1.42	13	4.82	2288	4.78
9	3.61	550	2.9	155	4.02	0.92	2.12	1.6	14	4.83	2325	5.23
10	3.68	563	3	175	3.53	0.94	3.11	1.46	12	4.53	2410	5.56
11	4.21	590	5.9	170	2.85	0.795	3.4	1.5	18	4.77	3139	7.24
12	4.03	604	6.2	180	2.64	0.812	3.15	1.8	16	4.7	3354	7.80
13	4.34	607	6.1	165	2.77	0.785	3.02	1.74	17	4.62	3087	7.68
14	4.8	634	5.5	175	2.92	0.773	2.98	1.92	15	4.55	3620	8.51
15	4.67	640	6.3	175	2.75	0.802	2.56	1.75	15	4.6	3412	7.95
16	2.43	450	2.2	160	4.32	0.95	2	1.7	16	4.84	1996	4.06
17	3.16	544	2.7	165	3.81	0.93	2.3	1.8	13	4.9	2207	4.92
18	4.62	629	6.4	170	2.8	0.803	3.35	1.61	19	4.63	3456	8.04

从表 3.4.1 可以看出, 样本数据各自变量的单位不同, 且变量取值大小相差较大, 为了消除量纲的影响, 先将原始变量做标准化处理, 从相关系数矩阵 R 出发求

主成分. 由表 3.4.2 可以看出, 前 4 个主成分的累积贡献率达到了 97.33%, 接下来利用这 5 个主成分的得分作为自变量对瓦斯涌出量进行回归预测.

表 3.4.2 前 5 个主成分系数及其贡献率

指标	第 1 主成分	第 2 主成分	第 3 主成分	第 4 主成分	第 5 主成分
煤层瓦斯含量	−0.3438928	−0.13055256	−0.29190678	−0.06161026	−0.217118082
煤层深度	−0.3545157	−0.02098933	−0.25976886	−0.06444966	−0.164008266
煤层厚度	−0.3344713	−0.31730915	−0.04585894	0.03621705	0.105577114
工作面长度	−0.2619181	0.44004707	0.13271978	0.04196912	0.639871263
推进速度	0.3456966	0.0365638	0.09146509	0.14787275	−0.347337309
采出率	0.3285809	0.34254769	−0.03770587	−0.13281887	−0.004471976
临近层瓦斯含量	−0.2684562	−0.03773431	0.56510898	−0.48809578	0.090146531
临近层厚度	−0.2493749	0.27306805	0.29444421	0.77805865	−0.129938082
临近层层间距	0.1642815	−0.561699	0.54240084	0.15332203	0.0457386
层间岩性	0.2604145	−0.36040692	−0.33159188	0.24149334	0.59490226
开采深度	−0.3450391	−0.21937223	−0.0872238	0.15501838	−0.060869052
主成分累积贡献率	66.8579%	82.7080%	89.2217%	93.9991%	97.3264%

进一步计算各工作面的前 5 个主成分得分, 见表 3.4.3.

表 3.4.3 前 5 个主成分得分

工作面编号	第 1 主成分	第 2 主成分	第 3 主成分	第 4 主成分	第 5 主成分	瓦斯涌出量
1	4.23757132	−0.78090193	0.03849595	−0.66973886	1.02585274	3.34
2	4.91636037	−2.51049024	0.455320027	0.89866273	−0.18410933	2.97
3	2.12511357	1.25696759	1.888303323	−0.30961763	0.82325582	3.56
4	3.70296671	−1.24651796	−0.385723214	0.01295382	−0.62449917	3.62
5	2.05375394	0.12672953	1.471943212	−1.08019016	−1.10079306	4.17
6	0.06713906	2.31786879	−0.61067616	0.01872963	0.87318581	4.6
7	−0.66609442	3.07726833	0.756420352	0.38766524	−0.61700133	4.92
8	1.26005057	0.4640769	−1.473080135	1.09885583	0.42105841	4.78
9	1.26121465	−0.28476734	−1.578043272	0.10044671	−0.64585267	5.23
10	−0.8996339	1.41813557	0.62054639	2.0665546	−0.60281173	5.56
11	−2.69991065	−1.7743962	0.529991553	0.68089597	0.90943612	7.24
12	−3.79658122	−0.08753449	0.292660434	−0.50899727	0.84866713	7.8
13	−3.11734059	−1.36554346	0.003305786	−0.29803371	−0.48778849	7.68
14	−4.46630306	−0.12192771	−0.241862608	−0.91191145	−0.69973768	8.51
15	−3.83523428	−0.30340836	−0.767045874	−0.18641415	−0.04285226	7.95
16	2.66725205	0.60228278	−0.397764298	−0.85770758	−0.12090109	4.06
17	0.86381767	1.03374126	−1.252361897	−0.726013	0.14761036	4.92
18	−3.67414177	−1.82158305	0.649570431	0.28385928	0.07728045	8.04

选取表 3.4.3 中前 15 组数据进行多元线性回归分析进行回采工作面瓦斯涌出

量的预测. 此时得到的回归方程为

$$Y = 5.4902 - 0.5970Z_1^* - 0.2624Z_2^* - 0.1688Z_3^* - 0.1004Z_4^* - 0.0941Z_5^*. \quad (3.4.4)$$

式 (3.4.4) 中, Y 表示回采工作面瓦斯涌出量, $Z_i^*(i = 1, 2, 3, 4, 5)$ 表示 5 个主成分得分.

对该回归方程进行拟合优度检验、回归方程显著性检验和回归系数的显著性检验. 通过计算可得, 判定系数 $R^2 = 0.9955$, 调整后的 $\bar{R}^2 = 0.9930$ 说明具有良好的拟合优度. 对回归方程的显著性检验: $F = 398.992 > F_{0.05}(5, 9) = 4.48$, 因此, 说明该多元线性回归模型通过了显著性检验. 然而, 进一步会发现 Z_4^* 和 Z_5^* 回归系数的估计值无法通过显著性检验. 因此, 在回归方程 (3.4.4) 的基础上, 剔除 Z_4^* 和 Z_5^*, 建立回采工作面瓦斯涌出量 Y 对 Z_1^*, Z_2^* 和 Z_3^* 的回归方程.

$$Y = 5.4814 - 0.6013Z_1^* - 0.2705Z_2^* - 0.1545Z_3^*, \quad (3.4.5)$$

对该回归方程 (3.4.5) 进行拟合优度检验、回归方程显著性检验和回归系数的显著性检验. 通过计算可得, 判定系数 $R^2 = 0.9923$, 调整后的 $\bar{R}^2 = 0.9902$, 说明具有良好的拟合优度. 对回归方程的显著性检验: $F = 471.9129 > F_{0.05}(3, 11) = 4.63$, 说明该多元线性回归模型通过了显著性检验. 此时, 取 $\alpha = 0.05$, 回归系数的估计值均通过显著性检验.

采用回归方程 (3.4.5), 将该矿编号为 16, 17 和 18 的回采工作面主成分数据代入计算, 可得瓦斯涌出量的预测值分别为 3.7713, 4.8743 和 8.0897. 平均相对误差仅为 2.474%, 具有较好的预测精度.

习 题 3

1. 简述一元线性回归模型的标准假定.
2. 对于一元线性回归模型和多元线性回归模型分别应该进行哪些检验?
3. 某公司的近 8 个季度的广告费用支出和销售额资料如表 3.1 所示.

表 3.1 广告费用支出和销售额

季度编号	1	2	3	4	5	6	7	8
广告费用支出/万元	2	3	5	6	7	9	10	12
销售额/万元	6	8	11	14	16	19	22	25

(1) 建立一元线性回归模型, 对模型参数进行估计.

(2) 当显著性水平 $\alpha = 0.05$ 时, 对模型进行显著性检验和拟合优度检验, 并对参数进行显著性检验.

(3) 该公司打算下一季度广告费用支出 16 万元, 对销售额进行预测, 并求出 95%的预测区间.

4. 某产品 10 年的销售量、价格和居民人均收入资料如表 3.2 所示.

表 3.2 产品的销售量、价格和居民人均收入

年份序号	1	2	3	4	5	6	7	8	9	10
产品销售量/万件	10	10	15	13	14	20	18	24	19	23
产品价格/(元/件)	20	30	20	50	40	30	40	30	50	40
居民人均收入/千元	5	7	8	9	9	10	10	12	13	15

(1) 建立产品销售量对产品价格和居民人均收入的二元线性回归模型, 对参数进行估计.

(2) 当显著性水平 $\alpha = 0.05$ 时, 对模型进行统计检验.

(3) 当产品价格为 45 元/件, 居民收入达到 20000 元时, 预测该产品的销售量是多少, 其 95%的置信区间是什么?

5. 设某商店 10 年的商品流通费用率和商品零售额资料如表 3.3 所示.

表 3.3 商品流通费用率和商品零售额

年份序号	1	2	3	4	5	6	7	8	9	10
商品流通费用率/%	7.0	6.2	5.8	5.3	5.0	6.6	6.1	6.4	6.2	6.0
商品零售额/万元	10.2	11.7	13.0	15.0	16.5	19.0	22.0	25.0	28.5	32.0

根据表中资料, 配合适当的回归模型分析商品零售额与流通费用率的关系, 若 2001 年该商店商品零售额为 36.33 万元, 试预测 2001 年的商品流通费用率. (注: 可选用双曲线模型或多项式模型)

6. 试根据《中国统计年鉴》和《中国物流年鉴》搜集相关数据, 建立我国物流需求量的主成分回归预测模型.

第 4 章　时间序列分解法和趋势外推法

4.1　时间序列以及时间序列分解

4.1.1　时间序列的含义

研究时间序列分析一方面是从数量上揭示事物的发展变化规律, 另一方面通过预测事物未来发展趋势, 对当前系统进行修正和重新设计以实现改造客观世界的目的. 对时间序列进行观察和研究, 利用统计方法寻找其变化规律, 继而预测其未来走势, 就是时间序列分析.

依据时间先后顺序将同一统计指标的数值排列而成的数列即形成了时间序列 (或称动态数列).

例 4.1.1　2000 年 1 月至 2016 年 9 月我国居民消费价格指数 (上年同月 =100) 月度数据排列如下:

$$99.8, 100.7, 99.8, 99.7, 100.1, 100.5, 100.5, 100.3, \cdots$$

共 192 个数据, 为一个时间序列, 其数据图如图 4.1.1 所示.

图 4.1.1　2000—2016 年我国居民消费价格指数数据图

根据时间序列研究的依据不同, 时间序列可以划分为不同的类型.

(1) 依据研究对象的多少, 可以分为一元时间序列和多元时间序列.

如图 4.1.1 所示, 若只研究我国居民消费价格指数这一组数列, 即为一元时间序列. 若所考虑的研究对象不仅包括居民消费价格指数数列, 而且包括货币发行量、农产品价格指数和房地产价格等多个变量, 则为多元时间序列情形. 此时, 不仅考虑各个变量的变化规律, 同时还考虑各个变量间的内在关联性.

(2) 依据时间的连续性, 可以分为离散时间序列和连续时间序列.

若时间序列各序列值对应的时间参数为间断点, 为离散时间序列; 反之, 若时间序列各序列值为时间参数的连续函数, 则称其为连续时间序列. 本书主要研究离散时间序列.

(3) 依据统计性质不同, 可以分为平稳时间序列和非平稳时间序列.

若时间序列的所有统计性质 (可限定为低阶矩) 不随时间的变化而变化, 则称之为严平稳 (宽平稳), 统称为平稳时间序列. 反之, 不具有平稳性的时间序列即为非平稳序列. 本书在没有特别说明的情况下, 所考虑的时间序列均指宽平稳时间序列.

(4) 依据序列的分布规律, 可以分为高斯型时间序列和非高斯型时间序列.

若时间序列的序列值服从正态分布, 则可称为高斯型时间序列, 反之则称为非高斯型时间序列.

为了根据时间序列挖掘研究对象的变动规律, 在半个多世纪的研究历程中, 已经形成了一系列时间序列的分析和研究方法. 一方面, 人们认识到时间序列的变动可以由长期趋势、季节变动、循环波动和随机型变动所构成, 因而, 通过消除随机型波动, 拟合确定型趋势, 形成一系列确定型时间序列分析方法; 另一方面, 又因为确定性趋势并不能涵盖时间序列的全貌, 而时间序列的随机性波动亦非无章可循, 具有一定的规律性. 应用随机性理论, 对时间序列进行分析形成一系列随机时间序列分析方法.

本章主要考虑确定性时间序列分析方法, 对具有确定性趋势的时间序列展开分析.

4.1.2 时间序列确定性因素分解

1991 年英国统计学家 W. M. Persons 在他的论文*Indices of business conditions* 中首次提出在不同的序列表现出的千变万化的波动特征中, 所有的序列波动均可以归纳为受到四类因素的综合作用:

(1) 长期趋势 (trend): 受某些根本性因素的影响, 序列在较长一段时间内持续存在的变动规律, 具体表现为水平型变动和趋势型变动 (长期递增或长期递减趋势);

(2) 季节变动 (season): 序列以年为单位, 由于季节的变动表现出的年复一年出现的规律性变化;

(3) 循环波动 (circle): 序列围绕着长期趋势存在的周期为一年以上近乎有规律的周而复始的一种循环变动, 这种变动与季节趋势不同, 循环的幅度和周期可以很不规则;

(4) 随机波动 (immediate)：除了长期趋势、季节变动和循环波动之外, 其他由不可控因素联合作用, 不能用确定性因素解释的序列波动, 都属于随机波动.

在进行确定性时间序列分析时, 若以 T_t, S_t, C_t, I_t 分别表示时间序列的上述四类趋势, 任何一个时间序列 $\{x_t\}$ 都可以用这四个因素的某个函数进行表达, 也即 $x_t = f(T_t,\ S_t,\ C_t,\ I_t)$.

统计学家在进行确定性时间序列分析时, 总是假定序列会受到来自四个因素中的全部或者部分因素的影响. 主要的函数类型可以表示为如下几种形式：

加法模型：$x_t = T_t + S_t + C_t + I_t$;

乘法模型：$x_t = T_t \times S_t \times C_t \times I_t$;

混合模型：$x_t = T_t \times S_t + C_t + I_t$ 或 $x_t = T_t \times C_t + S_t + I_t$.

加法模型是假设季节变动和循环变动与趋势变动无关, 即季节变动不会随着时间的推移而增大或者减小; 而乘法模型则相反, 季节变动随着时间的推移而增大或者减小.

基于因素分解的思想, 进行确定性时间序列分析的主要目的有两个.

(1) 克服其他因素的干扰, 单纯测度出某个确定性因素对序列的影响. 例如, 通过 X-11 季节调整模型可以实现时间序列的主要趋势因素分解.

(2) 依据时间序列具有的确定性特征并通过各确定性因素之间的相互联系选择适当的方法对序列进行综合预测.

4.2 趋势外推法概述

4.2.1 趋势外推概念

例 4.2.1 我国 2005—2015 年国民总收入资料如表 4.2.1 所示.

表 4.2.1 2005—2015 年我国国民总收入 (单位：亿元)

年份	2005	2006	2007	2008	2009	2010
国民总收入	185998.9	219028.5	270844	321500.5	348498.5	411265.2
年份	2011	2012	2013	2014	2015	
国民总收入	484753.2	539116.5	590422.4	644791.1	686181.5	

为了解 2005—2015 年我国国民总收入的变化趋势, 绘制散点图 (图 4.2.1).

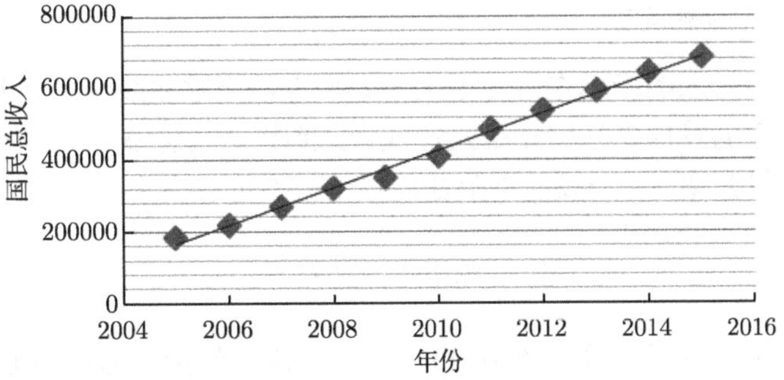

图 4.2.1 我国 2005—2015 年国民总收入时序图

如图 4.2.1 所示, 2005—2015 年我国国民总收入呈逐年增长的趋势. 这里, 除了不断增长的长期趋势, 数据无季节变动以及循环变动, 并且存在一条直线反映这一变化趋势. 因此, 有理由相信这一趋势能够继续延伸到未来.

综上所述, 应用观测数据拟合得到时间序列随着时间 t 的变化函数 $y = f(t)$, 并据此得出未来某个时刻 t 的时序未来值, 就是趋势外推法 (trend extrapolation).

趋势外推法的基本原理包括: ①决定事物过去发展的因素在很大程度上也决定该事物未来的发展, 其变化不会太大; ②事物发展过程一般都是渐进式的变化, 而不是跳跃性的变化, 且依据掌握事物的发展规律就能预测出事物的未来趋势和状态. 趋势预测法是根据过去和现在的发展趋势推断未来的一类方法的总称, 广泛地应用于科技、经济和社会发展的预测.

R. Rhyne 认为应用趋势外推进行预测时, 可以划分为如下阶段: 选择预测参数, 收集必要的数据, 拟合曲线, 趋势外推, 预测说明, 研究预测结果在制定规划和决策中的应用.

4.2.2 趋势外推法分类

根据时间序列长期趋势呈现出的特征, 可以将趋势外推法分为以下四种类型.

1. 多项式曲线预测模型

曲线趋势形式的一种, 以多项式方程结合时间序列的真实曲线趋势预测未来. 一般地, n 次多项式 (n 为正整数) 预测模型可以写为

$$\hat{y}_t = \beta_0 + \beta_1 t + \beta_2 t^2 + \cdots + \beta_n t^n. \tag{4.2.1}$$

在应用多项式曲线预测模型时, 通常根据经济理论分析或者依据历史数据的观察, 经确认时间序列呈现多项式曲线趋势时, 确定多项式次数, 通过线性化处理转变为线性回归模型实现参数估计, 最终进行预测.

2. 指数曲线预测模型

当描述考察对象的指标在散点图上的数据点呈指数曲线或者近似指数曲线时，表明该预测对象的发展是按照指数规律或者近似指数规律变化的. 例如, 运输工具的速度和发动机效率等. 一般的指数曲线预测模型可以表示为

$$\hat{y}_t = \beta_0 \beta_1^t \quad (\beta_0, \beta_1 > 0) \tag{4.2.2}$$

有时在诸如人口预测等问题中, 可考虑如下修正的指数曲线预测模型:

$$\hat{y}_t = \beta_0 + \beta_1 \cdot \beta_2^t \tag{4.2.3}$$

依据式 (4.2.3), $\Delta \hat{y}_t = (\beta_0 + \beta_1 \cdot \beta_2^t) - \left(\beta_0 + \beta_1 \cdot \beta_2^{t-1}\right) = \beta_1 (\beta_2 - 1) \cdot \beta_2^{t-1}$ 为指数函数形式, 因而可以知道修正指数曲线预测模型具有一阶差分的环比为常数的特征.

3. 对数曲线预测模型

对数曲线预测模型是指观测对象具有对数曲线变动或者近似对数曲线变动趋势的历史数据, 其一般表达形式为

$$\hat{y}_t = \frac{L}{1 + \beta_0 \mathrm{e}^{-\beta_1 t}}, \tag{4.2.4}$$

其中, L 为变量 y_t 的极限值.

4. 生长曲线 (S 曲线) 预测模型

适用于观测对象的一组观测数据随着时间变化具有类似于生物的发展过程, 经历发生、发展和成熟三个阶段的数据特征. 通常每个阶段发展速度各不相同, 且发生阶段变化偏缓、发展阶段变化加快, 而在成熟阶段则变化又偏缓. 按照这一规律变动的曲线称为生长曲线.

代表的生长曲线预测模型包括 Gompertz 曲线:

$$\hat{y}_t = k a^{b^t}, \quad a,\ b \in \mathbb{R}. \tag{4.2.5}$$

Logistic 曲线:

$$\hat{y}_t = \frac{1}{k + a^{bt}} \quad \text{或} \quad \frac{1}{\hat{y}_t} = k + a^{bt}. \tag{4.2.6}$$

4.2.3 趋势外推模型的选择

趋势外推模型的选择主要依赖于主观的图形识别以及差分计算的结果比较.

1. **图形识别法**

将时间序列数据以时间 t 为横轴、序列观察值为纵轴绘制散点图, 通过比较时间序列随时间变化呈现出的变化特征以及各类趋势外推模型的图形特征进行比较, 人为选择出较为适宜的外推模型.

图形识别法的优点在于形象和直观, 易于掌握和操作, 但同时也容易受到相似曲线变动趋势的影响, 造成模型设定的偏差.

2. **差分计算法**

除了直观的图形特征外, 不同的趋势外推模型差分后具有的数值特征也是有所区别的. 为此, 考虑应用差分操作并结合适当的对比和计算进行模型选择.

给定时间序列 $\{y_t\}$, 其一阶差分定义为

$$\Delta y_t = y_t - y_{t-1}. \tag{4.2.7}$$

引进延迟算子 $B(By_t = y_{t-1})$, 则一阶差分可以表示为 $\Delta y_t = y_t - By_t = (1-B)y_t$, 逐次对差分后序列进行差分操作可以得到原始时间序列的高阶差分. 依据上述记号, 时间序列 $\{y_t\}$ 的 d 阶差分可以表示为

$$\Delta^d y_t = (1-B)^d y_t = \sum_{k=0}^{d} \mathrm{C}_d^k (-1)^k B^k y_t = \sum_{k=0}^{d} (-1)^k \mathrm{C}_d^k y_{t-k}. \tag{4.2.8}$$

表 4.2.2 列出了主要趋势外推模型的差分特征, 作为趋势外推方法选择的参考.

表 4.2.2 不同趋势外推方法差分特征

趋势外推模型	一阶差分	二阶差分	基于差分的计算
$\hat{y}_t = \beta_0 + \beta_1 t$	β_1	0	—
$\hat{y}_t = \beta_0 + \beta_1 t + \beta_2 t^2$	$\beta_1 + (2t-1)\beta_2$	$2\beta_2$	—
$\hat{y}_t = \beta_0 + \beta_1 t + \beta_2 t^2 + \beta_3 t^3$	$\beta_0' + \beta_1' t + \beta_2' t^2$ $\beta_0' = \beta_1 - \beta_2 + \beta_3$ $\beta_1' = 2\beta_2 - 3\beta_3$ $\beta_2' = 3\beta_3$	$\beta_0'' + \beta_1'' t$ $\beta_0'' = 2\beta_2 - 6\beta_3$ $\beta_1'' = 6\beta_3$	$\Delta^3 y_t = 6\beta_3$
$y_t = \beta_0 \mathrm{e}^{\beta_1 t}$	—	—	$\dfrac{y_t}{y_{t-1}} = \mathrm{e}^{\beta_1}$
$y_t = \beta_0 + \beta_1 \cdot \beta_2^t$	—	—	$\dfrac{y_t - y_{t-1}}{y_{t-1} - y_{t-2}} = \beta_2$

依据表 4.2.2 可以知道, 当时间序列各期一阶 (二阶或者三阶) 差分后数值相等或者大致相等时选择一次线性 (二次抛物线或者三次多项式曲线) 模型; 当时间序列相邻两期 (差分) 比值 $\dfrac{y_t}{y_{t-1}} \left(\dfrac{y_t - y_{t-1}}{y_{t-1} - y_{t-2}}\right)$ 相等或者大致相等时, 选择 (修正) 指数曲线模型.

4.3 多项式曲线趋势外推法

如前所述, 多项式曲线模型的基本形态为

$$y_t = \beta_0 + \beta_1 t + \beta_2 t^2 + \cdots + \beta_n t^n,$$

其中, y_t 为因变量的取值, $\beta_i(i = 0,\ 1,\ \cdots,\ n)$ 为待估参数, n 为多项式的次数.

本节重点介绍二次和三次多项式曲线预测模型及其应用.

4.3.1 二次多项式曲线预测

二次多项式曲线模型的基本形式为

$$y_t = \beta_0 + \beta_1 t + \beta_2 t^2. \tag{4.3.1}$$

为实现合理的趋势外推, 需要对式 (4.3.1) 中的参数进行正确的估计. 常用的二次多项式曲线参数估计方法包括最小二乘法和三点法.

应用最小二乘法需要对式 (4.3.1) 进行线性化处理, 将 t, t^2 分别视为自变量 x_{1t}, x_{2t} 进行回归分析 (模型满足线性回归模型的基本假设), 该部分参照多元线性回归分析内容进行处理. 本节重点介绍另一较为简单的三点法.

三点法的基本思想是: 在二次曲线模型上选择远、中、近期三点坐标作为预测模型待定参数 β_0, β_1, β_2 的估计值. 具体做法是, 使时间序列的总观察数 n 为奇数 (若为偶数, 则删去最初的一个观察期数据), 依据 n 的大小选择远、中、近三期数据各 k 组, 并用权数 $w_i = i(i = 1,\ 2,\ \cdots,\ k)$ 由远及近分别赋权并进行加权平均, 得到二次曲线预测模型上三点, 简记为 $(\bar{t}_1, \bar{y}_1)$, $(\bar{t}_2, \bar{y}_2)$, $(\bar{t}_3, \bar{y}_3)$. 一般地, 若 $n \geqslant 15$, 则取 $k = 5$; 若 $9 \leqslant n \leqslant 15$, 则取 $k = 3$. 因而, 将三点坐标代入式 (4.3.1) 即可得到参数的估计值.

对奇数次的 n 项观察值, 其中间项为 $d = \dfrac{n+1}{2}$, 以 $n \geqslant 15$ 为例, 远期 5 个观察值为 y_1, y_2, y_3, y_4, y_5, 其加权平均值为

$$\bar{y}_1 = \frac{y_1 + 2y_2 + 3y_3 + 4y_4 + 5y_5}{1+2+3+4+5}.$$

同理, 中期 5 个观察值为 y_{d-2}, y_{d-1}, y_d, y_{d+1}, y_{d+2}, 其加权平均值为

$$\bar{y}_2 = \frac{y_{d-2} + 2y_{d-1} + 3y_d + 4y_{d+1} + 5y_{d+2}}{1+2+3+4+5}.$$

近 5 期的观察值为 y_{n-4}, y_{n-3}, y_{n-2}, y_{n-1}, y_n, 其加权平均值为

$$\bar{y}_3=\frac{y_{n-4}+2y_{n-3}+3y_{n-2}+4y_{n-1}+5y_n}{1+2+3+4+5}.$$

对应地, 三种情况下观察期数加权平均值分别为

$$\bar{t}_1=\frac{1\times1+2\times2+3\times3+4\times4+5\times5}{1+2+3+4+5}=\frac{11}{3},$$

$$\bar{t}_2=\frac{1\times(d-2)+2\times(d-1)+3\times d+4\times(d+1)+5\times(d+2)}{1+2+3+4+5}=d+\frac{2}{3}=\frac{3n+7}{6},$$

$$\bar{t}_3=\frac{1\times(n-4)+2\times(n-3)+3\times(n-2)+4\times(n-1)+5\times n}{1+2+3+4+5}=n-\frac{4}{3},$$

从而, 以 5 期观察值进行加权平均后三点坐标分别为

$$\left(\frac{11}{3},\ \bar{y}_1\right),\quad \left(\frac{3n+7}{6},\ \bar{y}_2\right),\quad \left(\frac{3n-4}{3},\ \bar{y}_3\right).$$

将上述三点坐标代入式 (4.3.1) 有

$$\begin{cases}\bar{y}_1=\hat{\beta}_0+\dfrac{11}{3}\hat{\beta}_1+\left(\dfrac{11}{3}\right)^2\hat{\beta}_2,\\ \bar{y}_2=\hat{\beta}_0+\dfrac{3n+7}{6}\hat{\beta}_1+\left(\dfrac{3n+7}{6}\right)^2\hat{\beta}_2,\\ \bar{y}_3=\hat{\beta}_0+\dfrac{3n-4}{3}\hat{\beta}_1+\left(\dfrac{3n-4}{3}\right)^2\hat{\beta}_2.\end{cases}\tag{4.3.2}$$

方程 (4.3.2) 的系数矩阵行列式为一个三阶范德蒙德 (Vandermonde) 行列式, 联立求解可得三个参数估计值:

$$\hat{\beta}_0=\bar{y}_1-\frac{11}{3}\hat{\beta}_1-\frac{121}{9}\hat{\beta}_2,\quad \hat{\beta}_1=\frac{\bar{y}_3-\bar{y}_1}{n-5}-\frac{3n+7}{3}\hat{\beta}_2,\quad \hat{\beta}_2=\frac{2(\bar{y}_1+\bar{y}_3-2\bar{y}_2)}{(n-5)^2}.$$

类似地, 针对 $k=3$ 情形, 应用类似步骤可以得到如下的三个参数估计值:

$$\hat{\beta}_0=\bar{y}_1-\frac{7}{3}\hat{\beta}_1-\frac{49}{9}\hat{\beta}_2,\quad \hat{\beta}_1=\frac{\bar{y}_3-\bar{y}_1}{n-3}-\frac{3n+5}{3}\hat{\beta}_2,\quad \hat{\beta}_2=\frac{2(\bar{y}_1+\bar{y}_3-2\bar{y}_2)}{(n-3)^2}.$$

由于 $k=3$ 情形与 $k=5$ 情形完全类似, 读者可以自行推演.

二次多项式曲线在几何上为一抛物线, 即观测对象在其发展过程中经历了先增长 (下降) 再下降 (增长) 的过程, 所以也称为抛物线曲线模型. 应用三点法的优点在于: ①不需要时间序列的全部数据, 可以简化计算过程; ②此种计算方法在生命曲线趋势预测法里将发挥更大的作用.

例 4.3.1 设某公司 2005—2013 年商品销售收入如表 4.3.1 所示.

表 4.3.1　某公司 2005—2013 年商品销售收入　(单位: 万元)

年份序号	1	2	3	4	5	6	7	8	9
收入	545	641	764	923	1107	1322	1568	1836	2140

注: 表中 1 对应 2005 年, 以此类推.

应用三点法, 考虑 $k=3$, 得到三个参数的估计值为

$$\begin{cases} \hat{\beta}_3 = \dfrac{2(686.5+1943.3-2\times 1183.8)}{(9-3)^2} = 14.57, \\ \hat{\beta}_1 = \dfrac{1943.3-686.5}{9-3} - \dfrac{3\times 9+5}{3} \times 14.57 = 54.05, \\ \hat{\beta}_0 = 686.5 - \dfrac{7}{3} \times 54.05 - \dfrac{49}{9} \times 14.57 = 481.06, \end{cases}$$

因而, 相应的二次曲线预测模型为

$$\hat{y}_t = 481.06 + 54.05t + 14.57t^2. \tag{4.3.3}$$

依据式 (4.3.3), 将各年的时刻值代入即可得各年的内插值. 例如, 若想预测 2014 年的商品销售收入, 将 2014 年对应的时刻 $t=10$ 代入式 (4.3.3), 可得 $\hat{y}_{2004} = 2478.56$ 万元.

4.3.2　三次多项式曲线预测

三次多项式曲线模型的基本形式为

$$y_t = \beta_0 + \beta_1 t + \beta_2 t^2 + \beta_3 t^3. \tag{4.3.4}$$

由于三次多项式曲线模型包含四个参数, 类似二次多项式曲线模型情形, 除了最小二乘法之外, 本节介绍四点法并对其参数进行估计.

四点法的基本思想: 与三点法相似, 不过多了一个参数, 考虑按时间顺序分首段、中间偏左段、中间偏右段和末段进行数据选择并利用 $w_i = i(i=1,\ 2,\ \cdots,\ k)$ 进行加权平均. 一般地, 对观测期数 $n \geqslant 20$ 时, 取 $k=5$; 当观测期数 $n<20$ 时, 取 $k=3$.

记四个时间段的中点序号分别为 d_1, d_2, d_3, d_4, 考虑 $k=5$, 则容易知道 $d_1=3$, $d_4=n-2$, 依据如下等间隔原则:

$$d_4-d_3=d_3-d_2=d_2-d_1=\frac{(n-2)-3}{3}=\frac{n-5}{3},$$

可以得到 $d_2=\dfrac{n+4}{3}$, $d_3=\dfrac{2n-1}{3}$.

为保证 d_1, d_2, d_3, d_4 均为整数, 可取 $n = 20 + 3n'$, $n' \in \mathbb{Z}$(若 n 不满足, 可删除早期一期或两期数据).

四点法计算步骤如下:

$$\bar{y}_1 = \frac{y_1 + 2y_2 + 3y_3 + 4y_4 + 5y_5}{1+2+3+4+5},$$

$$\bar{y}_2 = \frac{y_{d_2-2} + 2y_{d_2-1} + 3y_{d_2} + 4y_{d_2+1} + 5y_{d_2+2}}{1+2+3+4+5},$$

$$\bar{y}_3 = \frac{y_{d_3-2} + 2y_{d_3-1} + 3y_{d_3} + 4y_{d_3+1} + 5y_{d_3+2}}{1+2+3+4+5},$$

$$\bar{y}_4 = \frac{y_{n-4} + 2y_{n-3} + 3y_{n-2} + 4y_{n-1} + 5y_n}{1+2+3+4+5}.$$

相应地, 时刻的加权平均值分别为

$$\bar{t}_1 = \frac{11}{3}, \quad \bar{t}_2 = d_2 + \frac{2}{3} = \frac{n+6}{3}, \quad \bar{t}_3 = d_3 + \frac{2}{3} = \frac{2n+1}{3}, \quad \bar{t}_4 = \frac{3n-4}{3},$$

从而, 得到三次多项式曲线上的四个点: $\left(\frac{11}{3}, \bar{y}_1\right)$, $\left(\frac{n+6}{3}, \bar{y}_2\right)$, $\left(\frac{2n+1}{3}, \bar{y}_3\right)$ 和 $\left(\frac{3n-4}{3}, \bar{y}_4\right)$. 将其代入式 (4.3.4) 并进行求解, 得到参数估计值为

$$\begin{cases} \hat{\beta}_0 = \bar{y}_1 - \dfrac{11}{3}\hat{\beta}_1 - \dfrac{121}{9}\hat{\beta}_2 - \dfrac{1331}{27}\hat{\beta}_3, \\ \hat{\beta}_1 = \dfrac{3(\bar{y}_2 - \bar{y}_1)}{n-5} - \dfrac{n+17}{3}\hat{\beta}_2 - \dfrac{n^2+23n+223}{9}\hat{\beta}_3, \\ \hat{\beta}_2 = \dfrac{9(\bar{y}_1 + \bar{y}_3 - 2\bar{y}_2)}{2(n-5)^2} - (n+6)\hat{\beta}_3, \\ \hat{\beta}_3 = \dfrac{9(-\bar{y}_1 + 3\bar{y}_2 - 3\bar{y}_3 + \bar{y}_4)}{2(n-5)^2}. \end{cases} \tag{4.3.5}$$

例 4.3.2 老化过程中大豆种子萌发率的变化随着生命力下降而下降, 表 4.3.2 给出了未老化大豆种子的萌发率数据.

表 4.3.2 未老化大豆种子在经历不同时长的吸胀后的萌发率 (单位: %)

时间/h	3	6	9	12	15	18	21	24	27	30	33
萌发率	0	0	0	0	0	4	10	20	25	34	49
时间/h	36	39	42	45	48	51	54	57	60	63	66
萌发率	64	65	72	77	83	88	90	93	95	96	98

这里 $n = 22$, 为保证各中点序号均为整数, 删除最初 $t = 3$, $t = 6$ 两个时刻的数据, 从而 $n = 20$, 得 $d_1 = 3$, $d_2 = 8$, $d_3 = 13$, $d_4 = 18$, 依据式 (4.3.5) 计算得四个

参数分别为

$$\begin{cases}\hat{\beta}_3 = \dfrac{9\times(-4.40+3\times 45.87-3\times 80.80+95.67)}{2\times(20-5)^2} = -0.2704,\\ \hat{\beta}_2 = \dfrac{9\times(4.40+80.80-2\times 45.87)}{2\times(20-5)^2} - (20+6)\times(-0.2704) = 6.8996,\\ \hat{\beta}_1 = \dfrac{3\times(45.87-4.40)}{20-5} - \dfrac{37}{3}\times 6.8996 - \dfrac{20^2+23\times 20+223}{9}\\ \quad\times(-0.2704) = -44.2630,\\ \hat{\beta}_0 = 4.40-\dfrac{11}{3}\times(-44.2630)-\dfrac{121}{9}\times 6.8996-\dfrac{1331}{27}\times(-0.2704) = 87.2661,\end{cases}$$

因而, 相应三次多项式曲线模型为

$$\hat{y}_t = 87.2661 - 44.2630t + 6.8996t^2 - 0.2704t^3.$$

需要提出的是, 通常利用最小二乘法得出的结果相对更为准确.

4.4　指数曲线趋势外推法

4.4.1　指数曲线预测

依据式 (4.2.2), 指数曲线的图形如图 4.4.1 所示.

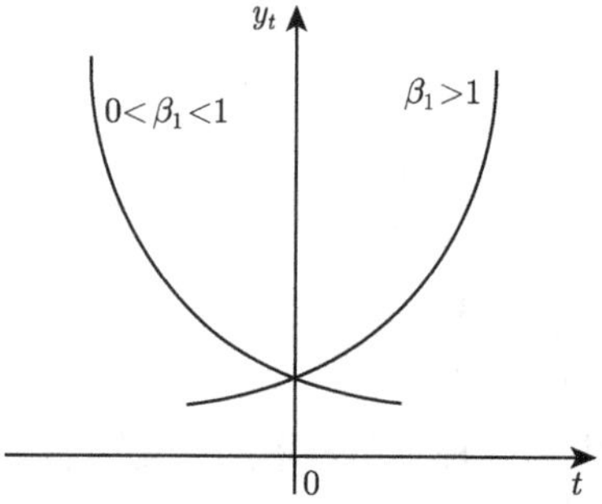

图 4.4.1　指数曲线

为实现对指数曲线的参数估计, 可首先进行如下的对数化处理, 将式 (4.2.2) 变为

$$\ln y_t = \ln\beta_0 + t\ln\beta_1. \tag{4.4.1}$$

令 $\beta_0^* = \ln\beta_0$, $\beta_1^* = \ln\beta_1$, 则式 (4.4.1) 可以写成

$$\ln y_t = \beta_0^* + \beta_1^* t. \tag{4.4.2}$$

式 (4.4.2) 为一线性方程, 可应用最小二乘法对参数进行估计, 也可利用如下的两点法进行参数估计.

设样本的观测期数为 $n=2m$(若不满足, 可删除最早一期的观测数据), 按照如下规则将观测数据分成两个部分:

第一部分: $(1,\ y_1),\ (2,\ y_2),\ \cdots,\ (m,\ y_m)$;

第二部分: $(m+1,\ y_{m+1}),\ (m+2,\ y_{m+2}),\ \cdots,\ (2m,\ y_{2m})$.

对上述两个部分计算算术平均值得到两点, 记作 $(t_1,\ \bar{y}_1)$, $(t_2,\ \bar{y}_2)$, 其中

$$\begin{cases} t_1=\dfrac{1+2+\cdots+m}{m}=\dfrac{m+1}{2}=\dfrac{n+2}{4}, \\ t_2=\dfrac{(m+1)+(m+2)+\cdots+2m}{m}=m+\dfrac{m+1}{2}=\dfrac{3n+2}{4}, \end{cases}$$

$$\bar{y}_1=\frac{y_1+y_2+\cdots+y_m}{m},\quad \bar{y}_2=\frac{y_{m+1}+y_{m+2}+\cdots+y_{2m}}{m}.$$

将上述两点坐标代入式 (4.4.2), 求解可得

$$\begin{cases} \hat{\beta}_1^*=\ln(\bar{y}_2/\bar{y}_1)\Big/\dfrac{n}{2}=\dfrac{2\ln(\bar{y}_2/\bar{y}_1)}{n}, \\ \hat{\beta}_0^*=\ln\bar{y}_1-\hat{\beta}_1^*\dfrac{n+2}{4}. \end{cases} \tag{4.4.3}$$

进而, 利用 $\hat{\beta}_0=\mathrm{e}^{\hat{\beta}_0^*}$, $\hat{\beta}_1=\mathrm{e}^{\hat{\beta}_1^*}$ 即可得到式 (4.2.1) 中两个参数的估计值.

例 4.4.1 表 4.4.1 给出我国 1996—2015 年城镇居民国内游客量.

表 4.4.1 我国 1996—2015 年城镇居民国内游客量 (单位: 百万人次)

年份	1996	1997	1998	1999	2000	2001	2002	2003	2004	2005
国内游客	256	259	250	284	329	375	385	351	459	496
年份	2006	2007	2008	2009	2010	2011	2012	2013	2014	2015
国内游客	576	612	703	903	1065	1687	1933	2186	2483	2802

图 4.4.2 给出了表 4.4.1 所列出的数据散点图.

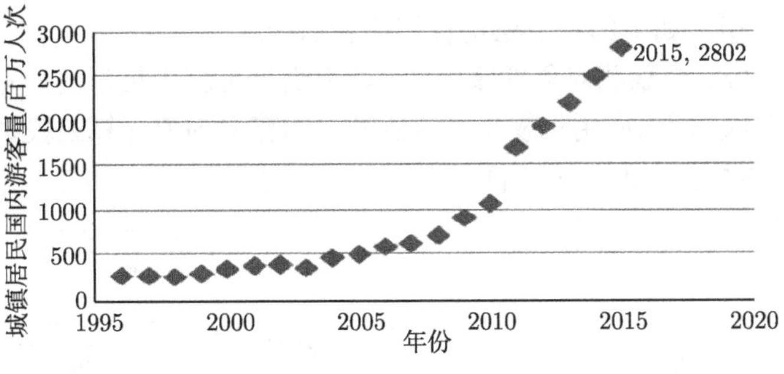

图 4.4.2 我国 1996—2015 年城镇居民国内游客量散点图

从图 4.4.2 的数据散点图可以看出, 城镇居民国内游客量近似服从指数曲线. 依据二点法, 应用指数曲线预测模型计算过程如下:

这里, $n = 20$, $m = 10$, 从而

$$\begin{cases} t_1 = \dfrac{1+2+\cdots+10}{10} = 5.5, \\ t_2 = \dfrac{(10+1)+(10+2)+\cdots+20}{10} = 15.5, \end{cases}$$

$$\bar{y}_1 = \frac{y_1+y_2+\cdots+y_{10}}{10} = 344.40, \quad \bar{y}_2 = \frac{y_{11}+y_{12}+\cdots+y_{20}}{10} = 1495.$$

进而, 依据式 (4.4.3) 可以得到

$$\hat{\beta}_1^* = 0.0638, \quad \hat{\beta}_0^* = 3.1872,$$

从而, $\hat{\beta}_1 = 1.0659$, $\hat{\beta}_0 = 24.2205$, 也即对应的指数曲线应为

$$\hat{y}_t = 24.2205\mathrm{e}^{1.0659t}.$$

4.4.2 修正的指数曲线预测

现实生活中, 如图 4.4.1 所示, 随着时间 t 的推移, 预测对象的观察值一直单调递增 (单调递减) 趋于无穷大 (零水平值) 是很少发生的. 类似于生物种群的发展模式, 常见的观测对象通常在发展之初增长速度较快, 随着时间的推移和自身体量的增大, 增速逐渐放缓直至最终趋于近似平稳的状态. 为适应此类数值变化趋势, 如下的修正指数曲线模型是适用的:

$$\hat{y}_t = \beta_0 + \beta_1\beta_2^t, \tag{4.4.4}$$

这里, $\beta_0 > 0$, $\beta_1 < 0$, $0 < \beta_2 < 1$ 为参数, t 为时间变量.

由 β_2 的范围可以知道, 当时间 t 趋于无穷时, $\hat{y}_t$ 的极限值为 β_0, 也即 β_0 可以视为饱和值 (也称为极限值).

式 (4.4.4) 中包含三个待估参数, 类似指数曲线模型, 除了应用最小二乘原理进行参数估计外, 引入如下的三点法进行简化和估计.

对 $n(n = 3m)$ 个观测对象的观测值 (若不满足可删去最早的一期或两期观测数据), 将 y_t 分成三段, 应用加权平均或者简单的算术均值计算三段数据的时间均值以及观测样本均值, 记为 $(\bar{t}_1, \bar{y}_1)$, $(\bar{t}_2, \bar{y}_2)$, $(\bar{t}_3, \bar{y}_3)$, 有

$$\bar{t}_1 = \frac{1+2+\cdots+m}{m} = \frac{m+1}{2}, \qquad \bar{y}_1 = \frac{y_1+y_2+\cdots+y_m}{m},$$

$$\bar{t}_2 = \frac{m\cdot m+1+2+\cdots+m}{m} = \frac{3m+1}{2}, \quad \bar{y}_2 = \frac{y_{m+1}+y_{m+2}+\cdots+y_{2m}}{m},$$

$$\bar{t}_3 = \frac{2m\cdot m+1+2+\cdots+m}{m} = \frac{5m+1}{2}, \quad \bar{y}_3 = \frac{y_{2m+1}+y_{2m+2}+\cdots+y_{3m}}{m}.$$

将三点坐标代入式 (4.4.4), 有

$$\bar{y}_i = \beta_0 + \beta_1 \beta_2^{\bar{t}_i}, \quad i = 1,\ 2,\ 3.$$

求解上述方程可以得到

$$\hat{\beta}_2 = \sqrt[m]{\frac{\bar{y}_3 - \bar{y}_2}{\bar{y}_2 - \bar{y}_1}}, \quad \hat{\beta}_1 = \frac{\bar{y}_2 - \bar{y}_1}{\hat{\beta}_2^{\frac{m+1}{2}}\left(\hat{\beta}_2^m - 1\right)}, \quad \hat{\beta}_0 = \frac{\bar{y}_1 \hat{\beta}_2^m - \bar{y}_2}{\hat{\beta}_2^m - 1}. \tag{4.4.5}$$

4.5 生长曲线趋势外推法

对于预测事件的观测数据随着时间变化符合生长曲线的规律情形, 可以以生长曲线模型进行预测. 通常而言, 事物总是经历发生、发展和成熟三个阶段. 并且, 在三个不同的阶段, 事物变化的速度会由缓慢到加快再到趋于缓慢的过程, 也即变化速率各不相同, 按照这一发展规律得到的变化曲线即称为生长曲线.

4.5.1 Gompertz 曲线模型

Gompertz 曲线模型最初由 Gompertz 于 1825 年提出, 作为动物种群的生长模型, 用来描述种群的消亡规律.

Gompertz 曲线模型的一般形式为

$$y_t = ka^{b^{\,t}} \quad (a, b \in (0,1), k > 0), \tag{4.5.1}$$

其中, k, a, b 为参数.

式 (4.5.1) 描述了这样一类发展趋势: 初期增长速度缓慢, 随后加快并在达到一定程度后逐渐减慢直至趋于一条饱和直线. 其几何图形如图 4.5.1 所示.

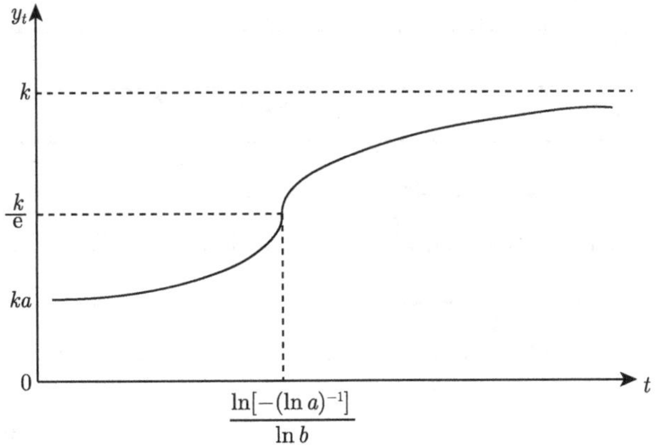

图 4.5.1 Gompertz 曲线

Gompertz 曲线的适用条件可以参考修正指数曲线情形, 因为其可以转化为修正的指数曲线形式.

对 $y_t = ka^{b^t}$ 的两端取自然对数, 有

$$\ln y_t = \ln k + b^t \cdot \ln a.$$

令 $y_t^* = \ln y_t$, $k^* = \ln k$, $a^* = \ln a$, 可将上式转化为如下的修正指数曲线:

$$y_t^* = k^* + a^* \cdot b^t. \tag{4.5.2}$$

依据修正指数曲线, Gompertz 曲线适用于取对数处理后的一阶差分环比为一常数情形.

进而, 由式 (4.5.1) 可得式 (4.5.2) 中参数估计值为

$$\hat{b} = \sqrt[m]{\frac{\overline{\ln y_3} - \overline{\ln y_2}}{\overline{\ln y_2} - \overline{\ln y_1}}}, \quad \hat{k}^* = \frac{\overline{\ln y_1}\hat{b}^m - \overline{\ln y_2}}{\hat{b}^m - 1}; \quad \hat{a}^* = \frac{\overline{\ln y_2} - \overline{\ln y_1}}{\hat{b}^{\frac{m+1}{2}}\left(\hat{b}^m - 1\right)},$$

其中 $\overline{\ln y_i}$, $i = 1, 2, 3$ 表示将原始时序划分为等时期数的三段样本值取对数后平均数.

例 4.5.1　表 4.5.1 给出了某销售公司 16 个月的销售量数据:

表 4.5.1

月份序号	1	2	3	4	5	6	7	8
销量/万件	0.75	0.50	0.60	0.80	1.02	1.50	2.05	2.38
月份序号	9	10	11	12	13	14	15	16
销量/万件	2.65	2.75	2.84	2.90	2.95	2.84	2.90	2.80

试用 Gompertz 曲线描述销售量随时间的变化情况.

解　销售量随时间的变化曲线如图 4.5.2 所示.

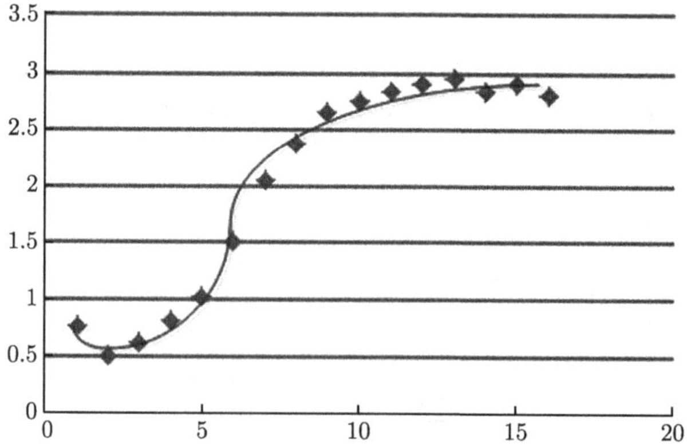

图 4.5.2　销售量随时间变化趋势图

由图 4.5.2 可以看出, 两者之间的变化近似与 Gompertz 曲线相吻合. 将观测数据分为 3 组, 每组 5 个数据 (去掉最早期一个数值), 取对数后应用三点法可得计算结果为

$$\hat{b} = 0.6536, \quad \hat{k}^* = 0.4669, \quad \hat{a}^* = -1.5387,$$

从而, 上述变化关系的 Gompertz 曲线为 $y_t = 1.5950 \cdot 0.2147^{0.6536^t}$.

由上述 Gompertz 曲线, 可以对未来值进行一定的预测.

4.5.2 Logistic 曲线模型

Logistic 曲线由 Pierre François Verhulst(皮埃尔 • 弗朗索瓦 • 韦吕勒) 于 1844 至 1845 年在研究人口增长关系时提出并命名的. 曲线的变化趋势表现为事物的起初阶段大致呈指数增长; 随后增加速度变慢并趋于饱和; 最后在达到成熟时增加停止.

求解 Logistic 微分方程 $\dfrac{\mathrm{d}P}{\mathrm{d}t} = rP\left(1 - \dfrac{P}{K}\right)$ (P 为种群数, K 为终值, r 为衡量曲线变化速率), 方程的解为 $P(t) = \dfrac{KP_0\mathrm{e}^{rt}}{K + P_0(\mathrm{e}^{rt} - 1)}$, P_0 为初始值. 对上式进行变形, Logistic 曲线的一般形式为

$$y_t = \frac{k}{1 + a\mathrm{e}^{-bt}}, \tag{4.5.3}$$

这里, k, a, b 为参数.

Logistic 曲线的一般形式可描绘成图 4.5.3.

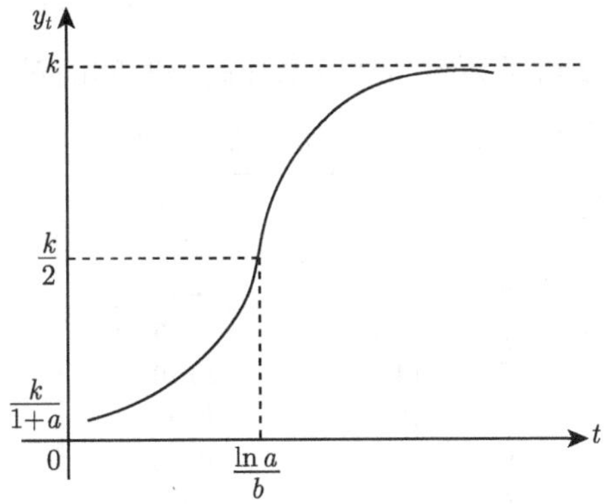

图 4.5.3 Logistic 曲线

依据式 (4.5.3), 有

当 $t \to 0$ 时, $y_t \to \dfrac{k}{1+a}$; 当 $t \to +\infty$ 时, $y_t \to k$; 当 $t \to -\infty$ 时, $y_t \to 0$.

可见, k 为事物发展趋于饱和时的极限值. 且容易计算出曲线的拐点坐标为 $\left(\frac{k}{2}, \ln\frac{a}{b}\right)$.

与 Gompertz 曲线相似, Logistic 曲线的适用条件也可以参照修正指数曲线. 其原因为, 可通过如下的变换将其变换为修正指数曲线形式:

对式 (4.5.3) 两边同时取倒数, 有

$$\frac{1}{y_t}=\frac{1+a\mathrm{e}^{-bt}}{k}=\frac{1}{k}+\frac{a\mathrm{e}^{-bt}}{k}.$$

令 $y_t^*=\frac{1}{y_t}$, $k^*=\frac{1}{k}$, $a^*=\frac{a}{k}$, $b^*=\mathrm{e}^{-b}$, 则有

$$y_t^*=k^*+a^*\cdot(b^*)^t. \tag{4.5.4}$$

可以看到, 式 (4.5.4) 为修正指数曲线形式. 从而, Logistic 曲线适用于某时间序列取倒数后其一阶差分环比序列近似为一常数情形.

进而, 由式 (4.4.5) 可得式 (4.5.4) 中参数估计值为

$$\hat{b}^*=\sqrt[m]{\frac{\bar{Y}_3-\bar{Y}_2}{\bar{Y}_2-\bar{Y}_1}},\quad k^*=\frac{\bar{Y}_2-\bar{Y}_1}{\left(\hat{b}^*\right)^{\frac{m+1}{2}}\left(\left(\hat{b}^*\right)^m-1\right)},\quad a^*=\frac{\bar{Y}_1\left(\hat{b}^*\right)^m-\bar{Y}_2}{\left(\hat{b}^*\right)^m-1},$$

其中 $\bar{Y}_1=\frac{1}{m}\sum_{t=1}^{m}\frac{1}{y_t}$, $\quad\bar{Y}_2=\frac{1}{m}\sum_{t=m+1}^{2m}\frac{1}{y_t}$, $\quad\bar{Y}_3=\frac{1}{m}\sum_{t=2m+1}^{3m}\frac{1}{y_t}$.

例 4.5.2 表 4.5.2 给了某新品种玉米株高与时间的对照数据.

表 4.5.2 玉米株高数据

时间	高度/cm	时间	高度/cm	时间	高度/cm
1	0.67	11	9.91	21	83.89
2	0.85	12	12.75	22	97.46
3	1.28	13	16.55	23	112.70
4	1.75	14	20.10	24	135.10
5	2.27	15	27.35	25	153.60
6	2.75	16	32.55	26	160.30
7	3.69	17	37.55	27	167.10
8	4.71	18	44.75	28	174.90
9	6.36	19	53.38	29	177.90
10	7.73	20	71.61	30	180.20

试用 Logistic 曲线描述新品种玉米株高随时间的变化情况.

解 依据表 4.5.2, 计算其取倒数后一阶差分环比序列可以发现, 其值基本上围绕 1 上下波动, 可以认为其趋近于常数. 因此, 本例可以用 Logistic 曲线加以描述.

依据前面的分析结果, 可以知道

$$y_t = \frac{0.4515}{1 + 0.0021\mathrm{e}^{-0.1151\cdot t}}.$$

4.6 曲线拟合优度分析

由前面的章节可以知道, 对于获得的事物实际观测数据, 通过绘制散点图只能主观上认定可适用于哪一类模型. 而实际上, 很多模型具有相似的形状, 仅凭主观的认定往往对预测的效果产生负面的后果. 为克服这一不足, 一般会设定多个模型形式并进行模型拟合, 在进行拟合优度分析后再确定数据适用的数学模型. 因而, 拟合优度是对模型刻画客观数据优劣程度的表征.

设 $\{y_t,\ t = 1,\ 2,\ \cdots,\ T\}$ 为观测时间序列, $\{\hat{y}_t,\ t = 1,\ 2,\ \cdots,\ T\}$ 为经曲线拟合后预测时间序列, 本章将介绍几个常用的曲线拟合优度指标.

1. 标准误差

$$\mathrm{STE} = \sqrt{\frac{\sum_{t=1}^{T}(y_t - \hat{y}_t)^2}{T}} \tag{4.6.1}$$

标准误差反映了拟合值与实际值之间的累积距离平方和, 为绝对指标. 标准误差值越大, 表明曲线拟合的效果越差, 反之则越好.

2. 其他指标

基于式 (4.6.1), 可定义如下的拟合优度指标:

$$R_{\mathrm{NL}} = \sqrt{\frac{\sum_{t=1}^{T}(y_t - \hat{y}_t)^2}{\sum_{t=1}^{T} y_t^2}}, \tag{4.6.2}$$

以及

$$\mathrm{FR}=\frac{\sum_{t=1}^{T} y_t\hat{y}_t}{\sqrt{\sum_{t=1}^{T} y_t^2}\sqrt{\sum_{t=1}^{T}\hat{y}_t^2}}. \tag{4.6.3}$$

式 (4.6.2) 与 (4.6.3) 均为相对指标, R_{NL} 越接近于 0 或者 FR 数值越接近于 1, 表明曲线拟合的效果越好.

事实上, 依据前面回归分析部分误差相关理论, 还可以构造其他形式的拟合优度指标. 式 (4.6.1)—(4.6.3) 已经可以作为曲线拟合优度的有效度量, 可配合使用以达到模型遴选以提高预测精度的目的.

以表 4.6.1 给出的某医院给出的钩虫病患者治疗次数与复查阳性率的对应数据为例.

表 4.6.1　钩虫病患者治疗次数与复查阳性率

x	1	2	3	4	5	6	7	8
y	63.9	36.0	17.1	10.5	7.3	4.5	2.8	1.7

依据已有文献的计算, 对上述数据进行曲线拟合的结果为

$$\hat{y}_1=\frac{1}{-0.1438+0.0737x},\quad \hat{y}_2=\mathrm{e}^{4.5347}\cdot x^{-1.7251},$$

$$\hat{y}_3=57.5992-29.8921\cdot\ln x,\quad \hat{y}_4=\mathrm{e}^{4.5261-0.5062x},$$

$$\hat{y}_5=\frac{100\mathrm{e}^{0.7814}\cdot x^{-2.1857}}{1+\mathrm{e}^{0.7814}\cdot x^{-2.1857}},\quad \hat{y}_6=113.7959\cdot\mathrm{e}^{-0.5812x}.$$

基于上述模型, 可以得到各模型给出的预测值如表 4.6.2 所示.

表 4.6.2　钩虫病患者治疗次数与复查阳性率

x	1	2	3	4	5	6	7	8
$\hat{y}_1$	−14.265	277.78	12.937	6.623	4.450	3.351	2.687	2.243
$\hat{y}_2$	93.196	28.190	14.006	8.527	5.802	4.236	3.247	2.579
$\hat{y}_3$	57.599	36.880	24.759	16.160	9.490	4.040	−0.568	−4.560
$\hat{y}_4$	55.696	33.572	20.237	12.198	7.353	4.432	2.671	1.610
$\hat{y}_5$	68.598	32.440	16.523	9.547	6.086	4.169	3.013	2.267
$\hat{y}_6$	63.636	35.588	19.902	11.130	6.234	3.481	1.946	1.088

结合上述三个测度进行比较, 比较的结果如表 4.6.3 所示.

表 4.6.3 6 种曲线拟合结果比较

	$\hat{y}_1$	$\hat{y}_2$	$\hat{y}_3$	$\hat{y}_4$	$\hat{y}_5$	$\hat{y}_6$
标准误差	78.8218	29.5936	13.8504	9.6299	5.0430	3.4302
R_{NL}	3.3187	0.3995	0.1784	0.1210	0.0804	0.0448
FR	0.4423	0.9717	0.9840	0.9963	0.9972	0.9990

依据表 4.6.3 可以看出, 无论是哪种拟合优度的指标, 均可以得出 $\hat{y}_5$ 和 $\hat{y}_6$ 的拟合效果较其他 4 种方法更好的结论. 其中 $\hat{y}_6$ 的效果最好, 因而在实际的操作过程中可以选择第 6 种曲线拟合方法进行数据的建模分析.

与回归分析类似, 曲线拟合同样假定事物过去的形态将延续到未来. 拟合优度分析仅仅反映了样本期内曲线对已有数据拟合的效果. 为获得更为准确的预测效果, 预测者需要搜集尽可能多的其他有关数据并就这一趋势的延续性进行判断, 同时兼顾可能存在的多种扰动因素.

习 题 4

1. 什么是时间序列?
2. 什么是时间序列的确定性分解?
3. 现有表 4.1 的资料.

表 4.1 (单位: 亿元)

时刻 (期)	1	2	3	4	5	6	7	8	9	10
销售额	3.92	4.90	6.02	7.00	7.50	8.10	8.25	8.51	9.27	10.23

试用 Gompertz 曲线模型预测第 11 期的销售额.

4. 某市历年电脑家庭普及率如表 4.2 所示.

表 4.2 (单位: %)

时刻 (期)	1	2	3	4	5	6	7	8	9	10	11
普及率	10.58	17.09	26.74	40.40	53.83	66.67	76.85	86.38	90.30	94.20	94.27

专家们认为该市电脑普及率的极限水平为 102%, 试选择合适的生长曲线模型估计该市第 12 期的电脑普及率数据.

第 5 章　马尔可夫预测方法

随着市场经济的发展, 各个国家、行业和企业间的竞争越来越激烈, 而市场状态的转移是市场竞争不断深化的表现. 及时掌握市场状态的变化规律, 在市场竞争中处于不败之地, 是各类市场竞争者的追求. 在实际情况中, 各个状态出现的概率是不断变化的, 而且变化是一个随机过程. 其中, 最简洁的随机过程就是马尔可夫过程. 本章介绍的马尔可夫预测方法可用来对现实中很多具有无后效性特点的随机过程进行预测.

5.1　马尔可夫链基本理论

人们通常把某事物在某一时间的状况称为该事物在这一时间所处的状态. 例如, 某种商品的销售状况有 “畅销”“平销” 和 “滞销” 三种状态. 将事物所处的不同状态所构成的集合称为状态空间, 记为 $I = \{0,1,2,\cdots\}$. 在此基础上, 马尔可夫链的定义如下:

定义 5.1.1　设有随机过程 $X_T = \{X_t, t \in T\}$, 其中时间 $T = \{0, 1, 2, \cdots\}$, 状态空间为 $I = \{1,2,\cdots\}$. 若对任意的正整数 k, 任意 $t_i \in T$, $t_i < t_{i+1}$ $(i = 0, 1, 2, \cdots, k+1)$ 及任意非负整数 $i_0, i_1, \cdots, i_{k+1}$, 有

$$\begin{aligned}&P\{X_{t_{k+1}} = i_{k+1} | X_{t_0} = i_0, X_{t_1} = i_1, \cdots, X_{t_k} = i_k\}\\ =&P\{X_{t_{k+1}} = i_{k+1} | X_{t_k} = i_k\},\end{aligned} \tag{5.1.1}$$

则称 X_T 为一个离散时间的马尔可夫链, 简称马尔可夫链或马氏链.

在马尔可夫链定义中, 式 (5.1.1) 表示的性质被称为马尔可夫性或无后效性. 无后效性的直观意义是: 如果把时刻 t_k 看作现在, 那么 t_{k+1} 是将来的时刻, 而 $t_0, t_1, \cdots, t_{k-1}$ 则是以前的时刻, 马尔可夫性表示在确切知道系统现在状态的条件下, 系统将来状态的概率分布只与现在的状态有关, 与之前的状态无关.

条件概率 $P\{X_{n+k} = j | X_n = i\}$ 的直观意义为系统在时刻 n 所处的状态 i 的条件下, 在时刻 $n + k$ 处于状态 j 的概率. 一般地, 我们称状态的变化为状态转移, 每个单位时间状态均转移一步, 所以条件概率 $P\{X_{n+k} = j | X_n = i\}$ 称为在时刻 n 系统从状态 i 经过 k 步转移后, 处于状态 j 的转移概率, 称为 k 步转移概率, 记为

$$p_{ij}^{(k)}(n) = P\{X_{n+k} = j | X_n = i\}, \quad i, j \in I.$$

一般地, 转移概率 $p_{ij}^{(k)}(n)$ 不仅与状态 i 和 j 有关, 而且与时刻 n 有关, 当 $p_{ij}^{(k)}(n)$ 与 n 无关时, 表明马尔可夫链具有平稳的转移概率, 此时称马尔可夫链为 (时间) 齐次的马尔可夫链, 并把 $p_{ij}^{(k)}(n)$ 记为 $p_{ij}^{(k)}$. 以下我们仅讨论齐次的马尔可夫链, 通常将 "齐次" 两字省略. 当 k=1 时, 把 $p_{ij}^{(1)}$ 记为 p_{ij}, 称之为马尔可夫链的一步转移概率. 马尔可夫链的 k 步转移概率所组成的矩阵

$$P^{(k)}=(p_{ij}^{(k)})=\begin{bmatrix} p_{00}^{(k)} & p_{01}^{(k)} & p_{02}^{(k)} & \cdots \\ p_{10}^{(k)} & p_{11}^{(k)} & p_{12}^{(k)} & \cdots \\ \vdots & \vdots & \vdots & \\ p_{i0}^{(k)} & p_{i1}^{(k)} & p_{i2}^{(k)} & \cdots \\ \vdots & \vdots & \vdots & \end{bmatrix}$$

称为 k 步转移概率矩阵. 特别地, 规定 $p_{ij}^{(0)}=\delta_{ij}=\begin{cases} 0, & i\neq j, \\ 1, & i=j. \end{cases}$ 当 k=1 时, 一步转移概率矩阵记为

$$P^{(1)}=P=(p_{ij})=\begin{bmatrix} p_{00} & p_{01} & p_{02} & \cdots \\ p_{10} & p_{11} & p_{12} & \cdots \\ \vdots & \vdots & \vdots & \\ p_{i0} & p_{i1} & p_{i2} & \cdots \\ \vdots & \vdots & \vdots & \end{bmatrix}.$$

显然, 转移概率矩阵具有如下性质:

(1) $p_{ij}^{(k)}\geqslant 0,\ i,j\in I$; (2) $\sum\limits_{j\in I}p_{ij}^{(k)}=1,\ i\in I,\ k=1,2,\cdots$.

马尔可夫链的 k 步转移概率满足重要的 Chapman-Kolmogorov 方程 (C-K 方程).

定理 5.1.1 (C-K 方程, Chapman-Kolmogorov 方程) 对于任意的正整数 k, l 及 $i,j\in I$ 有

$$p_{ij}^{(k+l)}=\sum_{r\in I}p_{ir}^{(k)}p_{rj}^{(l)}. \tag{5.1.2}$$

根据定理 5.1.1, C-K 方程也可以写成矩阵形式为 $P^{(k+l)}=P^{(k)}P^{(l)}$. 因此, 我们有 k+1 步转移概率与一步转移概率之间的关系为

$$p_{ij}^{(k+1)}=\sum_{j_1,j_2,\cdots,j_k\in I}p_{ij_1}p_{j_1j_2}\cdots p_{j_kj}.$$

n 步转移概率矩阵 $P^{(n)}$ 与一步转移概率矩阵 P 的关系为 $P^{(n)}=P^n$.

定义 5.1.2　马尔可夫链 $X_T=\{X_n,n=0,1,2,\cdots\}$, 初始时刻取各状态的概率

$$P\{X_0=i\}=p_i,\quad i\in I,$$

称为 X_T 的初始概率分布, 简称为初始分布. 在时刻 n 取各状态的概率

$$P\{X_n=i\}=p_i^{(n)},\quad i\in I,$$

称为在时刻 n 的绝对概率分布, 简称为绝对分布.

特别地, 对于有限个状态空间为 $I=\{0,1,2,\cdots,N\}$ 的马尔可夫链, 有 $p_j^{(n)}=\sum\limits_{i\in I}p_ip_{ij}^{(n)}(i,j\in I)$, 即时刻 n 的绝对概率分布等于初始分布与 n 步转移概率的乘积, 写成矩阵形式为

$$\begin{aligned}[p_0^{(n)},p_1^{(n)},\cdots,p_N^{(n)}]=&[p_0,p_1,\cdots,p_N]\cdot\begin{bmatrix}p_{00}^{(n)} & p_{01}^{(n)} & \cdots & p_{0N}^{(n)}\\ p_{10}^{(n)} & p_{11}^{(n)} & \cdots & p_{1N}^{(n)}\\ \cdots & \cdots & \cdots & \cdots\\ p_{N0}^{(n)} & p_{N1}^{(n)} & \cdots & p_{NN}^{(n)}\end{bmatrix}\\ =&[p_0,p_1,\cdots,p_N]\cdot P^{(n)}=[p_0,p_1,\cdots,p_N]\cdot P^n.\end{aligned}\tag{5.1.3}$$

可见, 马尔可夫链在时刻 n 的绝对概率分布可由初始分布与一步转移概率矩阵 P 决定.

例 5.1.1 (直线上的随机游动)　设一质点在线段 [1, 5] 上随机游动, 状态空间 $I=\{1,2,3,4,5\}$, 每秒钟发生一次随机游动 (图 5.1.1).

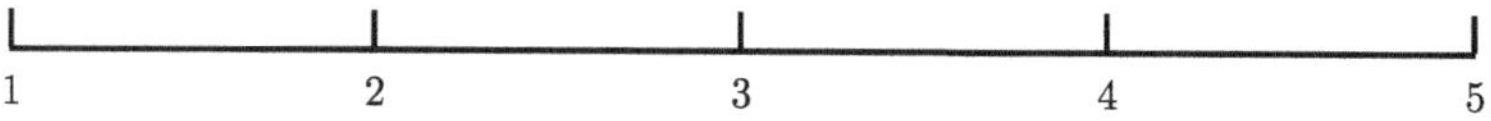

图 5.1.1　直线上的随机游动

移动的规则为

(1) 若移动前在 2, 3, 4 处, 则均以概率 $\dfrac{1}{3}$ 向左、向右移动一单位或停留在原处;

(2) 若移动前在 1 处, 则以概率 1 移动到 2 处;

(3) 若移动前在 5 处, 则以概率 1 移动到 4 处.

用 X_n 表示在时刻 n 质点的位置, 则 $\{X_n,n\geqslant 0\}$ 是一个有限齐次马尔可夫链, 其一步转移概率矩阵为

$$P=\begin{bmatrix}0 & 1 & 0 & 0 & 0\\ \frac{1}{3} & \frac{1}{3} & \frac{1}{3} & 0 & 0\\ 0 & \frac{1}{3} & \frac{1}{3} & \frac{1}{3} & 0\\ 0 & 0 & \frac{1}{3} & \frac{1}{3} & \frac{1}{3}\\ 0 & 0 & 0 & 1 & 0\end{bmatrix}.$$

该直线上的随机游动模型称为不可越壁的随机游动模型. 若移动规则改为

(1) 若移动前在 2, 3, 4 处, 则均以概率 $\frac{1}{2}$ 向左、向右移动一单位;

(2) 若移动前在 1, 5 处, 则以概率 1 停留在原处.

则此有限齐次马尔可夫链的一步转移概率矩阵为

$$P=\begin{bmatrix} 1 & 0 & 0 & 0 & 0 \\ \frac{1}{2} & 0 & \frac{1}{2} & 0 & 0 \\ 0 & \frac{1}{2} & 0 & \frac{1}{2} & 0 \\ 0 & 0 & \frac{1}{2} & 0 & \frac{1}{2} \\ 0 & 0 & 0 & 0 & 1 \end{bmatrix}.$$

因为质点在质点 1, 5 处被 "吸收", 所以称为有两个吸收壁的随机游动模型.

定义 5.1.3 若马尔可夫链 $X_T=\{X_n, n=0,1,2,\cdots\}$ 的状态空间为 I, 若对一切 $i,j\in I$, 均存在不依赖于 i 的极限 $\pi(j)$, 使得

$$\lim_{n\to\infty} p_{ij}^{(n)}=\pi(j), \tag{5.1.4}$$

则称此马尔可夫链具有遍历性, 其中 $p_{ij}^{(n)}$ 是马尔可夫链的 n 步转移概率.

马尔可夫链的遍历性表明, 无论从哪一个状态 i $(i\in I)$ 出发, 当转移的步数充分大时, 转移到状态 j 的概率都接近于常数 $\pi(j)$.

定义 5.1.4 设马尔可夫链 $X_T=\{X_n, n=0,1,2,\cdots\}$ 的转移概率矩阵 $P=(p_{ij})$, 如果存在非负数列 $\{\pi(j)\}$ 满足

$$\sum_{j=0}^{\infty}\pi(j)=1 \text{ 且 } \pi(j)=\sum_{i=0}^{\infty}\pi(i)p_{ij}, \quad j=0,1,2,\cdots,$$

则称 $\{\pi(j), j\in I\}$ 为马尔可夫链 $X_T=\{X_n, n=0,1,2,\cdots\}$ 的平稳分布.

定理 5.1.2 (遍历性定理) 若状态有限的马尔可夫链 $X_T=\{X_n, n=0,1,2,\cdots\}$ 的状态空间为 $I=\{0,1,2,\cdots,N\}$, 如果存在正整数 n_0, 使对一切 $i,j\in I$ 都有 $p_{ij}^{(n_0)}>0$, 则此马尔可夫链是遍历的, 且平稳分布 $\pi(j)$, $j\in I$ 是方程组

$$\pi(j)=\sum_{i=0}^{N}\pi(i)p_{ij}, \quad j=0,1,\cdots,N$$

满足条件 $\pi(j)>0$ 且 $\sum\limits_{j=0}^{N}\pi(j)=1$ 的唯一解. 也即该有限状态空间的马尔可夫链平稳分布存在且唯一.

遍历性定理表明, 无论马尔可夫链从哪一状态 i 出发, 都能以正概率经有限次转移到达链中预先指定的任一状态, 该定理也给出了求平稳分布 $\pi(j)$ 的方法.

例 5.1.2　设马尔可夫链 $X_T = \{X_n, n = 0,1,2,\cdots\}$ 的状态空间为 $I = \{1,2,3\}$, 其一步转移矩阵为 $P = \begin{bmatrix} \frac{1}{3} & \frac{2}{3} & 0 \\ \frac{1}{3} & 0 & \frac{2}{3} \\ 0 & \frac{1}{3} & \frac{2}{3} \end{bmatrix}$, 试证此马尔可夫链具有遍历性, 并求其平稳分布.

解　由于

$$P^{(2)} = P^2 = \begin{bmatrix} \frac{1}{3} & \frac{2}{9} & \frac{4}{9} \\ \frac{1}{9} & \frac{4}{9} & \frac{4}{9} \\ \frac{1}{9} & \frac{2}{9} & \frac{2}{3} \end{bmatrix}.$$

所以, 当 $n_0 = 2$ 时, 对一切 $i,j \in I$ 都有 $p_{ij}^{(2)} > 0$, 因此该马尔可夫链具有遍历性. 由定理 5.1.2, 建立方程组:

$$\begin{cases} \pi(1) = \dfrac{\pi(1)}{3} + \dfrac{\pi(2)}{3}, \\ \pi(2) = \dfrac{2\pi(1)}{3} + \dfrac{\pi(3)}{3}, \\ \pi(3) = \dfrac{2\pi(2)}{3} + \dfrac{2\pi(3)}{3}, \\ \pi(1) + \pi(2) + \pi(3) = 1, \\ \pi(1) > 0, \pi(2) > 0, \pi(3) > 0, \end{cases}$$

解得 $\pi(1) = \frac{1}{7}$, $\pi(2) = \frac{2}{7}$, $\pi(3) = \frac{4}{7}$, 即为该马尔可夫链的平稳分布.

5.2　马尔可夫预测方法

马尔可夫方法的基本内容之一就是系统状态的转移概率矩阵的估算. 为了求出每一个转移概率, 一般采用以频率近似概率的思想进行计算.

马尔可夫链预测的基本步骤:

(1) 划分状态空间, 确定状态空间 $I = \{1, 2, \cdots, N\}$. 划分预测对象的状态可以根据预测对象明显的状态界限直接进行, 也可根据实际情况人为判断, 划分时要考虑到预测目的和状态的全面性.

(2) 按步骤 (1) 所划分的状态区间, 确定资料序列中各时段指标值所对应的状态.

(3) 对步骤 (2) 所得的结果进行统计计算, 可得马尔可夫链的一步转移概率矩阵 P, 它决定了指标值状态转移过程的概率法则;

设在 M 次观察中, 被预测对象 X 处于状态 i 共有 n_i 次, 显然 $M=\sum_{i=1}^{N} n_i$, 用频率代替概率可得

$$p_i = P\{X=i\} = \frac{n_i}{M}, \quad i=1,2,\cdots,N,$$

其中 $0 \leqslant p_i \leqslant 1$ 且 $\sum_{i=1}^{N} p_i = 1$. p_i 可以作为对象 X 处于状态 i 的状态概率估计. 所以状态概率向量为 $[p_0, p_1, \cdots, p_N]$.

如果被预测对象 X 处于状态 i, 下一次转入状态 j 共发生了 n_{ij} 次, 显然 $n_i = \sum_{j=1}^{N} n_{ij}$, $(i=1,2,\cdots,N)$, 那么用频率代替概率可得

$$p_{ij} = \frac{n_{ij}}{n_i} \quad (i,j=1,2,\cdots,N),$$

其中 $0 \leqslant p_{ij} \leqslant 1$, 且 $\sum_{j=1}^{N} p_{ij} = 1$. 则 p_{ij} 就可以作为现象的一步转移概率估计值.

(4) 确定初始分布 $P(0) = [p_0, p_1, \cdots, p_N]$, 结合式 (5.1.3), 利用 $P(n) = P(0) \cdot P^n = [p_1, \cdots, p_N] \cdot P^n$, 分别求得 $n=1,2,\cdots$ 各期的绝对分布:

$$P(n) = [p_1^{(n)}, \cdots, p_N^{(n)}].$$

(5) 进一步讨论遍历性, 确定平稳分布, 计算长期稳定时的分布律情况.

5.3 市场占有率预测

例 5.3.1 设某地有 1600 户居民, 某产品只有甲、乙、丙 3 厂家在该地销售. 经调查, 8 月份买甲、乙、丙三厂的户数分别为 480, 320, 800. 9 月份里, 原买甲的有 48 户转买乙产品, 有 96 户转买丙产品; 原买乙的有 32 户转买甲产品, 有 64 户转买丙产品; 原买丙的有 64 户转买甲产品, 有 32 户转买乙产品. 用状态 1、2、3 分别表示甲、乙、丙三厂, 若以后每个月的市场状态转移概率不变, 试求:

(1) 一步转移概率矩阵;

(2) 9 月份市场占有率的分布;

(3) 12 月份市场占有率的分布;

(4) 当顾客流长期稳定下去市场占有率的分布.

解　设马尔可夫链 $X_T=\{X_n,n=0,1,2,\cdots\}$ 表示从 8 月份开始以后各月的市场占有率的分布, 状态空间为 $I=\{1,2,3\}$.

(1) 设 8 月份三厂市场占有率的分布为初始分布, 且有

$$P\{X_0=1\}=p_1=\frac{480}{1600}=0.3,\quad P\{X_0=2\}=p_2=\frac{320}{1600}=0.2,$$

$$P\{X_0=3\}=p_3=\frac{800}{1600}=0.5.$$

由题意, 从 8 月份到 9 月份的一步转移概率由频数统计可得

$$p_{11}=P\{X_1=1|X_0=1\}=\frac{480-48-96}{480}=0.7,$$

$$p_{12}=P\{X_1=2|X_0=1\}=\frac{48}{480}=0.1,$$

$$p_{13}=P\{X_1=3|X_0=1\}=\frac{96}{480}=0.2,$$

$$p_{21}=P\{X_1=1|X_0=2\}=\frac{32}{320}=0.1,$$

$$p_{22}=P\{X_1=2|X_0=2\}=\frac{320-32-64}{320}=0.7,$$

$$p_{23}=P\{X_1=3|X_0=2\}=\frac{64}{320}=0.2,$$

$$p_{31}=P\{X_1=1|X_0=3\}=\frac{64}{800}=0.08,$$

$$p_{32}=P\{X_1=2|X_0=3\}=\frac{32}{800}=0.04,$$

$$p_{23}=P\{X_1=3|X_0=2\}=\frac{800-64-32}{800}=0.88,$$

从而有一步转移概率矩阵 $P=\begin{bmatrix}0.7 & 0.1 & 0.2\\ 0.1 & 0.7 & 0.2\\ 0.08 & 0.04 & 0.88\end{bmatrix}$.

(2) 9 月份的市场占有率分布为

$$[p_1^{(1)},p_2^{(1)},p_3^{(1)}]=[p_1,p_2,p_3]\cdot P=[0.27\ \ 0.19\ \ 0.54].$$

(3) 12 月份的市场占有率分布为

$$[p_1^{(4)}, p_2^{(4)}, p_3^{(4)}] = [p_1, p_2, p_3] \cdot P^4 = [0.2319\ \ 0.1698\ \ 0.5983].$$

(4) 由定理 5.1.2 可知, 该马尔可夫链具有遍历性, 其平稳分布即为顾客流长期稳定下去市场占有率的分布, 建立方程组

$$\begin{cases} \pi(1) = 0.7\pi(1) + 0.1\pi(2) + 0.08\pi(3), \\ \pi(2) = 0.1\pi(1) + 0.7\pi(2) + 0.04\pi(3), \\ \pi(3) = 0.2\pi(1) + 0.2\pi(2) + 0.88\pi(3), \\ \pi(1) + \pi(2) + \pi(3) = 1, \end{cases}$$

解之, 可得顾客流长期稳定下去三厂的市场占有率分布为

$$[\pi_1, \pi_2, \pi_3] = [0.219, 0.156, 0.625].$$

值得注意的是, 可以进一步分析当其中一个厂家采取销售策略, 状态转移概率矩阵会发生相应的变化, 则最终市场占有率会有所不同. 可见, 马尔可夫预测法是对预测对象未来所处状态的预测.

5.4 股票价格走势预测

针对实际问题, 建立马尔可夫预测模型的过程中, 对预测对象状态的划分有两种. 一种是根据预测对象本身状态界限划分, 例如, 在股市中, 个股每日收盘价与前日比较可划分为三种状态: 上升、持平、下跌; 另一种是根据实际情况人为划分, 例如可以将一段时期的股票价格划分为若干价格区域, 使每一价格数字仅落入一个区域内, 每一区域可作为一种状态. 需要注意的是, 由一个标准划分的各个状态之间应相互独立, 使预测对象在某一时间只处于一种状态. 运用马尔可夫预测法进行预测, 主要原理就是建立马尔可夫预测模型, 利用初始状态概率分布和状态转移概率矩阵来推知预测对象未来某一时期所处的状态. 运用马尔可夫预测模型, 一般假设预测对象在预测期内满足下列三个条件:

(1) 转移概率矩阵逐期不变, 即每一个时期向下一个时期的转移概率都是不变的, 均为一步转移概率;

(2) 预测期间状态的个数保持不变;

(3) 状态的转移只受前一期的影响, 而与前一期以前所处状态无关.

以下通过两个股票价格预测为例, 说明马尔可夫预测模型的建立及预测的过程.

例 5.4.1 某年某只股票 23 个交易日收盘价变动情况见表 5.4.1, 将个股每日收盘价与前日比较划分为三种状态, 即上升、持平和下跌, 将三种状态分别记为 1, 2 和 3, 并预测股价未来所处的状态.

表 5.4.1　某年某只股票 23 个交易日收盘价变动情况表

序号	1	2	3	4	5	6	7	8	9	10	11	12
状态	上升	下降	持平	上升	上升	上升	下降	下降	上升	下降	上升	上升
序号	13	14	15	16	17	18	19	20	21	22	23	
状态	下降	下降	上升	上升	上升	下降	下降	下降	持平	上升	上升	

根据表 5.4.1 中 23 天的状态资料, 其中收盘价较前日呈上升状态的有 12 天, 呈持平状态的有 2 天, 呈下降状态的有 9 天, 且由于第 23 个交易日状态为“上升”为最后一天没有装填转移资料, 故上升的总次数记为 11 次. 除去最后一天外, 在表 5.4.1 中由上升状态转为上升状态的次数为 6 次, 频率为 $\frac{6}{11}$, 以频率代替概率, 得到由状态 1 转为状态 1 的概率 $p_{11}=\frac{6}{11}=0.545$; 由上升状态转为持平状态的次数为0 次, 得到由状态 1 转为状态 2 的概率 $p_{12}=\frac{0}{11}=0$; 依次类推可以得到一步转移概率矩阵为

$$P=\begin{bmatrix}0.545 & 0 & 0.455\\1 & 0 & 0\\0.333 & 0.222 & 0.445\end{bmatrix}.$$

根据状态资料, 由于第 23 个交易日处于上升状态, 可认为股票价格的初始状态分布为 $[p_1,p_2,p_3]=[1,0,0]$, 可以预测第 24 个交易日股市价格的状态概率分布为

$$[p_1^{(1)},p_2^{(1)},p_3^{(1)}]=[p_1,p_2,p_3]\cdot P=[1,0,0]\begin{bmatrix}0.545 & 0 & 0.455\\1 & 0 & 0\\0.333 & 0.222 & 0.445\end{bmatrix}=[0.545,0,0.455].$$

根据计算结果, 处于上升状态的概率最大, 因此预测结果为第 24 个交易日收盘价处于上升状态. 进一步可以预测第 25 个交易日股市价格的状态概率分布

$$\begin{aligned}[p_1^{(2)},p_2^{(2)},p_3^{(2)}]=&[p_1,p_2,p_3]\cdot P^2=[1,0,0]\begin{bmatrix}0.545 & 0 & 0.455\\1 & 0 & 0\\0.333 & 0.222 & 0.445\end{bmatrix}^2\\=&[0.449,0.101,0.450].\end{aligned}$$

处于下降状态的概率最大, 因此预测结果为第 25 个交易日收盘价处于下降状态. 而实际第 25 个交易日收盘价较第 24 个交易日确实有所下降.

例 5.4.2 某年某只股票共 23 个交易日的收盘价数据资料见表 5.4.2, 将 23 个交易日的收盘价数据由低至高划分成四个价格状态区间: 状态 1 为收盘价低于 21.31 元, 状态 2 为收盘价区间 (21.31, 22.80), 状态 3 为收盘价区间 [22.80, 24.30), 状态 4 为收盘价在 24.30 元以上.

表 5.4.2 某年某只股票 23 个交易日收盘价变动情况表

序号	1	2	3	4	5	6	7	8	9	10	11	12
收盘价	21.30	21.30	21.53	21.29	21.38	21.05	20.89	20.85	21.19	21.70	21.98	23.40
状态	1	1	2	1	2	1	1	1	1	2	2	3
序号	13	14	15	16	17	18	19	20	21	22	23	
收盘价	24.51	22.55	23.10	24.05	24.20	23.81	24.55	25.23	24.65	24.39	24.20	
状态	4	2	3	3	3	3	4	4	4	4	3	

由频数统计可以得到一步转移概率矩阵为

$$P = \begin{bmatrix} 0.571 & 0.429 & 0 & 0 \\ 0.400 & 0.200 & 0.400 & 0 \\ 0 & 0 & 0.600 & 0.400 \\ 0 & 0.200 & 0.200 & 0.600 \end{bmatrix}.$$

以第 23 个交易日为初始状态, 股票价格的初始状态分布为 $[p_1, p_2, p_3, p_4] = [0, 0, 1, 0]$, 预测第 24 个交易日的股市价格的状态概率分布为

$$\begin{aligned} [p_1^{(1)}, p_2^{(1)}, p_3^{(1)}, p_4^{(1)}] =& [p_1, p_2, p_3, p_4] \cdot P \\ =& [0, 0, 0, 1, 0] \begin{bmatrix} 0.571 & 0.429 & 0 & 0 \\ 0.400 & 0.200 & 0.400 & 0 \\ 0 & 0 & 0.600 & 0.400 \\ 0 & 0.200 & 0.200 & 0.600 \end{bmatrix} \\ =& [0, 0, 0.6, 0.4]. \end{aligned}$$

由预测知, 第 24 个交易日收盘价处于状态 3 的概率最大, 而实际收盘价为 23.88, 的确处于状态 3. 进一步预测第 26 个交易日的股市价格的状态概率分布为

$$\begin{aligned} [p_1^{(3)}, p_2^{(3)}, p_3^{(3)}, p_4^{(3)}] =& [p_1, p_2, p_3, p_4] \cdot P^3 \\ =& [0, 0, 0, 1, 0] \begin{bmatrix} 0.571 & 0.429 & 0 & 0 \\ 0.400 & 0.200 & 0.400 & 0 \\ 0 & 0 & 0.600 & 0.400 \\ 0 & 0.200 & 0.200 & 0.600 \end{bmatrix}^3 \end{aligned}$$

$$=[0.032, 0.112, 0.392, 0.464].$$

收盘价处于状态 4 的概率最大, 可推知收盘价在 24.30 元以上. 事实上, 该日收盘价为 24.36, 与预测结果相符.

习 题 5

1. 某公园有甲、乙、丙三个租船处和还船处. 据统计, 游客在这三处的租船和还船概率情况如表 5.1 所示.

表 5.1

租船处	还船处		
	甲	乙	丙
甲	0.8	0.2	0
乙	0.2	0	0.8
丙	0.2	0.2	0.6

(1) 写出 3 步转移概率矩阵;

(2) 证明此马尔可夫链具有遍历性, 并求其平稳分布;

(3) 请问在甲、乙、丙三处建立一个修船站, 建在何处最为合适?

2. 考虑某地区农业收成变化的三个状态, 即 "丰收""平收" 和 "歉收". 若记 S_1 为 "丰收" 状态, S_2 为 "平收" 状态, S_3 为 "歉收" 状态. 该地区 1976—2015 年农业收成的状态变化情况如表 5.2.

表 5.2

年份	1976	1977	1978	1979	1980	1981	1982	1983	1984	1985
状态	S_1	S_1	S_2	S_3	S_2	S_1	S_3	S_2	S_1	S_2
年份	1986	1987	1988	1989	1990	1991	1992	1993	1994	1995
状态	S_3	S_1	S_2	S_3	S_1	S_2	S_1	S_3	S_3	S_1
年份	1996	1997	1998	1999	2000	2001	2002	2003	2004	2005
状态	S_3	S_3	S_2	S_1	S_1	S_3	S_2	S_2	S_1	S_2
年份	2006	2007	2008	2009	2010	2011	2012	2013	2014	2015
状态	S_1	S_3	S_2	S_1	S_1	S_2	S_2	S_3	S_1	S_2

(1) 根据频数统计, 得到一步状态转移概率矩阵;

(2) 该地区农业收成变化的 3 步和 4 步状态转移概率矩阵;

(3) 预测 2016—2020 年可能出现的各种状态的概率.

3. 某公司拟对 A, B, C 3 个厂家生产的某种电子产品在未来的市场占有情况进行预测. 经市场调查, 目前的市场占有情况为: 在调查的购买该产品的 1000 家客户中, 购买 A, B, C 厂家产品的各有 400 家、320 家和 280 家; 并且收到下一期的订货单如表 5.3 所示.

表 5.3

来自产品	下期订货情况		
	A	B	C
A	200	120	80
B	100	180	40
C	45	75	160

试求: (1) 目前 3 个厂家市场占有率;

(2) 一步转移概率矩阵;

(3) 下一期 3 个厂家市场占有率;

(4) 市场的客户转移趋向长期稳定下去, 3 个厂家的市场占有率.

4. 搜集 2008 年 3 月 27 日至 5 月 30 日上证 A 股收盘指数数据, 首先划分区间, 确定状态, 再用马尔可夫预测方法预测未来 5 个交易日的指数区间.

第 6 章　平稳时间序列预测方法

6.1　平稳时间序列

6.1.1　平稳时间序列概念

平稳时间序列是某些时间序列具有的一类统计特征，按照限制条件的严格程度可以分为严平稳和宽平稳两种类型. 一般地，若时间序列所有的统计性质都不会随着时间的推移发生变化，则认为该序列是严平稳的；若时间序列的低阶 (二阶) 矩不会随着时间的推移发生变化，则认为该序列是宽平稳的；若时间序列的统计性质随着时间的推移发生变化，则认为该序列是非平稳的.

可以看出，宽平稳是基于序列的统计性质主要由其低阶矩决定的假设. 为从数学上对这两个概念加以描述，给出如下的两个定义.

定义 6.1.1　设 $\{y_t, t \in T\}$ 为一随机时间序列，任取 $k \in \mathbb{Z}^+, t_1, t_2, \cdots, t_k \in T$ 以及 $\tau \in \mathbb{Z}$，有

$$F_{t_1,t_2,\cdots,t_k}(x_1, x_2, \cdots, x_k) = F_{t_1+\tau,t_2+\tau,\cdots,t_k+\tau}(x_1, x_2, \cdots, x_k),$$

则称 $\{y_t, t \in T\}$ 为严平稳时间序列，其中 $F_{t_1,t_2,\cdots,t_k}(x_1, x_2, \cdots, x_k)$ 是 $y_{t_1}, y_{t_2}, \cdots,$ y_{t_k} 的联合概率分布函数.

定义 6.1.2　设 $\{y_t, t \in T\}$ 为一随机时间序列，若有

(1) $\forall t \in T, Ey_t^2 < \infty$,

(2) $\forall t \in T, Ey_t = \mu$, μ 为一常数,

(3) $\forall t, p, q \in T, t-p+q \in T, \gamma(t,p) = \gamma(q, t-p+q)$,

则称 $\{y_t, t \in T\}$ 为宽平稳时间序列，其中 $\gamma(t,p) = E(y_t - \mu_t)(y_p - \mu_p)$ 表示序列 $\{y_t, t \in T\}$ 的自协方差函数，E 表示均值.

依据定义 6.1.2，自协方差函数度量了同一事件在不同时刻之间的相关性程度，反映了过去的行为对当前的影响.

宽平稳时间序列具有常数均值和自协方差只依赖于时间的平移长度而与时间的起止点无关等性质. 随机序列 $\{\cdots, Y_1, Y_2, \cdots\}$ 在任意时刻 t 都是一个随机变量，而实际上由于时间的不可重复性每个时刻只能获得一个观测值. 而在平稳序列的场合，常数均值的性质意味着每个时刻样本的观测值可以通过这一均值直接体现，从而极大地减少了随机变量的个数.

6.1.2 平稳性检验

平稳时间序列的检验可以通过时序图和自相关图表现出的特征进行图检验以及通过构造检验统计量的方式进行.

1. 时序图检验

时序图即通过一个横轴为时间纵轴为序列值的平面二维坐标图, 直观地帮助人们掌握时间序列的基本分布特征.

依据平稳时间序列的性质, 常数均值意味着序列值始终在某一常数值附近随机波动, 而常数方差则意味着波动的范围是有界的. 因而, 如果序列的时序图表现出明显的趋势性或周期性, 则通常不是平稳的.

例 6.1.1 图 6.1.1— 图 6.1.3 给出了三个时间序列的时序图.

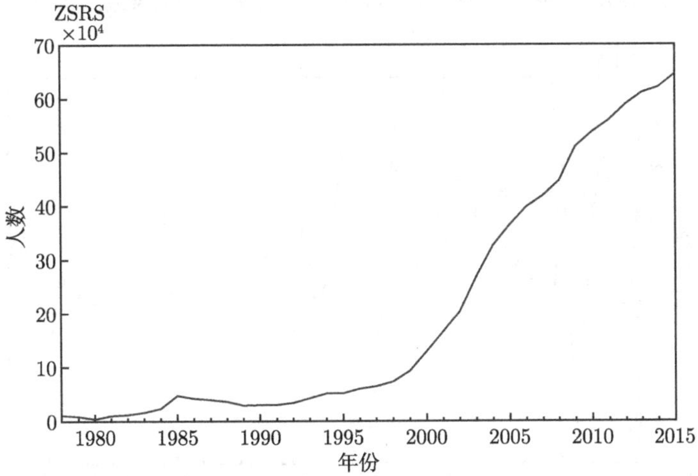

图 6.1.1 1978—2015 年我国研究生招生人数 (万人) 时序图

由图 6.1.1, 我国研究生招生人数尽管在局部年份有一定的波动, 而整体上呈上升的趋势, 因而可以初步认定是非平稳的; 由图 6.1.2, Mauna Loa 火山每月释放 CO_2 数据呈现出明显的周期性特征, 因而可以初步认定是非平稳的; 由图 6.1.3, 北京市 1949—1998 年每年最高气温数据基本围绕在 37℃ 的均值呈有界波动, 因而可以初步认定是平稳的.

2. 自相关图检验

为进行自相关图检验方法, 首先引入自相关系数概念.

定义 6.1.3 设 $\{y_t, t\in T\}$ 为平稳时间序列, 任取 $t, t+\kappa\in T$, 令 $\gamma(\kappa)=\gamma(t,t+\kappa)$, 则称 $\gamma(\kappa)$ 为时间序列 $\{y_t, t\in T\}$ 的延迟 κ 自协方差函数.

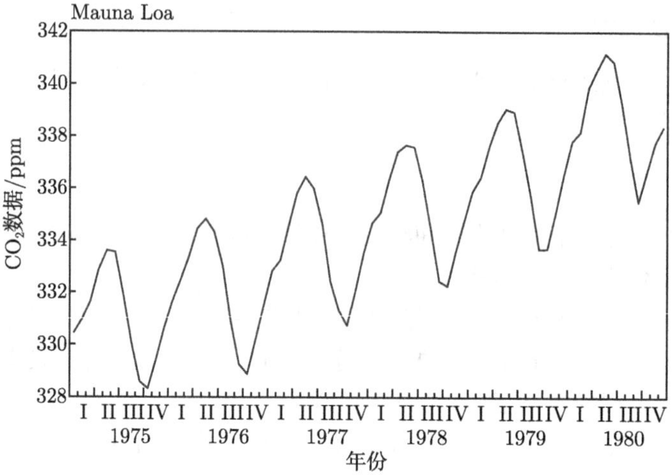

图 6.1.2　1975—1980 年 Mauna Loa 火山每月释放 CO_2 数据 (单位: ppm)

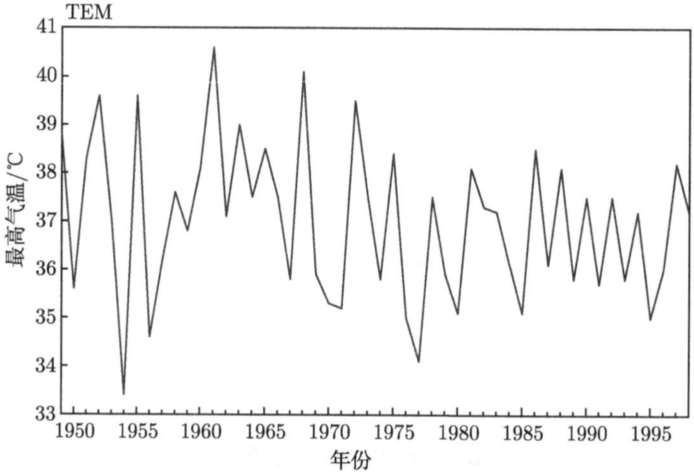

图 6.1.3　北京市 1949—1998 年每年最高气温时序图

由平稳序列的性质, 容易知道当 $\kappa = 0$ 时, 有 $\gamma(0) = \gamma(t, t) = Dy_t$ 为常值.

定义 6.1.4　设 $\{y_t, t \in T\}$ 为平稳时间序列, $\gamma(\kappa)$ 为延迟 κ 自协方差函数, 令

$$\rho_\kappa = \frac{\gamma(t, t+\kappa)}{\sqrt{Dy_t} \cdot \sqrt{Dy_{t+\kappa}}} = \frac{\gamma(\kappa)}{\gamma(0)}. \tag{6.1.1}$$

则称 ρ_κ 为 $\{y_t, t \in T\}$ 的延迟 κ 自相关系数.

值得注意的是, 一个平稳时间序列唯一地确定了其对应的自相关系数, 反之则不一定成立, 后续我们将通过进一步的内容进行阐述.

自相关图是一个平面二维坐标悬垂线图, 一列坐标轴表述延迟时期数, 一列坐

标轴表示自相关系数大小且以悬垂线进行表示. 平稳序列自相关系数具有短期相关性, 表现为随着延迟期数 κ 的增加, 自相关系数值会很快衰减到 0, 反之则以较慢的速度衰减到 0.

例 6.1.2 (续例 6.1.1) 图 6.1.4 — 图 6.1.6 给出了图 6.1.1 — 图 6.1.3 对应的自相关图.

Sample: 1978 2015
Included observations: 38

Autocorrelation　　Partial Correlation

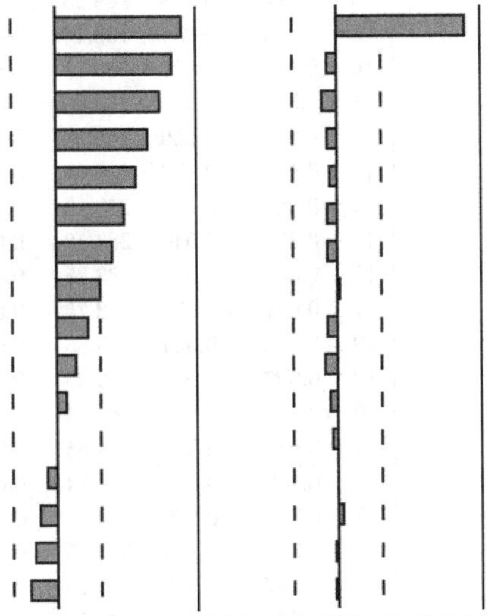

	AC	PAC	Q-Stat	Prob
1	0.930	0.930	35.514	0.000
2	0.854	−0.079	66.287	0.000
3	0.769	−0.102	91.984	0.000
4	0.680	−0.075	112.68	0.000
5	0.590	−0.061	128.72	0.000
6	0.497	−0.073	140.45	0.000
7	0.403	−0.067	148.42	0.000
8	0.320	0.021	153.62	0.000
9	0.238	−0.066	156.59	0.000
10	0.154	−0.084	157.87	0.000
11	0.073	−0.054	158.17	0.000
12	−0.004	−0.040	158.17	0.000
13	−0.069	0.001	158.46	0.000
14	−0.120	0.026	159.38	0.000
15	−0.164	−0.010	161.16	0.000
16	−0.199	−0.016	163.89	0.000

图 6.1.4 1978—2015 年我国研究生招生人数 (万人) 自相关图

如图 6.1.4 所示, “Autocorrelation” 为自相关函数栏, “AC” 栏为对应的数值栏 (“Partial Correlation” 为偏自相关函数栏, “PAC” 为对应的数值, 该部分在后续章节中介绍), 结合图 6.1.1 可以看见, 在具有长期趋势的情形下, 自相关函数呈线性速率衰减到 0 附近, 没有出现很快衰减到 0 的情况. 因而, 可以判断原始 1978—2015 年我国研究生招生人数序列是非平稳的.

如图 6.1.5 所示, Mauna Loa 火山每月释放 CO_2 数据自相关数值与其观测数据类似也呈现出一定的周期性, 并且也没有出现快速衰减到 0 附近的现象. 因而, 可以判断原始 Mauna Loa 火山每月释放 CO_2 数据是非平稳的.

如图 6.1.6 所示, 北京市 1949—1998 年每年最高气温自相关图在 $\kappa \geqslant 1$ 时, 均保持在 0 附近 (虚线为 2 倍标准差临界值), 表明具有快速衰减到 0 的特征. 因而, 可以进一步判断出北京市 1949—1998 年每年最高气温数据是平稳的.

Sample: 1975M01 1980M12
Included observations: 72

Autocorrelation　　　Partial Correlation

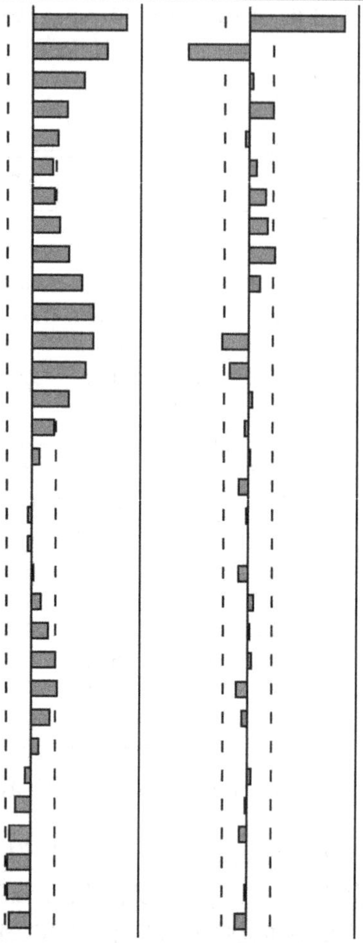

	AC	PAC	Q-Stat	Prob
1	0.908	0.908	61.803	0.000
2	0.722	−0.577	101.45	0.000
3	0.513	0.029	121.73	0.000
4	0.350	0.238	131.32	0.000
5	0.247	−0.034	136.17	0.000
6	0.203	0.069	139.50	0.000
7	0.210	0.156	143.12	0.000
8	0.264	0.179	148.93	0.000
9	0.364	0.257	160.16	0.000
10	0.485	0.110	180.35	0.000
11	0.585	0.006	210.20	0.000
12	0.602	−0.259	242.38	0.000
13	0.518	−0.177	266.65	0.000
14	0.369	0.029	279.12	0.000
15	0.207	−0.040	283.12	0.000
16	0.081	0.011	283.75	0.000
17	0.001	−0.098	283.75	0.000
18	−0.032	−0.024	283.85	0.000
19	−0.027	0.006	283.93	0.000
20	0.011	−0.085	283.94	0.000
21	0.083	0.062	284.65	0.000
22	0.170	0.015	287.74	0.000
23	0.243	0.030	294.17	0.000
24	0.253	−0.106	301.25	0.000
25	0.187	−0.056	305.19	0.000
26	0.067	−0.001	305.71	0.000
27	−0.055	0.027	306.07	0.000
28	−0.147	−0.010	308.68	0.000
29	−0.202	−0.080	313.74	0.000
30	−0.223	−0.006	320.04	0.000
31	−0.218	−0.021	326.22	0.000
32	−0.194	−0.106	331.21	0.000

图 6.1.5　Mauna Loa 火山每月释放 CO_2 数据自相关图

3. 纯随机性检验

对于非平稳时间序列, 需要经过适当的数据预处理, 转变为平稳序列才可以选择适当的模型进行建模分析. 但是, 并非所有的平稳时间序列都值得建模. 若序列值之间没有任何关联性, 即过去的行为对将来没有任何影响 (无记忆性), 这样的序列称为纯随机序列. 纯随机序列在统计分析角度是没有任何分析价值的. 因此, 在通过平稳性检验后还要对序列进行纯随机性检验.

Sample: 1949 1998
Included observations: 50

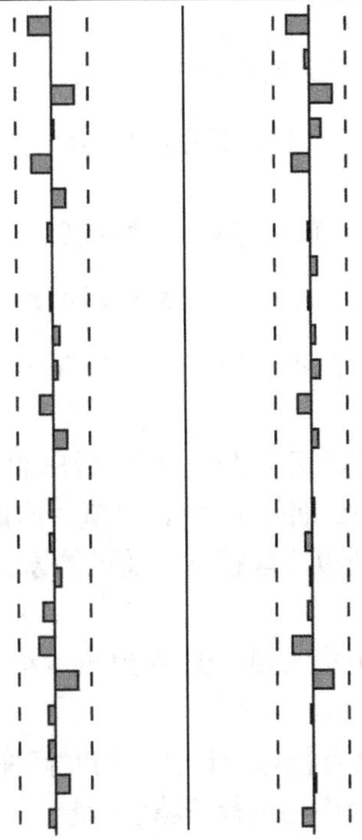

Autocorrelation	Partial Correlation		AC	PAC	Q-Stat	Prob
		1	−0.175	−0.175	1.6270	0.202
		2	−0.004	−0.035	1.6277	0.443
		3	0.180	0.179	3.4253	0.331
		4	0.023	0.092	3.4553	0.485
		5	−0.164	−0.153	5.0094	0.415
		6	0.099	0.008	5.5846	0.471
		7	−0.026	−0.021	5.6264	0.584
		8	−0.003	0.048	5.6270	0.689
		9	−0.022	−0.022	5.6585	0.774
		10	0.058	0.028	5.8768	0.826
		11	0.037	0.070	5.9688	0.875
		12	−0.104	−0.099	6.7119	0.876
		13	0.102	0.065	7.4367	0.878
		14	0.004	0.004	7.4381	0.917
		15	−0.027	0.023	7.4920	0.943
		16	−0.043	−0.065	7.6338	0.959
		17	0.046	−0.015	7.8006	0.971
		18	−0.083	−0.040	8.3621	0.973
		19	−0.129	−0.161	9.7532	0.959
		20	0.182	0.168	12.617	0.893
		21	−0.061	−0.011	12.950	0.910
		22	−0.050	0.007	13.182	0.928
		23	0.098	0.022	14.115	0.924
		24	−0.051	−0.097	14.378	0.938

图 6.1.6 北京市 1949—1998 年每年最高气温自相关图

定义 6.1.5 设 $\{y_t, t \in T\}$ 为时间序列, 若满足: $Ey_t = \mu, \forall t$; $\gamma(t,t) = \sigma^2$, $\gamma(t,t') = 0$, $\forall t \neq t', t, t' \in T$, 则称 $\{y_t, t \in T\}$ 为纯随机序列, 也称为白噪声 (white noise) 序列, 简记为 $y_t \sim \mathrm{WN}(\mu, \sigma^2)$.

依据白噪声序列的定义, 它具有如下两个重要性质:

(1) $\gamma(\kappa) = 0, \forall \kappa \neq 0$, 也即各项之间没有任何相关关系;

(2) $Dy_t = \gamma(0) = \sigma^2$, 也即方差齐性.

基于上述性质, 考虑如下的纯随机性检验过程.

白噪声序列理论上要求 $\gamma(\kappa) = 0, \forall \kappa \neq 0$, 但实际序列很少出现自协方差函数严格等于零的情形, 这些值都会在零附近以一个很小的范围随机波动. Barlett 证明, 纯随机序列在观察期数为 n 时，样本自相关系数近似满足 $\forall \kappa \neq 0, \hat{\rho}_\kappa \sim N\left(0, \dfrac{1}{n}\right)$.

依据 Barlett 定理, 作如下的假设:

原假设 (H_0): 延迟期数小于或等于 m 期的序列值之间相互独立;

备择假设 (H_1): 延迟期数小于或等于 m 期的序列值之间具有相关性.

应用数学语言加以描述可以表示为:

$H_0: \rho_1 = \rho_2 = \cdots = \rho_m = 0, \forall m \geqslant 1$;

H_1: 至少存在某个 $\rho_\kappa \neq 0, \forall m \geqslant 1$, $\kappa \leqslant m$.

在上述符号和假设的基础上, 构造如下的 Q 统计量进行检验:

令统计量$Q = n\sum_{\kappa=1}^{m}\hat{\rho}_\kappa^2$. 由于 $\hat{\rho}_\kappa \sim N\left(0, \dfrac{1}{n}\right)$ 且是独立同分布的, 则有 $\sqrt{n}\hat{\rho}_\kappa \overset{\text{i.i.d}}{\sim} N(0,1)$, 从而有 $n\hat{\rho}_\kappa^2 \overset{\text{i.i.d}}{\sim} \chi^2(1), \forall \kappa \neq 0$, 所以 Q 统计量应近似服从自由度为 m 的卡方分布 $Q = n\sum_{\kappa=1}^{m}\hat{\rho}_\kappa^2 \sim \chi^2(m)$. 当 Q 大于 $\chi^2_{1-\alpha}(m)$ 分位点或对应的 P 值小于 α 时, 以 $1-\alpha$ 的置信水平拒绝原假设, 也即原序列是非白噪声的平稳序列; 否则, 不能拒绝原假设, 也即该序列为纯随机序列.

例 6.1.3 (续例 6.1.2) 结合图 6.6, 由短期相关性, 可以看出北京市 1949—1998 年每年最高气温数据延迟 6 期和延迟 12 期的 Q 统计量值对应的 P 值分别为 0.471 和 0.876, 显著大于显著性水平 α, 所以不能拒绝纯随机的原假设, 该序列为白噪声序列.

根据这一检验结果, 可以认为很难从历史气温信息中预测后续年份的最高气温.

综上, 可以看出, 平稳时间序列是一类具有特殊统计性质的时间序列. 在进行时间序列分析建模前, 首先要对观测到的时间序列进行平稳性检验, 包括基本的平稳性检验和纯随机性检验, 在确定为非白噪声的平稳时间序列后再进行后续的模型建立和分析.

6.2 平稳时间序列模型及识别

ARMA(autoregressive moving average) 模型, 全称为自回归滑动平均模型, 是研究时间序列的重要方法, 由自回归模型 (AR 模型) 和滑动平均模型 (MA 模型) 混合构成.

6.2.1 AR(p) 模型

形如如下结构的模型称为 p 阶自回归模型,

$$\begin{cases} y_t = \phi_0 + \phi_1 y_{t-1} + \cdots + \phi_p y_{t-p} + \varepsilon_t, \\ \phi_p \neq 0, \end{cases} \tag{6.2.1}$$

其中, ε_t 满足 $E(\varepsilon_t) = 0, \operatorname{var}(\varepsilon_t) = \sigma_\varepsilon^2, E(\varepsilon_t\varepsilon_{t'}) = 0, t \neq t', E(y_s\varepsilon_t) = 0, \forall s < t$.

一般地, 将上述 p 阶自回归模型简记为 AR(p) 模型, 特别地, 当 $\phi_0 = 0$ 时, 式 (6.2.1) 为

$$y_t = \phi_1 y_{t-1} + \cdots + \phi_p y_{t-p} + \varepsilon_t, \tag{6.2.2}$$

称其为中心化 AR(p) 模型.

AR(p) 模型的一个重要的判别内容即是其平稳性, 对平稳时间序列建立的模型也应是平稳的. 为检验 AR(p) 模型的平稳性, 引入延迟算子 B, 满足 $B^k y_t = y_{t-k}$, 从而中心化 AR(p) 模型可以等价地表示为

$$y_t = (\phi_1 B + \cdots + \phi_p B^p) y_t + \varepsilon_t. \tag{6.2.3}$$

令 $\Phi(B) = 1 - \phi_1 B - \cdots - \phi_p B^p$, 进一步有

$$\Phi(B) y_t = \varepsilon_t, \tag{6.2.4}$$

这里 $\Phi(B)$ 称为自回归系数多项式.

可以证明, AR(p) 模型的平稳性条件是自回归系数多项式 $\Phi(B)$ 的根均在单位圆外, 也即 $\Phi(B) = 0$ 的根的模长大于 1.

6.2.2 MA(q) 模型

形如如下结构的模型称为 q 阶移动平均模型,

$$\begin{cases} y_t = \mu + \varepsilon_t - \theta_1 \varepsilon_{t-1} - \theta_2 \varepsilon_{t-2} - \cdots - \theta_q \varepsilon_{t-q}, \\ \theta_q \neq 0, \end{cases} \tag{6.2.5}$$

其中, ε_t 满足 $E(\varepsilon_t) = 0, \mathrm{var}(\varepsilon_t) = \sigma_\varepsilon^2, E(\varepsilon_t \varepsilon_{t'}) = 0, t \neq t'$.

一般地, 将上述 q 阶移动平均模型简记为 MA(q) 模型, 特别地, 当 $\phi_0 = 0$ 时, 式 (6.2.5) 为

$$y_t = \varepsilon_t - \theta_1 \varepsilon_{t-1} - \theta_2 \varepsilon_{t-2} - \cdots - \theta_q \varepsilon_{t-q}, \tag{6.2.6}$$

式 (6.2.6) 称为中心化 MA(q) 模型.

类似引入延迟算子 B, 则中心化 MA(q) 模型可以表示为

$$y_t = (1 - \theta_1 B - \theta_2 B^2 - \cdots - \theta_q B^q) \varepsilon_t. \tag{6.2.7}$$

令 $\Theta(B) = 1 - \theta_1 B - \theta_2 B^2 - \cdots - \theta_q B^q$, 称为移动平均系数多项式, 则式 (6.2.7) 可以等价表示为

$$y_t = \Theta(B) \varepsilon_t. \tag{6.2.8}$$

对于 MA(q) 模型, 值得关注的是对其可逆性的讨论.

例 6.2.1 绘制如下两个 MA(2) 模型的样本自相关图.

(1) $y_t = \varepsilon_t - \frac{2}{5}\varepsilon_{t-1} + \frac{4}{25}\varepsilon_{t-2}$; (2) $y_t = \varepsilon_t - \frac{5}{2}\varepsilon_{t-1} + \frac{25}{4}\varepsilon_{t-2}$.

图 6.2.1 和图 6.2.2 给出了相应的 MA(2) 模型的样本自相关图.

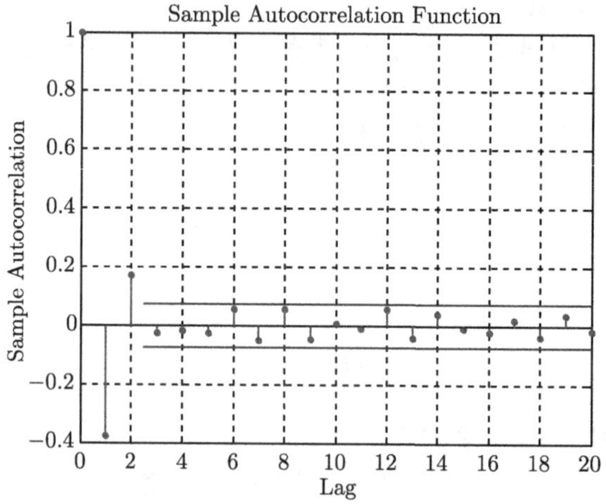

图 6.2.1 MA(2) 模型 (1) 对应的样本自相关图

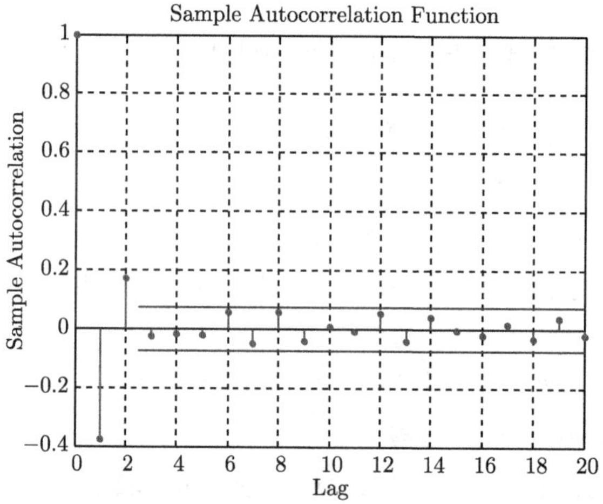

图 6.2.2 MA(2) 模型 (2) 对应的样本自相关图

由图 6.2.1 和图 6.2.2 可以看出, 两个 MA(2) 模型对应的自相关系数是一样的, 也即同一个自相关系数不是唯一地确定平稳时间序列的.

为避免这一不足, 对 MA(2) 模型引入可逆性的概念.

对 MA(1) 模型而言, 容易验证模型 (I) $y_t = \varepsilon_t - \theta\varepsilon_{t-1}$ 和模型 (II) $y_t = \varepsilon_t - \frac{1}{\theta}\varepsilon_{t-1}$

具有相同的自相关系数, 其等价形式为

$$\frac{y_t}{1-\theta B}=\varepsilon_t \text{ 和 } \frac{y_t}{1-\dfrac{1}{\theta}B}=\varepsilon_t.$$

基于函数项级数的知识可以知道, 当 $|\theta|<1$ 时, 模型 (I) 收敛; 而当 $|\theta|>1$ 时, 模型 (II) 收敛.

因而, 若一个 MA 模型可以表示为收敛的 AR 模型, 则该 MA 模型称为可逆模型. 进一步地, 一个自相关系数唯一对应一个可逆 MA 模型.

对于 MA(q) 模型 (6.2.8), 上述结论可以直接推广并得到

当移动平均系数多项式 $\Theta(B)$ 的根都在单位圆外时, 对应的 MA(q) 模型是可逆的, 该条件也称为 MA(q) 模型的可逆性条件.

值得注意的是, MA(q) 模型的可逆性与 AR(p) 模型的平稳性是两个互为对偶的概念, 也即, 同阶的自回归系数多项式 $\Phi(B)$ 和移动平均系数多项式 $\Theta(B)$ 系数, 在平稳性和可逆性满足的前提下具有的数值关系是一样的.

6.2.3 ARMA(p,q) 模型

形如如下结构的模型称为自回归移动平均模型,

$$\begin{cases} y_t=\phi_0+\phi_1 y_{t-1}+\cdots+\phi_p y_{t-p}+\varepsilon_t-\theta_1\varepsilon_{t-1}-\cdots-\theta_q\varepsilon_{t-q}, \\ \phi_p\neq 0,\theta_q\neq 0, \end{cases} \tag{6.2.9}$$

其中, ε_t 满足 $E(\varepsilon_t)=0, \mathrm{var}(\varepsilon_t)=\sigma_\varepsilon^2, E(\varepsilon_t\varepsilon_{t'})=0, t\neq t'$ 且 $E(y_s\varepsilon_t)=0, \forall s<t$.

一般地, 将上述自回归移动平均模型简记为 ARMA(p, q) 模型, 特别地, 当 $\phi_0=0$ 时, 模型 (6.2.9) 化为

$$y_t=\phi_1 y_{t-1}+\cdots+\phi_p y_{t-p}+\varepsilon_t-\theta_1\varepsilon_{t-1}-\cdots-\theta_q\varepsilon_{t-q}, \tag{6.2.10}$$

式 (6.2.10) 称为中心化 ARMA(p,q) 模型. 类似地, 在不做特殊说明的情形下, 本书讨论的均是中心化 ARMA(p,q) 模型.

引进延迟算子 B, 则 ARMA(p,q) 模型可以等价表示为

$$\Phi(B)y_t=\Theta(B)\varepsilon_t. \tag{6.2.11}$$

形式上, ARMA(p,q) 模型可以视为 AR(p) 模型和 MA(q) 模型 "混合" 而成的, 事实上, 后两种模型是 ARMA(p,q) 模型的特殊形式. 即当 $p=0$ 时, ARMA(p,q) 模型退化为 MA(q) 模型, 当 $q=0$ 时, ARMA(p,q) 模型退化为 AR(p) 模型. 因而, 后面也将 AR(p) 模型和 MA(q) 模型统称为 ARMA(p,q) 模型.

除此之外, 对于 ARMA(p,q) 模型平稳性和可逆性的讨论也分别由其自回归部分的平稳性和其移动平均部分的可逆性分别决定.

6.2.4　ARMA(p, q) 模型定阶

在应用 ARMA(p, q) 模型进行时间序列分析时, 一个自然的问题是参数 p, q 的确定, 也就是通常所说的模型定阶问题. 下面将介绍几类主要的模型定阶方法, 实际中可以搭配应用以实现最合适阶数确定的目的.

1. 自相关函数和偏自相关函数截尾特征定阶方法

为引入这一定阶方法, 首先介绍偏自相关函数的概念.

定义 6.2.1　设 $\{y_t, t \in T\}$ 为平稳时间序列, 其滞后 κ 偏自相关系数是指在给定中间 $\kappa-1$ 个随机变量 $y_{t-1}, y_{t-2}, \cdots, y_{t-k+1}$ 的条件下, y_{t-k} 对 y_t 相关影响的程度. 即

$$\rho_{y_t, y_{t-k}|y_{t-1}, \cdots, y_{t-k+1}} = \frac{E\left[(y_t - \hat{E}y_t)(y_{t-k} - \hat{E}y_{t-k})\right]}{E\left[(y_{t-k} - \hat{E}y_{t-k})^2\right]}, \tag{6.2.12}$$

其中, $\hat{E}y_t = E\left[y_t | y_{t-1}, \cdots, y_{t-k+1}\right]$, $\hat{E}y_{t-k} = E\left[y_{t-k} | y_{t-1}, \cdots, y_{t-k+1}\right]$.

Box 和 Jenkins 指出, ARMA(p, q) 模型的定阶可以通过自相关函数 (ACF) 和偏自相关函数 (PACF) 的截尾性以确定模型阶数.

表 6.2.1 给出了 AR(p) 模型、MA(q) 模型和 ARMA(p, q) 模型自相关函数和偏自相关函数具有的特征.

表 6.2.1　ARMA(p, q) 模型自相关函数和偏自相关函数特征

自相关函数	偏自相关函数	模型定阶
拖尾	p 阶截尾	AR(p) 模型
q 阶截尾	拖尾	MA(q) 模型
拖尾	拖尾	ARMA(p, q) 模型

依据表 6.2.1, 若样本偏自相关函数 p 阶截尾, 则可以认为 $q = 0$, 模型为 AR(p) 模型; 若样本自相关函数 q 阶截尾, 则可以认为 $p = 0$, 模型为 MA(q) 模型; 若样本自相关函数和偏自相关函数均拖尾, 则可以判断模型为 ARMA(p, q) 模型, 但是 p 和 q 具体数值的确定需要经过试探性的识别, 结合后面介绍的 Akaike 信息准则和 BIC 准则进行最终的模型定阶.

对样本自相关函数和偏自相关函数均拖尾的情形, Tasy 和 Tiao 于 1984 年给出另一种 ARMA(p, q) 模型定阶的方法:

步骤 1　令 $p = 1$ 应用 AR(1) 模型拟合序列 $\{y_t\}$;

步骤 2　考察步骤 1 中残差序列的样本自相关函数是否截尾, 若是 q_1 阶截尾的, 则判断模型为 ARMA$(1, q_1)$, 否则令 $p = p + 1$, 重复步骤 1;

步骤 3　重复步骤 1, 2 直至残差序列的样本自相关函数截尾, 停止.

2. 信息准则定阶方法

对于样本自相关函数和偏自相关函数均拖尾的情形，信息准则能够起到很好的识别作用. AIC 准则，又名赤池信息准则，是 Akaike 于 1973 年提出的，其全称是最小信息量准则 (Akaike information criteria).

AIC 准则的基本思想拟合模型的优劣，可以通过衡量拟合模型对观测数据符合程度的似然函数值和模型中未知参数个数两个方面加以考量.

一方面，似然函数值越大，表明模型拟合的效果越好，但容易导致参数的个数较多，因为未知参数越多，模型越灵活，拟合的准确度也相应越高；另一方面，未知参数越多，未知的风险也就越高，估计的难度也越大. 因而，一个好的模型应该综合拟合精度以及未知参数的个数.

AIC 准则可以简单地表示为

$$\text{AIC} = -2\ln(\text{模型极大似然函数})+2(\text{模型未知参数个数}),$$

具体的数学表达式可以描述为

$$\text{AIC} = n\ln\hat{\sigma}_\varepsilon^2 + 2(p+q+1).$$

事实上，针对 ARMA(p, q) 模型，其对数似然函数为

$$l\left(\tilde{\beta}; y_1, \cdots, y_n\right) = -\left(\frac{n}{2}\ln\sigma_\varepsilon^2 + \frac{1}{2}\ln|\Omega| + \frac{1}{2\sigma_\varepsilon^2}S\left(\tilde{\beta}\right)\right),$$

其中，$\frac{1}{2}\ln|\Omega|$ 有界，$\frac{1}{2\sigma_\varepsilon^2}S\left(\tilde{\beta}\right) \to \frac{n}{2}$，从而有 $l\left(\tilde{\beta}; y_1, \cdots, y_n\right) \propto -\frac{n}{2}\ln\sigma_\varepsilon^2$.

更进一步地，AIC 准则可以描述为

$$\text{AIC} = n\ln\hat{\sigma}_\varepsilon^2 + 2(p+q).$$

因而，利用 AIC 准则进行模型定阶可以表示为

$$\text{AIC}(p,q) = \min_{k,l}\text{AIC}(k,l), \quad k \in \left[0, \sqrt{n}\right], \quad l \in \left[0, \frac{n}{10}\right].$$

在实践中，AIC 准则在大样本情形下容易出现选择阶数时收敛性不好的问题，其原因在于 AIC 准则中参数个数的权系数是常数 2，与样本容量没有直接的关系.

为弥补这一不足，Akaike 于 1976 年提出 BIC 准则. 而就在 2 年后的 1978 年，Schwartz 依据 Bayes 理论也得到了同样的判别准则，称为 SBC 准则.

SBC 准则可以简单地描述为

$$\text{SBC} = -2\ln(\text{模型极大似然函数}) + \ln n(\text{模型未知参数个数}).$$

类似于 AIC 准则, 其数学描述可以表示为

$$\mathrm{SBC} = n \ln \hat{\sigma}_{\varepsilon}^2 + \ln n(p+q+1).$$

更进一步地, 有些场合可以直接描述为 $\mathrm{SBC} = n \ln \hat{\sigma}_{\varepsilon}^2 + \ln n(p+q)$.

因而, 利用 SBC 准则进行模型定阶可以表示为

$$\mathrm{SBC}(p,q) = \min_{k,l} \mathrm{SBC}(k,l), \quad k \in \left[0, \sqrt{n}\right], \quad l \in \left[0, \frac{n}{10}\right].$$

依据上述准则, 在进行 ARMA(p, q) 模型定阶时, 在所有通过检验的模型中选择使得 AIC 准则和 SBC 准则最小者为相对最优模型.

例 6.2.2　某化学反应连续 70 次过程数据为一平稳时间序列, 其样本时序图如图 6.2.3 所示. 其自相关和偏自相关函数图如图 6.2.4 所示.

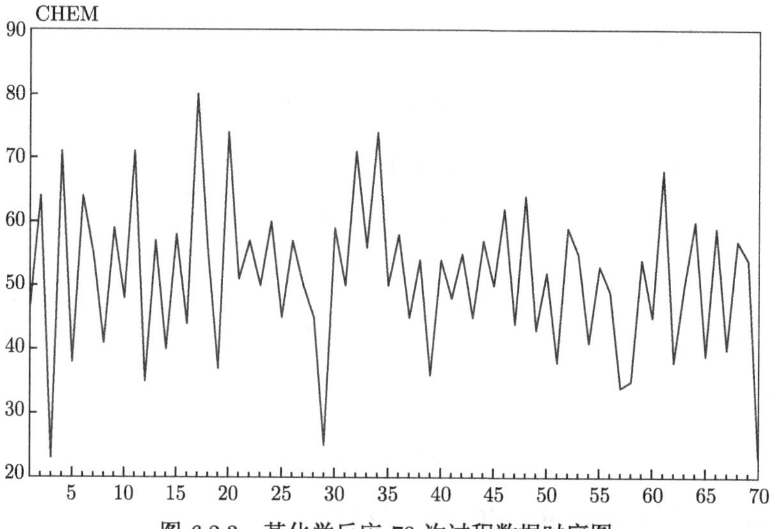

图 6.2.3　某化学反应 70 次过程数据时序图

如图 6.2.4 所示, Q 统计量及其对应的 P 值表明该时间序列为平稳时间序列且非白噪声. 除此之外, 自相关函数和偏自相关函数均具有截尾特征, 其中自相关函数 2 阶截尾, 偏自相关函数 1 阶截尾.

为此, 可以初步考虑如下三个 ARMA 模型：AR(1) 模型、MA(2) 模型和 ARMA(1, 2) 模型, 三个模型的 AIC 值和 SBC 值如表 6.2.2 所示.

如表 6.2.2 所示, 就这三个模型而言, 依据 AIC 准则和 SBC 准则, ARMA(1, 2) 模型是相对最优的模型.

Sample: 170
Included observations: 70

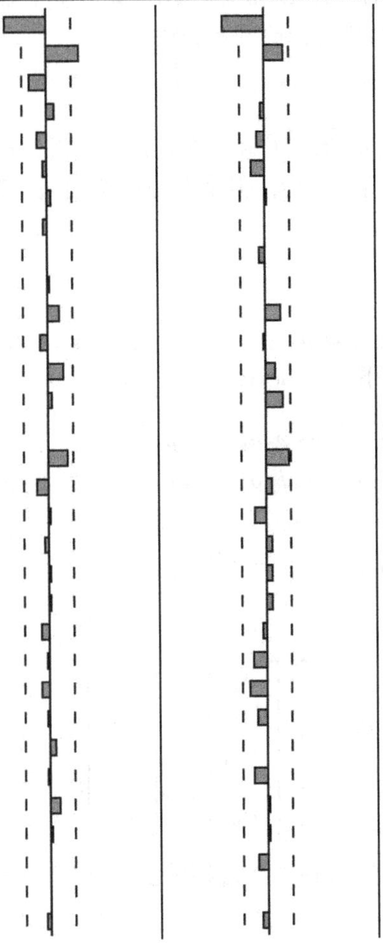

	AC	PAC	Q-Stat	Prob
1	−0.390	−0.390	11.103	0.001
2	0.304	0.180	17.970	0.000
3	−0.166	0.002	20.032	0.000
4	0.071	−0.044	20.414	0.000
5	−0.097	−0.069	21.144	0.001
6	−0.047	−0.121	21.319	0.002
7	0.035	0.020	21.419	0.003
8	−0.043	0.005	21.572	0.006
9	−0.005	−0.056	21.574	0.010
10	0.014	0.004	21.592	0.017
11	0.110	0.143	22.624	0.020
12	−0.069	−0.009	23.035	0.027
13	0.148	0.092	24.972	0.023
14	0.036	0.167	25.088	0.034
15	−0.007	−0.001	25.092	0.049
16	0.173	0.221	27.885	0.033
17	−0.111	0.053	29.064	0.034
18	0.020	−0.105	29.103	0.047
19	−0.047	0.042	29.324	0.061
20	0.016	0.050	29.350	0.081
21	0.022	0.056	29.402	0.105
22	−0.079	−0.042	30.052	0.117
23	−0.010	−0.137	30.062	0.148
24	−0.073	−0.163	30.648	0.164
25	−0.020	−0.085	30.690	0.199
26	0.041	−0.004	30.887	0.233
27	−0.022	−0.127	30.945	0.273
28	0.089	0.025	31.893	0.279
29	0.016	0.017	31.925	0.323
30	0.004	−0.093	31.927	0.371
31	0.005	0.004	31.930	0.420
32	−0.025	−0.057	32.011	0.466

图 6.2.4 某化学反应过程数据自相关函数、偏自相关函数图

表 6.2.2 估计模型 AIC 值和 SBC 值

模型	AIC	SBC
AR(1)	8.7740	8.8064
MA(2)	9.4176	9.4818
ARMA(1, 2)	7.7447	7.8418

6.3　平稳时间序列模型的参数估计

本节主要讨论对于已经确定阶数的 ARMA(p, q) 模型, 如何基于观测数据对模型的参数进行估计. 下面介绍基本的参数估计原理和方法.

6.3.1　矩估计

矩估计通过令样本矩等于相应的理论矩, 求解方程获得未知参数的估计. 通常, 矩估计的精度不高, 不能作为模型参数的估计值, 但是在通过迭代估计的过程中, 矩估计为初值的选取提供了简单可行的方法.

1. AR(p) 模型

p 阶自回归模型 AR(p) 为 $y_t = \phi_0 + \phi_1 y_{t-1} + \cdots + \phi_p y_{t-p} + \varepsilon_t$, 依据自相关系数定义, 容易知道, 自相关函数满足如下的 Yule-Walker 方程:

$$\begin{cases} \phi_1 + \phi_2\rho_1 + \cdots + \phi_p\rho_{p-1} = \rho_1, \\ \phi_1\rho_1 + \phi_2 + \cdots + \phi_p\rho_{p-2} = \rho_2, \\ \qquad\cdots\cdots \\ \phi_1\rho_{p-1} + \phi_{p-2} + \cdots + \phi_p = \rho_p, \end{cases} \tag{6.3.1}$$

其矩阵形式为

$$\begin{bmatrix} 1 & \rho_1 & \cdots & \rho_{p-1} \\ \rho_1 & 1 & \cdots & \rho_{p-2} \\ \vdots & \vdots & & \vdots \\ \rho_{p-1} & \rho_{p-2} & \cdots & 1 \end{bmatrix} \begin{bmatrix} \phi_1 \\ \phi_2 \\ \vdots \\ \phi_p \end{bmatrix} = \begin{bmatrix} \rho_1 \\ \rho_2 \\ \vdots \\ \rho_p \end{bmatrix}. \tag{6.3.2}$$

依据式 (6.3.2) 以及样本观测值计算得到样本自相关函数 $\{\hat{\rho}_\kappa\}$, 解方程可得参数 $\phi_1, \phi_2, \cdots, \phi_p$ 的估计值为

$$\begin{bmatrix} \hat{\phi}_1 \\ \hat{\phi}_2 \\ \vdots \\ \hat{\phi}_p \end{bmatrix} = \begin{bmatrix} 1 & \hat{\rho}_1 & \cdots & \hat{\rho}_{p-1} \\ \hat{\rho}_1 & 1 & \cdots & \hat{\rho}_{p-2} \\ \vdots & \vdots & & \vdots \\ \hat{\rho}_{p-1} & \hat{\rho}_{p-2} & \cdots & 1 \end{bmatrix}^{-1} \begin{bmatrix} \hat{\rho}_1 \\ \hat{\rho}_2 \\ \vdots \\ \hat{\rho}_p \end{bmatrix}. \tag{6.3.3}$$

依据式 (6.3.3), 容易知道, AR(1) 的估计值为 $\hat{\phi}_1 = \hat{\rho}_1$, AR(2) 的估计值为

$$\begin{cases} \hat{\phi}_1 = \hat{\rho}_1(1 - \hat{\rho}_2)/(1 - \hat{\rho}_1^2), \\ \hat{\phi}_2 = (\hat{\rho}_2 - \hat{\rho}_1^2)/(1 - \hat{\rho}_1^2). \end{cases}$$

2. MA(q) 模型

MA(q) 模型的自协方差函数为

$$\gamma_\kappa = E(y_t y_{t-\kappa}) = E\left[(\varepsilon_t - \theta_1\varepsilon_{t-1} - \cdots - \theta_q\varepsilon_{t-q})(\varepsilon_{t-\kappa} - \theta_1\varepsilon_{t-\kappa-1} - \cdots - \theta_q\varepsilon_{t-\kappa-q})\right]$$
$$= \begin{cases} (1+\theta_1^2+\cdots+\theta_q^2)\sigma_\varepsilon^2, & \kappa = 0, \\ \left(-\theta_\kappa + \sum\limits_{i=1}^{q-\kappa}\theta_i\theta_{\kappa+i}\right)\sigma_\varepsilon^2, & 1 \leqslant \kappa \leqslant q, \\ 0, & \kappa > q, \end{cases}$$

而 $\gamma_0 = (1+\theta_1^2+\theta_2^2+\cdots+\theta_q^2)\sigma_\varepsilon^2$, 则有

$$\rho_\kappa = \begin{cases} \dfrac{-\theta_\kappa + \sum\limits_{i=1}^{q-\kappa}\theta_i\theta_{\kappa+i}}{1+\theta_1^2+\theta_2^2+\cdots+\theta_q^2}, & 1 \leqslant \kappa \leqslant q, \\ 0, & \kappa > q. \end{cases} \tag{6.3.4}$$

为应用矩估计求得未知参数的估计值, 需依据样本自相关系数 $\hat{\rho}_\kappa$ 代入式 (6.3.4), 但是由于上述方程是高度非线性的, 往往很难给出其解而只能通过迭代的方式求得其数值解. 除此之外, 方程组众多解中仅有一个满足可逆性要求, 因而 MA(q) 模型应用矩估计方法获得的结果一般都比较差, 暂不作进一步讨论.

3. ARMA(p,q) 模型

类似 MA(q) 模型地, ARMA(p,q) 模型应用矩估计仅用到了样本二阶矩的信息, 观测值序列中其他信息被忽略了. 从而, 这也导致了应用矩估计方法估计精度不高的不足. 因此, 这里仅就低阶 ARMA(1,1) 模型进行简单的讨论.

忽略掉应用 Green 函数对 ARMA(1,1) 模型自协方差函数复杂的推导过程, 我们直接给出 ARMA(1,1) 模型的如下结果:

$$\begin{cases} \gamma_0 = \dfrac{1+\theta_1^2-2\theta_1\phi_1}{1-\phi_1^2}\sigma_\varepsilon^2, \\ \gamma_1 = \dfrac{(\phi_1-\theta_1)(1-\theta_1\phi_1)}{1-\phi_1^2}\sigma_\varepsilon^2, \\ \gamma_2 = \phi_1\gamma_1 = \dfrac{\phi_1(\phi_1-\theta_1)(1-\theta_1\phi_1)}{1-\phi_1^2}\sigma_\varepsilon^2, \end{cases}$$

从而有

$$\begin{cases} \rho_1 = \dfrac{\gamma_1}{\gamma_0} = \dfrac{(\phi_1-\theta_1)(1-\theta_1\phi_1)}{1+\theta_1^2-2\theta_1\phi_1}, \\ \rho_2 = \phi_1\rho_1. \end{cases} \tag{6.3.5}$$

基于式 (6.3.5), 在可逆性条件 $|\theta_1|<1$ 的前提下, 将样本自相关系数 $\hat{\rho}_1,\hat{\rho}_2$ 代入并求解可得

$$\begin{cases} \hat{\phi}_1=\dfrac{\hat{\rho}_2}{\hat{\rho}_1}, \\ \hat{\theta}_1=\begin{cases} \dfrac{\varDelta+\sqrt{\varDelta^2-4}}{2}, & \varDelta\leqslant -2, \\ \dfrac{\varDelta-\sqrt{\varDelta^2-4}}{2}, & \varDelta>2, \end{cases} \end{cases} \tag{6.3.6}$$

其中 $\varDelta=\left(1-\hat{\phi}_1^2-2\hat{\rho}_2\right)\Big/\left(\hat{\phi}_1-\hat{\rho}_1\right)$. 对于高阶情形 ARMA$(p,q)$ 模型, 依赖于统计软件进行计算.

6.3.2 最小二乘估计

由于矩估计方法在 ARMA(p, q) 模型情形下的估计精度较低, 为此需要引入其他的估计方法.

针对一般的 ARMA(p, q) 模型, 令 $\beta=(\phi_1,\cdots,\phi_p,\ \theta_1,\cdots,\theta_q)^{\mathrm{T}}$ 表示待估计的参数向量, 同时令

$$f_t(\beta)=\phi_1 y_{t-1}+\cdots+\phi_p y_{t-p}-\theta_1\varepsilon_{t-1}-\cdots-\theta_q\varepsilon_{t-q},$$

则有模型拟合残差为

$$\varepsilon_t=y_t-f_t(\beta).$$

相应的残差平方和为

$$Q(\beta)=\sum_{t=1}^{n}\varepsilon_t^2=\sum_{t=1}^{n}(y_t-\phi_1 y_{t-1}-\cdots-\phi_p y_{t-p}+\theta_1\varepsilon_{t-1}+\cdots+\theta_q\varepsilon_{t-q})^2,$$

从而, ARMA(p,q) 模型待估参数的最小二乘估计值应满足

$$Q(\hat{\beta})=\min_{\beta} Q(\beta). \tag{6.3.7}$$

由于式 (6.3.7) 中随机扰动项 $\varepsilon_{t-1},\cdots,\varepsilon_{t-q}$ 不可观测, 所以上述最优化问题要借助迭代算法进行求解.

最小二乘估计方法能够充分利用观测值序列的信息, 因而往往具有较高的估计精度.

6.4 平稳时间序列模型的预测

对观测到的时间序列进行建模和分析的直接目的是实现对未来值的预测. 所谓预测, 即利用序列的观测样本值序列, 通过建模以对未来某个时刻的取值进行估计或者对某个水平值实现的时刻进行估计.

6.4.1 AR(p) 序列预测

AR(p) 模型的传递形式可以将 $t+l$ 时刻的值表示为

$$\hat{y}_{t+l}=\sum_{j=0}^{\infty}G_j\varepsilon_{t+l-j}, \tag{6.4.1}$$

在 $y_t, y_{t-1}, \cdots$ 的信息已知情形下, 利用条件期望的性质对式 (6.4.1) 求条件期望得

$$\hat{y}_t(l)=E(y_{t+l}|y_t,y_{t-1},y_{t-2},\cdots)=\sum_{j=0}^{\infty}G_jE(\varepsilon_{t+l-j}|y_t,y_{t-1},y_{t-2},\cdots)=\sum_{j=0}^{\infty}G_{l+j}\varepsilon_{t-j}$$

从而, 预测误差 $e_t(l)$ 为

$$e_t(l)=y_{t+l}-\hat{y}_t(l)=G_0\varepsilon_{t+l}+G_1\varepsilon_{t+l-1}+\cdots+G_{l-1}\varepsilon_{t+1}.$$

进一步地, 预测误差的均方值为

$$E\left[e_t^2(l)\right]=\left(G_0^2+G_1^2+\cdots+G_{l-1}^2\right)\sigma_\varepsilon^2=\left(1+G_1^2+\cdots+G_{l-1}^2\right)\sigma_\varepsilon^2,$$

则 $\hat{y}_{t+l}$ 预测的 95%的置信区间为

$$\hat{y}_{t+l}\pm1.96\sigma_\varepsilon\left(1+G_1^2+\cdots+G_{l-1}^2\right)^{\frac{1}{2}}.$$

事实上, 还可以将 $\hat{y}_t(l)=E(y_{t+l}|y_t,y_{t-1},y_{t-2},\cdots)$ 表示为

$$\begin{aligned}\hat{y}_t(l)&=E(y_{t+l}|y_t,y_{t-1},y_{t-2},\cdots)\\&=E\left(\phi_1y_{t+l-1}+\cdots+\phi_py_{t+l-p}+\varepsilon_{t+l}|y_t,y_{t-1},\cdots\right)\\&=\hat{\phi}_1\hat{y}_t(l-1)+\cdots+\hat{\phi}_p\hat{y}_t(l-p),\end{aligned}$$

其中, $\hat{y}_t(k)=\begin{cases}\hat{y}_t(k), & k\geqslant1,\\ y_{t+k}, & k\leqslant0.\end{cases}$

可以证明, 上述条件期望预测是一类最小均方误差预测.

例 6.4.1 一组月度平稳序列近似服从 AR(2) 模型, 且模型为

$$y_t=12+0.6y_{t-1}+0.3y_{t-2}+\varepsilon_t,\varepsilon_t\sim N(0,49).$$

设某年前三个月的观测数据分别为 102, 98 和 95.5, 试确定未来三个月份的预测值及其 95%的置信区间.

解 由题设, 可令 $y_1=102, y_2=98, y_3=95.5$, 则有

$$\hat{y}_3(1)=12+0.6y_3+0.3y_2=98.7;\quad \hat{y}_3(2)=12+0.6\hat{y}_3(1)+0.3y_3=99.87;$$

$$\hat{y}_3(3) = 12 + 0.6\hat{y}_3(2) + 0.3\hat{y}_3(1) = 101.532.$$

为计算置信区间, 由 Green 公式可得, $G_1 = 0.6, G_2 = 0.66$, 从而有

$$\operatorname{var}(e_3(1)) = G_0^2\sigma_\varepsilon^2 = 49, \quad \operatorname{var}(e_3(2)) = (1+G_1^2)\sigma_\varepsilon^2 = 66.64,$$

$$\operatorname{var}(e_3(2)) = (1 + G_1^2 + G_2^2)\sigma_\varepsilon^2 = 87.9844.$$

因而, 依据前面给出的置信区间估计公式有：$\hat{y}_3(1)$ 的置信区间为 [84.98, 112.42]; $\hat{y}_3(2)$ 的置信区间为 [83.87, 115.87]; $\hat{y}_3(3)$ 的置信区间为 [83.15, 119.92].

6.4.2　MA(q) 序列预测

依据式 (6.2.6), 可以知道

$$y_{t+l} = \mu + \varepsilon_{t+l} - \theta_1\varepsilon_{t+l-1} - \cdots - \theta_q\varepsilon_{t+l-q},$$

在 $y_t, y_{t-1}, \cdots$ 的信息已知的情形下, y_{t+l} 的估计就等价于在 $\varepsilon_t, \varepsilon_{t-1}, \cdots$ 已知的前提下进行估计, 而对于不可观测的部分 $\varepsilon_{t+1}, \varepsilon_{t+2}, \cdots$, 则将其作为误差进行处理.

情形一：预测步长不大于阶数 q.

$$\begin{aligned} y_{t+l} &= \mu + \varepsilon_{t+l} - \theta_1\varepsilon_{t+l-1} - \cdots - \theta_q\varepsilon_{t+l-q} \\ &= (\varepsilon_{t+l} - \theta_1\varepsilon_{t+l-1} - \cdots - \theta_{l-1}\varepsilon_{t+1}) + (\mu - \theta_l\varepsilon_t - \cdots - \theta_q\varepsilon_{t+l-q}) \\ &= e_t(l) + \hat{y}_t(l). \end{aligned}$$

情形二：预测步长大于阶数 q.

$$\begin{aligned} y_{t+l} &= \mu + \varepsilon_{t+l} - \theta_1\varepsilon_{t+l-1} - \cdots - \theta_q\varepsilon_{t+l-q} = (\varepsilon_{t+l} - \theta_1\varepsilon_{t+l-1} - \cdots - \theta_q\varepsilon_{t+l-q}) + \mu \\ &= e_t(l) + \hat{y}_t(l). \end{aligned}$$

从而有

$$\hat{y}_t(l) = \begin{cases} \mu - \sum_{i=1}^{q} \theta_i\varepsilon_{t+l-i}, & l \leqslant q, \\ \mu, & l > q. \end{cases} \tag{6.4.2}$$

依据式 (6.4.2), 理论上 MA(q) 模型仅能预测阶数 q 步之内的未来序列走势, 超过阶数的未来时刻预测值将恒等于序列均值.

依据式 (6.4.2), 容易得到 MA(q) 模型预测方差为

$$\operatorname{var}[e_t(l)] = \begin{cases} (1 + \theta_1^2 + \theta_2^2 \cdots + \theta_{l-1}^2)\sigma_\varepsilon^2, & l \leqslant q, \\ (1 + \theta_1^2 + \theta_2^2 \cdots + \theta_q^2)\sigma_\varepsilon^2, & l > q. \end{cases}$$

相应地, $\hat{y}_{t+l}$ 预测的 95% 的置信区间为 $\hat{y}_t(l) \pm 1.96\sqrt{\mathrm{var}\left[e_t(l)\right]}$.

例 6.4.2 已知某统计指数近似服从如下的 MA(3) 模型,

$$y_t = 100 + \varepsilon_t - 0.6\varepsilon_{t-1} + 0.5\varepsilon_{t-2} - 0.2\varepsilon_{t-3}, \quad \sigma_\varepsilon^2 = 16.$$

已知近三年的观测数据和模型输出结果如表 6.4.1 所示.

表 6.4.1 2015—2017 年观测数据与模型输出结果

年份	观测数据	模型输出结果
2015	101.5	104.3
2016	100.8	98.8
2017	102.2	104.2

试预测未来 4 年的数据以及相应的 95% 置信区间.

解 由题设, 容易知道

$$\varepsilon_t = y_{2017} - \hat{y}_{2016}(1) = 102.2 - 104.2 = -2;$$

$$\varepsilon_{t-1} = y_{2016} - \hat{y}_{2015}(1) = 100.8 - 98.8 = 2;$$

$$\varepsilon_{t-2} = y_{2015} - \hat{y}_{2014}(1) = 101.5 - 104.3 = -2.8.$$

从而预测值为

$$\hat{y}_{2017}(1) = 100 - 0.6\varepsilon_t + 0.5\varepsilon_{t-1} - 0.2\varepsilon_{t-2} = 103.16;$$

$$\hat{y}_{2017}(2) = 100 + 0.5\varepsilon_t - 0.2\varepsilon_{t-1} = 99.56;$$

$$\hat{y}_{2017}(3) = 100 - 0.2\varepsilon_t = 100.4; \quad \hat{y}_{2017}(4) = 100.$$

相应地, 每期预测的方差为

$$\mathrm{var}\left[e_{2017}(1)\right] = \sigma_\varepsilon^2 = 16; \quad \mathrm{var}\left[e_{2017}(2)\right] = \left(1+\theta_1^2\right)\sigma_\varepsilon^2 = 21.76;$$

$$\mathrm{var}\left[e_{2017}(3)\right] = \left(1+\theta_1^2+\theta_2^2\right)\sigma_\varepsilon^2 = 25.76; \quad \mathrm{var}\left[e_{2017}(4)\right] = \left(1+\theta_1^2+\theta_2^2+\theta_3^2\right)\sigma_\varepsilon^2 = 26.4.$$

进而, 依据上述置信区间计算公式得到各自的 95% 置信区间是容易的.

除此之外, 还可以看到, 若进行更多期的预测, 则无论是预测值还是预测方差均与 $\hat{y}_{2017}(4)$ 的值是一样的.

6.4.3 ARMA(p, q) 序列预测

在 ARMA(p, q) 情形下,

$$y_t(l) = E\left(\phi_1 y_{t+l-1} + \cdots + \phi_p y_{t+l-p} + \varepsilon_{t+l} - \theta_1\varepsilon_{t+l-1} - \cdots - \theta_q\varepsilon_{t+l-q} | y_t, \ y_{t-1}, \ \cdots\right)$$

$$
= \begin{cases} \phi_1 \hat{y}_t(l-1) + \cdots + \phi_p \hat{y}_t(l-p) - \sum\limits_{i=l}^{q} \theta_i \varepsilon_{t+l-i}, & l \leqslant q, \\ \phi_1 \hat{y}_t(l-1) + \cdots + \phi_p \hat{y}_t(l-p), & l > q, \end{cases}
$$

其中, $\hat{y}_t(k) = \begin{cases} \hat{y}_t(k), & k \geqslant 1, \\ y_{t+k}, & k \leqslant 0. \end{cases}$

预测方差为

$$
\operatorname{var}[e_t(l)] = \left(1 + G_1^2 + \cdots + G_{l-1}^2\right) \sigma_\varepsilon^2.
$$

相应地, $\hat{y}_{t+l}$ 预测的 95% 的置信区间为 $\hat{y}_t(l) \pm 1.96\sqrt{\operatorname{var}[e_t(l)]}$.

例 6.4.3　设 y_t 近似服从如下的 ARMA(1, 1) 模型,

$$
y_t = 0.71 y_{t-1} + \varepsilon_t - 0.55 \varepsilon_{t-1}, \quad \sigma_\varepsilon^2 = 0.0132.
$$

已知某 T 时刻 $y_T = 0.28, \varepsilon_T = 0.01$, 预测未来 3 个时刻的序列值及其 95% 置信区间.

解　由题设, 预测值为

$$
\hat{y}_T(1) = 0.71 y_T - 0.55 \varepsilon_T = 0.1933, \quad \hat{y}_T(2) = 0.71 \hat{y}_T(1) = 0.1372,
$$

$$
\hat{y}_T(3) = 0.71 \hat{y}_T(2) = 0.0974.
$$

由 Green 函数的递推公式, 可以计算得 $G_1 = \phi_1 G_0 - \theta_1 = 0.16, G_2 = \phi_1 G_1 = 0.1136$, 进而有

$$
\operatorname{var}[e_T(1)] = G_0^2 \sigma_\varepsilon^2 = 0.0132, \quad \operatorname{var}[e_T(2)] = (1 + G_1^2)\sigma_\varepsilon^2 = 0.0135,
$$

$$
\operatorname{var}[e_T(3)] = (1 + G_1^2 + G_2^2)\sigma_\varepsilon^2 = 0.0137.
$$

从而, 依据上述置信区间计算公式计算得三期对应的置信区间分别为

$$
[-0.0312, 0.4185], \quad [-0.0905, 0.3649], \quad [-0.1320, 0.3268].
$$

在实际应用中, 往往还需要依据新观测信息进行预测, 因而需要对模型进行必要的修正以提高预测精度. 鉴于当前软件操作已非常成熟和便利, 因而本书不再赘述, 建议感兴趣的读者可以参考书后的相关参考文献.

习　题　6

1. 检验下列模型的平稳性与可逆性, 这里 $\{\varepsilon_t\}$ 为白噪声时间序列.

(1) $y_t = 0.6 y_{t-1} + 1.1 y_{t-2} + \varepsilon_t$;　　(2) $y_t = 1.1 y_{t-1} - 0.4 y_{t-2} + \varepsilon_t$;

(3) $y_t = \varepsilon_t - 0.8 \varepsilon_{t-1} + 0.3 \varepsilon_{t-2}$;　　(4) $y_t = \varepsilon_t + 1.4 \varepsilon_{t-1} - 0.5 \varepsilon_{t-2}$.

2. 某城市过去的 63 年中每年降雪量 (单位：mm) 数据如表 6.1 所示 (行数据).

表 6.1

126.4	82.4	78.1	51.1	90.9	76.2	104.5	87.4	110.5	25
69.3	53.5	39.8	63.6	46.7	72.9	79.6	83.6	80.7	60.3
79	74.4	49.6	54.7	71.8	49.1	103.9	51.6	82.4	83.6
77.8	79.3	89.6	85.5	58	120.7	110.5	65.4	39.9	40.1
88.7	71.4	83	55.9	89.9	84.8	105.2	113.7	124.7	114.5
115.6	102.4	101.4	89.8	71.5	70.9	98.3	55.5	66.1	78.4
120.5	97	110							

(1) 判断该序列的平稳性与纯随机性;

(2) 若该序列平稳且非纯随机时间序列, 建立 ARMA 模型进行分析;

(3) 利用所建立的模型对未来 5 年值进行预测.

3. 某时间序列的自相关函数和偏自相关函数如表 6.2 所示.

表 6.2

k	1	2	3	4	5	6	7	8
AC	0.729	0.662	0.638	0.603	0.589	0.504	0.492	0.353
PAC	0.729	0.279	0.201	0.103	0.105	−0.095	0.047	−0.272
k	9	10	11	12	13	14	15	16
AC	0.315	0.251	0.279	0.228	0.165	0.113	0.039	−0.019
PAC	−0.037	−0.120	0.205	−0.046	0.048	−0.135	−0.042	−0.240

请选择合适的预测模型.

4. 设时间序列 $x_t + 0.8x_{t-2} = \varepsilon_t, \varepsilon_t \sim \mathrm{WN}(0, \sigma^2)$ 为一个 AR(2) 序列, 求该序列的自相关函数.

某股票连续若干个交易日的收盘价如表 6.3(行数据).

表 6.3

304	303	307	299	296	293	301	293	301	295	284	286
286	287	284	282	278	281	278	277	279	278	270	268
272	273	279	279	280	275	271	277	278	279	283	284
282	283	279	280	280	279	278	283	278	272	271	273
277	274	274	272	280	282	292	295	295	294	290	291
288	288	290	293	288	289	291	293	293	290	288	287
289	292	288	288	285	282	286	286	287	284	283	286
282	287	286	287	292	292	294	291	288	289		

选择适当模型拟合该序列的发展, 并估计下一个交易日的收盘价.

第 7 章 模糊时间序列预测方法

现实生活中人们更倾向于在数据的基础上进行定性的描述与预测. 例如, 针对股票价格趋势的判断人们会用 "暴涨""暴跌" 等词汇以及针对天气的变化会用 "变暖""变凉" 和 "凉爽" 等词汇. 1965 年美国自动控制论专家 Zadeh 教授提出模糊数学理论以来, 以隶属函数细化待观测对象为更加细致地刻画客观事物提供了有效的方法和工具.

7.1 模糊时间序列

7.1.1 模糊数学基本概念与理论

"模糊 (fuzzy)" 在牛津词典中的解释为 "朦胧的、模糊的、不精确的、不合乎逻辑的以及不明白的". 与这一解释相反, 本书所涉及的 "模糊" 一词更大程度上可以解读为一类技术形容词. 事实上, 模糊是一类被精确定义的数学分支, 尽管该理论所描述的事物或对象可能是模糊的, 但是其理论本身却是精确的.

定义 7.1.1 论域 U 上的模糊集合是用隶属函数 $\mu_A(x)$ 来表征的, $\mu_A(x)$ 的取值范围是 $[0,1]$.

依据定义 7.1.1, 模糊集合通过隶属函数定义, 区别与经典集合非 0 即 1 的隶属情形, 模糊集合允许其为 $[0,1]$ 上的连续函数. 因而, 模糊集合是经典集合的一种推广.

一般地, U 上模糊集合 A 可以通过以下形式进行表达:

(1) 表示为元素及其隶属度值构成的有序对集合: $A=\{(x,\mu_A(x))|x\in U\}$;

(2) U 连续时表示为 $A=\int_U \mu_A(x)/x$, 这里, 符号 $\int$ 并不表示积分, 而是 U 上隶属函数为 $\mu_A(x)$ 的所有点 x 的集合;

(3) U 离散时表示为 $\sum_U \mu_A(x)/x$.

例 7.1.1 若甲和乙分别为生活在先秦时期和当代的两个人, 两人对于 "青年人" 这个集合的定义则可能通过以下两个隶属函数加以描述 (图 7.1.1).

据专家推测, 先秦时期男女的平均寿命分别为 35 岁和 39 岁, 而据第六次人口普查数据, 2010 年中国人均预期寿命为 74.83 岁. 2016 年更有 26 省 (市、区) 的平均寿命超过了 70 岁. 因而, 不同时期人们对于 "青年人" 这一定义是有所区别的. 根据周围所处环境的不同, 不同地区对于同一概念的认知往往也都存在差异.

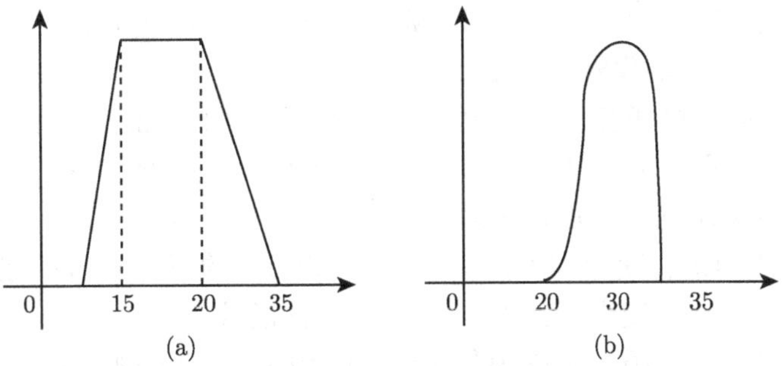

图 7.1.1 两个时代人们对于 "青年人" 的定义

例 7.1.2 论域 $U=[0, 100]$ 表示为普通人的年龄区间, 则 "年轻" 和 "年老" 两个模糊集合可以定义为

$$\text{年轻}=\int_0^{25} 1/x+\int_{25}^{100}\left(1+\left(\frac{x-25}{5}\right)^2\right)^{-1}\Big/x;$$

$$\text{年老}=\int_{50}^{100}\left(1+\left(\frac{x-50}{5}\right)^{-2}\right)^{-1}\Big/x.$$

实际应用过程中, 模糊集合隶属函数的确定可以借助模糊统计方法、专家经验法以及模糊分布法等.

为考察模糊信息环境下元素间的关联关系, 引入如下的模糊关系概念:

定义 7.1.2 直积 $U\times V=\{(u,v)|u\in U, v\in V\}$ 的一个模糊子集 R 称为 U 到 V 的一个模糊关系. 若 $(u,v)\in U\times V$, 称 $\mu_R(u,v)$ 为 u,v 具有关系 R 的程度, 简记为 $R(u,v)$, 当 $U=V$ 时称 R 为 V 中的模糊关系.

当 μ_R 只取 0 或 1 时, 模糊关系退化为普通的关系.

针对 $U\times V$ 上的模糊关系 R, 可考虑如下的性质:

(1) 自反性: $\mu_R(u,u)=1, \forall (u,u)\in U\times U$;

(2) 对称性: $\mu_R(u,v)=\mu_R(v,u), \forall (u,v)\in U\times U$;

(3) 传递性: $\mu_R(u,v)\geqslant\lambda, \mu_R(v,w)\geqslant\lambda\Rightarrow\mu_R(u,w)\geqslant\lambda, \forall\lambda\in[0,1]$.

基于上述性质, 若模糊关系 R 满足自反性和对称性, 则称为模糊相容关系; 若 R 满足自反性、对称性和传递性, 则可称为模糊等价关系.

7.1.2 模糊时间序列模型

Song 和 Chissom 于 1993 — 1994 年给出了模糊时间序列的基本概念.

定义 7.1.3 设 U 为论域, 给定 U 的一个次序分割集为 $U=\{u_1,u_2,\cdots,u_n\}$, 定义 A 为论域 U 上的语义变量集 (为模糊集), 并记为

$$A=\frac{f_A(u_1)}{u_1}+\frac{f_A(u_2)}{u_2}+\cdots+\frac{f_A(u_n)}{u_n},$$

其中, f_A 是定义在 A 上的模糊隶属函数, $f_A: U \to [0,1]$, $f_A(u_i), i=1,2,\cdots,n$ 表示 u_i 在模糊集 A 上的模糊隶属度.

定义 7.1.4　对任意一个固定的 $y(t), t = \cdots,0,1,2,\cdots$, 设实数域的子集 $y(t) \subset \mathbb{R}$. $y(t)$ 上定义了一组模糊集 $f_i(t), i=1,2,\cdots$, 且 $F(t)=\{f_1(t), f_2(t),\cdots\}$, 则称 $F(t)$ 为定义在 $y(t)$ 上的模糊时间序列.

这里, $F(t)$ 为语言变量, $f_i(t), i=1,2,\cdots$ 为可能的语言值, 表示数据对应的状态, 它是随着时间 t 的变化而变化的, 是时间 t 的函数.

定义 7.1.5　设 $R(t,t-1)$ 为从 $F(t-1)$ 到 $F(t)$ 的模糊关系, 且满足

$$F(t)=F(t-1)\circ R(t,t-1),$$

则称 $F(t)$ 是由 $F(t-1)$ 通过模糊关系 $R(t,t-1)$ 推理得到的, 且可用模糊逻辑关系 $F(t-1)\to F(t)$ 表示. 其中, 符号 $\circ$ 表示合成运算, $F(t-1)$ 和 $F(t)$ 都是模糊集, 关系 R 称为定义在 $F(t)$ 上的一阶模糊关系.

为方便处理和计算, 引入如下的模糊逻辑关系简洁表达形式.

定义 7.1.6　记 $F(t-1)=A_i, F(t)=A_j$, 则由 $F(t-1)$ 到 $F(t)$ 两个连续时刻间的模糊逻辑关系可以等价表示为 $A_i \to A_j$, 其中 A_i 和 A_j 分别称为模糊关系的左件和右件 (或称为模糊关系的前件和后件).

上述定义给出了模糊时间序列的基本描述, 可以看出, 模糊时间序列是在经典时间序列的基础上, 通过对论域进行划分同时给定相应的模糊集 (状态), 从而实现不同时刻观测值序列的模糊定义.

与经典时间序列的预测原理和方法不同, 模糊时间序列更多的是通过模糊逻辑推理实现时间序列的估计和预测. 近年来, 随着模糊时间序列研究的深入, 经典时间序列分析的方法正在被逐渐地拓展到模糊时间序列分析中.

7.2　一阶模糊时间序列预测方法

经典时间序列均假设事物的当前发展具有一定的延伸性, 通过正确的函数设定以及参数估计描述其规律, 则未来值的走势会沿着这一趋势发展下去. 模糊时间序列分析事实上也蕴含了这一基本假设, 这是其中的规律不再以函数的形式出现, 取而代之的是不同连续时间对应模糊集之间的模糊关系及其转变规则, 通过统计和研究其中的转变规律实现当前演变规则的延续.

一阶的模糊时间序列预测模型, 可以理解为当期的时序值会受到前一期的影响. 一阶模糊时间序列模型的构建和应用主要分为如下四个步骤.

步骤 1　依据训练集对论域进行模糊划分, 确定模糊集及模糊隶属函数;

步骤 2　对训练数据按照先后顺序建立样本数据的模糊关系;

步骤 3 由所有的模糊关系求得模糊关系矩阵;

步骤 4 将观测值模糊化, 再依据步骤 3 得到的模糊关系矩阵和给定的预测规则求得预测值.

下面以 Song 和 Chissom 中给出的 Alabama 大学招生人数预测案例为例, 介绍应用模糊时间序列分析进行数值预测的基本步骤和方法.

表 7.2.1 给出了 1971—1992 年这 22 年间 Alabama 大学历年的招生人数具体数据.

表 7.2.1 Alabama 大学历年招生人数及模糊时间序列建模过程处理

年份	人数	A_1	A_2	A_3	A_4	A_5	A_6	A_7	模糊化
1971	13055	1	0.5	0	0	0	0	0	A_1
1972	13563	1	0.8	0.1	0	0	0	0	A_1
1973	13867	1	0.9	0.2	0	0	0	0	A_1
1974	14696	0.8	1	0.8	0.1	0	0	0	A_2
1975	15460	0.2	0.8	1	0.2	0	0	0	A_3
1976	15311	0.2	0.8	1	0.2	0	0	0	A_3
1977	15603	0	0.6	1	0.6	0.1	0	0	A_3
1978	15861	0	0.5	1	0.7	0.2	0	0	A_3
1979	16807	0	0.1	0.5	1	0.9	0.2	0	A_4
1980	16919	0	0.1	0.5	1	0.9	0.2	0	A_4
1981	16388	0	0.2	0.8	1	0.5	0	0	A_4
1982	15433	0.2	0.8	1	0.2	0	0	0	A_3
1983	15497	0.2	0.8	1	0.2	0	0	0	A_3
1984	15145	0.2	0.8	1	0.2	0	0	0	A_3
1985	15163	0.2	0.8	1	0.2	0	0	0	A_3
1986	15984	0	0.2	1	0.7	0.2	0	0	A_3
1987	16859	0	0.1	0.5	1	0.8	0.1	0	A_4
1988	18150	0	0	0.1	0.5	0.8	1	0.7	A_6
1989	18970	0	0	0	0.25	0.55	1	0.8	A_6
1990	19328	0	0	0	0.3	0.5	0.8	1	A_7
1991	19337	—	—	—	—	—	—	—	—
1992	18876	—	—	—	—	—	—	—	—

步骤 1 根据样本数据确定论域 U 的范围.

为确定论域 U 的范围, 首先考虑样本数据的最小值和最大值, 分别记为 $D_{\min}$ 和 $D_{\max}$. 同时为考虑数值的可能波动, 在上述最值的基础上进行一定的放缩, 设放缩量分别为 D_1 和 D_2, 则论域 U 的范围可以确定为 $[D_{\min}-D_1, D_{\max}+D_2]$.

本例中, $D_{\min}=13055$, $D_{\max}=19337$, 为方便讨论, 分别令 $D_1=55$, $D_2=672$, 从而论域 U 的数值区间为 $U=[13000, 20000]$.

步骤 2 对论域 U 进行模糊划分.

将论域 U 按照数值水平划分为若干等长的区间, 并与适当的语言变量相对应. 一般地, 这样的区间划分不宜太少, 否则会造成预测的信息损失; 但也不宜太多, 否则运算量会很大.

本例中, 将论域 U 划分为 7 个区间, 分别记为 $u_1, u_2, u_3, u_4, u_5, u_6$ 和 u_7, 且 u_1=[13000, 14000], u_2=[14000, 15000], u_3=[15000, 16000], u_4=[16000, 17000], u_5 = [17000,18000], u_6 = [18000, 19000] 和 u_7 = [19000, 20000].

步骤 3　定义论域 U 上的模糊集并确定划分区间的隶属函数.

针对论域 U 中不同水平的数值范围定义模糊集, 用语言变量加以描述, 这里模糊集的数量没有具体的限制.

本例中, 对于每年的招生人数, 定义 A_1= 极少, A_2= 很少, A_3= 较少, A_4= 正常, A_5= 较多, A_6= 很多, A_7= 极多. $u_1, u_2, u_3, u_4, u_5, u_6$ 和 u_7 为模糊集的元素, 为确定其隶属于上述模糊集的隶属程度, 可利用人类专家的知识进行隶属函数的确定. 通常, 可应用如下的三角模糊数形式定义模糊集

$$\begin{cases} A_1 = \left\{\dfrac{1}{u_1}, \dfrac{0.5}{u_2}, \dfrac{0}{u_3}, \dfrac{0}{u_4}, \dfrac{0}{u_5}, \dfrac{0}{u_6}, \dfrac{0}{u_7}\right\}, \\ A_2 = \left\{\dfrac{0.5}{u_1}, \dfrac{1}{u_2}, \dfrac{0.5}{u_3}, \dfrac{0}{u_4}, \dfrac{0}{u_5}, \dfrac{0}{u_6}, \dfrac{0}{u_7}\right\}, \\ A_3 = \left\{\dfrac{0}{u_1}, \dfrac{0.5}{u_2}, \dfrac{1}{u_3}, \dfrac{0.5}{u_4}, \dfrac{0}{u_5}, \dfrac{0}{u_6}, \dfrac{0}{u_7}\right\}, \\ A_4 = \left\{\dfrac{0}{u_1}, \dfrac{0}{u_2}, \dfrac{0.5}{u_3}, \dfrac{1}{u_4}, \dfrac{0.5}{u_5}, \dfrac{0}{u_6}, \dfrac{0}{u_7}\right\}, \\ A_5 = \left\{\dfrac{0}{u_1}, \dfrac{0}{u_2}, \dfrac{0}{u_3}, \dfrac{0.5}{u_4}, \dfrac{1}{u_5}, \dfrac{0.5}{u_6}, \dfrac{0}{u_7}\right\}, \\ A_6 = \left\{\dfrac{0}{u_1}, \dfrac{0}{u_2}, \dfrac{0}{u_3}, \dfrac{0}{u_4}, \dfrac{0.5}{u_5}, \dfrac{1}{u_6}, \dfrac{0.5}{u_7}\right\}, \\ A_7 = \left\{\dfrac{0}{u_1}, \dfrac{0}{u_2}, \dfrac{0}{u_3}, \dfrac{0}{u_4}, \dfrac{0}{u_5}, \dfrac{0.5}{u_6}, \dfrac{1}{u_7}\right\}. \end{cases}$$

步骤 4　对原始数据进行模糊化处理.

对照原始观测数据的数值水平, 确定等价的模糊集合. 通常的做法是对每个模糊集 A_i 定义其截集, 若预测对象某年的实际观测值落在某个模糊集 A_k 的截集内, 则该年度观测数值的模糊集为 A_k. 当然, 也可以确定某一年度的实际观测数据隶属于每一个模糊集的隶属程度. 本例中, 给出的每一年份招生人数隶属于不同模糊集的隶属度如表 7.2.1 所示.

步骤 5 确定历史数据的演化规则.

依据模糊化处理后的数据表, 建立历史数据的演化规则. 若实际观测数据隶属于某个模糊集 A_k 的隶属程度最大, 则认为该年度观测数值的模糊集即为 A_k.

本例中, 以 1985 年招生人数为例, 其隶属于模糊集 A_3 的程度最大, 则认为 1985 年招生人数是 A_3(较少), 对于其余年份可类似处理. 从而可以利用语言量值的变化来表示历史数据间的转换. 为此依据如下的 IF-THEN 规则考虑两个连续年份之间数值状态的转移:

"若第 i 年的招生人数是 A_k, 则第 $i+1$ 年的招生人数是 A_j, 简记为 $A_k \to A_j$."

基于表 7.2.1, 可以确定如下的 Alabama 大学历年招生人数变化情况:

$$\begin{aligned}&A_1 \to A_1, A_1 \to A_2, A_2 \to A_3, A_3 \to A_3, A_3 \to A_4,\\&A_4 \to A_4, A_4 \to A_4, A_4 \to A_6, A_6 \to A_6, A_6 \to A_7.\end{aligned}$$

步骤 6 计算模糊关系矩阵.

由获得的模糊关系, 依据下式计算模糊关系矩阵:

$$R(t, t-1) = R = \bigcup_{i,j} R^{i,j}, \tag{7.2.1}$$

其中, $R^{i,j}=A_i^{\mathrm{T}} \times A_j$, 符号 $\times$ 表示矩阵乘积运算中取最小运算, 符号 $\bigcup$ 表示取矩阵 $R^{i,j}$ 中最大的运算.

本例中, 有

$$R^{1,2} = A_1^{\mathrm{T}} \times A_2 = \begin{bmatrix} 1 \\ 0.5 \\ 0 \\ 0 \\ 0 \\ 0 \\ 0 \end{bmatrix} [0.5, 1, 0.5, 0, 0, 0, 0]$$

$$= \begin{bmatrix} 0.5 & 1.0 & 0.5 & 0 & 0 & 0 & 0 \\ 0.25 & 0.5 & 0.25 & 0 & 0 & 0 & 0 \\ 0 & 0 & 0 & 0 & 0 & 0 & 0 \\ 0 & 0 & 0 & 0 & 0 & 0 & 0 \\ 0 & 0 & 0 & 0 & 0 & 0 & 0 \\ 0 & 0 & 0 & 0 & 0 & 0 & 0 \\ 0 & 0 & 0 & 0 & 0 & 0 & 0 \end{bmatrix},$$

类似可计算得其他模糊关系矩阵, 最后计算得 R 为

$$R=\begin{bmatrix} 1 & 1 & 0.5 & 0.5 & 0 & 0 & 0 \\ 0.5 & 0.5 & 1 & 0.5 & 0.5 & 0 & 0 \\ 0 & 0.5 & 1 & 1 & 0.5 & 0.5 & 0.5 \\ 0 & 0.5 & 1 & 1 & 0.5 & 1 & 0.5 \\ 0 & 0.5 & 0.5 & 0.5 & 0.5 & 0.5 & 0.5 \\ 0 & 0 & 0 & 0 & 0.5 & 1 & 1 \\ 0 & 0 & 0 & 0 & 0.5 & 0.5 & 0.5 \end{bmatrix}.$$

从而, 预测模型可以表示为

$$A_i = A_{i-1} \circ R, \tag{7.2.2}$$

这里, A_{i-1} 为第 $i-1$ 年的招生人数, A_i 为预测的第 i 年的招生人数, 符号 "$\circ$" 表示 max-min 运算.

步骤 7 计算预测结果.

依据表 7.2.1 和式 (7.2.2), 预测的隶属程度和预测结果如表 7.2.2 所示.

表 7.2.2 模型输出结果

年份	输出隶属度	标准化隶属度	预测结果
1972	1, 1, 0.5, 0.5, 0.5, 0, 0	0.286, 0.286, 0.143, 0.143, 0.143, 0, 0	14000
1973	1, 1, 0.8, 0.5, 0.5, 0.1, 0.1	0.25, 0.25, 0.2, 0.125, 0.125, 0.025, 0.025	14000
1974	1, 1, 0.9, 0.5, 0.5, 0.2, 0.2	0.233, 0.233, 0.209, 0.116, 0.116, 0.047, 0.047	14000
1975	0.8, 0.8, 1, 0.8, 0.5, 0.5, 0.5	0.163, 0.163, 0.204, 0.163, 0.102, 0.102, 0.102	15500
1976	0.5, 0.5, 1, 1, 0.5, 0.5, 0.5	0.111, 0.111, 0.222, 0.222, 0.111, 0.111, 0.111	16000
1977	0.5, 0.5, 1, 1, 0.5, 0.5, 0.5	0.111, 0.111, 0.222, 0.222, 0.111, 0.111, 0.111	16000
1978	0.5, 0.5, 1, 1, 0.5, 0.6, 0.5	0.109, 0.109, 0.217, 0.217, 0.109, 0.130, 0.109	16000
1979	0.5, 0.5, 1, 1, 0.5, 0.7, 0.5	0.106, 0.106, 0.213, 0.213, 0.106, 0.149, 0.106	16000
1980	0.1, 0.5, 1, 1, 0.5, 1, 0.5	0.022, 0.108, 0.217, 0.217, 0.108, 0.217, 0.108	16813
1981	0.1, 0.5, 1, 1, 0.5, 1, 0.5	0.022, 0.108, 0.217, 0.217, 0.108, 0.217, 0.108	16813
1982	0.2, 0.5, 1, 1, 0.5, 1, 0.5	0.043, 0.106, 0.213, 0.213, 0.106, 0.213, 0.106	16789
1983	0.5, 0.5, 1, 1, 0.5, 0.5, 0.5	0.111, 0.111, 0.222, 0.222, 0.111, 0.111, 0.111	16000
1984	0.5, 0.5, 1, 1, 0.5, 0.5, 0.5	0.111, 0.111, 0.222, 0.222, 0.111, 0.111, 0.111	16000
1985	0.5, 0.5, 1, 1, 0.5, 0.5, 0.5	0.111, 0.111, 0.222, 0.222, 0.111, 0.111, 0.111	16000
1986	0.5, 0.5, 1, 1, 0.5, 0.5, 0.5	0.111, 0.111, 0.222, 0.222, 0.111, 0.111, 0.111	16000
1987	0.2, 0.5, 1, 1, 0.5, 0.7, 0.5	0.045, 0.114, 0.227, 0.227, 0.114, 0.159, 0.114	16000
1988	0.1, 0.5, 1, 1, 0.5, 1, 0.5	0.022, 0.108, 0.217, 0.217, 0.108, 0.217, 0.108	16813
1989	0, 0.5, 0.5, 0.5, 0.5, 1, 1	0, 0.125, 0.125, 0.125, 0.125, 0.25, 0.25	19000
1990	0, 0.5, 0.5, 0.5, 0.5, 1, 1	0, 0.125, 0.125, 0.125, 0.125, 0.25, 0.25	19000
1991	0, 0.5, 0.5, 0.5, 0.5, 0.8, 0.8	0, 0.138, 0.138, 0.138, 0.138, 0.222, 0.222	19000

步骤 8 对预测结果进行解释和描述.

一般地, 式 (7.2.2) 输出的结果均为模糊集合. 事实上, 更多的是需要等价的数值表达, 这一过程通常被称为去模糊化.

去模糊化过程可以依据如下的规则进行参考：

(1) 若输出隶属函数仅有一个最大值, 则选择该最大值所对应的观测值划分区间的中点作为模糊预测值的等价表示;

(2) 若输出隶属函数有多个最大值, 则选择这些最大值对应的观测划分区间并集的中间值作为模糊预测值的等价表示;

(3) 若非以上两类情形, 则标准化模糊输出且作为权重结合每个区间的中点计算模糊集的均值作为模糊预测值的等价表示.

本例中, 依据上述规则预测的实值输出结果见表 7.2.2 最后一列, 这里, 以 1972 年和 1975 年的预测值为例：

1972 年, 输出的模糊隶属度有 2 个最大值 1, 其对应的划分区间分别为 [13000, 14000] 和 [14000, 15000], 两区间的并集为 [13000, 15000], 取其中间值 14000 作为该年份的实值预测数据; 1975 年, 输出的模糊隶属度有 1 个最大值 1, 其对应的划分区间分别为 [15000, 16000], 取其中间值 15500 作为该年份的实值预测数据. 对 1990 年和 1991 年两个年份进行预测均为 19000 人, 与实际招生人数进行比较可以看出, 误差分别为 1.8%和 0.65%.

结合实例可以看出, 模糊时间序列分析通过对实值型观测时间序列进行模糊化处理包括模糊划分和模糊隶属度确定, 利用状态变化的推理规则建模和分析, 得到模糊输出最后进行去模糊化处理后实现对观测时间序列的预测.

7.3 高阶模糊时间序列预测方法

7.2 节讨论的可以称为一阶的模型, 可以理解为当期的时序值会受到前一期的影响. 而实际上, 常常存在更早期的时序值影响当期值水平的情况, 为此, 本节考虑高阶的模糊时间序列分析方法.

7.3.1 高阶模糊时间序列分析简介

一阶模糊时间序列分析模型分析的基础是相邻两个观测样本之间的联系, 而更早期的影响则没有被纳入模型的分析过程中. 而事实上, 现实生活中很多事件的影响会持续很长时间, 例如, 随着移动网络的普及, "双 11" 等特殊日期商家促销活动的广告在一定的时间内会对网络消费者的关注度起到积极的作用. 所以一阶模糊时间序列分析可能会造成一定的信息损失, 考虑高阶的模糊时间序列分析模型具有重要的现实意义.

与一阶模糊时间序列分析模型类似, 高阶模糊时间序列建模分析可以归纳为如下步骤.

步骤 1　确定预测对象的论域.

与一阶模型一样, 首先需要依据观测得到的预测对象实际数据确定论域, 可依据实际区间范围进行适当的放缩.

步骤 2　对论域进行模糊划分.

依据论域的范围结合一定的专家经验或者模糊统计原理确定论域的模糊划分.

步骤 3　建立模糊关系集合.

在得到每个模糊划分对应的隶属函数基础上, 确定每个观测数值对应的模糊概念并进一步得到模糊逻辑关系. 这里, 区别与一阶模糊时间序列分析, 高阶情形允许相隔的时间不是连续的, 而是依据模型的阶数确定多个模糊逻辑关系. 以二阶为例, 要考虑滞后一期和滞后二期的数值对于当期的影响, 也即考虑 $F(t-2)$ 和 $F(t-1)$ 对 $F(t)$ 的影响.

步骤 4　求出高阶模糊关系.

利用前面得到的模糊关系, 确定模糊状态之间的转换规则库并计算关系矩阵. 这一步可以采用不同的技术和方法, 借助机器学习和相关的信息挖掘原理和方法, 获得的结果可能会存在一定的差异.

步骤 5　综合各层次下信息进行预测.

在前面几个步骤的基础上进行去模糊化处理, 得到预测值. 类似地, 若依据最大隶属原则, 则按照 Song 和 Chissom 规则, 若存在唯一最大隶属度时, 可以取最大隶属度所对应的区间中点作为预测值; 若存在多个最大隶属度时, 可取对应区间并集的中点作为预测值; 反之则取各区间中点的均值作为预测值.

7.3.2　高阶模糊时间序列分析模型建立

在建立高阶模糊时间序列分析模型之前, 首先引入如下的基本概念.

定义 7.3.1　若模糊时间序列 $F(t-1), F(t-2), \cdots, F(t-n)$ 能够影响到 $F(t)$, 则称其具有 n 阶模糊关系, 记为 $F(t-1), F(t-2), \cdots, F(t-n) \to F(t)$.

相应地, 可用如下的模糊关系方程描述定义 7.3.1 给出的 n 阶模糊关系:

$$F(t) = (F(t-1), F(t-2), \cdots, F(t-n)) \circ R_a(t, t-n), \tag{7.3.1}$$

其中 $R_a(t,t-n)$ 为关系矩阵, 描述 $F(t-1), F(t-2), \cdots, F(t-n)$ 和 $F(t)$ 之间的 n 阶模糊关系. 通常, 上述模糊关系可以简单地表示为

$$A_{j_1} A_{j_2} \cdots A_{j_n} \to A_{j_k}, \tag{7.3.2}$$

其中, $F(t-1) = A_{j_1}, F(t-2) = A_{j_2}, \cdots, F(t-n) = A_{j_n}$, $F(t) = A_{j_k}$.

下面将结合实例说明高阶模糊时间序列分析的具体步骤.

步骤 1 确定预测对象的论域.

仍以前面的 Alabama 大学招生人数预测案例为例, 确定论域为区间 $U=[13000, 20000]$.

步骤 2 对论域进行模糊划分.

给定初始论域 U 划分的 7 个区间为

$$u_1=[13000,15291],\quad u_2=[15291,15926],\quad u_3=[15926,15947],\quad u_4=[15947,17689],$$

$$u_5=[17689,17732],\quad u_6=[17732,18252],\quad u_7=[18252,20000].$$

步骤 3 建立模糊关系集合.

图 7.3.1 给出了对论域所划分的子区间的模糊化集合, 考虑为梯形模糊形式.

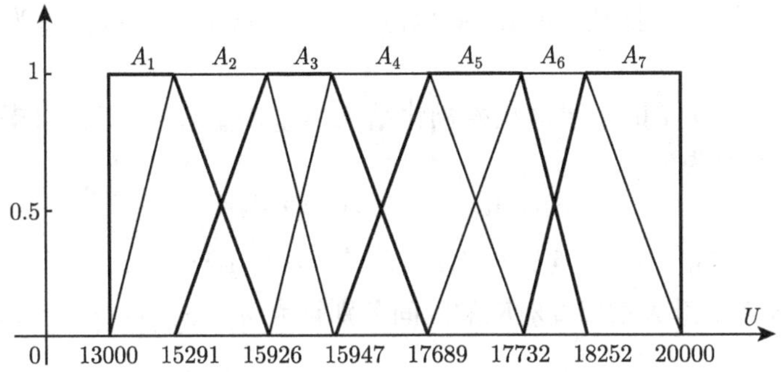

图 7.3.1 论域划分模糊化

步骤 4 求出高阶模糊关系.

依据上述模糊化过程, 可得表 7.3.1 所示的模糊化结果.

表 7.3.1 Alabama 大学入学人数模糊化结果

年份	人数	预测值	模糊化	年份	人数	预测值	模糊化
1971	13055	—	A_1	1982	15433	15609	A_2
1972	13563	—	A_1	1983	15497	15609	A_2
1973	13867	14146	A_1	1984	15145	14146	A_1
1974	14696	14878	A_1	1985	15163	14146	A_1
1975	15460	14878	A_2	1986	15984	16818	A_4
1976	15311	15609	A_2	1987	16859	16818	A_4
1977	15603	15609	A_2	1988	18150	17992	A_6
1978	15861	16214	A_2	1989	18970	19126	A_7
1979	16807	16214	A_4	1990	19328	19126	A_7
1980	16919	16818	A_4	1991	19337	19126	A_7
1981	16388	16818	A_4	1992	18876	19126	A_7

依据表 7.3.1, 可得到如下的三阶模糊逻辑关系 (表 7.3.2).

表 7.3.2 三阶模糊逻辑关系

$\#, A_1, A_1 \to A_1$	$A_1, A_1, A_1 \to A_1$	$A_1, A_1, A_1 \to A_2$	$A_1, A_1, A_2 \to A_2$
$A_1, A_2, A_2 \to A_2$	$A_2, A_2, A_2 \to A_2$	$A_2, A_2, A_2 \to A_4$	$A_2, A_2, A_4 \to A_4$
$A_2, A_4, A_4 \to A_4$	$A_4, A_4, A_4 \to A_2$	$A_4, A_4, A_2 \to A_2$	$A_4, A_2, A_2 \to A_1$
$A_2, A_2, A_1 \to A_4$	$A_2, A_1, A_1 \to A_4$	$A_1, A_1, A_4 \to A_4$	$A_1, A_4, A_4 \to A_6$
$A_4, A_4, A_6 \to A_7$	$A_4, A_6, A_7 \to A_7$	$A_6, A_7, A_7 \to A_7$	$A_7, A_7, A_7 \to A_7$

如表 7.3.2 所示, 三阶模糊关系给出了前三个时刻观测对象所处的状态在下一个时刻的转换关系.

步骤 5 综合各层次下信息进行预测.

依据表 7.3.2 给出的三阶模糊关系, 按照如下的原则进行未来值的预测:

(1) 若某个年份 i 的 s 阶模糊关系为 $A_{is}, A_{i,s-1}, \cdots, A_{i1} \to A_j$ 且是唯一的, 而最大的隶属度值 A_k 对应区间 u_k, 则以区间 u_k 对应的中点 m_k 作为年份 i 的预测值;

(2) 若某个年份 i 的 s 阶历史模糊化结果 $A_{is}, A_{i,s-1}, \cdots, A_{i1}$ 有多个模糊逻辑关系, 例如可表示为

$$A_{is}, A_{i,s-1}, \cdots, A_{i1} \to A_{j1},$$

$$A_{is}, A_{i,s-1}, \cdots, A_{i1} \to A_{j2}, \cdots, A_{is}, A_{i,s-1}, \cdots, A_{i1} \to A_{jr},$$

且每组转换关系下最大隶属度对应的区间分别记为 $u_{j1}, u_{j2}, \cdots, u_{jr}$, 则应用这些区间对应的中点 $m_{j1}, m_{j2}, \cdots, m_{jr}$ 的算术均值作为年份 i 的预测值, 也即 $\dfrac{\sum_{k=1}^{r} m_{jk}}{r}$.

依据上述规则, 计算得预测值如表 7.3.1 的第三列所示. 与一阶情形不同的是, 高阶情形会损失前 $s-1$ 期的预测信息.

7.4 多因素模糊时间序列预测方法

自然界中的各种物质之间都是相互联系的, 人们也很难脱离一切外在的影响孤立地去考虑问题. 进行预测分析也是一样, 面对相对较容易观测到的预测对象, 有时可以仅仅借助观测到的序列进行建模和分析, 但是更多地对于诸如天气、地震等具有很大不确定性的预测对象, 考虑多种因素的关联性和综合影响有利于实现更精准的事件预测. 本节将考虑一类多因素高阶模糊时间序列分析方法.

7.4.1 多因素高阶模糊时间序列分析

设 $F(t)$ 为模糊时间序列, 若 $F(t)$ 为由 $F(t-1), F(t-2), \cdots, F(t-n)$ 综合影响产生的, 则有模糊逻辑关系: $F(t-n), \cdots, F(t-2), F(t-1) \to F(t)$, 此时可称为单因素 n 阶模糊时间序列.

下面给出多因素高阶模糊时间序列的基本定义.

定义 7.4.1 令 $F(t)$ 为模糊时间序列, 若 $F(t)$ 由因素

$$(F_1(t-1),\cdots,F_M(t-1)),(F_1(t-2),\cdots,F_M(t-2)),\cdots,(F_1(t-n),\cdots,F_M(t-n))$$

共同作用而产生的, 则模糊逻辑关系

$$\begin{pmatrix} (F_1(t-n),\cdots,F_M(t-n)), \\ \cdots \\ (F_1(t-2),\cdots,F_M(t-2)), \\ (F_1(t-1),\cdots,F_M(t-1)) \end{pmatrix} \to F(t), \tag{7.4.1}$$

称其为具有 M 因素影响的 n 阶模糊时间序列.

依据定义 7.4.1, 模糊时间序列受 M 个因素前 n 个时刻状态的综合影响, 它能够较为充分地利用来自多方面的观测信息, 从而能够给出精度更高的预测效果.

M 因素高阶模糊时间序列的建模步骤可以归纳为以下步骤.

步骤 1 确定论域完成论域划分.

由于 M 因素场合存在 M 组实际观测序列, 为此, 这一步仅需要将前面确定论域的方法重复应用 M 次即可. 对待预测因素设其论域为 $U=[D_{\min}-D_1, D_{\max}-D_2]$, 其中 D_1 和 D_2 为放缩量, 而其余 $M-1$ 个因素论域可设为 $V_k=[E_{\min}^k-E_1^k, E_{\max}^k-E_2^k], k=1,2,\cdots,M-1$.

依据 M 个论域的范围, 分别将其划分为等长的子区间, 分别记为 $u_1,\cdots,u_n$; $v_1^j,\cdots,v_{n_j}^j, j=1,2,\cdots,M-1$.

步骤 2 定义待预测因素和相关因素的模糊语言术语集 $A_i, 1\leqslant i\leqslant n$, 则有

$$A_1=\frac{1}{u_1}+\frac{0.5}{u_2}+\frac{0}{u_3}+\frac{0}{u_4}+\cdots+\frac{0}{u_{n-2}}+\frac{0}{u_{n-1}}+\frac{0}{u_n},$$

$$A_2=\frac{0.5}{u_1}+\frac{1}{u_2}+\frac{0.5}{u_3}+\frac{0}{u_4}+\cdots+\frac{0}{u_{n-2}}+\frac{0}{u_{n-1}}+\frac{0}{u_n},$$

$$A_3=\frac{0}{u_1}+\frac{0.5}{u_2}+\frac{1}{u_3}+\frac{0.5}{u_4}+\cdots+\frac{0}{u_{n-2}}+\frac{0}{u_{n-1}}+\frac{0}{u_n},$$

$$\cdots\cdots$$

$$A_n=\frac{0}{u_1}+\frac{0}{u_2}+\frac{0}{u_3}+\frac{0}{u_4}+\cdots+\frac{0}{u_{n-2}}+\frac{0.5}{u_{n-1}}+\frac{1}{u_n}.$$

类似定义相关因素的模糊语言术语集 $B_i^j, 1\leqslant i\leqslant n_j, j=1,2,\cdots,M-1$, 则有

$$B_1^j=\frac{1}{v_1^j}+\frac{0.5}{v_2^j}+\frac{0}{v_3^j}+\frac{0}{v_4^j}+\cdots+\frac{0}{v_{n_j-2}^j}+\frac{0}{v_{n_j-1}^j}+\frac{0}{v_{n_j}^j},$$

$$B_2^j=\frac{0.5}{v_1^j}+\frac{1}{v_2^j}+\frac{0.5}{v_3^j}+\frac{0}{v_4^j}+\cdots+\frac{0}{v_{n_j-2}^j}+\frac{0}{v_{n_j-1}^j}+\frac{0}{v_{n_j}^j},$$

$$B_3^j = \frac{0}{v_1^j} + \frac{0.5}{v_2^j} + \frac{1}{v_3^j} + \frac{0.5}{v_4^j} + \cdots + \frac{0}{v_{n_j-2}^j} + \frac{0}{v_{n_j-1}^j} + \frac{0}{v_{n_j}^j},$$

$$\cdots\cdots$$

$$B_{n_j}^j = \frac{0}{v_1^j} + \frac{0}{v_2^j} + \frac{0}{v_3^j} + \frac{0}{v_4^j} + \cdots + \frac{0}{v_{n_j-2}^j} + \frac{0.5}{v_{n_j-1}^j} + \frac{1}{v_{n_j}^j}$$

步骤 3 模糊化隶属数据.

依据最大隶属度原则, 对待预测因素和相关因素的模糊状态进行确定, 分别用 $X_i, i=1,2,\cdots,n; Y_k^j, j=1,2,\cdots,M-1, k=1,2,\cdots,n_j$ 进行标记, 表明在前面定义的模糊语言术语下, 历史观测数据所处的状态.

步骤 4 依据步骤 3 得到的模糊状态序列确定 M 因素高阶模糊关系.

对某时刻 i 待预测因素具有的状态 X_i, 按照如下的方式构建模糊关系

$$\begin{pmatrix} (X_{is}, Y_{is}^1, \cdots, Y_{is}^{M-1}), (X_{i,s-1}, Y_{i,s-1}^1, \cdots, Y_{i,s-1}^{M-1}), \\ \cdots \\ (X_{i2}, Y_{i2}^1, \cdots, Y_{i2}^{M-1}), (X_{i1}, Y_{i1}^1, \cdots, Y_{i1}^{M-1}) \end{pmatrix} \to X_i, \tag{7.4.2}$$

步骤 5 依据步骤 4 得到的 M 因素高阶模糊逻辑关系进行预测.

这里, 分三种情形讨论.

(1) 若式 (7.4.2) 给出的模糊逻辑关系是唯一的, 也即有

$$\begin{pmatrix} (X_{is}, Y_{is}^1, \cdots, Y_{is}^{M-1}), (X_{i,s-1}, Y_{i,s-1}^1, \cdots, Y_{i,s-1}^{M-1}), \\ \cdots \\ (X_{i2}, Y_{i2}^1, \cdots, Y_{i2}^{M-1}), (X_{i1}, Y_{i1}^1, \cdots, Y_{i1}^{M-1}) \end{pmatrix} \to X_k,$$

则预测值 f_k 为

$$f_k = \begin{cases} \dfrac{m_1 + 0.5m_2}{1+0.5}, & k=1, \\ \dfrac{0.5m_{k-1} + m_k + 0.5m_{k+1}}{0.5+1+0.5}, & 2 \leqslant k \leqslant n-1, \\ \dfrac{0.5m_{n-1} + m_n}{0.5+1}, & k=n. \end{cases} \tag{7.4.3}$$

(2) 若式 (7.4.2) 给出的模糊逻辑关系不是唯一的, 且假设可以描述为

$$\begin{pmatrix} (X_{is}, Y_{is}^1, \cdots, Y_{is}^{M-1}), (X_{i,s-1}, Y_{i,s-1}^1, \cdots, Y_{i,s-1}^{M-1}), \\ \cdots \\ (X_{i2}, Y_{i2}^1, \cdots, Y_{i2}^{M-1}), (X_{i1}, Y_{i1}^1, \cdots, Y_{i1}^{M-1}) \end{pmatrix} \to X_{k1}; X_{k2}; \cdots; X_{kp},$$

则预测值 f_k 为

$$f_k = \frac{n_{k1}f_{k1} + n_{k2}f_{k2} + \cdots + n_{kp}f_{kp}}{n_{k1} + n_{k2} + \cdots + n_{kp}}, \tag{7.4.4}$$

其中, $f_{k1}, f_{k2}, \cdots, f_{kp}$ 的值依据式 (7.4.3) 计算得到.

(3) 规则库中不存在的模糊关系, 也即

$$\left(\begin{array}{c}(X_{is}, Y_{is}^{1}, \cdots, Y_{is}^{M-1}), (X_{i,s-1}, Y_{i,s-1}^{1}, \cdots, Y_{i,s-1}^{M-1}), \\ \cdots \\ (X_{i2}, Y_{i2}^{1}, \cdots, Y_{i2}^{M-1}), (X_{i1}, Y_{i1}^{1}, \cdots, Y_{i1}^{M-1})\end{array}\right) \rightarrow \#,$$

其预测值为

$$f_k = \frac{1 \times f_{ks} + 2 \times f_{k,s-1} + \cdots + k \times f_{k1}}{1 + 2 + \cdots + k}. \tag{7.4.5}$$

类似地, $f_{k1}, f_{k2}, \cdots, f_{ks}$ 经式 (7.4.3) 计算可得. 由式 (7.4.5) 可以知道, 事实上是通过定义了一组前 s 期的权重对其进行了组合, 权重大小满足越靠近预测期的权重越大.

7.4.2 多因素高阶模糊时间序列模型建立

下面以一组天气数据为例 (表 7.4.1), 考虑一个 2 因素高阶模糊时间序列的应用.

表 7.4.1 某地某年 6—9 月每天的平均气温和云层密度数据

天	平均气温/℃				平均云层密度/%			
	6 月	7 月	8 月	9 月	6 月	7 月	8 月	9 月
1	26.1	29.9	27.1	27.5	36	15	100	29
2	27.6	28.4	28.9	26.8	23	31	78	53
3	29.0	29.2	28.9	26.4	23	26	68	66
4	30.5	29.4	29.3	27.5	10	34	44	50
5	30.0	29.9	28.8	26.6	13	24	56	53
6	29.5	29.6	28.7	28.2	30	28	89	63
7	29.7	30.1	29.0	29.2	45	50	71	36
8	29.4	29.3	28.2	29.0	35	34	28	76
9	28.8	28.1	27.0	30.3	26	15	70	55
10	29.4	28.9	28.3	29.9	21	8	44	31
11	29.3	28.4	28.9	29.9	43	36	48	31
12	28.5	29.6	28.1	30.5	40	13	76	25
13	28.7	27.8	29.9	30.2	30	26	50	14
14	27.5	29.1	27.6	30.3	29	44	84	45
15	29.5	27.7	26.8	29.5	30	25	69	38
16	28.8	28.1	27.6	28.3	46	24	78	24
17	29.0	28.7	27.9	28.6	55	26	39	19
18	30.3	29.9	29.0	28.1	19	25	20	39
19	30.2	30.8	29.2	28.4	15	21	24	14
20	30.9	31.6	29.8	28.3	56	35	25	3
21	30.8	31.4	29.6	26.4	60	29	19	38
22	28.7	31.3	29.3	25.7	96	48	46	70

续表

天	平均气温/℃				平均云层密度/%			
	6 月	7 月	8 月	9 月	6 月	7 月	8 月	9 月
23	27.8	31.3	28.0	25.0	63	53	41	71
24	27.4	31.3	28.3	27.0	28	44	34	70
25	27.7	28.9	28.6	25.8	14	100	29	40
26	27.1	28.0	28.7	26.4	25	100	31	30
27	28.4	28.6	29.0	25.6	29	91	41	34
28	27.8	28.0	27.7	24.2	55	84	14	59
29	29.0	29.3	26.2	23.3	29	38	28	83
30	30.2	27.9	26.0	23.5	19	46	33	38
31		26.9	27.7			95	26	

依据表 7.4.1, 可以确定最低气温为 23.3, 最高气温为 31.6, 从而可以将论域确定为 $D = [23, 32]$, 而云层密度最低值为 3, 最高值为 100, 因而可以确定其论域为 $V = [0, 100]$.

因而, 按照等长原则可以将气温论域按照区间长度为 1 划分为 9 个区间, 而将云层密度论域设定区间长度为 15 划分为 7 个区间.

结合划分区间, 令

$$X_1 = 1/A_1 + 0.5/A_2, \quad X_i = 0.5/A_{i-1} + 1/A_i + 0.5/A_{i+1}, \quad 2 \leqslant i \leqslant 8,$$
$$X_9 = 0.5/A_8 + 1/A_9,$$
$$Y_1 = 1/B_1 + 0.5/B_2, \quad Y_j = 0.5/B_{j-1} + 1/B_i + 0.5/B_{j+1}, \quad 2 \leqslant j \leqslant 6,$$
$$Y_9 = 0.5/B_6 + 1/B_7.$$

具体可列表如表 7.4.2 所示.

表 7.4.2　某年 6 月观测数据模糊化处理

天	温度	模糊化处理	云层密度	模糊化处理
1	26.1	$0.5/A_3+1/A_4+0.5/A_5(X_4)$	36	$0.5/B_4+1/B_5+0.5/B_6(Y_5)$
2	27.6	$0.5/A_4+1/A_5+0.5/A_6(X_5)$	23	$0.5/B_5+1/B_6+0.5/B_7(Y_6)$
3	29.0	$0.5/A_6+1/A_7+0.5/A_8(X_7)$	23	$0.5/B_5+1/B_6+0.5/B_7(Y_6)$
4	30.5	$0.5/A_7+1/A_8+0.5/A_9(X_8)$	10	$0.5/B_6+1/B_7+0.5/B_8(Y_7)$
5	30.0	$0.5/A_7+1/A_8+0.5/A_9(X_8)$	13	$0.5/B_6+1/B_7+0.5/B_8(Y_7)$
6	29.5	$0.5/A_6+1/A_7+0.5/A_8(X_7)$	30	$0.5/B_4+1/B_5+0.5/B_6(Y_5)$
7	29.7	$0.5/A_6+1/A_7+0.5/A_8(X_7)$	45	$0.5/B_3+1/B_4+0.5/B_5(Y_4)$
8	29.4	$0.5/A_6+1/A_7+0.5/A_8(X_7)$	35	$0.5/B_4+1/B_5+0.5/B_6(Y_5)$
9	28.8	$0.5/A_5+1/A_6+0.5/A_7(X_6)$	26	$0.5/B_5+1/B_6+0.5/B_7(Y_6)$
10	29.4	$0.5/A_6+1/A_7+0.5/A_8(X_7)$	21	$0.5/B_5+1/B_6+0.5/B_7(Y_6)$
11	29.3	$0.5/A_6+1/A_7+0.5/A_8(X_7)$	43	$0.5/B_4+1/B_5+0.5/B_6(Y_5)$
12	28.5	$0.5/A_5+1/A_6+0.5/A_7(X_6)$	40	$0.5/B_4+1/B_5+0.5/B_6(Y_5)$
13	28.7	$0.5/A_5+1/A_6+0.5/A_7(X_6)$	30	$0.5/B_4+1/B_5+0.5/B_6(Y_5)$

续表

天	温度	模糊化处理	云层密度	模糊化处理
14	27.5	$0.5/A_4+1/A_5+0.5/A_6(X_5)$	29	$0.5/B_5+1/B_6+0.5/B_7(Y_6)$
15	29.5	$0.5/A_6+1/A_7+0.5/A_8(X_7)$	30	$0.5/B_4+1/B_5+0.5/B_6(Y_5)$
16	28.8	$0.5/A_5+1/A_6+0.5/A_7(X_6)$	46	$0.5/B_3+1/B_4+0.5/B_5(Y_4)$
17	29.0	$0.5/A_6+1/A_7+0.5/A_8(X_7)$	55	$0.5/B_3+1/B_4+0.5/B_5(Y_4)$
18	30.3	$0.5/A_7+1/A_8+0.5/A_9(X_8)$	19	$0.5/B_5+1/B_6+0.5/B_7(Y_6)$
19	30.2	$0.5/A_7+1/A_8+0.5/A_9(X_8)$	15	$0.5/B_5+1/B_6+0.5/B_7(Y_6)$
20	30.9	$0.5/A_7+1/A_8+0.5/A_9(X_8)$	56	$0.5/B_3+1/B_4+0.5/B_5(Y_4)$
21	30.8	$0.5/A_7+1/A_8+0.5/A_9(X_8)$	60	$0.5/B_2+1/B_3+0.5/B_4(Y_3)$
22	28.7	$0.5/A_5+1/A_6+0.5/A_7(X_6)$	96	$1/B_1+0.5/B_2(Y_1)$
23	27.8	$0.5/A_4+1/A_5+0.5/A_6(X_5)$	63	$0.5/B_2+1/B_3+0.5/B_4(Y_3)$
24	27.4	$0.5/A_4+1/A_5+0.5/A_6(X_5)$	28	$0.5/B_5+1/B_6+0.5/B_7(Y_6)$
25	27.7	$0.5/A_4+1/A_5+0.5/A_6(X_5)$	14	$0.5/B_6+1/B_7+0.5/B_8(Y_7)$
26	27.1	$0.5/A_4+1/A_5+0.5/A_6(X_5)$	25	$0.5/B_5+1/B_6+0.5/B_7(Y_6)$
27	28.4	$0.5/A_5+1/A_6+0.5/A_7(X_6)$	29	$0.5/B_5+1/B_6+0.5/B_7(Y_6)$
28	27.8	$0.5/A_4+1/A_5+0.5/A_6(X_5)$	55	$0.5/B_3+1/B_4+0.5/B_5(Y_4)$
29	29.0	$0.5/A_6+1/A_7+0.5/A_8(X_7)$	29	$0.5/B_5+1/B_6+0.5/B_7(Y_6)$
30	30.2	$0.5/A_7+1/A_8+0.5/A_9(X_8)$	19	$0.5/B_5+1/B_6+0.5/B_7(Y_6)$

依据表 7.4.2, 可以得到 2 因素高阶模糊关系, 如表 7.4.3 所示.

表 7.4.3 2 因素 3 阶模糊逻辑关系

第 1 组: $((X_4, Y_5), (X_5, Y_6), (X_7, Y_6)) \rightarrow X_8$	第 15 组: $((X_7, Y_5), (X_6, Y_4), (X_7, Y_4)) \rightarrow X_8$
第 2 组: $((X_5, Y_6), (X_7, Y_6), (X_8, Y_7)) \rightarrow X_8$	第 16 组: $((X_6, Y_4), (X_7, Y_4), (X_8, Y_6)) \rightarrow X_8$
第 3 组: $((X_7, Y_6), (X_8, Y_7), (X_8, Y_7)) \rightarrow X_7$	第 17 组: $((X_7, Y_4), (X_8, Y_6), (X_8, Y_6)) \rightarrow X_8$
第 4 组: $((X_8, Y_7), (X_8, Y_7), (X_7, Y_5)) \rightarrow X_7$	第 18 组: $((X_8, Y_6), (X_8, Y_6), (X_8, Y_4)) \rightarrow X_8$
第 5 组: $((X_8, Y_7), (X_7, Y_5), (X_7, Y_4)) \rightarrow X_7$	第 19 组: $((X_8, Y_6), (X_8, Y_4), (X_8, Y_3)) \rightarrow X_6$
第 6 组: $((X_7, Y_5), (X_7, Y_4), (X_7, Y_5)) \rightarrow X_6$	第 20 组: $((X_8, Y_4), (X_8, Y_3), (X_6, Y_1)) \rightarrow X_5$
第 7 组: $((X_7, Y_4), (X_7, Y_5), (X_6, Y_6)) \rightarrow X_7$	第 21 组: $((X_8, Y_3), (X_6, Y_1), (X_5, Y_3)) \rightarrow X_5$
第 8 组: $((X_7, Y_5), (X_6, Y_6), (X_7, Y_6)) \rightarrow X_7$	第 22 组: $((X_6, Y_1), (X_5, Y_3), (X_5, Y_6)) \rightarrow X_5$
第 9 组: $((X_6, Y_5), (X_7, Y_6), (X_7, Y_5)) \rightarrow X_6$	第 23 组: $((X_5, Y_3), (X_5, Y_6), (X_5, Y_7)) \rightarrow X_5$
第 10 组: $((X_7, Y_6), (X_7, Y_5), (X_6, Y_5)) \rightarrow X_6$	第 24 组: $((X_5, Y_6), (X_5, Y_7), (X_5, Y_6)) \rightarrow X_6$
第 11 组: $((X_7, Y_5), (X_6, Y_5), (X_6, Y_5)) \rightarrow X_5$	第 25 组: $((X_5, Y_7), (X_5, Y_6), (X_6, Y_6)) \rightarrow X_5$
第 12 组: $((X_6, Y_5), (X_6, Y_5), (X_5, Y_6)) \rightarrow X_7$	第 26 组: $((X_5, Y_6), (X_6, Y_6), (X_5, Y_4)) \rightarrow X_7$
第 13 组: $((X_6, Y_5), (X_5, Y_6), (X_7, Y_5)) \rightarrow X_6$	第 27 组: $((X_6, Y_6), (X_5, Y_4), (X_7, Y_6)) \rightarrow X_8$
第 14 组: $((X_5, Y_6), (X_7, Y_5), (X_6, Y_4)) \rightarrow X_7$	第 28 组: $((X_5, Y_4), (X_7, Y_6), (X_8, Y_6)) \rightarrow \#$

从而基于表 7.4.3 所给出的 2 因素 3 阶模糊逻辑关系, 可以得到该年 6 月份模型输出的结果如表 7.4.4 所示.

由表 7.4.4, 平均绝对误差比率为 0.76%, 可见应用多因素高阶模糊时间序列能够获得令人满意的结果.

模糊时间序列是一种非结构化时间序列分析方法, 通过对预测对象的观测序列进行模糊化处理, 在完成预测模型输出模糊预测结果后, 再进行去模糊化处理可以实现任何序列的预测. 特别是对于一些特殊的时间序列, 如实值时序差分后变为纯随机时间序列的情形. 本章仅仅介绍了模糊时间序列模型的基本概念和框架, 新的研究结果将包括遗传算法、模糊聚类分析、神经网络等智能算法囊括在模糊时间序列分析模型中. 感兴趣的读者可以参考相关文献的研究成果.

表 7.4.4　某年 6 月模型输出结果

天	温度观测值	云层密度观测值	模型输出值	误差	绝对误差比率
1	26.1	36			
2	27.6	23			
3	29.0	23			
4	30.5	10	30.5	0.0	0.0000
5	30.0	13	30.5	0.5	0.0167
6	29.5	30	29.5	0.0	0.0000
7	29.7	45	29.5	−0.2	0.0067
8	29.4	35	29.5	0.1	0.0034
9	28.8	26	28.5	−0.3	0.0104
10	29.4	21	29.5	0.1	0.0034
11	29.3	43	29.5	0.2	0.0068
12	28.5	40	28.5	0.0	0.0000
13	28.7	30	28.5	−0.2	0.0070
14	27.5	29	27.5	0.0	0.0000
15	29.5	30	29.5	0.0	0.0000
16	28.8	46	28.5	−0.3	0.0104
17	29.0	55	29.5	0.5	0.0172
18	30.3	19	30.5	0.2	0.0066
19	30.2	15	30.5	0.3	0.0099
20	30.9	56	30.5	−0.4	0.0129
21	30.8	60	30.5	−0.3	0.0097
22	28.7	96	28.5	−0.2	0.0070
23	27.8	63	27.5	−0.3	0.0108
24	27.4	28	27.5	0.1	0.0036
25	27.7	14	27.5	−0.2	0.0072
26	27.1	25	27.5	0.4	0.0148
27	28.4	29	28.5	0.1	0.0035
28	27.8	55	27.5	−0.3	0.0108
29	29.0	29	29.5	0.5	0.0172
30	30.2	19	30.5	0.3	0.0099

习　题　7

1. 什么是模糊集? 模糊集与经典集合之间的区别和联系是什么?
2. 什么是模糊时间序列? 模糊时间序列与经典时间序列分析之间的区别和联系是什么?
3. 什么是高阶模糊时间序列?
4. 什么是多因素模糊时间序列?
5. 试以第 6 章北京市最高气温数据为观测数据, 应用模糊时间序列分析方法给出其预测结果, 并对预测的效果进行计算和分析.

6. 某城市连续 14 年的月度婴儿出生率数据如表 7.1 (行数据).

表 7.1

26.663	23.598	26.931	24.740	25.806	24.364	24.477	23.901
23.175	23.227	21.672	21.870	21.439	21.089	23.709	21.669
21.752	20.761	23.479	23.824	23.105	23.110	21.759	22.073
21.937	20.035	23.590	21.672	22.222	22.123	23.950	23.504
22.238	23.142	21.059	21.573	21.548	20.000	22.424	20.615
21.761	22.874	24.104	23.748	23.262	22.907	21.519	22.025
22.604	20.894	24.677	23.673	25.320	23.583	24.671	24.454
24.122	24.252	22.084	22.991	23.287	23.049	25.076	24.037
24.430	24.667	26.451	25.618	25.014	25.110	22.964	23.981
23.798	22.270	24.775	22.646	23.988	24.737	26.276	25.816
25.210	25.199	23.162	24.707	24.364	22.644	25.565	24.062
25.431	24.635	27.009	26.606	26.268	26.462	25.246	25.180
24.657	23.304	26.982	26.199	27.210	26.122	26.706	26.878
26.152	26.379	24.712	25.688	24.990	24.239	26.721	23.475
24.767	26.219	28.361	28.599	27.914	27.784	25.693	26.881
26.217	24.218	27.914	26.975	28.527	27.139	28.982	28.169
28.056	29.136	26.291	26.987	26.589	24.848	27.543	26.896
28.878	27.390	28.065	28.141	29.048	28.484	26.634	27.735
27.132	24.924	28.963	26.589	27.931	28.009	29.229	28.759
28.405	27.945	25.912	26.619	26.076	25.286	27.660	25.951
26.398	25.565	28.865	30.000	29.261	29.012	26.992	27.897

试应用模糊时间序列分析模型对其进行建模, 并预测第 15 年第 1 个月的出生率预测数据.

第 8 章　灰色系统预测方法

8.1　灰色预测 GM(1, 1) 模型

8.1.1　灰色系统基本概念

灰色系统的基本概念我们在前面已经讲过, 这里就不再赘述.

例 8.1.1　对某一生产厂商, 若其员工的人数与技术水平、设备和技术条件等生产信息均是已知的, 则可以据此推断出该厂的产量和产值情况. 从而对于这一生产系统, 可称其为白色系统.

若面对一个人类从未涉足的岩洞, 里面的地理概况、地质特征、是否有未知生物, 空气状况等均一无所知, 这就是一个黑色系统.

国民经济是由各种相互联系, 相互制约的经济要素组成的, 具有一定经济特征的经济系统. 其中的经济要素主要包括原材料、设备、厂房、土地、劳动力、产品、资金等物质, 同时也包含技术和政策等方面的经济信息. 但是并不十分清楚国民经济系统的内部结构和运行机制, 只知道经济系统的一些外部信息, 比如一定的投入及产出情况. 另外经济系统也不是单独存在的, 它受着自然、社会等外界环境的影响和制约, 同外界有着物质、信息的交换. 因此国民经济系统是一个非常复杂的、开放的巨系统, 它是部分信息已知部分信息未知的系统, 是一个典型的灰色系统.

8.1.2　GM(1, 1) 预测模型的基本原理

设有原始时间数列 $x^0=\{x^0(1),x^0(2),\cdots,x^0(n)\}$, 对其作一次累加生成运算, 即令

$$x^1(k)=\sum_{i=1}^{k}x^0(i),\quad k=1,2,\cdots,n. \tag{8.1.1}$$

从而可得新的生成数列 $x^1=\{x^1(1),x^1(2),\cdots,x^1(n)\}$, 新的生成数列 x^1 一般近似地服从指数规律, 因此它满足如下灰色预测的微分方程 GM(1, 1), 其白化形式为

$$\frac{\mathrm{d}x^1}{\mathrm{d}t}+ax^1=b, \tag{8.1.2}$$

其中 a, b 为辨识参数.

为了估计参数 a, b, 可以将式 (8.1.2) 进行离散化处理得

$$\Delta(x^1(k+1))+aX^1(k+1)=b,\quad k=1,2,\cdots,n-1, \tag{8.1.3}$$

其中 $\Delta(x^1(k+1))$ 为生成数列 x^1 在第 k+1 时刻的累减生成, 即

$$\Delta(x^1(k+1)) = x^1(k+1) - x^1(k) = x^0(k+1). \tag{8.1.4}$$

在灰色预测中, 式 (8.1.3) 中的 $X^1(k+1)$ 为 $\dfrac{\mathrm{d}x^1}{\mathrm{d}t}$ 在第 k+1 时刻的背景值, 一般取其均值生成. 即

$$X^1(k+1) = \frac{1}{2}\left[x^1(k) + x^1(k+1)\right]. \tag{8.1.5}$$

将式 (8.1.4)、(8.1.5) 代入式 (8.1.3) 中有

$$\begin{cases} x^0(2) = a\left[-\dfrac{1}{2}\left(x^1(1) + x^1(2)\right)\right] + b, \\ x^0(3) = a\left[-\dfrac{1}{2}\left(x^1(2) + x^1(3)\right)\right] + b, \\ \qquad\cdots \\ x^0(n) = a\left[-\dfrac{1}{2}\left(x^1(n-1) + x^1(n)\right)\right] + b. \end{cases} \tag{8.1.6}$$

令

$$B = \begin{bmatrix} -\dfrac{1}{2}\left(x^1(1)+x^1(2)\right) & -\dfrac{1}{2}\left(x^1(2)+x^1(3)\right) & \cdots & -\dfrac{1}{2}\left(x^1(n-1)+x^1(n)\right) \\ 1 & 1 & \cdots & 1 \end{bmatrix}^{\mathrm{T}},$$

$$Y = \left[x^0(2)\ \ x^0(3)\ \ \cdots\ \ x^0(n)\right]^{\mathrm{T}}, \quad \alpha = [a\ \ b]^{\mathrm{T}}.$$

则式 (8.1.6) 可简化为如下线性模型:

$$Y = B\alpha. \tag{8.1.7}$$

由最小二乘估计方法得

$$\alpha = \left(B^{\mathrm{T}}B\right)^{-1} B^{\mathrm{T}}Y. \tag{8.1.8}$$

式 (8.1.8) 估计出来的参数代入式 (8.1.2) 的白化形式.

令 $x^1 - \dfrac{b}{a} = p$, 则有 $\dfrac{\mathrm{d}p}{p} = -a\mathrm{d}t$, 由分离变量法得 $p = c\mathrm{e}^{-at}$, 其中 c 为常数. 考虑到初值 $x^1(t_0) = x^0(1)$, 所以 $c = \left(x^0(1) - \dfrac{b}{a}\right)\mathrm{e}^{-at_0}$, 从而有

$$\hat{x}^1(t) = \left(x^0(1) - \frac{b}{a}\right)\mathrm{e}^{-a(t-t_0)} + \frac{b}{a}. \tag{8.1.9}$$

式 (8.1.9) 就是 GM(1, 1) 模型的时间响应函数形式, 将它离散化得

$$\hat{x}^1(k+1)=\left(x^0(1)-\frac{b}{a}\right)\mathrm{e}^{-ak}+\frac{b}{a}. \tag{8.1.10}$$

对序列 $\hat{x}^1(k+1)$ 再作累减生成可进行预测. 即

$$\begin{aligned}\hat{x}^0(k+1)&=\hat{x}^1(k+1)-\hat{x}^1(k)\\&=\left(x^0(1)-\frac{b}{a}\right)(1-\mathrm{e}^a)\mathrm{e}^{-ak},\quad k=1,2,\cdots,n,n+1,\cdots.\end{aligned} \tag{8.1.11}$$

式 (8.1.11) 便是 GM(1, 1) 模型的预测的具体计算式.

例 8.1.2　某企业 5 年产值数据为 383.3775, 393.0404, 399.3632, 406.0071 和 412.6005(单位: 万元), 试基于上述数据构建 GM(1, 1) 预测模型.

依据前述计算步骤, 该预测模型构建如下:

步骤 1　令 $x^0=\{x^0(1),x^0(2),x^0(3),x^0(4)\}$={383.3775, 393.0404, 399.3 632, 406.0071}, 做一次累加运算得生成序列 x^1 为: x^1 = {383.3775, 776.4179, 1175.7811, 1581.7882}.

步骤 2　建立白化形式微分方程 (8.1.2), 并对参数进行估计, 这里:

$$B=\begin{bmatrix}-\frac{1}{2}\left(x^1(1)+x^1(2)\right) & 1\\ -\frac{1}{2}\left(x^1(2)+x^1(3)\right) & 1\\ -\frac{1}{2}\left(x^1(3)+x^1(4)\right) & 1\end{bmatrix}=\begin{bmatrix}-579.8977 & 1\\ -976.0995 & 1\\ -1378.785 & 1\end{bmatrix},\quad Y=\begin{bmatrix}393.0404\\ 399.3632\\ 406.0071\end{bmatrix}.$$

代入 $\hat{a}$ 估计式得: $\hat{a}=\begin{bmatrix}a\\ u\end{bmatrix}=\begin{bmatrix}-0.0162\\ 383.5911\end{bmatrix}$, 再代入微分方程, 有

$$\frac{\mathrm{d}x^1}{\mathrm{d}t}-0.0162x^1=383.5911.$$

可得时间响应函数为

$$\hat{x}^1(k+1)=\left(x^0(1)-\frac{u}{a}\right)\mathrm{e}^{-ak}+\frac{u}{a}=24015.49\mathrm{e}^{0.0162k}-23632.11.$$

步骤 3　基于上述响应函数, 计算不同时刻模型输出结果, 如表 8.1.1 所示.

表 8.1.1　模型输出结果对比

时刻	模型输出结果	实际累加值
1	$\hat{x}^1(2)$= 776.3711	$x^1(2)$= 776.4179
2	$\hat{x}^1(3)$= 1175.797	$x^1(3)$= 1175.7811
3	$\hat{x}^1(4)$= 1581.76	$x^1(4)$= 1581.7882

步骤 4 对建模期内数据进行还原 ($\hat{x}^0(k)=\hat{x}^1(k+1)-\hat{x}^1(k)$) 并进行精度检验, 结果如表 8.1.2 所示.

表 8.1.2 模型输出结果对比

观测值	模型输出结果	残差绝对值	误差/%
$x^0(2)=393.0404$	$\hat{x}^0(2)=392.9936$	0.0468	0.012
$x^0(3)=399.3672$	$\hat{x}^0(3)=399.4258$	0.0586	0.015
$x^0(4)=406.0071$	$\hat{x}^0(4)=405.9629$	0.0442	0.011

依据表 8.1.2, 可以看出, 模型估计结果精度均较高, 平均绝对误差为 0.013%, 预测结果很接近观测数据, 预测结果较为理想.

步骤 5 利用模型进行预测, 令 $k=4$, 代入模型得预测结果 (做一次累减运算) 为

$$\hat{x}^0(5)=\hat{x}^1(5)-\hat{x}^1(4)=412.6055.$$

通过与实际值进行比对, 可以计算出预测误差为 0.48%.

由例 8.1.2 可以发现, 灰色预测模型对于小样本、贫信息数据情形具有较好的预测效果.

8.2 GM(1, 1) 模型检验

8.2.1 GM(1, 1) 模型残差检验

设预测对象观测背景值为 $x^0(i)$, 按照预测模型输出的预测结果记为 $\hat{x}^0(i)$, 则两者之间的绝对误差序列和相对误差序列定义为

绝对误差序列: $\Delta^0(i)=\left|x^0(i)-\hat{x}^0(i)\right|, i=1,2,\cdots,n;$

相对误差序列: $\phi(i)=\dfrac{\Delta^0(i)}{x^0(i)}\times 100\%, i=1,2,\cdots,n.$

8.2.2 GM(1, 1) 模型后验差检验

这里只给出常用的后验差检验. 其检验步骤如下:

步骤 1 计算原始时间数列 $x^0=\{x^0(1),x^0(2),\cdots,x^0(n)\}$ 的均值和方差

$$\bar{x}=\frac{1}{n}\sum_{k=1}^{n}x^0(k), \quad s_1^2=\frac{1}{n}\sum_{k=1}^{n}(x^0(k)-\bar{x})^2.$$

步骤 2 计算残差数列 $e^0=\{e^0(1),e^0(2),\cdots,e^0(n)\}$ 的均值 $\bar{e}$ 和方差 s_2^2

$$\bar{e}=\frac{1}{n}\sum_{k=1}^{n}e^0(k), \quad s_2^2=\frac{1}{n}\sum_{k=1}^{n}(e^0(k)-\bar{e})^2.$$

其中 $e^0(k) = x^0(k) - \hat{x}^0(k), k = 1, 2, \cdots, n$ 为残差数列.

步骤 3 计算后验差比值

$$c = \frac{s_1}{s_2}.$$

步骤 4 计算小误差频率

$$p = \frac{|A|}{n}.$$

其中 $A = \left\{k \left| \left|e^0(k) - \bar{e}\right| \leqslant 0.6745 s_1, k = 1, 2, \cdots, n\right.\right\}$, $|A|$ 为集合 A 元素的个数.

步骤 5 根据表 8.2.1 按照后验差比值 c 和小误差频率 p 判别预测精度等级.

表 8.2.1 预测精度等级

等级	p	c
好	>0.95	<0.35
合格	>0.80	<0.45
勉强	>0.70	<0.50
不合格	<0.70	>0.65

8.2.3 GM(1, 1) 模型关联度检验

设 $x^0=\{x^0(1), x^0(2), \cdots, x^0(n)\}$ 为原始的时间序列, 设 $\hat{x}^0=\{\hat{x}^0(1), \hat{x}^0(2), \cdots, \hat{x}^0(n)\}$ 为 GM(1,1) 的预测值时间序列, 则两者间的灰色关联系数定义为

$$\eta(k) = \frac{\min\left|x^0(k) - \hat{x}^0(k)\right| + \rho \max\left|x^0(k) - \hat{x}^0(k)\right|}{\left|x^0(k) - \hat{x}^0(k)\right| + \rho \max\left|x^0(k) - \hat{x}^0(k)\right|},$$

其中 $\left|x^0(k) - \hat{x}^0(k)\right|$ 表示第 k 个时点的绝对误差, $\min\left|x^0(k) - \hat{x}^0(k)\right|$ 表示 $x^0(i)$ 序列上各点与 $\hat{x}^0(i)$ 的最小误差, $\max\left|x^0(k) - \hat{x}^0(k)\right|$ 为相应的极大误差, 常数 ρ 为分辨率, 取值在 [0, 1], 一般取为 0.5.

原始的时间序列 x^0 和预测值时间序列 $\hat{x}^0$ 之间的灰色关联系数可以定义为

$$r = \frac{1}{n}\sum_{k=1}^{n}\eta(k).$$

系数 r 的值越大, 表明两个序列之间的关联性越大.

一般地, 在进行灰色系统预测时, 当预测模型输出的结果与预测对象实际观测背景值序列之间的灰色关联系数值大于 0.6 时, 即可表明模型输出的结果是令人满意的.

8.3 GM(1, 1) 残差模型

应用 GM(1, 1) 模型进行建模和预测时, 有时也存在模型检验不合理的情形, 为此, 本节考虑一类 GM(1, 1) 修正模型 —— 残差 GM(1, 1) 模型.

假设对于原始的时间序列 $x^0=\{x^0(1),x^0(2),\cdots,x^0(n)\}$, 按照 8.1 节构建的 GM(1, 1) 预测模型 (8.1.11) 可以得到预测值时间序列 $\hat{x}^0$ 为 $\hat{x}^0(=\{\hat{x}^0(1),\hat{x}^0(2),\cdots,\hat{x}^0(n)\}$, 则可以计算残差序列 $\varepsilon^0=\{\varepsilon^0(1),\varepsilon^0(2),\cdots,\varepsilon^0(n)\}$, 其中

$$\varepsilon^0(k)=x^0(k)-\hat{x}^0(k),\quad k=1,2,\cdots,n.$$

对残差序列构建 GM(1, 1) 模型, 假设得到的时间响应函数为

$$\hat{\varepsilon}^0(k'+1)=-a'\left(\varepsilon^0(1')-\frac{u'}{a'}\right)\mathrm{e}^{-a'k'}.$$

将上述残差 GM(1, 1) 模型代入原序列的 GM(1, 1) 模型, 有

$$\begin{cases}\hat{x}^0(k+1)=-a\left(x^0(1)-\dfrac{u}{a}\right)\mathrm{e}^{-ak}+\delta(k-i)\left[-a'\left(\varepsilon^0(1')-\dfrac{u'}{a'}\right)\mathrm{e}^{-a'k'}\right],\\ \delta(k-i)=\begin{cases}1, & k\geqslant i,\\ 0, & k<i.\end{cases}\end{cases}\tag{8.3.1}$$

由式 (8.3.1) 可以看出, 残差模型通常不是对所有的数进行修正, 而选择原点附件残差较大的数进行建模分析; 修正效果的好坏与式 $\delta(k-i)$ 中 i 的选取有关.

例 8.3.1 已知 2000—2012 年我国人口出生率 (单位: ‰) 原始数据为

x^0 ={14.03, 13.38, 12.86, 12.41, 12.29, 12.40, 12.09, 12.10, 12.14, 11.95, 11.90, 11.93, 12.10}.

依据 $x^0(i)$ 建立 GM(1, 1) 模型, 得 $\hat{a}=(0.008213.0271)^{\mathrm{T}}$, 代入微分方程有

$$\frac{\mathrm{d}x^1}{\mathrm{d}t}-0.0082x^1=13.0271.$$

其时间响应函数为

$$\hat{x}^1(k+1)=\left(x^0(1)-\frac{u}{a}\right)\mathrm{e}^{-ak}+\frac{u}{a}=-1574.64\mathrm{e}^{-0.0082k}+1588.67.$$

对上式求导, 得还原模型为 $\hat{x}^0(k+1)=12.91\mathrm{e}^{-0.0082k}$. 依据上述模型, 得模型输出结果以及残差信息如表 8.3.1 所示.

为提高预测精度, 对后 6 个残差进行建模分析, 不考虑符号差异下原始残差序列为

$$\varepsilon^0(i)=\{0.09,0.05,0.04,0.01,0.13,0.40\}.$$

构建所得残差序列 GM(1, 1) 模型为

$$\hat{\varepsilon}^1(k+1)=0.0523\mathrm{e}^{-1.4805k}+0.0375\quad\left(\hat{a}=[-1.4805-0.0555]^{\mathrm{T}}\right).$$

表 8.3.1　人口增长灰色预测模型输出结果

原始序列	模型输出结果	残差	相对误差
$x^0(2)=13.38$	$\hat{x}^0(2)=12.80$	0.58	4.30%
$x^0(3)=12.86$	$\hat{x}^0(3)=12.70$	0.16	1.24%
$x^0(4)=12.41$	$\hat{x}^0(4)=12.60$	−0.19	−1.50%
$x^0(5)=12.29$	$\hat{x}^0(5)=12.49$	−0.20	−1.66%
$x^0(6)=12.40$	$\hat{x}^0(6)=12.39$	0.01	0.07%
$x^0(7)=12.09$	$\hat{x}^0(7)=12.29$	−0.20	−1.66%
$x^0(8)=12.10$	$\hat{x}^0(8)=12.19$	−0.09	−0.74%
$x^0(9)=12.14$	$\hat{x}^0(9)=12.09$	0.05	0.41%
$x^0(10)=11.95$	$\hat{x}^0(10)=11.99$	−0.04	−0.35%
$x^0(11)=11.90$	$\hat{x}^0(11)=11.89$	0.01	0.05%
$x^0(12)=11.93$	$\hat{x}^0(12)=11.80$	0.13	1.12%
$x^0(13)=12.10$	$\hat{x}^0(13)=11.70$	0.40	3.30%

求导得还原模型为

$$\hat{\varepsilon}^0(k+1)=-0.0774\mathrm{e}^{-1.4805k},$$

从而修正模型为

$$\hat{x}^0(k+1)=12.91\mathrm{e}^{-0.0082k}-\delta(k-8)0.0774\mathrm{e}^{-1.4805k},\quad \delta(k-8)=\begin{cases}1, & k\geqslant 8,\\ 0, & k<8,\end{cases}$$

则有 $\hat{x}^0(9)=12.1179$, $x^0(9)=12.14$, $\varepsilon=0.18\%$; $\hat{x}^0(10)=11.9956$, $x^0(10)=11.95$, $\varepsilon=-0.38\%$; $\hat{x}^0(11)=11.8945$, $x^0(11)=11.90$, $\varepsilon=0.05\%$; $\hat{x}^0(12)=11.7967$, $x^0(12)=11.93$, $\varepsilon=0.12\%$; $\hat{x}^0(13)=11.7002$, $x^0(13)=12.10$, $\varepsilon=3.30\%$.

虽然本例原始序列 GM(1, 1) 模型预测精度已经较高, 但采用残差模型后平均误差水平仍有所改善, 从原来的 0.906%降至 0.654%. 因此, 可以看出, 残差 GM(1, 1) 模型在一定程度上可以提高预测精度.

8.4　GM(n, h) 模型

为反映描述对象长期的、持续性的和动态的特征, 可建模灰色信息 GM(n, h) 模型.

8.4.1　GM$(1, h)$ 模型

系统在不断的变化过程中, 可能会收到来自不同环节的共同作用, 此时可考虑构建如下的 GM(1, h) 模型:

$$\frac{\mathrm{d}x^1}{\mathrm{d}t}+ax_1^1=b_1x_2^1+b_2x_3^1+\cdots+b_{h-1}x_h^1, \tag{8.4.1}$$

这里, x_i^1 表示 $x_i^0, i=1,2,\cdots,h$ 的累加生成序列.

令 $\hat{a}=[a,b_1,b_2,\cdots,b_{h-1}]$, 对式 (8.4.1) 进行离散化处理后, 有

$$\begin{aligned}&\Delta^1(x_1^1(k+1))+a\mathscr{H}_1^1(k+1)\\=&b_1\mathscr{H}_2^1(k+1)+b_2\mathscr{H}_3^1(k+1)+\cdots+b_{h-1}\mathscr{H}_h^1(k+1),\end{aligned} \tag{8.4.2}$$

这里,

(1) $\Delta^1(x_1^1(k+1))$ 是 $k+1$ 时刻 x_1^1 的累减生成值;

(2) $\mathscr{H}_i^1(k+1), i=1,2,\cdots,h$ 是 $k+1$ 时刻 x_i^1 的背景值;

(3) 取 $\mathscr{H}_1^1(k+1)=\dfrac{1}{2}\left(x_1^1(k+1)+x_1^1(k)\right), \mathscr{H}_i^1(k+1)=x_i^1(k+1), i=2,\cdots,h$.

从而,

$$\Delta^1(x_1^1(k+1))=x_1^1(k+1)-x_1^1(k)=x_1^1(k)+x_1^0(k+1)-x_1^1(k)=x_1^0(k+1).$$

结合式 (8.4.2), 有

$$\begin{aligned}x_1^0(2)&=a\left[-\frac{1}{2}\left(x_1^1(1)+x_1^1(2)\right)\right]+b_1x_2^1(2)+\cdots+b_{h-1}x_h^1(2),\\x_1^0(3)&=a\left[-\frac{1}{2}\left(x_1^1(2)+x_1^1(3)\right)\right]+b_1x_2^1(3)+\cdots+b_{h-1}x_h^1(3),\\&\cdots\cdots\\x_1^0(n)&=a\left[-\frac{1}{2}\left(x_1^1(n-1)+x_1^1(n)\right)\right]+b_1x_2^1(n)+\cdots+b_{h-1}x_h^1(n).\end{aligned}$$

上式可以等价地用矩阵表示为

$$\begin{aligned}y_n&=\begin{bmatrix}x_1^0(2)\\x_1^0(3)\\\vdots\\x_1^0(n)\end{bmatrix}\\&=\begin{bmatrix}-\frac{1}{2}\left(x_1^1(1)+x_1^1(2)\right) & x_2^1(2)\cdots x_h^1(2)\\-\frac{1}{2}\left(x_1^1(2)+x_1^1(3)\right) & x_2^1(3)\cdots x_h^1(3)\\\vdots & \vdots\\-\frac{1}{2}\left(x_1^1(n-1)+x_1^1(n)\right) & x_2^1(n)\cdots x_h^1(n)\end{bmatrix}\begin{bmatrix}a\\b_1\\\vdots\\b_{h-1}\end{bmatrix}=B\hat{a}.\end{aligned}$$

简记为

$$y_n=B\hat{a}. \tag{8.4.3}$$

应用最小二乘法, 可求得参数向量 $\hat{a}$ 的估计值为

$$\hat{a} = (B^{\mathrm{T}}B)^{-1}B^{\mathrm{T}}y_n. \tag{8.4.4}$$

将式 (8.4.4) 代入式 (8.4.1) 可得

$$x_1^1(k+1) = \left(x_1^0(1) - \sum_{i=1}^{h} \frac{b_{i-1}}{a} x_i^1(k+1)\right) \mathrm{e}^{-ak} + \sum_{i=1}^{h} \frac{b_{i-1}}{a} x_i^1(k+1).$$

例 8.4.1 柴油机气缸磨损量及其相关因素的原始观测序列如表 8.4.1 所示.

表 8.4.1 柴油机气缸磨损量及其相关因素背景值表

行驶里程数/万公里	滤清器清洁度	机油清洁度	柴油机工作环境	柴油机负荷度	磨损量/mm
2.5	0.2	0.2	0.2	0.2	0.0373
3.7	—	—	—	—	0.0519
5.3	—	0.5	0.5	—	0.0757
7.8	—	—	0.3	0.5	0.0922
8.6	0.3	0.3	0.5	0.9	0.1095
9.5	0.9	0.9	0.9	0.9	0.1288
10.7	0.9	0.3	0.3	0.9	0.1356
12.8	0.1	0.1	0.1	0.3	0.1942
15.9	0.9	0.9	0.9	0.7	0.1967

磨损量、行驶里程数、滤清器清洁度、机油清洁度、柴油机工作环境和柴油机负荷度原始观测序列分别记为 $x_1^0(k), x_2^0(k), x_3^0(k), x_4^0(k), x_5^0(k)$, 对其进行累加运算后有

$$x_1^0(k) = \{0.0373, 0.0892, 0.1649, 0.2571, 0.3666, 0.4954, 0.6310, 0.8252, 1.0219\},$$

$$x_2^0(k) = \{2.5, 6.2, 11.5, 19.3, 27.9, 37.4, 48.1, 60.9, 76.8\},$$

$$x_3^0(k) = \{0.2, 0.2, 0.2, 0.2, 0.5, 1.4, 2.3, 2.4, 3.3\},$$

$$x_4^0(k) = \{0.2, 0.2, 0.7, 0.7, 1.0, 1.9, 2.2, 2.3, 3.2\},$$

$$x_5^0(k) = \{0.2, 0.2, 0.7, 1.0, 1.5, 2.4, 2.7, 2.8, 3.7\},$$

$$x_6^0(k) = \{0.2, 0.2, 0.2, 0.7, 1.6, 2.5, 3.4, 3.7, 4.4\}.$$

针对上述累加生成序列 $x_i^1(k), i = 1, 2, \cdots, 5$, 建立如下的白化形式微分方程:

$$\frac{\mathrm{d}x_1^1}{\mathrm{d}t} + ax_1^1 = b_1x_2^1 + b_2x_3^1 + b_3x_4^1 + b_4x_5^1 + b_5x_6^1.$$

依据前面的分析, 容易知道

$$y_n = [0.0892, 0.1649, 0.2571, 0.3666, 0.4954, 0.6310, 0.8252, 1.0219]^{\mathrm{T}};$$

$$B = \begin{bmatrix} -0.06325 & 6.2 & 0.2 & 0.2 & 0.2 & 0.2 \\ -0.12705 & 11.5 & 0.2 & 0.7 & 0.7 & 0.2 \\ -0.21100 & 19.3 & 0.2 & 0.7 & 1.0 & 0.7 \\ -0.31185 & 27.9 & 0.5 & 1.0 & 1.5 & 1.6 \\ -0.43100 & 37.4 & 1.4 & 1.9 & 2.4 & 2.5 \\ -0.56320 & 48.1 & 2.3 & 2.2 & 2.7 & 3.4 \\ -0.72810 & 60.9 & 2.4 & 2.3 & 2.8 & 3.7 \\ -0.92355 & 76.8 & 3.3 & 3.2 & 3.7 & 4.4 \end{bmatrix}.$$

由最小二乘法可估算出, 参数向量值为

$$\hat{a} = [a, b_1, b_2, b_3, b_4, b_5]^{\mathrm{T}} = [-0.0341, 2.8864, 0.1151, 0.1209, 0.1468, 0.1739]^{\mathrm{T}}.$$

从而有

$$\frac{\mathrm{d}x_1^1}{\mathrm{d}t} - 0.0341x_1^1 = 2.8864x_2^1 + 0.1151x_3^1 + 0.1209x_4^1 + 0.1468x_5^1 + 0.1739x_6^1.$$

利用上述模型并进行累减运算可得输出结果为

$$\hat{x}_1^0 = \{0.0373, 0.1024, 0.1567, 0.2689, 0.3546, 0.4430, 0.5913, 0.8523, 0.9878\},$$

相应残差序列为

$$\varepsilon^1(i) = \{0, -0.0132, 0.0082, -0.0118, 0.012, 0.0524, 0.0397, -0.0271, 0.0341\}.$$

依据例 8.4.1, 可以看出, 实际问题还可以建立多变量的灰色系统预测模型以期对现实系统进行更为全面的反映.

8.4.2 GM(n, h) 模型

GM(n, h) 模型为高阶微分方程模型. 原则上, 对任一灰色系统, 若能够通过时间序列 $\{x^0(t)|t = 1, 2, \cdots, N, x^0(t) \geqslant 0\}$, 无论其内部机理如何, 均可以通过 GM 模型加以描述.

假设系统具有 h 个变量, 其原始观测序列为 $\{x_i^0(k), i = 1, 2, \cdots, h; k = 1, 2, \cdots, N\}$.

对上述序列进行累加运算, 记运算后结果为 $\{x_i^1(k), i = 1, 2, \cdots, h; k = 1, 2, \cdots, N\}$.

若系统具有 n 阶导数, 则 GM(n, h) 模型可以表示为

$$\frac{\mathrm{d}^n x_1^1}{\mathrm{d}t^n}+a_1\frac{\mathrm{d}^{n-1}x_1^1}{\mathrm{d}t^{n-1}}+\cdots+a_n x_1^1=b_1x_2^1+b_2x_3^1+\cdots+b_{n-1}x_n^1. \tag{8.4.5}$$

容易知道 $x_1^1(k)$ 的累减运算为

$$\begin{cases}\Delta^0(x_1^1(k))=x_1^1(k),\\ \Delta^1(x_1^1(k))=\Delta^0(x_1^1(k))-\Delta^0(x_1^1(k-1)),\\ \qquad\cdots\cdots\\ \Delta^n(x_1^1(k))=\Delta^{(n-1)}(x_1^1(k))-\Delta^{(n-1)}(x_1^1(k-1)).\end{cases} \tag{8.4.6}$$

应用式 (8.4.6) 对式 (8.4.5) 进行离散化处理后有

$$y_N=(A\vdots B)\hat{a}, \tag{8.4.7}$$

其中

$$y_N=(\Delta^n x_1^1(2),\Delta^n x_1^1(3),\cdots,\Delta^n x_1^1(N))^{\mathrm{T}};$$

$$\hat{a}=(a_1,a_2,\cdots,a_n,b_1,b_2,\cdots,b_{h-1})^{\mathrm{T}};$$

$$A=\begin{bmatrix}-\Delta^{(n-1)}(x_1^1(2)) & -\Delta^{(n-2)}(x_1^1(2)) & \cdots & -\Delta(x_1^1(2))\\ -\Delta^{(n-1)}(x_1^1(3)) & -\Delta^{(n-2)}(x_1^1(3)) & \cdots & -\Delta(x_1^1(3))\\ \vdots & \vdots & & \vdots\\ -\Delta^{(n-1)}(x_1^1(n)) & -\Delta^{(n-2)}(x_1^1(n)) & \cdots & -\Delta(x_1^1(n))\end{bmatrix};$$

$$B=\begin{bmatrix}-\frac{1}{2}\left(x_1^1(2)+x_1^1(1)\right) & x_2^1(2) & \cdots & x_h^1(2)\\ -\frac{1}{2}\left(x_1^1(3)+x_1^1(2)\right) & x_2^1(3) & \cdots & x_h^1(3)\\ \vdots & \vdots & & \vdots\\ -\frac{1}{2}\left(x_1^1(n)+x_1^1(n-1)\right) & x_2^1(n) & \cdots & x_h^1(n)\end{bmatrix}.$$

从而, 可以通过最小二乘法估计得参数向量为

$$\hat{a}=\left[(A\vdots B)^{\mathrm{T}}(A\vdots B)\right]^{-1}[A\vdots B]^{\mathrm{T}}y_N. \tag{8.4.8}$$

值得注意的是, ① 当 $n=1$ 时, GM(n, h) 模型退化为 GM(1, h) 模型; ② 当 $n=1,h=1$ 时, GM(n, h) 模型退化为 GM(1, 1) 模型.

GM(n, h) 模型目前已经在生物数学、控制与决策分析、项目管理、现代医学等诸多领域获得了成功的应用. 与其他 GM 模型一起构成一类有效处理小样本、贫信息情形下的系统预测方法.

习　题　8

1. 什么是灰色系统?

2. 什么是灰色系统预测, 其基本类型有哪些?

3. 灰色系统预测模型的检验有哪些?

4. 设参考序列为 $x^0 = \{9, 9.8, 17, 19, 24, 33\}$ 两个模型输出的结果分别为 $x^1 = \{8, 11.8, 17.4, 20, 23, 30\}$ 和 $x^2 = \{10, 10.8, 18.4, 21, 22, 34\}$ 分别计算 x^0 和 x^1, x^2 的灰色关联度.

5. 设有如下的时间序列数据 (表 8.1).

表 8.1　时间序列数据

年份	2011	2012	2013	2014	2015
i	1	2	3	4	5
$x^0(i)$	2.876	6.152	9.488	12.876	16.556

试建立 GM(1, 1) 模型.

第 9 章　神经网络预测方法

神经网络 (neural network) 是从微观结构与功能上对人脑神经系统进行模拟而建立起来的数学模型, 它具有模拟人脑思维的能力, 其特点主要是具有非线性特性、学习能力和自适应性等, 是模拟人类智能的一种重要方法. 神经网络是由神经元互联而成的, 能接收并处理信息, 而这种信息处理主要是由神经元之间的相互作用, 即通过神经元之间的连接权值来处理并实现的. 神经网络在人工智能、自动控制、计算机科学、信息处理和模式识别等领域得到了非常成功的应用.

9.1　BP 神经网络预测模型

人工神经网络 (artificial neural network, ANN) 是由大量处理单元 (即神经元, neuron) 广泛互联而成的网络, 是对人脑的抽象、简化和模拟, 反映人脑的基本特征. 神经网络由分布于若干层的节点组成, 它的构成随神经网络的类型和复杂度的不同而不同. 每个节点都有自己的输入值、权值、求和与激活函数以及输出值. 在处理之前, 数据被分为训练数据集和测试数据集, 然后将权值和输入值指派到第一层的每一个节点. 每次重复训练时, 系统处理输入并与实际值相比较, 得到度量后的误差, 并反馈给系统, 调整权重. 在大多数情况下, 调整后的权重都能更好地预测实际值. 当达到预定义的最小误差水平时, 处理结束.

误差逆传播神经网络, 也称为 BP 神经网络 (error back propagation network), 是目前应用最为广泛和成功的神经网络之一. 它是由鲁姆哈特 (Rumelhart) 和麦克利兰 (MaCelland) 于 1986 年提出的, 是一种多层网络的 "逆推" 学习算法. 其基本思想是：学习过程由信号的正向传播与误差的反向传播两个过程组成. 正向传播时, 输入样本从输入层传入, 经隐含层逐层处理后传向输出层. 若输出层的实际输出与期望输出不符, 则转向误差的反向传播阶段. 误差的反向传播是将输出误差以某种形式通过隐含层向输入层逐层反传, 并将误差分摊给各层的所有单元, 从而获得各层单元的误差信号, 此误差信号即作为修正各单元权值的依据.

9.1.1　人工神经元数学模型

根据生物神经元的结构与基本功能, 可以将其简化为图 9.1.1 的形式.

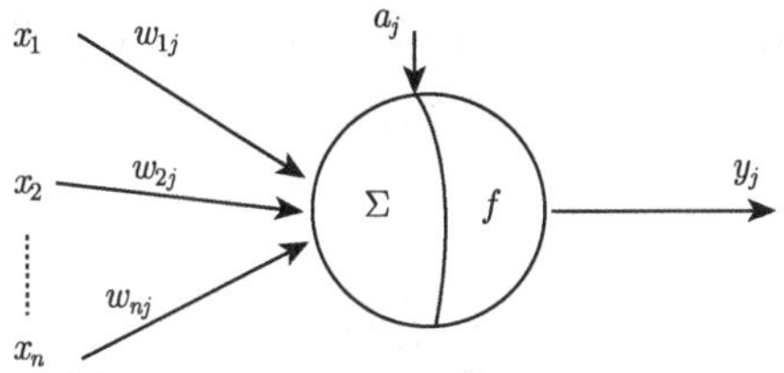

图 9.1.1 人工神经元模型

建立人工神经元数学模型:

$$y_j = f\left(\sum_{i=1}^{n} w_{ij}x_i - a_j\right), \tag{9.1.1}$$

其中, x_i 表示神经元 i 的输入; w_{ij} 表示神经元 i 与神经元 j 之间的连接权值; a_j 表示神经元 j 的阈值 (threshold); $f(\cdot)$ 是输入到输出传递函数 (也称激活函数); y_j 表示神经元 j 的输出. 在这个模型中, 神经元接收到来自 n 个其他神经元传递过来的输入信号, 这些输入信号通过带权重的连接 (connection) 进行传递, 神经元接收到的总输入值与神经元的阈值进行比较, 然后通过 "激活函数" (activation function) 映射以产生神经元的输出.

9.1.2 BP 神经网络的结构

BP 神经网络是一种单向传播的多层前向网络, 具有三层或三层以上的神经网络, 包括输入层、中间层 (隐含层) 和输出层. 上下层之间实现全连接, 每一层神经元之间无连接. 当一对学习样本提供给网络后, 神经元的激活值从输入层经过各中间层向输出层传播, 在输出层的各神经元获得网络的输入响应. 接下来, 按照减少目标输出与实际误差的方向, 从输出层开始, 经过各中间层, 逐层修正各连接权值, 最后回到输入层. 这种算法称为 "误差逆传播算法", 即 BP 算法. 随着这种误差逆传播修正的不断进行, 网络对输入模式响应的正确率也不断提高.

根据 BP 神经网络的设计网络, 一般的预测问题都可以通过隐含层的网络实现, 如图 9.1.2 所示. 三层 BP 神经网络中, 输入和输出神经元依据输入向量和研究目标而定. 若输入向量有 n 个元素, 则输入层的神经元可以选为 n 个, 隐含层神经元个数 m 和输入层神经元个数 n 之间可以按照 $m = 2n + 1$ 的关系来选取. 当然, 在实际操作中要不断调整各种参数, 观察学习训练的效果, 力求找出最优的预测结果.

在图 9.1.2 所示的神经网络结构中, $x_i\,(i = 1, \cdots, n)$ 是神经网络的 (实际) 输入, $y_j(j = 1, \cdots, m)$ 是隐含层的输出, 即为输出层的输入, $O_k(k = 1, \cdots, l)$ 网络的 (实际) 输出, a, b 分别为隐含层和输出层神经元 (节点) 的阈值, v_{ij}, w_{jk} 分别为输入层到隐含层和隐含层到输出层的权值. 也就是说, 图中所表示的 BP 神经网络, 它的输入层神经元 (节点) 个数为 n, 隐含层神经元 (节点) 个数为 m, 输出层神经元 (节点) 个数为 l, 这种结构称为 $n-m-l$ 结构的三层 BP 神经网络.

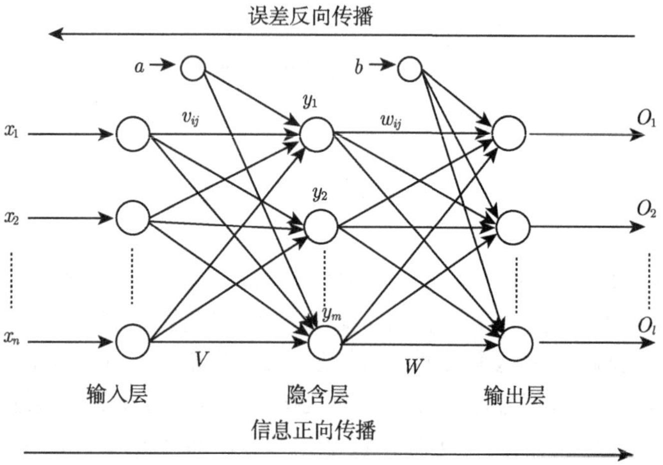

图 9.1.2　BP 神经网络结构

9.1.3　传递函数 (激活函数)

理想中的激活函数是阶跃函数, 阶跃函数 sgn 为

$$\operatorname{sgn}(x)=\begin{cases}1, & x\geqslant 0,\\ 0, & x<0.\end{cases}$$

它将输入值映射为输出值 0 或 1, 显然 1 对应于神经元兴奋, 0 对应于神经元抑制. 然而, 阶跃函数具有不连续、不光滑等不良性质, 因此实际常用 Sigmoid 函数 (又称 S 函数) 作为激活函数. 单极 S 形函数 (Losig) 为 $f(x)=\dfrac{1}{1+\mathrm{e}^{-\alpha x}}$, 双极 S 形函数 (Tansig) 为 $f(x)=\dfrac{1-\mathrm{e}^{-\alpha x}}{1+\mathrm{e}^{-\alpha x}}$, 如图 9.1.3 所示.

Sigmoid 函数把可能在较大范围内变化的输入值挤压到值域范围内, 因此有时也称为 “挤压函数”(squashing function). 双极 S 形函数与单极 S 形函数的主要区别在于函数的值域, 双极 S 形函数值域是 $(-1,1)$, 而单极 S 形函数值域是 $(0,1)$.

表 9.1.1 给出了一些常用的传递函数:

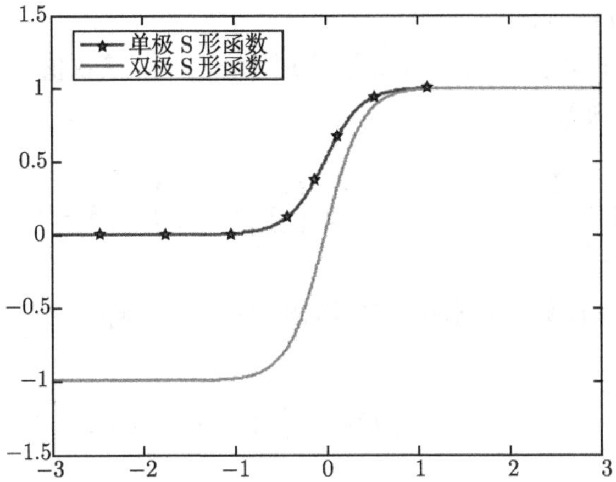

图 9.1.3 单极 S 形函数与双极 S 形函数图像

表 9.1.1 神经网络传递函数

名称	传递函数表达式
二值函数	$f(x)=\begin{cases}1, & x\geqslant 0\\ 0, & x<0\end{cases}$
线性函数	$f(x)=ax$
分段线性函数	$f(x)=\begin{cases}0, & x\leqslant 0\\ cx, & 0<x\leqslant x_c\\ 1, & x>x_c\end{cases}$

9.1.4 BP 神经网络学习算法及流程

神经网络的学习过程, 就是根据训练数据来调整神经元之间的“连接权”以及每个功能神经元的阈值, 换言之, 神经网络学到的东西, 蕴含在连接权与阈值之中. 学习算法及流程如下:

步骤 1 网络初始化.

根据输入 $X=[x_1,x_2,\cdots,x_n]$ 和期望输出 $D=[d_1,d_2,\cdots,d_l]$ 来确定网络输入层、隐含层和输出层神经元 (节点) 个数, 初始化各层神经元之间的连接权值 v_{ij}, w_{jk}, 初始化隐含层阈值 a、输出层阈值 b, 给定学习速率和激活函数.

步骤 2 隐含层输出计算.

根据输入向量 X, 输入层和隐含层间连接权值 v_{ij} 以及隐含层阈值 a、计算隐含层输出.

$$y_i=f\left(\sum_{i=1}^{n}v_{ij}x_i-a_j\right)=f\left(\sum_{i=0}^{n}v_{ij}x_i\right),\quad i=1,2,\cdots,m,$$

式中, m 为隐含层节点数; $v_{i0}=-1, x_0=a_j$; $f(\cdot)$ 为隐含层传递函数. 这里我们采

用传递函数为 $f(x)=(1+\mathrm{e}^{-x})^{-1}$.

步骤 3 输出层输出计算. 根据隐含层输出 Y, 连接权值 w_{jk} 和阈值 b, 计算 BP 神经网络的实际输出 O.

$$O_k = f\left(\sum_{j=1}^{m} w_{jk}y_j - b_k\right) = f\left(\sum_{j=0}^{m} w_{jk}y_j\right), \quad k=1,2,\cdots,l.$$

步骤 4 误差计算. 根据网络实际输出 O 与期望输出 D, 计算网络总体均方误差 E.

$$E=\frac{1}{2}(D-O)^2=\frac{1}{2}\sum_{k=1}^{l}(d_k-o_k)^2.$$

步骤 5 权值更新. 根据网络总体误差 E, 按照以下公式更新网络连接权值 v_{ij}, w_{jk}.

$$v_{ij}=v_{ij}+\Delta v_{ij}, \quad w_{jk}=w_{jk}+\Delta w_{jk},$$

$$\Delta v_{ij} - \eta\left(\sum_{k=1}^{l}\delta_k^o w_{jk}\right)y_j(1-y_j)x_i,$$

$$\Delta w_{jk}=\eta\delta_k^o y_j,$$

其中 $\delta_k^o=(d_k-o_k)o_k(1-o_k)$. 式中 $\eta\in(0,1)$ 为学习速率, 控制着算法每一轮迭代中的更新步长, 太大可能引起震荡, 太小则收敛速度又会过慢.

步骤 6 判断算法迭代是否结束 (可用网络总误差是否达到精度要求等方式来判断), 若没有结束, 返回步骤 2.

9.2 BP 神经网络的 MATLAB 工具箱函数

神经网络预测过程包括: 读入样本、数据处理、创建网络、设定参数、训练网络、参数调整和仿真预测等环节. 使用 MATLAB 仿真软件实现 BP 神经网络, 并对网络进行不断训练, 根据训练好的网络实现预测.

9.2.1 数据的预处理和后处理

- premnmx 函数可以对输入和输出数据集进行归一化处理, 使其落入 $[-1,1]$ 区间.

格式: [Q, minp, maxp]=premnmx(P) % 对输入数据 P 进行归一化处理;

[Q, minp, maxp, Tn, mint, maxt]=premnmx(P, T) % 对输入数据 P 和输出数据 Q 同时进行归一化处理;

说明：若输入数据矩阵 $P=(p_{ij})_{m\times n}$, P 中的每一列为一个样本数据, 每一行为一个输入; $Q=(q_{ij})_{m\times n}$ 为将 P 进行归一化处理后的数据; minp 为矩阵 P 中每一行的最小值组成的列向量, maxp 为矩阵 P 中每一行的最大值组成的列向量. 函数 premnmx 的公式为

$$q_{ij}=\frac{2\times(p_{ij}-\min\limits_{j}p_{ij})}{\max\limits_{j}p_{ij}-\min\limits_{j}p_{ij}}-1.$$

• postmnmx 函数可将 premnmx 函数的归一化数据进行反归一化处理.

格式：[P, T]=postmnmx(Q, minp, maxp, Tn, mint, maxt)

% 将 premnmx 函数的归一化数据进行反归一化处理;

函数 premnmx 的公式为

$$p_{ij}=0.5\times(q_{ij}+1)(\max\limits_{j}p_{ij}-\min\limits_{j}p_{ij})+\min\limits_{j}p_{ij}.$$

9.2.2 创建网络

newff——BP 神经网络参数设置函数.

函数功能：构建一个 BP 神经网络.

函数形式：net = newff(P, T, [S1, S2, $\cdots$, S(N-l)], {TF1, TF2, $\cdots$, TFNl}, BTF, BLF, PF).

P：样本输入数据组成的 $m\times n$ 矩阵, m 个输入, n 个样本;

T：样本输出数据组成的 SN $\times$ $Q2$ 矩阵, SN 个输出, $Q2$ 个样本数据;

Si：第 i 隐含层的节点数, $i=1,2,\cdots,N-1$, 第 N 层的节点数 SN 由矩阵 T 的行数确定;

TFi：第 i 层节点的传递函数, 包括线性传递函数 purelin; 正切 S 型传递函数 tansig; 对数 S 型传递函数 logsig; 隐藏层传递函数默认为 "tansig", 输出层的传递函数默认为线性函数.

BTF：训练函数, 用于网络权值和阈值的调整, 默认基于 Levenberg_Marquardt 共轭梯度法的训练函数 trainlm.

BLF：网络的学习函数, 包含 BP 学习规则 learngd; 带动量项的 BP 学习规则 learngdm. 默认为 "learngdm".

PF：网络的性能分析函数, 包括均值绝对误差性能分析函数 mae; 均方性能分析函数 mse. 默认为 "mse".

一般在使用过程中设置前面 4 个参数, 后面 2 个参数采用系统默认参数.

9.2.3 设定参数

BP 神经网络训练参数设定见表 9.2.1.

表 9.2.1　BP 神经网络训练函数

训练参数名称及默认值	属性
net.trainparam.epochs=100	最大训练次数, 默认 (100)
net.trainparam.goal=0	训练目标/误差精度, 默认 0
net.trainparam.show=25	两次显示之间的训练次数 (无显示时取 NAN)
net.trainparam.time=inf	最大训练时间 (单位: s; 可不设定)
net.trainparam.mc=0.9	动量系数 (权重阈值改变的重复度)
net.trainparam.lr=0.2	学习速率 (权重阈值的调整幅度)

9.2.4　训练网络

用 train 训练函数训练 BP 神经网络. 该函数采用动量法和学习速率自适应调整策略训练网络. 将动量法和学习速率自适应结合起来, 利用两方面的优点来优化 BP 神经网络的训练, 返回误差参数, 此过程反复调整权重和阈值, 以减少性能函数的值, 直到达到预先设定的误差精度.

函数形式：[net,tr]=train(net,P,T).

等号右侧的 net 为待训练网络, 即 newff 所创建的初始网络; 等号左侧的 net 为训练得到的神经网络; P 为输入数据矩阵; T 为输出数据矩阵; net 为训练好的网络; tr 为训练过程记录.

9.2.5　BP 神经网络的仿真

函数 sim 用训练好的 BP 神经网络预测/仿真函数输出.

函数形式：Y=sim(net,x).

net 为训练好的 BP 神经网络; x 为输入数据; Y 为网络预测/仿真数据, 即网络实际输出.

9.2.6　模拟输出

图形输出：plot.

查看参数：权重: net.IW (输入层权重),

　　　　　　　net.LW(隐含层权重);

　　　　阈值: net.b(层序号).

9.3　神经网络预测案例

为了对我国货运总量进行有效的预测分析, 从《中国统计年鉴》中收集到了国民生产总值、能源生产总值、进出口贸易额、社会消费品零售总额以及固定资产投资总额 5 个主要影响因素指标 1990—2011 年的各项数据, 如表 9.3.1 所示. 下面建立 BP 神经网络模型对货运总量进行预测分析.

表 9.3.1 1990—2011 年的货运总量及主要因素部分数据

年份	货运总量/万吨	国民生产总值/亿元	能源生产总值/万吨	进出口贸易额/亿元	社会消费品零售总额/亿元	固定资产投资总额/亿元
1990	970602	18718.3	103922	5560.1	8300.1	6955.81
1991	985793	21826.2	104844	7225.8	9415.6	9810.4
1992	1045899	26937.3	107256	9119.6	10993.7	12443.12
1993	1115902	35260	111059	11271	14270.4	14410.22
1994	1180396	48108.5	118729	20381.9	18622.9	17042.94
1995	1234938	59810.5	129034	23499.9	23613.8	20019.3
1996	1298421	70142.5	133032	24133.8	28360.2	22974
1997	1278218	78060.9	133460	26967.2	31252.9	24941.1
1998	1267427	83024.3	129834	26849.7	33378.1	28406.2
1999	1293008	88479.2	131935	29896.2	35647.9	29854.7
2000	1358682	98000.5	135048	39273.2	39105.7	32917.7
2001	1401786	108068.2	143875	42183.6	43055.4	37213.5
2002	1483447	119095.7	150656	51378.2	48135.9	43499.9
2003	1564492	134977	171906	70483.5	52516.3	55566.6
2004	1706412	159453.6	196648	95539.1	59501	70477.43
2005	1862066	183617.4	216219	116921.8	67176.6	88773.61
2006	2037060	215904.4	232167	140974	76410	109998.16
2007	2275822	266422	247279	166863.7	89210	137323.94
2008	2585937	316030.3	260552	179921.5	108487.7	172828.4
2009	2825222	340320	274619	150648.1	132678.4	224598.77
2010	3241807	399759.5	296916	201722.1	156998.4	278121.85
2011	3696961	472115	317987	236402	183918.6	311485.13

建立 BP 神经网络预测模型. 首先, 根据输入和输出数据确定网络的结构. 并确定训练数据来训练网络, 使网络具有预测能力. 然后, 确定测试数据测试网络的预测性能. 最后, 根据训练好的网络预测货运总量.

由于本例输入数据为 5 维, 输出为 1 维, 所以 BP 神经网络结构为 5-11-1 结构. 也就是说, 输入层分别为国民生产总值、能源生产总值、进出口贸易额、社会消费品零售总额以及固定资产投资总额等 5 个主要影响因素的归一化数据, 输出为货运总量, 隐含层有 11 个节点. 并选取双极性的 S 函数为隐含层传递函数, 线性函数为输出层传递函数.

已知有 22 年的数据, 取前 20 年的数据作为训练数据训练网络. 并用训练好的神经网络来预测 2010 和 2011 年两年的货运总量. MATLAB 程序代码如下:

```
clear all
clc
%% 输入数据
X=[970602    18718.3   103922  5560.1    8300.1    6955.81
   985793    21826.2   104844  7225.8    9415.6    9810.4
   1045899   26937.3   107256  9119.6    10993.7   12443.12
   1115902   35260     111059  11271     14270.4   14410.22
   1180396   48108.5   118729  20381.9   18622.9   17042.94
   1234938   59810.5   129034  23499.9   23613.8   20019.3
   1298421   70142.5   133032  24133.8   28360.2   22974
   1278218   78060.9   133460  26967.2   31252.9   24941.1
   1267427   83024.3   129834  26849.7   33378.1   28406.2
   1293008   88479.2   131935  29896.2   35647.9   29854.7
   1358682   98000.5   135048  39273.2   39105.7   32917.7
   1401786   108068.2 143875  42183.6   43055.4   37213.5
   1483447   119095.7 150656  51378.2   48135.9   43499.9
   1564492   134977   171906  70483.5   52516.3   55566.6
   1706412   159453.6 196648  95539.1   59501     70477.43
   1862066   183617.4 216219  116921.8 67176.6   88773.61
   2037060   215904.4 232167  140974   76410     109998.16
   2275822   266422   247279  166863.7 89210     137323.94
   2585937   316030.3 260552  179921.5 108487.7 172828.4
   2825222   340320   274619  150648.1 132678.4 224598.77
   3241807   399759.5 296916  201722.1 156998.4 278121.85
   3696961   472115   317987  236402   183918.6 311485.13];
[XN,min,max]=premnmx(X')            %% 归一化处理
P=XN(2:6,:)                         %% 产生5个输入分量
T=XN(1,:)                           %% 产生1个输出分量
TF1='tansig';TF2='purelin';             %% TF1为隐含层传递函数,
                                           TF2为输出层传递函数
net=newff(P,T,11,{TF1,TF2})             %% 创建3层的神经网络, 5-11-1
net.trainparam.epochs=1000            %% 最大训练次数
net.trainparam.goal=1e-7                %% 训练目标/误差精度, 默认0
net.trainparam.show=25              %% 两次显示之间的训练次数
net.trainparam.mc=0.9                   %% 动量系数(权重阈值改变的重复度)
```

```
net.trainparam.lr=0.05                    %% 学习速率(权重阈值的调整幅度)
%% 训练网络;选取1990-2009年数据为训练样本
net=train(net,P(:,1:20),T(:,1:20))
%% 仿真预测2006-2011年的货运总量
YN=sim(net,P(:,17:22))
Y=postmnmx(YN,min(1),max(1))
%% 输出权重和阈值
W=net.IW
W1=net.LW
b=net.b
%%结果分析
figure(1)
plot(Y,':og')
hold on
plot(X(17:22,1),'-*');
legend('预测输出','期望输出')
title('BP网络预测输出','fontsize',12)
ylabel('函数输出','fontsize',12)
xlabel('样本','fontsize',12)
```

可以得到, 2010 年和 2011 年货运量的预测输出值分别为: 3318898.41 和 3682574.08. 2006—2011 年货运量预测输出值与实际货运量进行比较如图 9.3.1 所示.

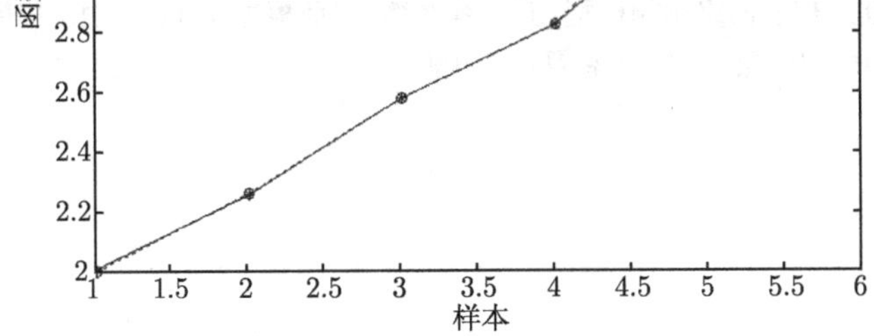

图 9.3.1 BP 神经网络预测效果图

习　题　9

1. 表 9.1 为某药品的销售情况, 请构建一个如下的三层 BP 神经网络对药品的销售情况进行预测: 输入层有 3 个节点, 隐含层节点为 5, 隐含层的激活函数为 tansig; 输出层节点数为 1 个, 输出层的激活函数为 logsig, 并利用此网络对药品的销售量进行预测, 预测的方式采用滚动方式, 即用前三个月的销售量预测第四个月的销售量.

表 9.1　某药品的销售情况

月份序号	1	2	3	4	5	6
销量	2056	2395	2600	2298	1634	1600
月份序号	7	8	9	10	11	12
销量	1873	1478	1900	1500	2046	1556

2. 生物学家格若根和维什 1981 年发现了两类飞蠓, 他们测量了这两类飞蠓每个个体的翼长和触角长, 数据如表 9.2.

表 9.2　测量数据

翼长	触角长	类别	翼长	触角长	类别
1.78	1.14	Apf	1.64	1.38	Af
1.96	1.18	Apf	1.82	1.38	Af
1.86	1.20	Apf	1.90	1.38	Af
1.72	1.24	Af	1.70	1.40	Af
2.00	1.26	Apf	1.82	1.48	Af
2.00	1.28	Apf	1.82	1.54	Af
1.96	1.30	Apf	2.08	1.56	Af
1.74	1.36	Af			

问: 如果抓到三只新的飞蠓, 它们的触角长和翼长分别为 (1.24, 1.80), (1.28, 1.84) 和 (1.40, 2.04), 则它们应该分别属于哪一个种类?

3. 选择一只股票, 收集该股票的开盘价、最高价、最低价、收盘价和成交量数据, 交易长度可为 2 个月, 试用 BP 神经网络对开盘价进行仿真预测.

4. 有关研究表明, 以下 6 个指标对安徽省 GDP 具有较大影响: 外贸出口总额、财政支出、社会消费品零售总额、实际利用外资、财政收入和固定资产投资, 试搜集 1988—2010 年历史相关数据, 建立神经网络预测模型, 并训练网络, 进而根据 2011—2015 年影响因素相关数据, 对 2011—2015 年安徽省 GDP 总量进行预测.

第 10 章　组合预测方法

10.1　组合预测的概念及分类

组合预测集结各单项预测方法的特点, 它可以从不同的角度进行分类. 根据其目标和特点不同, 大体上可从如下角度分类.

(1) 按组合预测与各单项预测方法的函数关系, 组合预测可以分成线性组合预测和非线性组合预测.

设预测对象存在 m 个单项预测方法, 利用这 m 个单项预测方法得到的第 i 个单项预测方法的预测值为 f_i, $i=1,2,\cdots,m$.

若组合预测值 f 满足

$$f=l_1f_1+l_2f_2+\cdots+l_mf_m, \tag{10.1.1}$$

则称该组合预测为线性组合预测. 其中 $l_1,l_2,\cdots,l_m$ 为各种预测方法的加权系数, 且满足 $\sum\limits_{i=1}^{m}l_i=1$, $l_i\geqslant 0$, $i=1,2,\cdots,m$.

若组合预测值 f 满足 $f=\phi(f_1,f_2,\cdots,f_m)$, 其中 ϕ 为非线性函数, 则称该组合预测为非线性组合预测.

常见的非线性组合预测形式有

$$f=\prod_{i=1}^{m}f_i^{l_i}. \tag{10.1.2}$$

上式称为加权几何平均组合预测模型.

$$f=\frac{1}{\sum\limits_{i=1}^{m}\dfrac{l_i}{f_i}}. \tag{10.1.3}$$

此式称为加权调和平均组合预测模型.

(2) 按组合预测加权系数计算方法的不同, 组合预测方法可以分为最优组合预测方法和非最优组合预测方法.

最优组合预测就是权重满足归一化的约束条件下, 按照极小化某种误差准则或者极大化某种精度准则来构造目标函数, 从而求得组合预测方法加权系数. 最优组

合预测方法一般可以表示成如下数学规划问题:

$$
\max(\min)Q = Q(l_1, l_2, \cdots, l_m),\\
\text{s.t.}\begin{cases}\displaystyle\sum_{i=1}^{m} l_i = 1,\\ (l_i \geqslant 0, i = 1, 2, \cdots, m),\end{cases} \tag{10.1.4}
$$

其中 $Q(l_1, l_2, \cdots, l_m)$ 为目标函数, $l_1, l_2, \cdots, l_m$ 为各种单项预测方法加权系数, 加权系数只考虑非负的情形.

非最优正权组合预测方法就是根据预测学的基本原理, 并力求简便的原则来确定组合预测的权系数的一种方法. 具体地就是根据各个单项预测模型预测的误差的方差和其权系数成反比的基本原理, 给出组合预测的权系数的计算公式. 显然非最优正权组合预测方法目标函数值一般要劣于最优正权组合预测方法目标函数值.

(3) 按组合预测加权系数是否随时间变化, 组合预测方法可以分为不变权组合预测方法和可变权组合预测方法.

不变权组合预测方法就是通过最优化规划模型或其他方法计算出各个单项预测方法在组合预测中的权系数. 假定它们不变, 并用这个权系数进行预测. 然而在预测实践中, 就每一个单项预测方法而言, 它经常出现对同一预测对象的不同时间上预测精度的不一致性, 也就是说有些时点上预测精度好, 有些时点上预测精度差. 所以不变权组合预测方法显然没有可变权组合预测方法科学.

所谓可变权组合预测方法就是组合预测加权系数随时间变化而变化. 目前可变权组合预测方法比较复杂, 因此可变权组合预测方法的研究成果并不多见. 变权组合预测方法有待于进一步研究, 这也是组合预测方法今后重要的研究方向之一.

(4) 按某个误差或精度准则的预测结果优劣程度来看, 组合预测方法可以分为非劣性组合预测和优性组合预测.

按某个准则, 把组合预测的结果和各个单项预测方法的结果进行对比.

若组合预测的结果介于各个单项预测方法结果 “最差” 和 “最好” 之间, 则称该组合预测为非劣性组合预测. 若组合预测的结果比各个单项预测方法结果 “最好” 的还要 “好”, 则称该组合预测为优性组合预测.

显然组合预测方法是建立在充分利用已知信息基础上的, 它集结各个单项预测方法所包含的信息进行组合. 所以只有当组合预测为优性组合预测时, 组合预测方法才有实际的意义. 也就是说通过组合预测可以达到提高预测精度, 改善预测结果的目的.

10.2 非最优正权组合预测模型权系数的确定方法

10.2.1 几种常规的非最优正权组合预测模型权系数的确定方法

组合预测的核心的问题就是如何求出加权平均系数, 使得组合预测模型更加有效地提高预测精度. 若以预测绝对误差作为预测精度的衡量指标, 则有几种常用的非最优正权组合预测模型权系数的确定方法.

1. *算术平均方法*

算术平均方法, 即令

$$l_i = \frac{1}{m}, \quad i = 1, 2, \cdots, m. \tag{10.2.1}$$

显然 $\sum_{i=1}^{m} l_i = 1$, $l_i \geqslant 0$, $i = 1, 2, \cdots, m$.

算术平均方法也称为等权平均方法. 算术平均方法的特点是 m 种单项预测方法的加权系数完全相等, 即把各个单项预测模型同等看待. 算术平均方法一般使用在对各个单项预测模型的预测精度缺乏了解的情形. 由于算术平均方法的计算简单, 且加权系数也满足非负性, 所以它在预测领域中的应用比较广泛.

当各个单项预测模型的预测精度完全已知时, 一般要采用加权平均的形式, 对预测精度高的单项预测模型应赋予较大的加权系数. 下面的几种方法体现这个特点.

2. *预测误差平方和倒数方法*

预测误差平方和倒数方法也称为方差倒数方法, 这是对等权平均方法的改进. 一般说来每种单项预测模型的预测精度不同. 预测误差平方和是反映预测精度的一个指标. 预测误差平方和越大, 表明该项预测模型的预测精度就越低, 从而它在组合预测中的重要性就降低. 重要性的降低表现为它在组合预测中的加权系数就越小. 反之, 对预测误差平方和较小的单项预测模型在组合预测中的应赋予较大的加权系数. 令

$$l_i = \frac{E_{ii}^{-1}}{\sum_{i=1}^{m} E_{ii}^{-1}}, \quad i = 1, 2, \cdots, m. \tag{10.2.2}$$

显然 $\sum_{i=1}^{m} l_i = 1$, $l_i \geqslant 0$, $i = 1, 2, \cdots, m$, 其中 E_{ii} 为第 i 种单项预测模型的预测误差平方和.

$$E_{ii} = \sum_{t=1}^{N} e_{it}^2 = \sum_{t=1}^{N} (x_t - x_{it})^2, \tag{10.2.3}$$

x_{it} 为第 i 种单项预测方法在第 t 时刻的预测值, x_t 为同一预测对象的某个指标序列第 t 时刻的观测值, N 表示时间长度, $e_{it}=(x_t-x_{it})$ 为第 i 种单项预测方法在第 t 时刻的预测误差.

3. 均方误差倒数方法

均方误差倒数方法的含义类似于预测误差平方和倒数方法. 该方法体现了某单项预测模型的误差平方和越大, 它在组合预测中的加权系数就应越小. 均方误差倒数方法的加权系数的计算公式为

$$l_i=\frac{E_{ii}^{-\frac{1}{2}}}{\sum\limits_{i=1}^{m}E_{ii}^{-\frac{1}{2}}},\quad i=1,2,\cdots,m. \tag{10.2.4}$$

显然 $\sum\limits_{i=1}^{m}l_i=1$, $l_i\geqslant 0$, $i=1,2,\cdots,m$, 其中 E_{ii} 的含义同上.

4. 简单加权平均方法

简单加权平均方法也是一种非等权平均方法. 它是先把各个单项预测模型的误差平方和 E_{ii}, $i=1,2,\cdots,m$ 进行排序, 不妨设 $E_{11}>E_{22}>\cdots>E_{mm}$, 根据各个单项预测模型的误差平方和与其权系数成反比的基本原理, 排序越靠前面的单项预测模型, 它在组合预测中的加权系数就应越小. 即令

$$l_i=\frac{i}{\sum\limits_{i=1}^{m}i}=\frac{2i}{m(m+1)},\quad i=1,2,\cdots,m. \tag{10.2.5}$$

显然 $\sum\limits_{i=1}^{m}l_i=1$, $l_i\geqslant 0$, $i=1,2,\cdots,m$, 其中 E_{ii} 的含义也同上.

5. 二项式系数方法

二项式系数方法和简单加权平均方法有一点相似之处, 它也是先把各个单项预测模型预测的误差的方差和 E_{ii}, $i=1,2,\cdots,m$ 进行排序, 不妨设 $E_{11}>E_{22}>\cdots>E_{mm}$, 但它取组合预测中的加权系数的思想和简单加权平均方法是不同的. 它按照统计学的中位数的概念, 若单项预测模型预测的误差的方差和过大或过小, 则其对应的权系数均较小. 而处于各单项预测模型预测的误差的方差和的中位数所对应的权系数最大. 即令

$$l_i=\frac{\mathrm{C}_{2m-1}^{i-1}}{2^{2m-2}},\quad i=0,1,2,\cdots,m-1. \tag{10.2.6}$$

由二项式定理知

$$1=\left(\frac{1}{2}+\frac{1}{2}\right)^{2m-1}=\sum_{i=0}^{2m-1}\mathrm{C}_{2m-1}^{i}\left(\frac{1}{2}\right)^{2m-1}.$$

上面的和式共有 $2m$ 项, 且 $\mathrm{C}_{2m-1}^{i}=\mathrm{C}_{2m-1}^{2m-1-i}$, 则其前 m 的项和式

$$\sum_{i=0}^{m-1}\mathrm{C}_{2m-1}^{i}\left(\frac{1}{2}\right)^{2m-1}=\frac{1}{2},$$

即

$$\sum_{i=0}^{m-1}\mathrm{C}_{2m-1}^{i}\left(\frac{1}{2}\right)^{2m-2}=1.$$

注意到式 (10.2.6), 所以 $\sum_{i=1}^{m}l_i=\sum_{i=1}^{m}\frac{\mathrm{C}_{2m-1}^{i-1}}{2^{2m-2}}=\sum_{i=0}^{m-1}\mathrm{C}_{2m-1}^{i}\left(\frac{1}{2}\right)^{2m-2}=1$, 且 $l_i\geqslant 0$, $i=1,2,\cdots,m$. 此即式 (10.2.6) 确定的二项式系数满足非负和归一化条件, 可以充当组合预测权系数.

10.2.2 非最优组合预测系数确定方法的应用举例

下面举一个太阳黑子数多种时间序列模型的组合预测的应用举例.

对太阳活动规律的模拟与预测是全球多学科研究的热点, 尤其是太阳黑子相对数极大极小的年份和数值更为世界所关注, 已用太阳黑子数 1700—1979 年的数据建立了五种时间序列模型. 表 10.2.1 是 1980—1987 年太阳黑子数的观察值和五种时间序列模型的预测值.

表 10.2.1 的结果显示五种时间序列模型的预测值在 1980—1987 年太阳黑子数有基本一致的起伏规律. 即均在 1980 年太阳黑子数达到高峰, 在 1985 年太阳黑子数跌到谷底. 在具体数值上五种时间序列模型有较大的差异. 下面用上述的五种权系数的确定方法给出其组合预测, 并作对比分析.

(1) 算术平均方法, 得出的组合预测权系数向量为

$$(l_1,l_2,l_3,l_4,l_5)=(0.2,0.2,0.2,0.2,0.2).$$

(2) 预测误差平方和倒数方法, 得出的组合预测权系数向量为

$$(l_1,l_2,l_3,l_4,l_5)=(0.2255,0.4172,0.2363,0.0614,0.0596).$$

(3) 均方误差倒数方法, 得出的组合预测权系数向量为

$$(l_1,l_2,l_3,l_4,l_5)=(0.2263,0.3078,0.2316,0.1180,0.1163).$$

(4) 简单加权平均方法, 得出的组合预测权系数向量为

$$(l_1,l_2,l_3,l_4,l_5)=\left(\frac{3}{15},\frac{5}{15},\frac{4}{15},\frac{2}{15},\frac{1}{15}\right).$$

(5) 二项式系数方法, 得出的组合预测权系数向量为

$$(l_1,l_2,l_3,l_4,l_5)=(0.1406,0.4922,0.3281,0.0352,0.0039).$$

五种组合预测模型对 1980—1987 年太阳黑子数的组合预测值和预测精度见表 10.2.2.

表 10.2.1　太阳黑子数和五种时间序列模型的预测值

年份	黑子数的观察值	TAR 模型	含趋势叠合模型	不含趋势叠合模型	ARMA 模型	AR 模型
1980	154.6	158.63	167.5	1610.5	167.7	158.97
1981	140.4	137.24	147.5	139.5	140.8	128.99
1982	115.9	98.21	110.7	100.4	94.47	84.74
1983	66.6	61.31	72.21	65.38	48.42	48.64
1984	45.9	32.64	48.88	35.02	16.47	21.66
1985	17.9	17.42	20.77	15.2	4.05	9.38
1986	110.4	16.4	12.11	7.812	9.09	10.7
1987	29.2	26.47	26.3	21.75	24.88	32.23

表 10.2.2　1980—1987 年太阳黑子数的组合预测值和预测误差

年份	方法 (1)	方法 (2)	方法 (3)	方法 (4)	方法 (5)
1980	1610.26	164.06	1610.60	164.12	164.91
1981	138.81	141.78	140.38	141.19	1410.12
1982	97.70	102.91	100.55	101.56	104.89
1983	59.19	65.27	62.61	610.46	67.51
1984	30.93	38.33	35.00	35.80	40.80
1985	110.36	16.99	15.42	15.63	17.84
1986	11.22	11.79	11.56	11.33	11.19
1987	26.33	25.53	25.81	25.33	24.80
平均绝对误差	7.55	4.86	5.87	5.76	4.59
误差平方和	721.07	336.10	472.11	4310.13	285.99

从表 10.2.2 可以看出, 以平均绝对误差与误差平方和作为组合预测精度的两个基本指标, 在上述的五种权系数的确定方法中, 二项式系数方法是最好的组合预测方法, 其次是预测误差平方和倒数方法、简单加权平均方法、均方误差倒数方法, 算术平均方法是较差的组合预测方法.

10.3　以预测误差平方和达到最小的线性组合预测模型

10.3.1　最优线性组合预测模型的建立

设预测对象的某个指标序列为 $\{x_t,t=1,2,\cdots,N\}$, 现有 m 种单项无偏预测方

法对其进行预测. 设第 i 种单项预测方法第 t 时刻的预测值为 x_{it}, $i=1,2,\cdots,m$, $t=1,2,\cdots,N$, 称 $e_{it}=x_t-x_{it}$ 为第 i 种单项预测方法在第 t 时刻的预测误差.

设 $l_1,l_2,\cdots,l_m$ 分别为 m 种单项预测方法的加权系数, 为了使组合预测保持无偏性, 加权系数应满足

$$l_1+l_2+\cdots+l_m=1, \tag{10.3.1}$$

设 $\hat{x}_t=l_1x_{1t}+l_2x_{2t}+\cdots+l_mx_{mt}$ 为 x_t 的组合预测值, 设 e_t 为组合预测在第 t 时刻的预测误差, 则有

$$e_t=x_t-\hat{x}_t=\sum_{i=1}^{m}l_ie_{it}. \tag{10.3.2}$$

设 J_1 表示组合预测预测误差平方和, 则有

$$J_1=\sum_{t=1}^{N}e_t^2=\sum_{t=1}^{N}\left(\sum_{i=1}^{m}l_ie_{it}\right)^2=\sum_{t=1}^{N}\sum_{i=1}^{m}\sum_{j=1}^{m}l_il_je_{it}e_{jt}. \tag{10.3.3}$$

由此可得以预测误差平方和为准则的线性组合预测模型可表示下列最优化问题

$$\begin{aligned}&\min J_1=\sum_{t=1}^{N}\sum_{i=1}^{m}\sum_{j=1}^{m}l_il_je_{it}e_{jt},\\&\text{s.t.}\sum_{i=1}^{m}l_i=1.\end{aligned} \tag{10.3.4}$$

记 $L=[l_1,l_2,\cdots,l_m]^{\mathrm{T}}$, $R=[1,1,\cdots,1]^{\mathrm{T}}$, $e_i=[e_{i1},e_{i2},\cdots,e_{iN}]^{\mathrm{T}}$, 则 L 表示组合预测加权系数列向量, R 表示元素全为 1 的 m 维列向量, e_i 表示第 i 种单项预测方法的预测误差列向量, 再令

$$E_{ij}=e_i^{\mathrm{T}}e_j=\sum_{t=1}^{N}e_{it}e_{jt},\quad i,j=1,2,\cdots,m,\quad E=(E_{ij})_{m\times m},$$

则当 $i\neq j$ 时, E_{ij} 表示第 i 种单项预测方法和第 j 种单项预测方法的预测误差的协方差, 当 $i=j$ 时, E_{ii} 表示第 i 种单项预测方法的预测误差的平方和, E 表示 $m\times m$ 的方阵, E 称为组合预测误差信息矩阵.

定理 10.3.1 假定 $m(m<N)$ 种单项预测方法的预测误差向量组 $e_1,e_2,\cdots,e_m$ 是线性无关的, 则组合预测误差信息矩阵 E 为正定矩阵.

证明 记 $A=[e_1,e_2,\cdots,e_m]$, 则

$$A^{\mathrm{T}}A=\begin{bmatrix}e_1^{\mathrm{T}}\\e_2^{\mathrm{T}}\\\vdots\\e_m^{\mathrm{T}}\end{bmatrix}[e_1,e_2,\cdots,e_m]=\begin{bmatrix}e_1^{\mathrm{T}}e_1&e_1^{\mathrm{T}}e_2&\cdots&e_1^{\mathrm{T}}e_m\\e_2^{\mathrm{T}}e_1&e_2^{\mathrm{T}}e_2&\cdots&e_2^{\mathrm{T}}e_m\\\vdots&\vdots&&\vdots\\e_m^{\mathrm{T}}e_1&e_m^{\mathrm{T}}e_2&\cdots&e_m^{\mathrm{T}}e_m\end{bmatrix}=E.$$

所以 E 为对称矩阵, 记 $x=[x_1,x_2,\cdots,x_m]^{\mathrm{T}}$, 若 $x\neq 0$ 时, 则 $Ax\neq 0$, 否则, 存在不全为零的数 $x_1,x_2,\cdots,x_m$, 使得

$$Ax=x_1e_1+x_2e_2+\cdots+x_me_m=0.$$

此与预测误差向量组 $e_1,e_2,\cdots,e_m$ 线性无关的条件矛盾!

当 $x\neq 0$ 时, 二次型 $x^{\mathrm{T}}Ex=x^{\mathrm{T}}A^{\mathrm{T}}Ax=(Ax)^{\mathrm{T}}Ax>0$, 所以二次型 $x^{\mathrm{T}}Ex$ 为正定的. 即组合预测误差信息矩阵 E 为正定矩阵. 证毕.

定理 10.3.1 表明在预测误差向量组 $e_1,e_2,\cdots,e_m$ 是线性无关的条件下, 组合预测误差信息矩阵 E 为可逆矩阵. 在上述记号下, 则有

$$\begin{aligned}J_1&=\sum_{t=1}^{N}\sum_{i=1}^{m}\sum_{j=1}^{m}l_il_je_{it}e_{jt}=\sum_{i=1}^{m}\sum_{j=1}^{m}\left[l_il_j\left(\sum_{t=1}^{N}e_{it}e_{jt}\right)\right]\\&=\sum_{i=1}^{m}\sum_{j=1}^{m}[l_il_jE_{ij}]=L^{\mathrm{T}}EL.\end{aligned}\tag{10.3.5}$$

$$\sum_{i=1}^{m}l_i=R^{\mathrm{T}}L.\tag{10.3.6}$$

所以式 (10.3.4) 也可以表示成矩阵形式

$$\begin{aligned}&\min J_1=L^{\mathrm{T}}EL,\\&\text{s.t.}R^{\mathrm{T}}L=1.\end{aligned}\tag{10.3.7}$$

10.3.2 最优线性组合预测模型的解的讨论

对于式 (10.3.7), 可给出如下组合预测加权系数的计算公式.

定理 10.3.2 假定 $m(m<N)$ 种单项预测方法的预测误差向量组 $e_1,e_2,\cdots,e_m$ 是线性无关的, 则有模型 (10.3.7) 的最优解和目标函数最优值分别为

$$L^*=\frac{E^{-1}R}{R^{\mathrm{T}}E^{-1}R},\quad J_1=\frac{1}{R^{\mathrm{T}}E^{-1}R}.\tag{10.3.8}$$

证明 利用 Lagrange 法易得证, 证略.

在实际预测实践中, 若利用式 (10.3.8) 来计算组合预测加权系数, 则可能出现加权系数为负的情况. 而负的组合预测加权系数的解释在学术界尚有不同的看法, 因此有必要考虑非负权系数的组合预测模型. 这就要在模型 (10.3.7) 中增加一个非负约束条件, 即为如下最优化模型

$$\begin{aligned}&\min J_2=L^{\mathrm{T}}EL,\\&\text{s.t.}\begin{cases}R^{\mathrm{T}}L=1,\\L\geqslant 0,\end{cases}\end{aligned}\tag{10.3.9}$$

上式为一个非线性规划问题. 对于该问题有如下结论.

定理 10.3.3 假定 $m(m<N)$ 种单项预测方法的预测误差向量组 $e_1,e_2,\cdots,e_m$ 是线性无关的, 则非负权系数的组合预测模型 (10.3.9) 的可行域 $D=\{L|R^{\mathrm{T}}L=1,\ L\geqslant 0\}$ 为凸集, 其目标函数 $J_2=L^{\mathrm{T}}EL$ 为可行域 D 上的严格凸函数.

证明 设 $\forall L_1,L_2\in D$, 由可行域 D 的定义知

$$R^{\mathrm{T}}L_1=1,\quad R^{\mathrm{T}}L_2=1,\quad L_1\geqslant 0,\quad L_2\geqslant 0.$$

因此

$$R^{\mathrm{T}}\left(\lambda L_1+(1-\lambda)L_2\right)=\lambda R^{\mathrm{T}}L_1+(1-\lambda)R^{\mathrm{T}}L_2=\lambda+(1-\lambda)=1,\quad \forall\lambda\in[0,1].$$

且 $\lambda L_1+(1-\lambda)L_2\geqslant 0$, 所以可行域 D 为凸集.

由于 m 种单项预测方法的预测误差向量组 $e_1,e_2,\cdots,e_m$ 是线性无关的, 由定理 10.3.1 知组合预测误差信息矩阵 E 为正定矩阵, 且模型 (10.3.9) 的目标函数 $J_2=L^{\mathrm{T}}EL$ 的 Hesse 矩阵

$$H(L)=\left(\frac{\partial^2 J_2}{\partial l_i\partial l_j}\right)_{m\times m}=E.$$

因此, 目标函数 J_2 是可行域 D 上的严格凸函数. 证毕.

模型 (10.3.9) 实际上为一个二次凸规划问题, 因此 Kuhn-Tucker 条件是其最优解的充要条件. 模型 (10.3.9) 的 Kuhn-Tucker 条件可表示为

$$\begin{cases}2EL-\lambda R-U=0,\\ R^{\mathrm{T}}L=1,\\ U^{\mathrm{T}}L=0,\\ L\geqslant 0,U\geqslant 0,\end{cases}\tag{10.3.10}$$

其中 $U=[u_1,u_2,\cdots,u_m]^{\mathrm{T}}$ 是与非负组合预测权系数向量 L 所对应的 Kuhn-Tucker 乘子, u_i 与 l_i 不能同时为基变量. λ 是与约束条件 $R^{\mathrm{T}}L=1$ 所对应的 Lagrange 乘子.

由于 λ 无非负约束, 可令: $\lambda=\lambda_1-\lambda_2$, 其中 $\lambda_1,\lambda_2\geqslant 0$, 因此引入人工变量 v 可构造如下线性规划模型

$$\min v$$
$$\text{s.t.}\begin{cases}2EL-(\lambda_1-\lambda_2)R-U=0,\\ R^{\mathrm{T}}L+v=1,\\ L\geqslant 0,U\geqslant 0,\\ \lambda_1,\lambda_2,v\geqslant 0,\end{cases}\tag{10.3.11}$$

解此线性规划模型, 且最优目标函数值 $v=0$ 时, 最优解 L 对应的就是非负组合预测权系数向量.

10.4　基于相关系数的最优组合预测模型

传统的组合预测方法均是直接从改善某种拟合误差角度提出来的. 组合预测模型根据建立的某个准则的优劣程度, 可以分为非劣性组合预测和优性组合预测. 本节给出了研究组合预测方法的另一新途径, 即给出了基于相关系数的最优组合预测模型, 它们与传统的组合预测方法有较大的差别.

10.4.1　基于相关系数的最优组合预测模型

设 $\hat{x}_t=\sum\limits_{i=1}^{m}l_ix_{it}$ 为实际观察值 x_t 的线性组合预测值, $l_1,l_2,\cdots,l_m$ 为 m 种单项预测方法的加权系数, 且满足 $\sum\limits_{i=1}^{m}l_i=1$, $l_i\geqslant 0$, $i=1,2,\cdots,m$, 其中指标序列的实际观察值为 $\{x_t,t=1,2,\cdots,N\}$, $\{x_{it},t=1,2,\cdots,N\}$ 为第 i 种预测方法进行预测的预测值序列, $i=1,2,\cdots,m$, 则有如下几个概念.

定义 10.4.1　称 $e_{it}=x_{it}-\bar{x}_i$ 为第 i 种预测方法预测值对其算术平均数在第 t 时刻的离差, $i=1,2,\cdots,m$, $t=1,2,\cdots,N$. 称 $e_t=x_t-\bar{x}$ 为指标序列的实际观察值对其算术平均数在第 t 时刻的离差, 称 $\hat{e}_t=\hat{x}_t-\bar{\hat{x}}$ 为组合预测值与其算术平均数在第 t 时刻的离差.

其中 $\bar{x}_i=\dfrac{1}{N}\sum\limits_{t=1}^{N}x_{it}$, $\bar{x}=\dfrac{1}{N}\sum\limits_{t=1}^{N}x_t$, $\bar{\hat{x}}=\dfrac{1}{N}\sum\limits_{t=1}^{N}\hat{x}_t$, 它们为相应的算术平均数.

对于 t 时刻组合预测值的离差和第 i 种预测方法预测值的离差满足如下关系:

$$\hat{e}_t=\sum_{i=1}^{m}l_ie_{it}.$$

实际上,

$$\begin{aligned}\hat{e}_t&=\hat{x}_t-\bar{\hat{x}}=\sum_{i=1}^{m}l_ix_{it}-\frac{1}{N}\sum_{t=1}^{N}\hat{x}_t=\sum_{i=1}^{m}l_ix_{it}-\frac{1}{N}\sum_{t=1}^{N}\sum_{i=1}^{m}l_ix_{it}\\&=\sum_{i=1}^{m}l_i(x_{it}-\bar{x}_i)=\sum_{i=1}^{m}l_ie_{it}.\end{aligned}$$

定义 10.4.2　令

$$R_i=\frac{\sum\limits_{t=1}^{N}(x_t-\bar{x})(x_{it}-\bar{x}_i)}{\sqrt{\sum\limits_{t=1}^{N}(x_t-\bar{x})^2}\sqrt{\sum\limits_{t=1}^{N}(x_{it}-\bar{x}_i)^2}},$$

$$R=\frac{\sum_{t=1}^{N}(x_t-\bar{x})(\hat{x}_t-\bar{\hat{x}})}{\sqrt{\sum_{t=1}^{N}(x_t-\bar{x})^2}\sqrt{\sum_{t=1}^{N}(\hat{x}_t-\bar{\hat{x}})^2}},\quad i=1,2,\cdots,m,$$

则称 R_i 为第 i 种单项预测方法预测值序列与实际观察值序列的相关系数, 称 R 为组合预测值序列与实际观察值序列的相关系数.

相关系数 R_i, R 也可以用离差序列来表达, 则有

$$R_i=\frac{\sum_{t=1}^{N}e_te_{it}}{\sqrt{\sum_{t=1}^{N}e_t^2}\sqrt{\sum_{t=1}^{N}e_{it}^2}},\quad R=\frac{\sum_{t=1}^{N}e_t\sum_{i=1}^{m}l_ie_{it}}{\sqrt{\sum_{t=1}^{N}e_t^2}\sqrt{\sum_{t=1}^{N}\left(\sum_{i=1}^{m}l_ie_{it}\right)^2}}.\tag{10.4.1}$$

记 $e_i=[e_{i1},e_{i2},\cdots,e_{iN}]^{\mathrm{T}}$ 为第 i 种单项预测方法的预测离差列向量, 令 $E_{ij}=e_i^{\mathrm{T}}e_j=\sum_{t=1}^{N}e_{it}e_{jt}$, $i,j=1,2,\cdots,m$, $E=(E_{ij})_{m\times m}$, 则 E 称为组合预测协方差信息矩阵. 当 $i\neq j$ 时, E_{ij} 表示第 i 种与第 j 种单项预测方法预测值序列的协方差, 当 $i=j$ 时, E_{ii} 表示第 i 种单项预测方法预测值序列的方差.

记 $L=[l_1,l_2,\cdots,l_m]^{\mathrm{T}}$ 为组合预测加权系数列向量, 因为

$$\sum_{t=1}^{N}\left(\sum_{i=1}^{m}l_ie_{it}\right)^2=\sum_{i=1}^{m}\sum_{j=1}^{m}l_il_j\left(\sum_{t=1}^{N}e_{it}e_{jt}\right)=\sum_{i=1}^{m}\sum_{j=1}^{m}l_il_jE_{ij}=L^{\mathrm{T}}EL.$$

所以式 (10.4.1) 可写成

$$R_i=\frac{\sum_{t=1}^{N}e_te_{it}}{\sqrt{\sum_{t=1}^{N}e_t^2\sqrt{E_{ii}}}},\quad R=\frac{\sum_{i=1}^{m}l_i\sum_{t=1}^{N}e_te_{it}}{\sqrt{\sum_{t=1}^{N}e_t^2\sqrt{L^{\mathrm{T}}EL}}}.\tag{10.4.2}$$

显然组合预测值序列与实际观察值序列的相关系数 R 为各种单项预测方法的加权系数 $l_1,l_2,\cdots,l_m$ 的函数, 记为 $R(l_1,l_2,\cdots,l_m)$.

当从相关系数角度考察组合预测问题的时候, 我们希望 $R(l_1,l_2,\cdots,l_m)$ 越大越好, $R(l_1,l_2,\cdots,l_m)$ 越大表示组合预测方法越有效. 当组合预测值序列与实际观察值序列完全相同时, 相关系数达到了最大值 1. 然而预测误差是不可避免的. 因

此基于相关系数的组合预测模型可表示成如下最优化模型:

$$\max R(l_1,l_2,\cdots,l_m)=\frac{\sum_{i=1}^{m}l_i\sum_{t=1}^{N}e_te_{it}}{\sqrt{\sum_{t=1}^{N}e_t^2\sqrt{L^{\mathrm{T}}EL}}},\tag{10.4.3}$$

$$\text{s.t.}\begin{cases}\sum_{i=1}^{m}l_i=1,\\ l_i\geqslant 0, i=1,2,\cdots,m.\end{cases}$$

上式为一个非线性规划问题, 可以用 MATLAB 最优化工具箱或最优化软件 LINGO 来求解.

10.4.2　实例分析

下面以地方税收收入预测为例, 说明基于相关系数的组合预测模型的有效性. 地方税收收入与许多国民经济指标都有着密切的关系. 这里收集了 11 年某省三个指标的历史统计资料, 包括国内生产总值、社会商品零售总额、地方税收收入. 具体指标数值见表 10.4.1.

表 10.4.1　三种指标值及其单项模型预测值　　(单位: 亿元)

年份 t	GDP_t	RSV_t	x_t	模型 (1)x_{1t}	模型 (2)x_{2t}	模型 (3)x_{3t}
1	1 488.5	453.2	31.93	27.64	37.08	35.79
2	2 003.60	586.50	48.07	52.90	55.62	49.76
3	2 339.25	7210.40	66.32	70.24	67.71	64.50
4	2 669.95	859.80	82.58	81.51	79.62	78.41
5	2 805.45	924.80	90.49	88.60	84.50	85.23
6	2 908.59	979.10	96.30	93.37	88.21	90.92
7	3 038.24	1 054.30	89.74	97.68	92.88	98.80
8	3 290.13	1 142.80	108.06	103.42	101.95	108.08
9	3 553.56	1 228.70	106.93	112.44	110.43	117.09
10	3 972.38	1 331.20	120.78	126.63	126.51	127.83
11	4 812.7	1 503.1	152.77	147.83	156.77	145.85

表 10.4.1 中 GDP_t , RSV_t, x_t 分别表示全省各年的国内生产总值、社会商品零售总额、地方税收收入, x_{1t} , x_{2t}, x_{3t} 分别表示三种单项预测模型对地方税收收入预测值, t 表示时间.

分别建立地方税收收入与时间、国内生产总值、社会商品零售总额共三种指标的单项预测模型, 利用 SPSS 软件估计出回归模型的参数. 这三种单项预测模型均通过 F 检验, 它们的方程分别是

(1) 地方税收收入与时间的回归预测方程, 记为模型 (1):

$$x_{1t} = -7.4228 + 40.5845t - 5.8339t^2 + 0.3116t^3, \quad t = 1, 2, \cdots, 11.$$

(2) 地方税收收入与国内生产总值的回归预测方程, 记为模型 (2):

$$x_{2t} = -16.5175 + 0.036\mathrm{GDP}_t, \quad t = 1, 2, \cdots, 11.$$

(3) 地方税收收入与社会商品零售总额的回归预测方程, 记为模型 (3):

$$x_{3t} = -10.7198 + 0.1048\mathrm{RSV}_t, \quad t = 1, 2, \cdots, 11.$$

根据以上三种单项预测模型可以分别计算出地方税收收入的预测值, 结果见表 10.4.1.

将表 10.4.1 中数据代入到基于相关系数的组合预测模型 (10.4.3) 中, 经计算得如下最优组合预测模型

$$\max R(l_1, l_2, l_3) = \frac{11102l_1 + 10994l_2 + 10977l_3}{\sqrt{L^{\mathrm{T}}EL}},$$
$$\text{s.t.} \begin{cases} l_1 + l_2 + l_3 = 1, \\ l_1 \geqslant 0, l_2 \geqslant 0, l_3 \geqslant 0, \end{cases}$$

其中组合预测协方差信息矩阵 $E = \begin{bmatrix} 11156 & 10954 & 11005 \\ 10954 & 11008 & 10884 \\ 11005 & 10884 & 11041 \end{bmatrix}$, $L = [l_1, l_2, l_3]^{\mathrm{T}}$ 为以上三种单项预测模型在组合预测中的权向量.

利用 MATLAB 最优化工具箱计算基于相关系数的最优组合预测模型得组合预测权系数为

$$l_1^* = 0.5850, \quad l_2^* = 0.4150, \quad l_3^* = 0.$$

由此可见单项预测模型 (3) 为冗余预测方法.

如果以常用的基于误差平方和为准则的组合预测模型, 则可得如下最优化模型

$$\min S(l_1, l_2, l_3) = 243.991l_1^2 + 311.98l_2^2 + 377.94l_3^2 + 299.92l_1l_2 + 435.83l_1l_3$$
$$+408.64l_2l_3,$$
$$\text{s.t.} \begin{cases} l_1 + l_2 + l_3 = 1, \\ l_1 \geqslant 0, l_2 \geqslant 0, l_3 \geqslant 0, \end{cases}$$

利用 MATLAB 最优化工具箱计算出相应的最优组合预测权系数为

$$l_1^{**} = 0.6328, \quad l_2^{**} = 0.3672, \quad l_3^{**} = 0.$$

为了反映所提出的组合预测模型的有效性, 选择误差平方和、平均绝对百分比误差两个误差指标评价预测效果. 按上述两个误差指标分别计算三种单项预测模型的预测误差和基于相关系数的组合预测模型的预测误差, 结果见表 10.4.2.

表 10.4.2　三种单项预测和两种组合预测模型的预测效果的评价

预测效果评价指标	SSE	MAPE	相关系数
单项预测模型 (1)	243.99	0.0565	0.9894
单项预测模型 (2)	310.98	0.0666	0.9864
单项预测模型 (3)	377.94	0.0589	0.9834
基于相关系数的组合预测模型	210.04	0.0466	0.9910
基于误差平方和的组合预测模型	209.46	0.0463	0.9909

从表 10.4.2 可以看出, 基于相关系数的组合预测的两个误差指标值均低于三种单项预测模型预测误差指标值, 同时地方税收收入的组合预测值序列与实际值序列的相关系数均高于三种单项预测模型的相关系数, 从而表明本书提出的组合预测方法能够有效地提高预测精度.

另外从本例计算结果来看, 本节提出的基于相关系数的组合预测方法和常用的基于误差平方和的组合预测方法在预测精度上相差无几, 因而基于相关系数的组合预测方法不失为另一种有效的组合预测方法.

10.5　基于 IOWA 算子的组合预测方法

现有的加权平均组合预测方法存在赋权的缺陷. 本节在有序加权平均算子概念的基础上, 提出诱导有序加权平均算子, 建立新的组合预测模型, 给出了组合预测权系数确定的数学规划方法. 并且进行了实例分析, 结果显示该类模型能有效提高组合预测精度.

10.5.1　OWA 算子和 IOWA 算子的概念及性质

美国著名学者 Yager 提出了有序加权平均算子 (ordered weighted averaging operator) 和诱导有序加权平均算子 (induced ordered weighted averaging operator). 有序加权平均算子和诱导有序加权平均算子均是介于最大算子与最小算子之间的一种信息集成方法, 常规的加权算术平均算子是它们的特例. 近年来, 有关该算子的理论研究已引起专家学者的关注, 它成为国外十分活跃的研究课题之一, 并广泛应用于群决策分析等诸多领域.

定义 10.5.1　设 $\mathrm{OWA}_W:\mathbb{R}^n\to\mathbb{R}$ 为 n 元函数, $W=[w_1,w_2,\cdots,w_n]^{\mathrm{T}}$ 是与

OWA_W 有关的加权向量, 满足 $\sum_{i=1}^{n} w_i = 1,\ w_i \geqslant 0,\ i = 1, 2, \cdots, n$, 若

$$\mathrm{OWA}_W[a_1, a_2, \cdots, a_n] = \sum_{i=1}^{n} w_i b_i, \tag{10.5.1}$$

则称函数 OWA_W 是 n 维有序加权平均算子, 简称为 OWA 算子, 其中 b_i 是 $a_1, a_2, \cdots, a_n$ 中按从大到小的顺序排列的第 i 个大的数.

例如, 设 $w_1 = 0.3,\ w_2 = 0.4,\ w_3 = 0.2,\ w_4 = 0.1$, 则由定义 10.5.1 得

$$\mathrm{OWA}_W[2, 4, 1, 5] = 5 \times 0.3 + 4 \times 0.4 + 2 \times 0.2 + 1 \times 0.1 = 3.6.$$

定义 10.5.1 表明 OWA 算子是对 n 个数 $a_1, a_2, \cdots, a_n$ 按从大到小的顺序排序后进行有序加权平均的, 权系数 w_i 与数 a_i 无关, 而与 $a_1, a_2, \cdots, a_n$ 的按从大小顺序排的第 i 个位置有关.

OWA 算子具有如下性质.

性质 10.5.1 (单调性) 设 $[a_1, a_2, \cdots, a_n]$ 和 $[a'_1, a'_2, \cdots, a'_n]$ 是任意两个数据向量, 且有 $a_i \geqslant a'_i,\ \forall i \in \{1, 2, \cdots, n\}$, 则

$$\mathrm{OWA}_W[a_1, a_2, \cdots, a_n] \geqslant \mathrm{OWA}_W[a'_1, a'_2, \cdots, a'_n]. \tag{10.5.2}$$

性质 10.5.2 (置换不变性) 设 $[a'_1, a'_2, \cdots, a'_n]$ 是 $[a_1, a_2, \cdots, a_n]$ 的任一置换, 则

$$\mathrm{OWA}_W[a'_1, a'_2, \cdots, a'_n] = \mathrm{OWA}_W[a_1, a_2, \cdots, a_n]. \tag{10.5.3}$$

性质 10.5.3 (幂等性) 设 $[a_1, a_2, \cdots, a_n]$ 是任一数据向量, 若对任意 $i \in \{1, 2, \cdots, n\}$, $a_i = a$, 则有

$$\mathrm{OWA}_W[a_1, a_2, \cdots, a_n] = a. \tag{10.5.4}$$

性质 10.5.4 设 $W^* = [1, 0, \cdots, 0]$, 则

$$\mathrm{OWA}_{W^*}[a_1, a_2, \cdots, a_n] = \max_i\{a_i\}. \tag{10.5.5}$$

性质 10.5.5 设 $W_* = [0, \cdots, 0, 1]$, 则

$$\mathrm{OWA}_{W_*}[a_1, a_2, \cdots, a_n] = \min_i\{a_i\}. \tag{10.5.6}$$

性质 10.5.6 设 $W_{\mathrm{AVE}} = \left[\frac{1}{n}, \frac{1}{n}, \cdots, \frac{1}{n}\right]$, 则

$$\mathrm{OWA}_{W_{AVE}}[a_1, a_2, \cdots, a_n] = \frac{1}{n}\sum_{i=1}^{n} a_i. \tag{10.5.7}$$

性质 10.5.7 (介值性)　设 $[a_1, a_2, \cdots, a_n]$ 是任一数据向量, 则

$$\mathrm{OWA}_{W^*}[a_1, a_2, \cdots, a_n] \geqslant \mathrm{OWA}_W[a_1, a_2, \cdots, a_n] \geqslant \mathrm{OWA}_{W_*}[a_1, a_2, \cdots, a_n]. \tag{10.5.8}$$

定义 10.5.2　设 $[\langle v_1, a_1\rangle, \langle v_2, a_2\rangle, \cdots, \langle v_n, a_n\rangle]$ 为 n 个二维数组, 令

$$\mathrm{IOWA}_W[\langle v_1, a_1\rangle, \langle v_2, a_2\rangle, \cdots, \langle v_n, a_n\rangle] = \sum_{i=1}^{n} w_i a_{v-\mathrm{index}(i)}, \tag{10.5.9}$$

其中 $W = [w_1, w_2, \cdots, w_n]^{\mathrm{T}}$ 是与 IOWA_W 有关的加权向量, 满足 $\sum\limits_{i=1}^{n} w_i = 1, w_i \geqslant 0$, $i = 1, 2, \cdots, n$, $v-\mathrm{index}(i)$ 是 $v_1, v_2, \cdots, v_n$ 中按从大到小的顺序排列的第 i 个大数的下标, 则称函数 IOWA_W 是由 $v_1, v_2, \cdots, v_n$ 所产生的 n 维诱导有序加权算术平均算子, 简称为 IOWA 算子, v_i 称为 a_i 的诱导值.

定义 10.5.2 表明 IOWA 算子是对诱导值 $v_1, v_2, \cdots, v_n$ 按从大到小的顺序排序后所对应的 $a_1, a_2, \cdots, a_n$ 中的数进行有序加权平均, w_i 与数 a_i 的大小和位置无关, 而是与其诱导值所在的位置有关.

例如, 设 $\langle 3, 4\rangle, \langle 1, 2\rangle, \langle 5, 1\rangle, \langle 7, 0\rangle$ 为 4 个二维数组, 与 IOWA_W 有关的加权向量为

$$w_1 = 0.3, \quad w_2 = 0.4, \quad w_3 = 0.2, \quad w_4 = 0.1.$$

从而

$$\mathrm{IOWA}_W[\langle 3, 4\rangle, \langle 1, 2\rangle, \langle 5, 1\rangle, \langle 7, 0\rangle] = 0 \times 0.3 + 1 \times 0.4 + 4 \times 0.2 + 2 \times 0.1 = 1.4.$$

类似地, IOWA 算子也具有单调性、置换不变性、幂等性、介值性等性质.

10.5.2　基于 IOWA 算子的组合预测模型

现有传统的组合预测方法是按照单项预测方法的不同而赋予不同的加权平均系数, 同一个单项预测方法在样本区间上各个时点的加权平均系数是不变的. 然而实际上就同一个单项预测方法而言, 它在不同时刻的表现可能不相同, 即在某个时点上预测精度较高, 而在另一时点上预测精度较低. 因此现有的组合预测方法存在与现实不符的缺陷. 为此引进诱导有序加权平均算子, 通过每个单项预测方法在样本区间上各个时点的拟合精度的高低按顺序赋权, 以误差平方和为准则建立了新的组合预测模型, 给出 IOWA 算子组合预测模型权系数的确定方法, 并进行实例对比分析.

设某社会经济现象的指标序列的观察值为 $\{x_t, t = 1, 2, \cdots, N\}$, 设有 m 种可行的单项预测方法对其进行预测, x_{it} 为第 i 种预测方法第 t 时刻的预测值 (或称

拟合值), $i=1,2,\cdots,m$, $t=1,2,\cdots,N$. 设 $L=[l_1,l_2,\cdots,l_m]^{\mathrm{T}}$ 为 m 种单项预测在组合预测中的加权系数, 它满足 $\sum\limits_{i=1}^{m} l_i=1$, $l_i\geqslant 0$, $i=1,2,\cdots,m$.

定义 10.5.3 令

$$\hat{x}_t=\sum_{i=1}^{m} l_i x_{it}, \quad t=1,2,\cdots,N, \tag{10.5.10}$$

则称 $\hat{x}_t$ 为第 t 时刻传统的加权算术平均的组合预测值.

令

$$a_{it}=\begin{cases} 1-\left|\dfrac{x_t-x_{it}}{x_t}\right|, & \left|\dfrac{x_t-x_{it}}{x_t}\right|<1, \\ 0, & \left|\dfrac{x_t-x_{it}}{x_t}\right|\geqslant 1, \end{cases} \quad i=1,2,\cdots,m,\ t=1,2,\cdots,N,$$

则 a_{it} 表示第 i 种预测方法第 t 时刻预测精度, 显然 $a_{it}\in[0,1]$. 我们把预测精度 a_{it} 看成预测值 x_{it} 的诱导值, 这样 m 种单项预测方法第 t 时刻预测精度和其对应的在样本区间的预测值就构成了 m 个二维数组 $[\langle a_{1t},x_{1t}\rangle,\langle a_{2t},x_{2t}\rangle,\cdots,\langle a_{mt},x_{mt}\rangle]$, 将 m 种单项预测方法第 t 时刻预测精度序列 $a_{1t},a_{2t},\cdots,a_{mt}$ 按从大到小的顺序排列, 设 $a-\mathrm{index}(it)$ 是第 i 个大的预测精度的下标. 根据定义 10.5.2, 有如下概念.

定义 10.5.4 令

$$\mathrm{IOWA}_L[\langle a_{1t},x_{1t}\rangle,\langle a_{2t},x_{2t}\rangle,\cdots,\langle a_{mt},x_{mt}\rangle]=\sum_{i=1}^{m} l_i x_{a-\mathrm{index}(it)}, \tag{10.5.11}$$

则式 (10.5.11) 称为第 t 时刻由预测精度序列 $a_{1t},a_{2t},\cdots,a_{mt}$ 所产生的 IOWA 算子的组合预测值.

显然式 (10.5.10) 和 (10.5.11) 的根本区别在于组合预测的赋权系数与单项预测方法无关, 而是与单项预测方法在各时点上的预测精度的大小密切相关, 这就是基于 IOWA 算子的组合预测的特点.

令 $e_{a-\mathrm{index}(it)}=x_t-x_{a-\mathrm{index}(it)}$, 于是 N 期总的组合预测误差平方和 S 为

$$\begin{aligned} S&=\sum_{t=1}^{N}\left(x_t-\sum_{i=1}^{m} l_i x_{a-\mathrm{index}(it)}\right)^2 \\ &=\sum_{i=1}^{m}\sum_{j=1}^{m} l_i l_j\left(\sum_{t=1}^{N} e_{a-\mathrm{index}(it)} e_{a-\mathrm{index}(jt)}\right). \end{aligned} \tag{10.5.12}$$

因此以误差平方和为准则的基于 IOWA 算子的组合预测模型可表示成如下最优化模型:

$$\min S(L)=\sum_{i=1}^{m}\sum_{j=1}^{m}l_il_j\left(\sum_{t=1}^{N}e_{a-\mathrm{index}(it)}e_{a-\mathrm{index}(jt)}\right),$$
$$\text{s.t.}\begin{cases}\sum_{i=1}^{m}l_i=1,\\ l_i\geqslant 0,\quad i=1,2,\cdots,m,\end{cases}\tag{10.5.13}$$

令 $E_{ij}=\sum_{t=1}^{N}e_{a-\mathrm{index}(it)}e_{a-\mathrm{index}(jt)},i,j=1,2,\cdots,m$, 则称 $E=(E_{ij})_{m\times m}$ 为 m 阶 IOWA 算子的组合预测误差信息方阵, 因此式 (10.5.13) 可表示成矩阵形式:

$$\min S(L)=L^{\mathrm{T}}EL,$$
$$\text{s.t.}\begin{cases}R^{\mathrm{T}}L=1,\\ L\geqslant 0,\end{cases}\tag{10.5.14}$$

其中 $R=[1,1,\cdots,1]^{\mathrm{T}}$, 若不考虑 IOWA 的组合预测权重向量 L 的非负性, 则有

$$\min S(L)=L^{\mathrm{T}}EL,$$
$$\text{s.t. } R^{\mathrm{T}}L=1.\tag{10.5.15}$$

10.5.3　实例分析

为了反映所提出的基于 IOWA 的组合预测模型的有效性, 按照预测效果评价原则, 通常选择预测误差平方和 (SSE)、均方误差 (MSE)、平均绝对误差 (MAE)、平均绝对百分比误差 (MAPE)、均方百分比误差 (MSPE) 等指标作为评价指标体系. 指标序列实际值和各单项预测方法预测值数据如表 10.5.1 所示.

表 10.5.1　实际值和各单项预测方法预测值

		1	2	3	4	5	6	7	8	9	10	11	12
例 1	x_t	14.9	18.6	22.2	17.6	19.6	24	31.6	43.7	37	47.2		
	x_{1t}	10	14.9	23.3	26.1	17.5	20.2	26.4	36.8	52.5	38.5		
	x_{2t}	12	15.48	18.95	22.43	25.9	29.38	32.85	36.33	39.8	43.28		
例 2	x_t	57.0	65.4	75.4	82.5	92.8	102.7	119.5	143.8	169.7	201.0	251.2	
	x_{1t}	54.52	62.89	72.54	83.67	96.51	111.32	128.41	1410.51	170.84	197.06	227.31	
	x_{2t}	64.68	64.74	68.72	76.61	88.42	104.15	123.79	147.35	174.82	206.21	241.51	
例 3	x_t	11.49	13.06	15.34	20.58	23.28	26.46	27.33	34.22	40.19	53.37	77.79	100.63
	x_{1t}	18.47	14.54	12.84	13.38	16.15	21.16	28.40	37.87	49.58	63.53	79.00	910.52
	x_{2t}	10.03	11.23	15.24	18.67	27.78	26.36	29.67	27.40	42.73	47.36	71.00	109.32

表 10.5.2 计算出两个单项预测方法在各个时点处的预测精度序列, 从而构造出第 t 时刻预测精度和其对应的在样本区间的预测值的二维数组

$$\langle a_{1t},x_{1t}\rangle,\langle a_{2t},x_{2t}\rangle,\cdots,\langle a_{mt},x_{mt}\rangle.$$

表 10.5.2 各种单项预测方法预测精度

		1	2	3	4	5	6	7	8	9	10	11	12
例 1	a_{1t}	0.6711	0.8011	0.9505	0.5170	0.8929	0.8417	0.8354	0.8421	0.5811	0.8157		
	a_{2t}	0.8054	0.8323	0.8536	0.7256	0.6786	0.7758	0.9604	0.8314	0.9243	0.9169		
例 2	a_{1t}	0.9565	0.9616	0.9621	0.9858	0.9600	0.9161	0.9254	0.9700	0.9933	0.9804	0.9049	
	a_{2t}	0.8653	0.9899	0.9114	0.9286	0.9528	0.9859	0.9641	0.9753	0.9698	0.9741	0.9614	
例 3	a_{1t}	0.3925	0.8867	0.8370	0.6501	0.6937	0.7997	0.9608	0.8933	0.7664	0.8096	0.9844	0.9751
	a_{2t}	0.8729	0.8599	0.9935	0.9072	0.8067	0.9962	0.9144	0.8007	0.9368	0.8874	0.9127	0.9136

按式 (10.5.2) 计算 IOWA 组合预测值. 下面用例 1 说明计算过程.

$$
\begin{aligned}
\mathrm{IOWA}_L\left[\langle a_{11},x_{11}\rangle,\langle a_{21},x_{21}\rangle\right] &= \mathrm{IOWA}_L\left[\langle 0.6711,10\rangle,\langle 0.8054,12\rangle\right]\\
&= 12l_1+10l_2,\\
\mathrm{IOWA}_L\left[\langle a_{12},x_{12}\rangle,\langle a_{22},x_{22}\rangle\right] &= \mathrm{IOWA}_L\left[\langle 0.8011,14.9\rangle,\langle 0.8323,15.48\rangle\right]\\
&= 15.48l_1+14.9l_2,
\end{aligned}
$$

$$\mathrm{IOWA}_L\left[\langle a_{13},x_{13}\rangle,\langle a_{23},x_{23}\rangle\right] = 23.3l_1+18.95l_2,$$

$$\mathrm{IOWA}_L\left[\langle a_{14},x_{14}\rangle,\langle a_{24},x_{24}\rangle\right] = 22.43l_1+26.1l_2,$$

$$\mathrm{IOWA}_L\left[\langle a_{15},x_{15}\rangle,\langle a_{25},x_{25}\rangle\right] = 17.5l_1+25.9l_2,$$

$$\mathrm{IOWA}_L\left[\langle a_{16},x_{16}\rangle,\langle a_{26},x_{26}\rangle\right] = 20.2l_1+29.38l_2,$$

$$\mathrm{IOWA}_L\left[\langle a_{17},x_{17}\rangle,\langle a_{27},x_{27}\rangle\right] = 32.85l_1+26.4l_2,$$

$$\mathrm{IOWA}_L\left[\langle a_{18},x_{18}\rangle,\langle a_{28},x_{28}\rangle\right] = 36.8l_1+36.33l_2,$$

$$\mathrm{IOWA}_L\left[\langle a_{19},x_{19}\rangle,\langle a_{29},x_{29}\rangle\right] = 39.8l_1+52.5l_2,$$

$$\mathrm{IOWA}_L\left[\langle a_{1,10},x_{1,10}\rangle,\langle a_{2,10},x_{2,10}\rangle\right] = 43.28l_1+38.5l_2.$$

将其代入到式 (10.5.3) 中, 经整理得如下最优化模型:

$$
\min S(l_1,l_2) = 133.91l_1^2+302.83l_1l_2+586.4438l_2^2,\\
\text{s.t.}\begin{cases} l_1+l_2=1,\\ l_1\geqslant 0, l_2\geqslant 0,\end{cases}
$$

利用 MATLAB 最优化工具箱计算得基于 IOWA 的组合预测模型的最优权系数为

$$l_1^*=1,\quad l_2^*=0.$$

例 1 的组合预测模型的 IOWA 最优权系数表明, 未来的组合预测是把两个单项预测方法中的预测精度的最高者预测值作为它们的组合预测值. 这可从表 10.5.1

中得到解释, 就例 1 而言, 有 60%的年份实际值不在两个单项预测方法的预测值所构成的区间里, 即两个单项预测方法的预测值同时高于或同时低于实际值, 因此这两个单项预测方法的信息互补性较差. 所以就取预测精度最高的预测值为其的组合预测值, 否则, 若 IOWA 的组合预测模型的最优权系数都大于零, 这两个单项预测方法预测值的线性组合会偏离实际值更远. 因此这个结论是有道理的.

例 2 的组合预测模型的 IOWA 最优权系数与例 1 相同. 例 3 的组合预测模型的 IOWA 最优权系数是 $l_1^*=0.7095$, $l_2^*=0.2905$. 这个结果与例 1 不同, 原因是例 3 中有 60%的年份的实际值介于两个单项预测方法的预测值之间, 因此两个单项预测方法的信息互补性较强.

另外要说明一点是: 若在传统的组合预测模型中出现某个单项预测方法在组合预测中的最优权系数为 1, 其他单项预测方法在组合预测中的最优权系数为 0, 其意思是指组合预测值就是某个单项预测方法的预测值, 其他单项预测方法为冗余预测方法, 不提供任何有效信息. 显然即使传统的模型和本节提出的基于 IOWA 的组合预测模型 (10.5.4) 获得相同的最优权系数, 它们的实际含义不同.

例 2 和例 3 的计算过程与例 1 是相同的, 所有的 IOWA 的组合预测模型的最优权系数以及预测效果评价的五个误差指标的计算结果如表 10.5.3 所示.

表 10.5.3　预测效果评价指标体系

预测效果评价指标体系			SSE	MAE	MSE	MAPE	MSPE
例 1	单项预测	方法 1	520.60	6.04	2.28	0.2251	0.0825
		方法 2	199.76	4.11	1.41	0.1696	0.0599
	最优权重向量	$l_1^*=1, l_2^*=0$	137.28	3.37	1.17	0.1308	0.0468
例 2	单项预测	方法 1	795.59	5.78	2.56	0.0440	0.0156
		方法 2	338.25	4.96	1.67	0.0474	0.0179
	最优权重向量	$l_1^*=1, l_2^*=0$	173.74	3.18	1.20	0.0259	0.0087
例 3	单项预测	方法 1	401.56	4.88	1.67	0.1959	0.0731
		方法 2	245.58	3.59	1.30	0.0998	0.0334
	最优权重向量	$l_1^*=0.7095, l_2^*=0.2905$	62.80	1.96	0.66	0.0848	0.0287

从表 10.5.3 预测效果评价指标体系来看, 本节提出的基于 IOWA 的组合预测模型的各种误差指标值均明显低于单项预测的计算结果, 从而表明所提出的组合预测方法优于传统的组合预测方法, 能够有效地提高预测精度.

基于诱导有序加权平均算子的组合预测模型, 通过一个二次规划模型求解可以获得样本区间上组合预测 IOWA 最优权系数, 设为 $L^*=[l_1^*,l_2^*,\cdots,l_m^*]^{\mathrm{T}}$, 根据预测连贯性的原则, 可以用它来进行预测区间 $[N+1, N+2, \cdots]$ 的 IOWA 组合预测, 公式为

$$\mathrm{IOWA}_{L^*}\left[\langle a_{1t},x_{1t}\rangle,\langle a_{2t},x_{2t}\rangle,\cdots,\langle a_{mt},x_{mt}\rangle\right]$$

$$=\sum_{i=1}^{m} l_i^* x_{a-\text{index}(it)}, \quad t=N+1, N+2, \cdots,$$

其中在预测区间 $[N+1, N+2, \cdots]$ 上预测精度序列 $a_{1t}, a_{2t}, \cdots, a_{mt}$ 大小的确定原则, 是依据各个单项预测方法在样本区间上近几期拟合平均精度的高低. 即若要进行未来 k 步的预测, 用第 i 种预测方法最近 k 期拟合平均精度 $\frac{1}{k}\sum_{t=N-k+1}^{N} a_{it}$ 来反映预测区间上 $N+k$ 期的预测精度.

习 题 10

1. 某省财政收入 (Y), 第三产业产值 (X_1), 居民消费 (X_2), 共有 21 年的数据如表 10.1 所示 (单位: 10 亿元).

表 10.1

年份序号	财政收入	第三产业	居民消费	年份序号	财政收入	第三产业	居民消费
1	22.5	2.0	7.7	12	52.4	16.3	35.4
2	21.1	2.1	9.0	13	52.9	16.0	37.3
3	20.3	2.6	10.7	14	58.2	19.3	38.9
4	20.7	3.0	12.8	15	55.1	23.8	44.1
5	22.0	3.7	14.1	16	73.2	29.0	57.0
6	22.4	4.6	15.4	17	108.8	40.8	74.0
7	24.4	5.7	15.8	18	147.0	51.3	99.6
8	30.2	7.2	18.7	19	193.0	60.7	117.2
9	35.4	8.9	21.6	20	230.8	72.3	138.3
10	38.8	10.8	25.3	21	262.1	81.2	145.3
11	43.6	13.5	31.3				

试建立财政收入关于时间 t 以及关于第三产业产值、居民消费的二元线性回归模型, 并建立以预测误差平方和达到最小的线性组合预测模型.

2. 表 10.2 是 12 个年份我国城镇居民人均年消费性支出和人均年可支配收入的有关资料 (单位: 万元).

表 10.2

年份序号	人均可支配收入 X	人均消费性支出 Y	年份序号	人均可支配收入 X	人均消费性支出 Y
1	2.027	1.672	7	5.425	4.332
2	2.577	2.111	8	5.854	4.616
3	3.496	2.851	9	6.28	4.998
4	4.283	3.538	10	6.86	5.309
5	4.839	3.919	11	7.703	6.03
6	5.16	4.186	12	8.472	6.511

试建立人均消费性支出关于时间 t 以及关于人均可支配收入的一元线性回归模型, 并建立以基于相关系数的最优组合预测模型.

下篇

统 计 决 策

第 11 章　统计决策概述

11.1　决策问题的基本概念

11.1.1　决策的基本概念

自有人类出现, 便有决策行为. 千百年来, 各国人民在决策实践中积累了丰富的决策经验. 如《孙子兵法》是古代军事决策思想精华, 富有启发性. 西方现代管理学派中以 Herbert A. Simon 和 James G. March 为代表的决策理论学派认为: 决策贯穿管理的全过程, 管理就是决策. 这就是说, 管理的核心就是决策. 决策的正确与否关系到国家或者企业的兴衰存亡, 尤其是在当今激烈的市场竞争中, 决策更是起到了举足轻重的作用.

关于决策的概念, 目前尚没有统一的定义. 一般地, 决策可分为广义决策和狭义决策.

广义的决策泛指做出决定, 把决策视为一个管理的过程人们在采取一项行动之前, 反复比较和权衡各种方案的优劣, 选择最佳行动方案, 并实施和监控的过程. 该过程包括目标的设定、备选方案的确定和评价, 最后是优选和实施的全过程.

狭义理解, 决策就是为了实现某一特定系统的预定目标, 在占有信息和经验的基础上, 根据客观条件, 提出各种备选方案, 然后对可行方案经过分析、比较、判断, 从中选择一种行动方案.

11.1.2　统计决策的三个基本概念

统计决策分为传统的决策和贝叶斯决策. 传统的统计决策主要依据样本信息来推断总体. 例如, 在点估计中, 利用统计量对分布参数做的估计, 或者在假设检验中, 根据统计量的估计值做出接受或拒绝原假设, 一般不考虑主观先验信息. 贝叶斯决策通过样本和先验信息, 利用贝叶斯后验概率公式来做决策. 统计决策中经常遇到如下三个基本概念.

1. 决策函数

传统的统计决策主要依据样本信息对总体中的参数来做推断. 设 $x_1, x_2, \cdots, x_n$ 为样本观察值, S 为实值函数, 则 $S = S(x_1, x_2, \cdots, x_n)$ 称为决策函数.

2. 损失函数

假设总体的分布参数的真值为 θ, 而决策的结果为 S, 若两者之间存在差异, 则

有一定的损失, 用 $L=L(S,\theta)$ 表示, 称其为损失函数. 常用的损失函数有

(1) 平方损失函数：$L=(S-\theta)^2$;

(2) 绝对误差损失函数：$L=|S-\theta|$;

(3) L_p 损失函数：$L=(S-\theta)^p$;

(4) 0-1 损失函数：$L=L(S,\theta)=\begin{cases}0, & S=\theta,\\ 1, & S\neq\theta.\end{cases}$

3. 风险函数

因为损失函数是一个随机变量, 其期望值

$$R(S,\theta)=E_\theta[L(S,\theta)]=\int L(S,\theta)f(x,\theta)\,\mathrm{d}x,$$

则称 $R(S,\theta)$ 为风险函数.

11.2　决策的种类

决策的种类很多, 按照不同的标准有不同的分类:

(1) 按决策的层次划分, 可将决策分为战略决策、管理决策和业务决策. 战略决策是指企业为了谋求与经常变化的市场环境取得动态平衡的一种决策, 涉及企业长期、全局、根本的生产经营问题, 是对企业总任务、总方针、总发展的决策. 管理决策, 是指企业为实施战略决策, 在局部范围内, 对生产计划、技术引进、产品结构、资金投入、人事管理等问题进行的决策. 业务决策是指企业在一定的经营管理水平上, 为了提高日常生产业务效率所进行的决策.

(2) 按指标的性质划分, 决策可以分为定量决策和定性决策. 描述决策对象的指标都可以量化时可用定量决策, 否则只能用定性决策. 在决策中总的趋势是尽可能地把决策问题量化.

(3) 按决策的结构化程度划分, 决策可分为结构化的管理决策、非结构化的管理决策和半结构化的管理决策. 结构化的管理决策一般是指决策方法和决策过程有固定的规律可循, 可用形式化的方法描述和求解的一类管理决策问题. 其解决问题一般采用解析方法、运筹学和管理信息系统等方法.

非结构化的管理决策一般是指决策方法和决策过程没有什么规律可遵循, 并难以用确定的方法和程序表达的, 即只能根据当时的情况和决策者手中所掌握的资料, 凭经验直觉临时做出应变的一类决策问题. 一般采用培训决策者、人工智能、专家系统等方式解决. 半结构化的管理决策是介于结构化管理决策和非结构化管理决策之间的一种决策, 决策方法和决策过程有一定的规律可遵循, 但又不完全确定

的情况. 社会活动和经济管理中遇到的决策问题大多数属于这种类型. 例如, 我们经常讨论的多目标决策和多准则决策问题.

(4) 按决策的动态性划分, 可分为静态决策和动态决策. 静态决策也称单阶段决策, 是某个时期或者某个阶段内的决策问题. 动态决策又称为序贯决策或者多阶段决策, 是对不同时期不同阶段的决策问题.

(5) 按决策的自然状态划分, 决策可分为确定型决策、风险型决策、不确定型决策和竞争型决策四种. 确定型决策的自然状态完全确定, 可以按照决策目标和评价准则选择行动方案. 这种决策问题目标清楚, 状态明确, 约束条件已知, 建立优化数学模型可以求出最优解. 风险型决策是指决策的环境不是完全确定的, 每个决策都有几个可能的结果, 而每个结果发生的概率也是已知的. 决策者往往根据过去的经验和主观估计就能获得这些概率. 在风险型决策中一般采用期望值作为决策准则, 常用的有最大期望收益和最小机会损失两种决策准则. 不确定型决策是指决策者对所发生的决策结果的概率一无所知, 只能凭决策者的主观倾向进行决策. 基于决策者态度不同可分为乐观主义准则、悲观主义准则、等可能性准则和最小机会准则. 在实际决策中, 决策者往往通过获取有关各种结果发生的信息, 将不确定型决策问题转化为风险型决策问题. 竞争型决策是研究决策主体在利益相互影响的环境中策略的选择问题, 在市场经济条件下, 竞争型决策有着重要的现实意义.

11.3 决策的过程与决策分析的要素和原则

11.3.1 决策的过程

根据决策理论的创始人 Simon 的研究, 他从心理学的角度阐述了任何一个决策的过程都包括四个阶段: 情报活动、设计活动、抉择活动和实施活动, 见图 11.3.1.

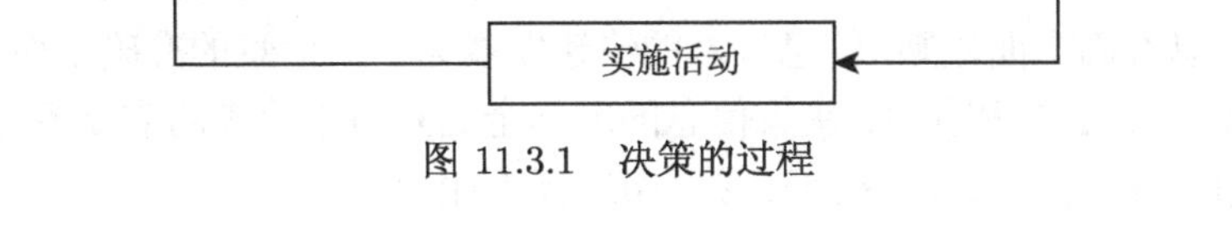

图 11.3.1 决策的过程

在决策过程中, 情报活动包括决策环境和问题的识别, 以及决策信息的获取和分析. 设计活动就是决策者寻求和构想若干的可行备选方案. 抉择活动就是根据可行备选方案的后果, 按照某种决策方法做出决策评价, 从中选出最满意的方案. 实施活动就是把最满意的方案付诸行动, 指导生产实践. 在这个过程中, 还需要注意对决策方案的进行跟踪、检查和反馈.

当然, 决策过程是一个动态的过程, 一般决策过程按上述四个阶段依次进行, 但是后一阶段的反馈信息可能会对前一阶段的产生影响, 例如, 抉择活动可能会对若干的可行备选方案提出补充和修改意见.

11.3.2　决策分析

决策分析发生在决策的过程的第三个阶段, 即抉择活动阶段. 它由决策人员和决策者共同完成, 是对决策问题进行求解的过程. 在决策目标和决策环境清楚, 各种可行方案已制定的情况下, 分析者采用合理的评价准则和数学模型, 遴选出最满意的决策方案.

一般而言, 决策问题主要由以下五个要素构成.

(1) 决策者. 这是决策的主体, 可以是个体, 也可以是某个组织.

(2) 可供选择的决策方案, 行动和策略. 指决策者为实现目标可能采取的手段、措施等, 它是决策的前提; 方案的数目可以是有限的, 也可以是无限的.

(3) 决策准则. 这是选择方案的目标属性和正确性的标准, 有单一准则和多准则之分. 例如, 在投资决策中, 追求投资收益率的最大化和投资风险的最小化就是两个准则的决策.

(4) 事件. 是指不为决策者所控制的客观存在的发生状态. 例如, 新产品的销路存在销路好、销路一般、销路差等三种市场状态.

(5) 收益或损失. 这是事件发生所产生的直接结果.

11.3.3　决策的原则

在决策过程中, 一般遵守以下五个基本原则.

(1) 最大化原则. 该原则要求决策主体按照收益最大化或成本最小化的准则实现自己的决策目标.

(2) 系统原则. 决策者在进行决策时都面临一定的决策环境, 例如, 宏观经济环境或企业组织所在的市场环境等, 这些决策环境存在多种因素, 各个因素之间是相互联系和相互作用的, 具有系统的特性. 因此决策的制定要遵循系统原则.

(3) 信息准确全面原则. 信息技术的快速发展为决策信息的准确全面地收集提供了巨大的动力支持和保障. 决策信息的准确全面是科学决策的前提条件, 因此信息准确全面原则对高质量的决策起着非常重要的作用.

(4) 可行性原则. 由于资源的限制, 决策者提出的决策方案必须要满足技术、经济和社会效益的可行性. 只有这样, 决策者才能进行最优化原则的决策.

(5) 集团决策原则. 由于社会、经济和科技等决策问题的复杂性的增加, 集团决策是决策科学化的根本保证. 集团决策要放弃少数领导拍脑袋的经验式的决策模式. 而是要依靠智囊团对决策问题进行系统研究, 掌握第一手资料的基础上, 提供最优方案.

习　题　11

1. 叙述决策的概念.
2. 叙述决策的种类, 并举例说明竞争型决策.
3. 结合实际案例, 叙述决策的过程.
4. 叙述决策分析的要素和原则.

第 12 章　不确定型决策方法

不确定型决策指在决策环境不确定的条件下进行, 决策者对各自然状态发生的概率一无所知. 不确定型决策特征可表述为:

(1) 不确定型决策有可供决策者选择的多个方案或策略;

(2) 存在两种以上的自然状态, 且自然状态已知, 但自然状态发生的概率是未知的;

(3) 各方案在不同自然状态下的收益值已知;

(4) 决策者有明确的目标.

不确定型决策信息以一个决策矩阵表示, 决策矩阵的元素反映了各种方案在各种自然状态下的收益值.

设 $S=\{s_1,s_2,\cdots,s_m\}$ 表示策略或方案集, $\Theta=\{\theta_1,\theta_2,\cdots,\theta_n\}$ 表示自然状态集, 设矩阵 $A=(a_{ij})_{m\times n}$ 为决策矩阵, 其中 a_{ij} 表示第 i 个方案在第 j 个自然状态下的收益值.

12.1　乐观准则决策方法

决策者从最有利的角度去考虑问题. 先选出每个方案在不同自然状态下的最大收益值, 然后从这些最大收益值中取最大的, 从而确定行动方案. 则乐观准则表示为

若

$$\max_{s_i\in S}\max_{\theta_j\in\Theta} a_{ij}=a_{i^*j^*}, \tag{12.1.1}$$

则 s_{i^*} 为最优方案.

例 12.1.1　某公司对某种产品生产做出决策, 行动方案有三种, s_1: 大批量生产, s_2: 中批量生产, s_3: 小批量生产; 未来市场有三种可能的自然状态, θ_1: 需求量大, θ_2: 需求量中, θ_3: 需求量小, 收益矩阵见表 12.1.1, 试用上述乐观决策准则方法做出决策.

解　按乐观准则, 由式 (12.1.1) 得

$$\max_{s_i\in S}\max_{\theta_j\in\Theta} a_{ij}=\max_{s_i\in S}(30,20,10)=30=a_{11},$$

所以 s_1(大批量生产) 为最优生产方案.

表 12.1.1 收益矩阵

	θ_1 需求量大	θ_2 需求量中	θ_3 需求量小
s_1(大批量)	30	12	-6
s_2(中批量)	20	15	-2
s_3(小批量)	10	9	5

12.2 悲观准则决策方法

决策者从最不利的角度去考虑问题. 先选出每个方案在不同自然状态下的最小收益值, 然后从这些最小收益值中取最大的, 从而确定行动方案. 则悲观准则可表示为

若

$$\max_{s_i\in S}\min_{\theta_j\in\Theta} a_{ij} = a_{i^*j^*}, \tag{12.2.1}$$

则 s_{i^*} 为最优方案.

例 12.2.1 原始数据如例 12.1.1 所示, 试按悲观准则进行决策.

解 按悲观准则, 由式 (12.2.1) 得

$$\max_{s_i\in S}\min_{\theta_j\in\Theta} a_{ij} = \max_{s_i\in S}(-6,-2,5) = 5 = a_{32},$$

所以 s_3(小批量生产) 为最优生产方案.

12.3 乐观系数决策方法

决策者取乐观准则和悲观准则的折衷, 先确定一个乐观系数 $\alpha\in[0,1]$, 然后计算

$$H(s_i) = \alpha\max_{\theta_j\in\Theta} a_{ij} + (1-\alpha)\min_{\theta_j\in\Theta} a_{ij}, \tag{12.3.1}$$

从这些折衷标准收益值 $H(s_i)$ 中选取最大的, 从而确定行动方案, 乐观系数决策也称为 Hurwicz 准则, 则可表示为

若

$$H(s_{i^*}) = \max_{s_i\in S} H(s_i), \tag{12.3.2}$$

则 s_{i^*} 为最优方案.

例 12.3.1 原始数据如例 12.1.1 所示, 试按乐观系数准则进行决策.

解 按乐观系数准则, 取乐观系数 $\alpha = 0.7$, 由式 (12.3.1) 得

$$H(s_1) = 0.7\times 30 + 0.3\times(-6) = 19.2,$$

$$H(s_2) = 0.7 \times 20 + 0.3 \times (-2) = 13.4,$$

$$H(s_3) = 0.7 \times 10 + 0.3 \times 5 = 8.5,$$

所以 $H(s_1)$ 最大, 从而 s_1 为最优方案.

12.4　等可能性准则决策方法

决策者把各自然状态发生的机会看成是等可能的, 设每个自然状态发生的概率为 $\frac{1}{n}$, 然后计算各行动方案的收益期望值. 等可能性准则也称为 Laplace 准则. 设 $E(s_i)$ 表示第 i 方案的收益期望值, 则可表示为

若

$$E(s_{i^*}) = \max_{s_i \in S} E(s_i) = \frac{1}{n}\sum_{j=1}^{n} a_{ij}, \tag{12.4.1}$$

则 s_{i^*} 为最优方案.

例 12.4.1　原始数据如例 12.1.1 所示, 试按等可能性准则进行决策.

解　按等可能性准则, 由式 (12.4.1) 得

$$E(s_1) = \frac{1}{3} \times 30 + \frac{1}{3} \times 12 + \frac{1}{3} \times (-6) = 12,$$

$$E(s_2) = \frac{1}{3} \times 20 + \frac{1}{3} \times 15 + \frac{1}{3} \times (-2) = 11,$$

$$E(s_3) = \frac{1}{3} \times 10 + \frac{1}{3} \times 9 + \frac{1}{3} \times 5 = 8,$$

所以 $E(s_1)$ 最大, 从而 s_1 为最优方案.

12.5　后悔值准则决策方法

决策者从后悔的角度去考虑问题, 即把在不同自然状态下的最大收益值作为理想目标, 把各方案的收益值与这个最大收益值的差称为未达到理想目标的后悔值, 然后从各方案最大后悔值中取最小者, 从而确定行动方案. 令 $a'_{ij} = \max\limits_{s_i \in S} a_{ij} - a_{ij}$, 用 a'_{ij} 表示方案 i 在自然状态 j 下的后悔值, 后悔值准则也称为 Savage 准则, 则可表示为

若

$$\min_{s_i \in S} \max_{\theta_j \in \Theta} a'_{ij} = a'_{i^*j^*}, \tag{12.5.1}$$

则 s_{i^*} 为最优方案.

例 12.5.1 原始数据如例 12.1.1 所示, 试按后悔值准则进行决策.

解 先计算后悔值矩阵, 如表 12.5.1.

表 12.5.1 后悔值矩阵

	θ_1 需求量大	θ_2 需求量中	θ_3 需求量小
s_1(大批量)	0	3	11
s_2(中批量)	10	0	7
s_3(小批量)	20	6	0

因为

$$\min_{s_i \in S} \max_{\theta_j \in \Theta} a'_{ij} = \min_{s_i \in S}(11, 10, 20) = 10 = a'_{21},$$

所以 s_2(中批量生产) 为最优生产方案.

12.6 信息集成法在决策中的应用

12.6.1 多属性决策方法

多准则决策 (multiple criteria decision making, MCDM) 是根据多个目标准则来比较、排序决策方案, 从中选择出一个或几个最优方案的决策过程. 根据目标性态可将多目标决策分为两类, 一类是多属性决策 (multiple attribute decision making, MADM), 另一类是多目标决策 (multiple objective decision making, MODM). 多属性决策中的方案一般事先已经给出, 且数目有限, 各方案的属性值也可事先确定, 为离散值, 它是解决一类选择评价性的多目标决策问题; 而多目标优化决策中的方案的数目是无限的, 因而事先不可能逐个地列举出来, 各方案的属性值也为连续变化的值, 只有在决策过程中才能寻找出优化的方案.

多属性决策包括五个基本要素: 决策者、目标属性、方案、属性值和决策准则.

决策者是直接或间接地比较或排序方案价值, 并从中选定一方案为实施方案的人. 决策者可以是一个人, 也可以是几个人 (一个决策团体). 目标属性是指目标的特性, 具有一定的客观性, 它的确定和计量与决策者一般没有多大关系. 方案是多属性决策中的决策对象, 在多目标属性决策中, 方案的数目是有限的、可数的. 方案的目标属性值和结果都是确定的.

设有某个多属性决策问题, 其方案集可表示为 $S=\{S_1, S_2, \cdots, S_m\}$, 其属性 (或指标) 集表示为 $P=\{P_1, P_2, \cdots, P_n\}$, 第 i 个方案 S_i 在第 j 个属性 P_j 下的属性值记为 $a_{ij}, i=1,2,\cdots,m, j=1,2,\cdots,n$, 矩阵 $A=(a_{ij})_{m\times n}$ 称为属性矩阵或决策矩阵. 通常, 属性可分为效益型、成本型.

所谓效益型属性是指属性值越大越好的指标, 如资金产值率、资金利税率、全员劳动生产率等; 所谓成本型属性是指属性值越小越好的指标, 如流动资金占用额、流动资金周转天数等; 由于不同的属性往往具有不同的量纲和量纲单位, 为了消除它们带来的不可公度性, 在决策之前首先应将属性指标作无量纲化处理. 然而决策属性类型不同, 无量纲化处理方法也将不同.

对于效益型属性, 一般可令

$$b_{ij} = \frac{a_{ij} - a_j^{\min}}{a_j^{\max} - a_j^{\min}}. \tag{12.6.1}$$

对于成本型属性, 一般可令

$$b_{ij} = \frac{a_j^{\max} - a_{ij}}{a_j^{\max} - a_j^{\min}}, \tag{12.6.2}$$

式中 $a_j^{\min}, a_j^{\max}$ 分别为第 j 个属性 P_j 的最小值和最大值.

显然, $b_{ij} \in [0,1], i = 1,2,\cdots,m, j = 1,2,\cdots,n$, 称上述的无量纲化处理的矩阵 $B = (b_{ij})_{m\times n}$ 为规范化的决策矩阵, b_{ij} 表示第 i 个方案 S_i 对第 j 个属性 P_j 的规范化属性值, 矩阵 B 的第 i 行表示第 i 个方案 S_i 对 n 个属性值的规范值. 显然 b_{ij} 越大越好.

设属性的权重向量为 $W = [w_1, w_2, \cdots, w_n]$, 其中 $0 \leqslant w_j \leqslant 1, \sum\limits_{j=1}^{n} w_j = 1$, 则方案 S_i 的综合属性值为

$$e_i = \sum_{j=1}^{n} w_j b_{ij}, \quad i = 1,2,\cdots,m. \tag{12.6.3}$$

可以认为, 综合属性值 e_i 越大, 则其所对应的方案 S_i 越优.

例 12.6.1　考虑一个购买住房的多属性决策问题. 其方案集 $S = \{S_1, S_2, S_3, S_4\}$, 分别表示 4 处可供选择的住房; 其属性集 $P = \{P_1, P_2, P_3, P_4, P_5\}$, 它们分别是购房价格 (单位: 万元)、使用面积 (单位: 平方米)、住房距工作地点的距离 (单位: 千米)、住户设施 (分数) 和住房周围环境 (分数), 其中 P_1, P_3 为成本型属性, P_2, P_4, P_5 为效益型属性. 该问题的原始决策矩阵 A 为

$$A = \begin{bmatrix} 30 & 100 & 10 & 7 & 7 \\ 25 & 80 & 8 & 3 & 5 \\ 18 & 50 & 20 & 5 & 10 \\ 22 & 70 & 12 & 5 & 9 \end{bmatrix}.$$

根据式 (12.6.1)、(12.6.2) 计算规范化的属性矩阵 B 为

$$B = \begin{bmatrix} 0 & 1 & 0.8333 & 1 & 0.4 \\ 0.4167 & 0.6 & 1 & 0 & 0 \\ 1 & 0 & 0 & 0.5 & 1 \\ 0.6667 & 0.4 & 0.6667 & 0.5 & 0.8 \end{bmatrix}.$$

根据主观赋权方法或客观赋权方法, 决策者事先给出的赋权向量为

$$W=[0.2428,\ 0.1907,\ 0.1991,\ 0.1683,\ 0.1990].$$

W 代入式 (12.6.3) 分别计算 4 个决策方案 S_1,S_2,S_3,S_4 的多属性综合评价值为

$$e_1=0.6045,\quad e_2=0.4147,\quad e_3=0.5259,\quad e_4=0.6142.$$

计算结果表明 $S_4\succ S_1\succ S_3\succ S_2$, 其中 $\succ$ 表示优于.

对此购买住房的多属性决策问题, 决策者最优选择的住房是 S_4.

12.6.2 基于 OWA 算子的多属性决策方法

有序加权平均算子是介于最大算子与最小算子之间的一种信息集成方法, 常规的加权算术平均算子是它们的特例. 基于 OWA 算子的多属性决策方法的步骤如下.

步骤 1 先将决策矩阵 $A=(a_{ij})_{m\times n}$ 规范化为 $B=(b_{ij})_{m\times n}$,

对于效益型属性, 也可令

$$b_{ij}=\frac{a_{ij}}{a_j^{\max}};\tag{12.6.4}$$

对于成本型属性, 也可令

$$b_{ij}=\frac{a_j^{\min}}{a_{ij}}.\tag{12.6.5}$$

式中 $a_j^{\max}=\max\limits_i(a_{ij}),a_j^{\min}=\min\limits_i(a_{ij})$ 分别为第 j 个属性 P_j 的最大值和最小值.

步骤 2 利用 OWA 算子对各个方案的属性值进行集结, 计算出综合属性值:

$$e_i(W)=\mathrm{OWA}_W\left[b_{i1},b_{i2},\cdots,b_{in}\right],\tag{12.6.6}$$

其中 $W=[w_1,w_2,\cdots,w_n]^{\mathrm{T}}$ 是与 OWA_W 有关的加权向量, 满足 $\sum\limits_{i=1}^{n}w_i=1,\ w_i\geqslant 0$.

步骤 3 利用 $e_i(W)$ 的大小对方案进行排序和择优.

例 12.6.2 投资银行对某市四家国有企业进行投资, 抽取下列五项指标进行评估. P_1 为产值 (单位: 万元), P_2 为投资成本 (单位: 万元), P_3 为销售额 (单位: 万元), P_4 为国家收益比重, P_5 为环境污染程度. 投资银行考察了上年度四家企业 S_1,S_2,S_3,S_4 的上述指标情况 (其中污染程度系有关环保部门历时检测并模糊量化), 所得多指标决策矩阵如表 12.6.1.

将各家企业视为方案, 在各项指标中, 第二、第五项为成本型, 其他为效益型. 将决策矩阵标准化处理如表 12.6.2.

表 12.6.1　多指标决策矩阵

	P_1	P_2	P_3	P_4	P_5
S_1	8350	5300	6135	0.82	0.17
S_2	7455	4952	6527	0.65	0.13
S_3	11000	8001	9008	0.59	0.15
S_4	9624	5000	8892	0.74	0.28

表 12.6.2　决策矩阵标准化

	P_1	P_2	P_3	P_4	P_5
S_1	0.7591	0.9343	0.6811	1	0.7647
S_2	0.6777	1	0.7246	0.7926	1
S_3	1	0.6189	1	0.7195	0.8667
S_4	0.8749	0.9904	0.9871	0.9024	0.4643

利用 OWA 算子对各个方案的属性值进行集结, 计算出综合属性值, 其中 $W = [0.36, 0.16, 0.16, 0.16, 0.16]$ 是与 OWA_W 有关的加权向量, 则由式 (12.6.6) 可以计算得到各个方案的综合评价值:

$$
\begin{aligned}
e_1(W) &= \mathrm{OWA}_W\,[b_{11}, b_{12}, b_{13}, b_{14}, b_{15}]\\
&= 0.36 \times 1 + 0.16 \times 0.9343 + 0.16 \times 0.7647 + 0.16 \times 0.7591 + 0.16 \times 0.6811\\
&= 0.8596,\\
e_2(W) &= \mathrm{OWA}_W\,[b_{21}, b_{22}, b_{23}, b_{24}, b_{25}]\\
&= 0.36 \times 1 + 0.16 \times 1 + 0.16 \times 0.7926 + 0.16 \times 0.7246 + 0.16 \times 0.6777\\
&= 0.8712,\\
e_3(W) &= \mathrm{OWA}_W\,[b_{31}, b_{32}, b_{33}, b_{34}, b_{35}]\\
&= 0.36 \times 1 + 0.16 \times 1 + 0.16 \times 0.8667 + 0.16 \times 0.7195 + 0.16 \times 0.6189\\
&= 0.8728,\\
e_4(W) &= \mathrm{OWA}_W\,[b_{41}, b_{42}, b_{43}, b_{44}, b_{45}]\\
&= 0.36 \times 0.9904 + 0.16 \times 0.9871 + 0.16 \times 0.9024 + 0.16 \times 0.8749 + 0.16\\
&\quad \times 0.4643 = 0.8731.
\end{aligned}
$$

所以利用 $e_i(W)$ 的大小对方案进行排序得 $S_4 \succ S_3 \succ S_2 \succ S_1$, 所以最佳企业是 S_4.

12.7　几种决策方法的比较分析

不确定型决策与决策者的心理、对事物发展的态度有密切关系, 这一点可以从上面几节的结果可以看出. 下面再举一个投资方案决策的例子, 来说明几种决策方法的比较分析的结果.

例 12.7.1 风险投资是指一切具有高风险、高潜在收益的投资, 一般以高新技术为基础, 生产与经营技术密集型产品的投资为主. 某公司现有一项风险投资, 有五种可以投资的方案, 方案 1: 投资互联网; 方案 2: 投资教育培训; 方案 3: 投资餐饮连锁; 方案 4: 投资餐饮连锁; 方案 5: 清洁能源技术; 但这五种投资的方案的预期收益的前景存在不确定性, 共有五种状态, 包括很好、好、一般、差、很差. 每种自然状态的概率无法测定. 具体的收益情况如表 12.7.1 所示, 试用不确定决策方法进行方案选优.

表 12.7.1 方案的收益矩阵 (单位: 万元)

	很好	好	一般	差	很差
方案 1	2400	1360	640	−400	−1760
方案 2	1800	1180	560	100	−700
方案 3	3000	1700	920	−800	−2420
方案 4	2800	1840	760	−540	−1580
方案 5	3700	2040	920	−1320	−3200

解 (1) 乐观准则决策方法, 由式 (12.1.1) 得, 排列五个方案在五个自然状态下的最大收益值如表 12.7.2 所示.

表 12.7.2 五个方案的最大收益值 (单位: 万元)

方案	方案 1	方案 2	方案 3	方案 4	方案 5
收益	2400	1800	3000	2800	3700

显然, 按照乐观准则决策方法, 方案 5 的收益最大, 应为最优方案.

(2) 悲观准则决策方法, 由式 (12.2.1) 得, 排列五个方案在五个自然状态下的最小收益值如表 12.7.3 所示.

表 12.7.3 五个方案的最小收益值 (单位: 万元)

方案	方案 1	方案 2	方案 3	方案 4	方案 5
收益	−1760	−700	−2420	−1580	−3200

显然, 按照悲观准则决策方法, 方案 2 的收益最大, 应为最优方案.

(3) 按照乐观系数准则, 取乐观系数 $\alpha = 0.6$, 由式 (12.3.1) 得五个方案的折衷值如表 12.7.4 所示.

表 12.7.4 五个方案的最小收益值 (单位: 万元)

方案	方案 1	方案 2	方案 3	方案 4	方案 5
收益	736	800	832	1048	940

显然, 按照乐观系数准则决策方法, 方案 4 的收益最大, 应为最优方案.

(4) 按照后悔值准则, 由式 (12.4.1) 得五个方案在每个状态下的后悔值如表 12.7.5 所示.

表 12.7.5 五个方案在每个状态下的后悔值

	很好	好	一般	差	很差	方案最大后悔值
方案 1	1300	680	280	500	1060	1300
方案 2	1900	860	360	0	0	1900
方案 3	700	340	0	900	1720	1720
方案 4	900	200	160	640	880	900
方案 5	0	0	0	1420	2500	2500

按照最大后悔最小化的决策准则, 方案 4 的后悔值最小, 应为最优方案.

(5) 按照等可能性准则, 由式 (12.5.1) 得五个方案在五个自然状态下的期望收益值如表 12.7.6 所示.

表 12.7.6 等可能性准则五个方案的期望收益值

方案	方案 1	方案 2	方案 3	方案 4	方案 5
收益	448	588	480	656	428

显然, 按照等可能性准则决策方法, 方案 4 的收益最大, 应为最优方案.

各种不同决策准则获得了不同的决策结果, 具体见表 12.7.7.

表 12.7.7 五个方案在每个状态下的后悔值

不同的决策准则	最优方案
乐观准则	方案 5
悲观准则	方案 2
乐观系数准则	方案 4
后悔值准则	方案 4
等可能性准则	方案 4

一般而言, 乐观准则适用于对有利情况的估计充满信心时的决策者采用; 悲观准则适用于比较保守且不敢也不愿意承担风险的决策者采用; 乐观系数准则适用于风险态度中性的决策者, 且在实践中用得较多.

习 题 12

1. 某厂有一种新产品, 其面临的市场状况有三种, 可供其选择的营销策略也是三种, 每一种策略在不同状态下的损益值如表 12.1 所示, 要求分别用悲观准则、乐观准则、等可能性准则、乐观系数准则 ($\alpha = 0.6$)、后悔值准则进行决策.

2. 若第 1 题中三种状态的概率分别为 0.3, 0.4, 0.3, 试用期望值方法进行决策.

表 12.1 损益值

营销策略	市场状态		
	Q_1	Q_2	Q_3
s_1	50	10	−5
s_2	30	25	0
s_3	10	10	10

3. 某石油公司拟在某地钻井, 可能的结果有三种: 无油 (θ_1)、贫油 (θ_2) 和富油 (θ_3), 估计可能的概率分别为: $P(\theta_1) = 0.5$, $P(\theta_2) = 0.3$, $P(\theta_3) = 0.2$. 已知钻井费为 7 万元, 若贫油可收入 12 万元, 若富油可收入 27 万元. 为了科学决策拟先进行勘探, 勘探的可能结果是: 地质构造差 (I_1)、构造一般 (I_2) 和构造好 (I_3). 根据过去的经验, 地质构造与出油量的关系如表 12.2 所示.

表 12.2 地质构造与出油量的关系

$P(I_j\|\theta_i)$	构造差 (I_1)	构造一般 (I_2)	构造好 (I_3)
无油 (θ_1)	0.6	0.3	0.1
贫油 (θ_2)	0.3	0.4	0.3
富油 (θ_3)	0.1	0.4	0.5

假定勘探费为 1 万元. 试确定:

(1) 是否值得先勘探再钻井?

(2) 根据勘探结果是否值得钻井?

4. 考虑一个购买战斗机的决策问题. 现有 4 种飞机可供选择, 决策者根据战斗机的性能和费用, 考虑 6 项指标 (属性): u_1: 最大速度 (单位: Ma); u_2: 飞行范围 (单位: 10^3km); u_3: 最大负载 (单位: 10^4lb); u_4: 购买费用 (单位: 10^6 美元); u_5: 可靠性 (十分制); u_6: 灵敏度 (十分制). 各种飞机的各项指标的属性值如表 12.3 所示.

表 12.3 各种飞机的各项指标的属性值

	u_1	u_2	u_3	u_4	u_5	u_6
x_1	2.0	1.5	2.0	5.5	5	9
x_2	2.5	2.7	1.8	6.5	3	5
x_3	1.8	2.0	2.1	4.5	7	7
x_4	2.2	1.8	2.0	5.0	5	5

其中 u_4 为成本型指标, 其他均为效益型指标, 若属性权重向量为

$$w = (0.0642, 0.2036, 0.0133, 0.0776, 0.3600, 0.2812),$$

试利用多属性决策方法进行决策.

5. 考虑航天设备的评估问题. 制定 8 项评估指标 (属性): u_1: 导弹预警能力; u_2: 成像侦察能力; u_3: 通信保障能力; u_4: 电子侦察能力; u_5: 卫星测绘能力; u_6: 导航定位能力; u_7: 海洋监测能力; u_8: 气象预报能力. 现有专家针对这 8 项指标对 4 种航天设备 $x_i(i = 1, 2, 3, 4)$

进行打分 (范围从 0 到 100), 结果如表 12.4 所示.

表 12.4　打分结果

	u_1	u_2	u_3	u_4	u_5	u_6	u_7	u_8
x_1	85	90	95	60	70	80	90	85
x_2	95	80	60	70	90	85	80	70
x_3	65	75	95	65	90	95	70	85
x_4	75	75	50	65	95	75	85	80

试用基于 OWA 算子的多属性决策方法进行决策 (OWA 算子的权重为 $w = (0.3, 0.1, 0.1, 0.1, 0.1, 0.1, 0.1, 0.1)$).

6. 查阅文献, 定义有序加权几何平均算子, 并探讨其若干数学性质.

7. 针对问题 6, 试用基于 OWG 算子的多属性决策方法进行决策 (OWG 算子的权重为 $w = (0.3, 0.1, 0.1, 0.1, 0.1, 0.1, 0.1, 0.1)$).

第 13 章　风险型决策方法

13.1　风险型决策的基本问题

决策者根据各种自然状态可能发生的先验概率, 采用期望效果最好的方案作为最优决策方案, 因其具有一定的风险性故称为风险型决策, 也称为随机性决策.

例如, 某项工程, 若下个月开工后天气好, 可以按期完工, 能够获得利润 1000 万元; 若开工后天气不好, 则会损失 800 万元; 若不开工, 不管天气如何, 都要因为窝工造成损失 180 万元. 根据气象部门预测, 下个月天气好的概率为 0.6, 天气坏的概率为 0.4. 项目经理需要对该工程进行决策, 若选择开工则可能遇上坏天气, 若选择不开工则又有可能遇上好天气, 都会蒙受损失, 承担一定的风险. 这种问题就是风险型决策问题, 解决该类问题的决策方法称为风险型决策方法.

先验概率指的是根据过去的经验或者主观判断形成的对各种自然状态的风险程度的一种测算值. 简言之, 先验概率就是各种自然状态发生的最原始的概率. 上述问题中天气好的概率 0.6 和天气坏的概率 0.4 均为先验概率. 若设 $S=\{s_1,s_2,\cdots,s_m\}$ 为可行方案集, $\Theta=\{\theta_1,\theta_2,\cdots,\theta_n\}$ 为自然状态集, p_j 表示状态 θ_j 发生的先验概率, 则 p_j 需要满足下述条件:

$$\sum_{j=1}^{n}p_j=1,\quad p_j\geqslant 0,\ j=1,2,\cdots,n. \tag{13.1.1}$$

决策者根据不同的可行方案在不同自然状态下的资源条件和生产状况, 应用综合分析方法计算出收益值或者损失值或者效用值, 如企业的利润额、亏损额、投资效果等, 这些收益值或者损失值统称为损益值. 一个风险型决策问题的损益值构成的矩阵称为损益矩阵. 设决策矩阵 $A=(a_{ij})_{m\times n}$ 为损益矩阵, 其中 a_{ij} 表示第 i 个方案在第 j 个自然状态下的损益值, 则有下述损益矩阵表 (表 13.1.1).

前述是否开工的决策问题, 损益矩阵表如表 13.1.2 所示.

虽然有时通过损益矩阵表能直接看出某一方案为最优方案, 但是大多数情况下却不能直接确定哪个方案为最优方案, 而是需要依据一定的决策准则来进行判定.

表 13.1.1　损益矩阵表

可行方案 s_i	自然状态 θ_j			
	θ_1	θ_2	$\cdots$	θ_n
	先验概率 p_j			
	p_1	p_2	$\cdots$	p_n
	损益值 a_{ij}			
s_1	a_{11}	a_{12}	$\cdots$	a_{1n}
s_2	a_{21}	a_{22}	$\cdots$	a_{2n}
$\vdots$	$\vdots$	$\vdots$	$\vdots$	$\vdots$
s_m	a_{m1}	a_{m2}	$\cdots$	a_{mn}

表 13.1.2　开工决策问题的损益矩阵表

方案 s_i	自然状态 θ_j	
	θ_1: 天气好	θ_2: 天气坏
	先验概率 p_j	
	$p_1 = 0.6$	$p_2 = 0.4$
	损益值 a_{ij}/万元	
s_1: 开工	1000	−800
s_2: 不开工	−180	−180

13.2　风险型决策的期望值准则

风险型决策的期望值准则指的是根据各自然状态发生的概率, 求不同方案的期望损益值, 取其中最好者对应的方案为最优方案. 若损益值为利润或者收益, 则期望损益值即为期望利润或期望收益, 取其最大者对应的方案为最优方案; 若损益值为成本或损失, 则期望损益值即为期望成本或期望损失, 取其最小者对应的方案为最优方案. 设 $E(s_i)$ 表示第 i 个方案的期望损益值, 则有

$$E(s_i) = \sum_{j=1}^{n} a_{ij} p_j, \quad i = 1, 2, \cdots, m. \tag{13.2.1}$$

若 a_{ij} 为利润或者收益, 且 $E(s_{i^*}) = \max\limits_{s_i \in S} E(s_i)$, 则 s_{i^*} 为最优方案; 若 a_{ij} 为成本或者损失, 且 $E(s_{i^*}) = \min\limits_{s_i \in S} E(s_i)$, 则 s_{i^*} 为最优方案.

例 13.2.1　某公司想决定是否生产某种商品, 如果要生产的活, 还要决定是大批量生产还是小批量生产. 这一切决定于将来这种商品的销路. 现将销路按好坏分成 “好”“中”“差” 三种, 根据市场调查它们出现的概率分别是 0.5, 0.2 和 0.3, 估计各种生产规模和不同销路所得到的利润如表 13.2.1 所示, 问采用最大期望值准则, 这家公司应如何决策?

表 13.2.1 各种生产规模的损益矩阵表 (单位: 万元)

方案	好	中	差
	概率 0.5	概率 0.2	概率 0.3
大批量生产	35	8	−15
小批量生产	15	10	−5
不生产	0	0	0

解 设 s_1, s_2, s_3 分别表示大批量生产、小批量生产、不生产这三种生产方案, 则这三种方案的期望利润分别为

$E(s_1) = 0.5 \times 35 + 0.2 \times 8 + 0.3 \times (-15) = 14.6$;

$E(s_2) = 0.5 \times 15 + 0.2 \times 10 + 0.3 \times (-5) = 8$;

$E(s_3) = 0.5 \times 0 + 0.2 \times 0 + 0.3 \times 0 = 0$.

根据期望值准则, $E(s_1) = \max\{E(s_1), E(s_2), E(s_3)\}$, 即 s_1 为最优生产方案, 故这家公司应大批量生产这种商品.

例 13.2.2 某计算机公司拥有一套价值 2000 万元的设备, 该设备只面临一种风险——火灾, 并且该风险损失结果为两种: 全损和没有损失. 火灾发生的概率为 5%. 目前可以采取两种行动方案: ① 自担风险; ② 购买保险, 保险费为 50 万元, 若全损则可全赔. 请问该公司风险管理经理该如何进行决策?

解 根据问题说明可得到损益矩阵表 13.2.2.

表 13.2.2 损益矩阵表 (单位: 万元)

方案	发生火灾	不发生火灾
	概率 5%	概率 95%
自担风险	2000	0
购买保险	50	50

设 s_1 和 s_2 表示自担风险和购买保险两种方案, 则这两种方案的期望损失分别为

$$E(s_1) = 2000 \times 0.05 + 0 \times 0.95 = 100,$$

$$E(s_2) = 50 \times 0.05 + 50 \times 0.95 = 50,$$

则根据期望值准则有 $E(s_2) = \min\{E(s_1), E(s_2)\}$, 即 s_2 为最优方案, 故该公司风险管理经理应该购买保险.

因为期望值是基于大量重复试验中可能产生的数据平均值, 所以以期望值准则为标准的决策方法一般需要满足下述条件: ① 状态的概率具有明显的客观性质, 且相对稳定; ② 决策是解决多次重复问题而不是一次性问题; ③ 决策的结果不会给决策者带来严重的后果. 若上述条件不满足, 则建议采取其他决策方法.

13.3　决策树分析法

对于多级的复杂的决策问题, 用表格难以表达, 为此引入决策树法, 它使用的准则依然是期望值准则, 但具有直观形象的特点.

决策树是将可行方案、状态、结果、损益值、概率等用一些节点和边组成的类似于树的图形, 如图 13.3.1 所示. 决策树包括:

(1) 决策点, 一般用方框表示, 即树的根, 从该点引出的分支称为方案枝, 表示各种可行方案;

(2) 状态点, 一般用各方案枝末端的圆圈表示, 从该点引出的几个分支称为概率枝, 表示每个状态发生的概率;

(3) 结果点, 一般用三角符号表示, 它后面的数字表示某个方案在某种状态下的报酬值.

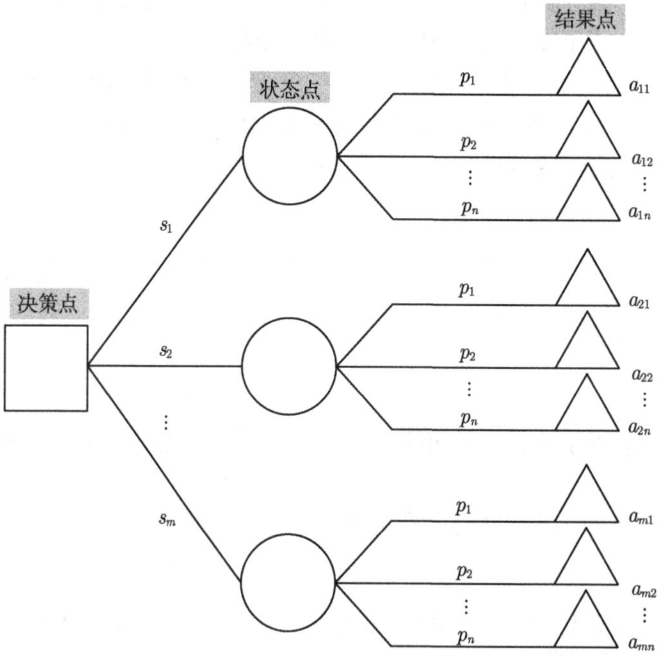

图 13.3.1　决策树

用决策树做风险决策, 就是先按照一定的方法绘制好决策树, 然后用反推决策树的方式进行分析, 最后选定合理的最优方案. 决策树分析法的具体步骤如下:

步骤 1　分析问题, 从左向右绘制决策树;

步骤 2　采用逆序算法, 从右向左计算距离决策树末梢最近的事件点的期望

值, 并将结果标在相应节点的上方;

步骤 3 以最优期望值为决策准则, 逆序在决策点选择最优方案, 并在其他方案分支上打//记号.

步骤 4 重复步骤 2 及步骤 3, 直到达到决策树顶端, 选出最优方案.

例 13.3.1 某工程队承担一座桥梁的施工任务. 由于施工地区夏季多雨, 需停工三个月. 在停工期间该工程队可将施工机械搬走或留在原处. 如搬走, 需搬运费 1800 元. 如留在原处, 一种方案是花 500 元筑一护堤, 防止河水上涨发生高水位的侵袭. 若不筑护堤, 发生高水位侵袭时将损失 10000 元. 如下暴雨发生洪水时, 则不管是否筑护堤, 施工机械留在原处都将受到 60000 元的损失. 据历史资料, 该地区夏季高水位的发生率是 25%, 洪水的发生率是 2%. 试用决策树法分析该施工队要不要把施工机械搬走及要不要筑护堤?

解 决策树如图 13.3.2 所示, 从决策树图可以看出, 若不筑护堤, 则其期望损失为

$$-10000 \times 0.25 + (-60000) \times 0.02 + 0.73 \times 0 = -3700.$$

若筑护堤, 则其期望损失为

$$-500 + 0 \times 0.25 + (-60000) \times 0.02 + 0.73 \times 0 = -1700.$$

从而筑护堤损失较小, 需要对不筑护堤方案进行剪枝.

再比较不搬方案和搬走方案, 显然, 搬走需要搬运费 1800 元, 而不搬方案的期望损失为 −1700 元, 故需对搬走方案进行剪枝. 因此, 不搬施工机械并筑护堤为最优方案.

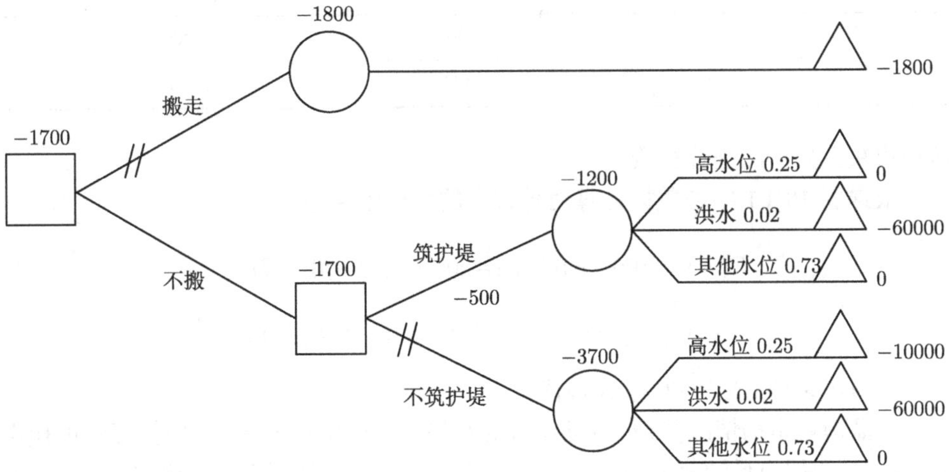

图 13.3.2 桥梁的施工任务决策树

13.4　风险决策的灵敏度分析

13.4.1　敏感性分析的概念和步骤

在决策过程中, 自然状态出现的概率值变化会对最优方案的选择产生影响, 概率值变化到什么程度才引起方案的变化, 这一临界点的概率称为转折概率. 对决策问题的转折概率问题进行的分析称为敏感性分析, 也称作灵敏度分析.

敏感性分析的主要步骤如下:

步骤 1　计算转折概率;

步骤 2　求出最优方案保持稳定的前提下, 自然状态出现概率所容许的变动范围;

步骤 3　测度自然状态概率估算方法的精度是否能保证该概率在所容许的变动范围;

步骤 4　判断决策的可靠性.

13.4.2　两状态两行动方案的敏感性分析

例 13.4.1　某公司为满足市场需求, 制定了产品的两种生产方案, 而根据市场调查, 面临的市场状态有畅销和滞销两种, 且畅销的可能性为 70%, 滞销的可能性为 30%, 两种生产方案的经济效益如表 13.4.1 所示.

表 13.4.1　不同方案的经济效益　　(单位: 万元)

生产方案 \ 状态 / 概率	畅销	滞销
	0.7	0.3
s_1	1000	−200
s_2	400	100

试利用决策分析法进行决策.

根据表 13.4.1 中的数据计算两种方案的期望收益值:

$$E(s_1) = 1000 \times 0.7 + (-200) \times 0.3 = 640(\text{万元});$$

$$E(s_2) = 400 \times 0.7 + 100 \times 0.3 = 310(\text{万元}).$$

因为 $E(s_1) > E(s_2)$, 所以 s_1 为最优方案.

产品销售市场情况复杂, 市场调查的结果可能会出现一定的误差. 畅销的概率 $p = 0.7$ 是根据市场调查的结果得出的, 若 $p = 0.3$, s_1 是否仍是最优方案? 这需要进行敏感性分析, 得到 s_1 作为最优方案的稳定性条件. 进行敏感性分析的关键是

求转折概率. 设产品畅销的概率为 p, 则滞销的概率为 $1-p$, 则可计算两种方案的期望收益值为

$$E(s_1)=1000\times p+(-200)\times(1-p)=1200p-200(\text{万元});$$

$$E(s_2)=400\times p+100\times(1-p)=300p+100(\text{万元}).$$

令 $E(s_1)=E(s_2)$, 得到 $p=\frac{1}{3}$. $\frac{1}{3}$ 就是转折概率. 当 $p>\frac{1}{3}$ 时, $E(s_1)>E(s_2)$, 说明 s_1 作为最佳决策是稳定的; 当 $p<\frac{1}{3}$ 时, $E(s_1)<E(s_2)$, 说明 s_2 优于 s_1, 即 s_2 作为最佳决策是稳定的; 当 $p=\frac{1}{3}$ 时, $E(s_1)=E(s_2)$, 说明 s_1 和 s_2 无差异, 即两种方案的期望收益相等.

敏感性分析为决策方案的选择提供了很大的便利, 只要掌握的先验概率数值不超过转折概率, 原选方案就仍有效. 例如, 上述市场调查产品畅销的概率若由 0.7 变为 0.5, 由于没有低于转折概率 $\frac{1}{3}$, 因此原选方案仍为最优方案. 可以看出, 敏感性分析对风险决策非常重要.

13.4.3　三状态三行动方案的敏感性分析

例 13.4.2　某过滤设备由上、中、下三层组成, 每层有一个过滤筛, 是易损件. 在修理时测不出是哪层坏了, 只有换上后才能试出是不是这层坏了. 各层的修理费用不同, 过滤筛本身并不是特别贵, 主要是费工. 换上层筛需要 200 元; 换中层筛需要拆掉上层和中层筛, 共需 350 元; 换下层筛则需要大拆大卸, 三层均要拆掉, 共需 650 元. 现有三种行动方案:

(1) s_1: 一拆到底, 直到下层, 全换新筛, 需要 650 元;

(2) s_2: 先换上层和中层筛, 需要 350 元, 若不行, 再换下层筛, 需要 650 元, 共需要 1000 元;

(3) s_3: 一层一层换下去, 最多需要 200+350+650=1200(元).

过去大量统计资料表明, 这种设备上、中、下三层过滤筛出现故障的概率分别为 0.4, 0.35, 0.25, 且这个比例比较稳定. 根据期望值准则, 可以计算各种行动方案的期望修理费, 结果如表 13.4.2 所示.

表 13.4.2　三种行动方案的期望修理费用　　　　(单位: 元)

方案 \ 状态 / 概率	上层故障	中层故障	下层故障	期望修理费用
	0.4	0.35	0.25	
s_1	650	650	650	650
s_2	350	350	1000	512.5
s_3	200	550	1200	572.5

由表 13.4.2 可以看出, 方案 s_2 的期望修理费用最小, 故 s_2 为最优方案. 但是, 如果各层出现故障的概率发生变化, 例如上、中、下三层出现故障的概率分别为 0.5, 0.3 和 0.2, 则可重新计算各方案的期望修理费用, 即

$$E(s_1) = 650 \times 0.5 + 650 \times 0.3 + 650 \times 0.2 = 650(\text{元});$$
$$E(s_2) = 350 \times 0.5 + 350 \times 0.3 + 1000 \times 0.2 = 480(\text{元});$$
$$E(s_3) = 200 \times 0.5 + 550 \times 0.3 + 1200 \times 0.2 = 505(\text{元}).$$

故 s_2 仍然为最优方案, 结果表明 s_2 对自然状态发生的概率并不十分敏感. 下面计算转折概率.

设上、中、下三层出现故障的概率分别为 $p_1, 1-p_1-p_3$ 和 p_3, 则三种方案的期望修理费用为

$$E(s_1) = 650 \times p_1 + 650 \times (1-p_1-p_3) + 650 \times p_3 = 650(\text{元});$$
$$E(s_2) = 350 \times p_1 + 350 \times (1-p_1-p_3) + 1000 \times p_3 = 350 + 650p_3(\text{元});$$
$$E(s_3) = 200 \times p_1 + 550 \times (1-p_1-p_3) + 1200 \times p_3 = 550 - 350p_1 + 650p_3(\text{元}).$$

若需 s_2 一直为最优方案, 则 p_1 和 p_3 需满足下述条件:

$$\begin{cases} 350 + 650p_3 \leqslant 650, \\ 350 + 650p_3 \leqslant 550 - 350p_1 + 650p_3, \end{cases}$$

即有 $p_1 \leqslant \frac{4}{7}, p_3 \leqslant \frac{6}{13}$. 同理可得 s_1 为最优方案的条件为 $p_3 > \frac{6}{13}$, s_3 为最优方案的条件为 $p_1 > \frac{4}{7}$, 如图 13.4.1 所示.

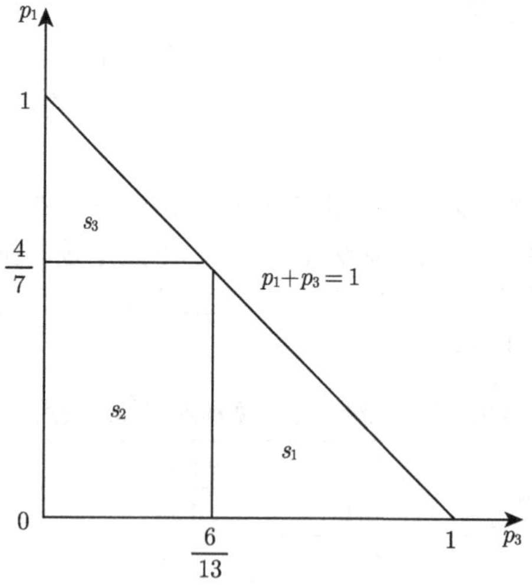

图 13.4.1　各方案敏感性分析图

由图 13.4.1 可以看出, 敏感性分析提供了修理方案的变化界限, $p_1=\frac{4}{7}, p_3=\frac{6}{13}$ 即为转折概率. 当上层筛出现故障的概率小于 $\frac{4}{7}$ 并且下层筛出现故障的概率小于 $\frac{6}{13}$ 时, 最优方案为 s_2; 当上层筛出现故障的概率大于 $\frac{4}{7}$ 时, 最优方案即为 s_3; 而当下层筛出现故障的概率大于 $\frac{6}{13}$ 时, 则应该按照方案 s_1 进行修理.

13.5 效用理论及风险评价

13.5.1 效用的含义

上述所讨论的风险型决策方法, 主要是以期望损益值作为决策标准的. 但是, 有时这样做既不合理, 也不符合实际. 因为决策是由决策者做出的, 决策者的经验、才智、胆识和判断能力等主观因素, 不能不对决策产生重要影响. 如果完全以期望值的大小作为决策标准, 就会把决策过程变成为机械的计算期望损益值的过程, 从而把决策者的主观作用排除在外, 这显然是不够合理的.

另外, 决策还会受一些特殊情况的影响. 例如有两个方案:

方案甲: 以 0.5 的概率获利 4000 元, 以 0.5 的概率蒙受损失 2000 元;

方案乙: 以 100%的概率获利 500 元.

试做出最优方案的决策.

尽管方案甲的期望利润值等于 $0.5\times4000+0.5\times(-2000)=1000$(元), 是方案乙获利 500 元的两倍, 但对相当多的人来说, 却宁愿选择方案乙, 因为选择方案乙肯定盈利 500 元, 并且可避免冒 50%的损失 2000 元的风险. 当然也有人会选择方案甲企图盈利 1000 元.

这就涉及决策者对风险的态度了, 这种态度对决策起着重要的作用. 一般来说, 当同一决策要重复多次, 或者风险损益值较小时, 决策者的兴趣会与期望损益值的高低大体一致; 当同一决策只进行一次且包含较大风险时, 决策者的兴趣往往会与期望损益值之间发生较大的差异.

对于相同的期望损益值, 不同决策者的反应也不一定相同, 这是由于决策者的个人性格和所处条件不同所形成的. 不论什么样的方案, 对于保守型决策者和爱好风险型决策者来说其反应均会有所不同, 而且, 大企业的经理对上万元的风险损失看作一桩小事, 而小企业的经理则会将这样的决策看作企业兴衰攸关的大事. 也就是说, 即使是同一决策者, 由于时间和条件不同, 对于相同机会的反应也不相同. 这种决策者对于期望收益和损失的独特兴趣、感受和取舍反应, 称为效用. 效用代表着决策者对于风险的态度, 也是决策者胆略的一种反映.

13.5.2　效用曲线

决策者对于具有不同风险的相同期望损益值, 会给出不同的效用值. 若用横坐标表示损益值, 用纵坐标表示效用值, 把决策者对风险态度的变化关系绘出一条曲线, 就称为决策者的效用曲线. 效用可以通过计算效用值和绘制效用曲线的方法来衡量, 下面给出冯 • 诺依曼–摩根斯坦心理调查法获取效用函数的方法.

例 13.5.1　假定有一个方案甲, 以 0.5 的概率获得收益 200 元, 以 0.5 的概率损失 100 元; 另有一个方案乙, 以 1.0 的概率获得收益 25 元, 如图 13.5.1 所示.

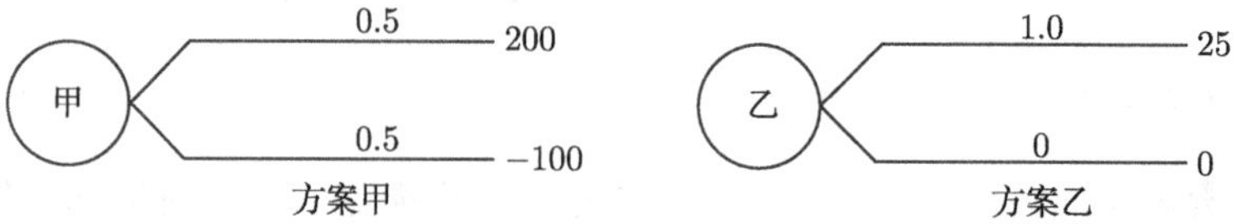

图 13.5.1　两个可行方案

这两个方案到底应该选哪一个呢? 可能大多数人会选择方案乙. 尽管方案甲的期望收益为 $0.5\times200+0.5\times(-100)=50$ 元, 而方案乙的期望值只有 $1.0\times25=25$ 元. 决策者之所以宁愿选择 25 元的方案乙, 是因为他不愿意承担遭受损失的风险.

根据冯 • 诺依曼–摩根斯坦心理调查法, 我们规定效用值用概率形式表现, 是介于 0 与 1 之间的数值, 认为损益最大值 (本例为 200 元) 的效用值为 1, 而损益最小值 (本例为 −100 元) 的效用值为 0, 如图 13.5.2 所示.

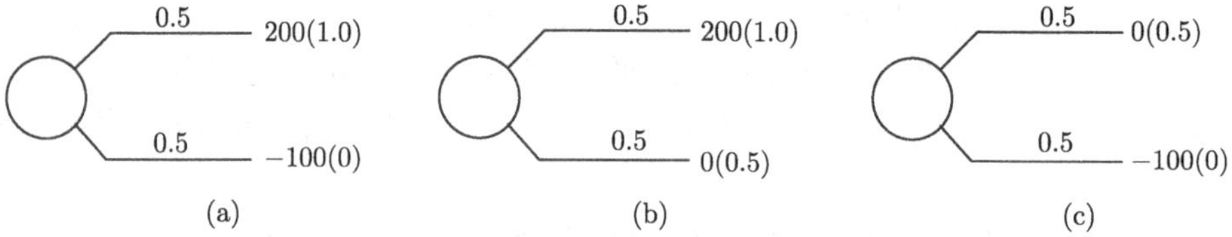

图 13.5.2　效用值的确定

首先, 若决策者宁愿接受方案乙, 而不愿意接受方案甲 (图 13.5.1), 这说明方案乙的效用大于方案甲的效用. 可以对决策者进行进一步询问. 假定再问, 方案乙的收益改为 10 怎么样? 如果决策者宁愿接受肯定能够得到的 10 元, 则说明新的方案乙的效用还是大于方案甲. 再问, 如果方案乙的收益改为损失 10 元怎么样? 此时决策者可能宁愿接受方案甲而不愿付出 10 元, 这说明此时方案甲的效用大于 −10 元的效用. 经过几次询问, 不断改变损益值, 最后总可以使决策者感到某一损益值与方案甲具有同样的效用, 此时, 决策者对两种方案具有同样的兴趣, 设最后判断的损益值为 0 元, 则与 0 元相应的效用值与方案甲的期望效用值 $0.5\times1.0+0.5\times0=0.5$ 相等, 即损益值 0 元的效用值是 0.5.

若以损益值为横坐标, 效用值为纵坐标, 就可以画出效用曲线, 如图 13.5.3 所示. 对应于损益值 0 和效用值为 0.5, 就得到效用曲线上的一个点 A.

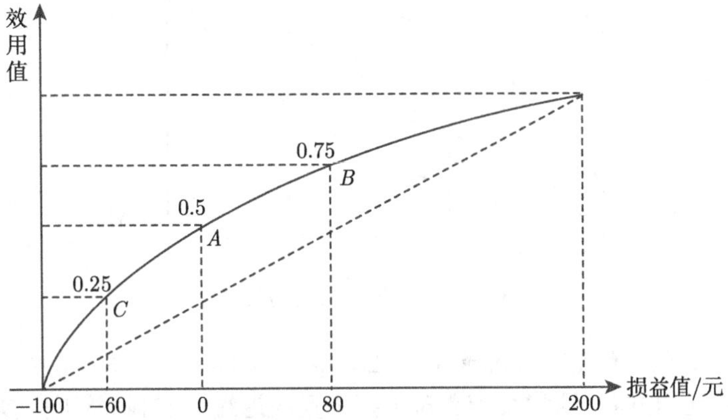

图 13.5.3 效用曲线

其次, 以 0.5 的概率获得收益值 200 元、0.5 的概率获得收益值 0 元作为方案, 如图 13.5.2(b) 所示. 重复上述过程, 假定经过多次询问, 最后判断 80 元的效用与这个方案的效用相等, 则相当于 80 元的效应值为

$$0.5 \times 1.0 + 0.5 \times 0.5 = 0.75.$$

这样, 在 0 与 200 元之间又得到对应于损益值 80 元和效用值 0.75 的一个点 B.

再次, 以 0.5 的概率获得收益值 0 元, 以 0.5 的概率获得损失值 100 元作为方案, 如图 13.5.2(c) 所示. 重复上述过程, 假定经过多次询问, 最后判断出来决策者对 -60 元的效用等于这个方案的效用, 则相当于 -60 元的效应值为

$$0.5 \times 0.5 + 0.5 \times 0 = 0.25.$$

这样, 又可以得到图 13.5.3 对应于损益值 -60 元和效用值 0.25 的一个点 C.

采用同样办法, 可以得到许多这样的点, 把它们连接起来就成为所谓的效用曲线. 从这条线上可以找出对应于各个损益值的效用值, 反过来也可以找出对应于各个效用值的损益值.

13.5.3 效用曲线的类型

效用曲线有三种类型, 如图 13.5.4 所示.

沿用例 13.5.1, 曲线 A 表示决策者宁愿选择肯定得到 50 元的方案, 而不愿选择 $0.5 \times 200 + 0.5 \times (-100) = 50$ 元的方案. 这种类型的决策者对于收益反应比较迟缓, 而对于损失则比较敏感, 是一种不求大利益、避免风险、谨慎小心的保守型决策者.

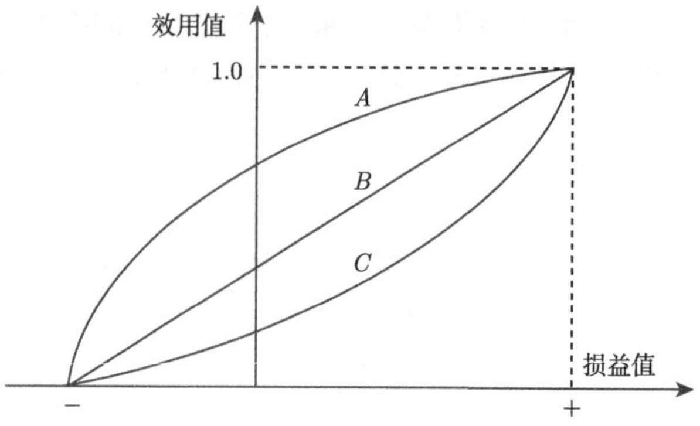

图 13.5.4　效用曲线的类型

曲线 C 表示决策者宁愿选择 $0.5 \times 200 + 0.5 \times (-100) = 50$ 元的方案, 而不愿接受得到 50 元的方案. 这种决策者对于损失反应迟缓, 而对收益则比较敏感, 是一种谋求大利益、不怕风险的爱好风险型决策者.

曲线 B 所代表的是一种中立型决策者. 他认为肯定得到 50 元的方案和 $0.5 \times 200 + 0.5 \times (-100) = 50$ 元的方案没有差别, 有相同的效用值. 也就是说, 他只要利用期望损益值作为选择方案的标准就可以了, 而不需要利用效用曲线.

通过对大量事实的研究证明, 大多数决策者均属于保守型, 而其他两类决策者则属于少数.

13.5.4　效用曲线的应用

下面通过一个例子说明效用曲线的应用方法.

例 13.5.2　某公司为了生产某种产品设计了两个可行的建设方案: 一个方案是建设大工厂, 另一个方案是建设小工厂. 建设大工厂需要投资 3000 万元, 建设小工厂需要投资 1600 万元, 两者的使用期限都是 10 年. 估计在此期间该产品销路好的可能性为 0.7, 销路差的可能性为 0.3, 两个方案投产后的年度损益值和期望损益值如表 13.5.1 所示.

表 13.5.1　两个建设方案投产后的年度损益值和期望损益值　(单位: 万元)

建设方案	年度损益值		期望损益值
	销路好 (0.7)	销路差 (0.3)	
建设大工厂	1000	−200	3400
建设小工厂	400	100	1500

如表 13.5.1 所示, 建设大工厂的期望损益值为

$$(0.7 \times 1000 + 0.3 \times (-200)) \times 10 - 3000 = 3400(\text{万元});$$

建设小工厂的期望损益值为

$$(0.7 \times 400 + 0.3 \times 100) \times 10 - 1600 = 1500(\text{万元}).$$

故根据期望值准则, 建设大工厂为最优方案.

根据表 13.5.1 中的数据, 得到该问题的决策树, 如图 13.5.5 所示, 各个方案的损益值计算如下:

(1) 建设大工厂方案在销路好时的损益值为 $1000 \times 10 - 3000 = 7000$(万元);

(2) 建设大工厂方案在销路差时的损益值为 $-200 \times 10 - 3000 = -5000$(万元);

(3) 建设小工厂方案在销路好时的损益值为 $400 \times 10 - 1600 = 2400$(万元);

(4) 建设小工厂方案在销路差时的损益值为 $100 \times 10 - 1600 = -600$(万元).

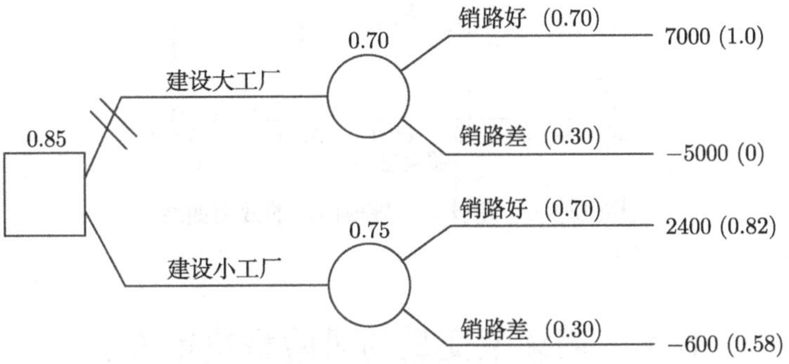

图 13.5.5 用效用值评价的决策树

下面考虑构建决策者的效用曲线. 以最大损益值 7000 万元的效用值作为 1.0, 以最小损益值 −5000 万元的效用值作为 0, 向这个问题的决策者提出一系列问题, 找出对应于若干个损益值的效用值, 这样就可以画出效应曲线, 如图 13.5.6 所示.

得到效用曲线后, 就可以反过来找出对应于原决策问题各个损益值的效用值: 2400 万元的效应值为 0.82, −600 万元的效用值为 0.58. 把对应的效用值写在图中各损益值之后, 现在可以用效用值代替原损益值来计算每一方案的效用期望值.

建设大工厂方案的期望效用为

$$0.7 \times 1.0 + 0.3 \times 0 = 0.7;$$

建设小工厂方案的期望效用为

$$0.7 \times 0.82 + 0.3 \times 0.58 = 0.75.$$

可以看出, 若以期望效用作为评价标准, 建设小工厂方案反而更好. 为什么会出现这种结果呢? 这是因为决策者是保守型决策者的, 他不想冒太大的风险. 从曲线上可以测出效应值 0.70 只相当于损益值 800 万元, 这大大低于原来的期望值

3400 万元; 效用值 0.75 也只相当于损益值 1300 万元, 这也小于原来的期望值 1500 万元.

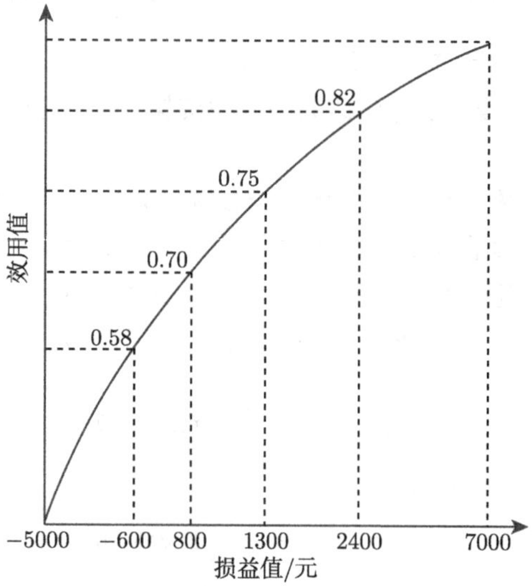

图 13.5.6 建设工厂规模问题的效用曲线

13.6 连续型变量的风险型决策方法

当风险型决策的自然状态数量很大或者自然状态为连续型, 此时无法将每种自然状态以及对应的概率一一列举出来. 例如, 某种产品的日需求量, 每天的需求量均不相同, 可以看成是一种连续型的变量, 无法采用前述方法来对产品的进货量进行决策. 此时, 我们可以转变一下思路, 不考虑每个可行方案的期望值, 而是将期望值作为一个变量, 寻找它随可行方案的变化而改变的规律, 只要期望值变量在此决策问题的定义区间内是单峰的, 则峰值所对应的可行方案就一定是最优方案. 这种方法称为边际分析法, 这是一种利用边际理论进行风险决策的方法, 也可结合正态分布来求解最优方案.

13.6.1 边际分析法

先介绍边际收入、边际成本、期望边际利润和期望边际损失等概念. 边际收入指的是生产和出售一个单位产品所得到的收入增量; 边际成本指的是增加一个单位产品所需要增加的成本. 显然, 若边际收入大于边际成本, 则应该增加生产, 直到边际收入等于边际成本; 反之, 若边际成本大于边际收入, 则应该减少生产, 直至两者相等.

边际利润是指卖出一追加的单位产品所得到的利润值, 将该利润值乘以该追加产品能被卖出的概率, 称为期望边际利润. 边际损失是指由于追加的单位产品而卖不出去所造成的损失值, 将该损失值乘以该追加产品卖不出去的概率, 称为期望边际损失.

例 13.6.1 某商品在过去 100 天内每日销售量和销售天数的观察资料如表 13.6.1 所示.

表 13.6.1 商品销售量资料

日销售量/件	销售天数/天	概率值
100	5	5/100=0.05
110	25	25/100=0.25
120	40	40/100=0.40
130	20	20/100=0.20
140	10	10/100=0.10
合计	100	1.00

该商品若当天能够售出, 则可获利润 30 元/件, 若当天无法售出, 则将发生亏损 20 元/件, 试用边际分析法对进货计划进行决策.

用边际分析法对每天的进货量进行分析就是要考虑每增加进货一箱, 都存在两种可能: 当天顺利售出和无法售出. 当天顺利售出可以获取利润 30 元, 即边际利润, 用 MP 表示; 无法售出将会蒙受损失 20 元, 即边际损失, 用 ML 表示. 商品能否顺利售出是根据市场的需求而定的, 而市场的需求状况又只能以商品能否售出的概率即销售概率来表示. 因此, 需要先对销售概率进行分析, 然后基于期望值标准分析期望边际利润和期望边际成本. 若期望边际利润大于期望边际成本, 说明有利可图的可能性大, 应当进货; 若期望边际利润小于期望边际成本, 说明蒙受损失的可能性大, 不应当进货; 而期望边际利润等于期望边际成本时的进货量则是最大进货界限, 若再增加进货, 则所增加的部分出现亏损的概率将大于获得利润的概率.

本问题的销售概率采用频率来替代, 同时为了计算期望边际利润和期望边际成本, 需要计算累积销售概率, 结果如表 13.6.2 所示.

表 13.6.2 商品累积销售概率表

日销售量/件	销售概率	累积销售概率
140	0.10	0.10
130	0.20	0.30
120	0.40	0.70
110	0.25	0.95
100	0.05	1.00

这里累积销售概率的含义是指至少销售某一数量的概率. 例如, 日销售量至少为 100 件的累积销售概率为 1.00, 表示五种日销售量的销售概率之和, 即 0.05+0.25+0.40+0.20+0.10=1.00, 因为日销售量至少为 100 件包含日销售量为 110 件、120 件、130 件、140 件的情形. 而至少销售 110 件的概率为 0.95, 则不包含只销售 100 件的概率在内.

设 p 表示当天能够顺利售出的最后一件的累积销售概率, 则这最后一件不能售出的概率为 $1-p$, 则能够顺利售出的期望边际利润为 $p\times\text{MP}$, 不能售出的期望边际损失为 $(1-p)\times\text{ML}$, 令

$$p\times\text{MP}=(1-p)\times\text{ML},$$

得到

$$p=\frac{\text{ML}}{\text{MP}+\text{ML}},$$

该概率即为转折概率, 这也是一种累积概率, 此时有

$$p=\frac{20}{30+20}=0.40.$$

从累积销售概率表中找出与转折概率相对应的日销售量, 该日销售量即为最佳进货量, 此时可以获得最大期望利润. 根据表 13.6.2, 其中并无累积销售概率正好为 0.40 的日销售量, 由于 0.40 介于 0.30 和 0.70 之间, 因此最佳进货量应该介于 120 件和 130 件之间. 这里可以采用线性插值近似的方法计算出最佳进货量

$$\text{最佳进货量}=120+\frac{130-120}{0.7-0.3}\times(0.7-0.4)=127.5\ (\text{件}).$$

即最佳进货量近似为 128 件. 为了进一步说明问题, 下面计算各种计划方案下最后一件的期望边际利润和期望边际损失, 结果如表 13.6.3 所示.

表 13.6.3 期望边际利润和期望边际损失计算和比较结果表

日进货量/件	累积销售概率	期望边际利润/元 $p\times\text{MP}$	比较关系	期望边际损失/元 $(1-p)\times$ ML
100	1.00	$1.00\times30=30$	>	$0\times20=0$
110	0.95	$0.95\times30=28.50$	>	$0.05\times20=1$
120	0.70	$0.70\times30=21$	>	$0.3\times20=6$
128	0.40	$0.40\times30=12$	=	$0.6\times20=12$
130	0.30	$0.30\times30=9$	<	$0.7\times20=14$
140	0.10	$0.10\times30=3$	<	$0.9\times20=18$

由表 13.6.3 可以看出, 当日进货量为 100 件、110 件、120 件时, 期望边际利润都大于期望边际损失, 由于盈利的可能性大, 此时仍应该继续进货. 但是当进货量

增至 130 件时, 期望边际利润小于期望边际损失, 此时最后一件发生亏损的期望超过了获得利润的期望, 因此进货量不宜由 120 件增加到 130 件. 在累积销售概率为 0.4 且相应的进货量为 128 件时, 期望边际利润正好与期望边际损失相等, 这是一个转折点, 进货超过该转折点, 期望边际利润都小于期望边际损失, 因此, 该点的累积销售概率为转折概率, 相应的进货量就是最佳进货量.

13.6.2 标准正态分布决策法

对于自然状态为连续型变量的情形, 可以利用其概率分布来进行决策, 或者在中心极限定理的前提下考虑用标准正态分布来进行决策.

设某生产销售问题的风险型决策, 其自然状态 (市场需求量) 为连续型随机变量, 概率密度为 $f(x)$, 可行方案 $s_1, s_2, \cdots, s_m$ 分别表示生产 (或存有) 数量为 $1, 2, \cdots, i, \cdots, m$ 单位的产品或商品. 又设该产品的边际利润为 a, 边际损失为 b, 且设最优方案为 s_k, 则根据期望边际利润等于期望边际损失有

$$a\int_k^{+\infty} f(x)\mathrm{d}x = b\int_{-\infty}^k f(x)\mathrm{d}x,$$

即有

$$(a+b)\int_k^{+\infty} f(x)\mathrm{d}x = b.$$

根据上式即可求得最大期望利润方案下的产品数量 k.

例 13.6.2 某蔬菜批发超市承担某区居民点的某种蔬菜供应, 每天凌晨从附近农村将这种新鲜蔬菜运到批发超市, 然后再批发给零售商. 近来该批发点以每 0.5 千克 3 元的价格每天向农村进货 40000 千克, 然后以每 0.5 千克 4.5 元的价格批发给零售商. 由于市场需求波动较大, 有时当天可将 40000 千克的蔬菜全部批发出去, 但大多数情况下有剩余. 因为该类蔬菜剩余的情况下无法保存处理, 所以若当天未批发出去必须全部扔掉, 故每剩 0.5 千克蔬菜就损失 3 元. 该批发超市最为关心的问题是获取最大利润问题, 他根据近期的批发销售记录, 计算出该地区这种蔬菜的需求量平均为每天 37650 千克, 标准差为 9600 千克. 现利用决策分析方法确定每天应该向农村购进多少千克这类蔬菜.

设该居民区每天的蔬菜需求量为 x, 则该需求量可以看成是大量独立的个别居民每天对该种蔬菜需求量的总和, 根据中心极限定理, 不论这些独立的个别因素服从何种分布, 其和均可以近似看成服从正态分布, 即有概率密度

$$f(x) = \begin{cases} \dfrac{1}{\sqrt{2\pi}\sigma}\mathrm{e}^{-\frac{(x-\mu)^2}{2\sigma^2}}, & x > 0, \\ 0, & x \leqslant 0, \end{cases}$$

这里 μ 为均值, 即每天平均的蔬菜需求量 37650 千克; σ 为标准差, 即每天蔬菜需求量的标准差 9600 千克.

设该批发超市每天应该向农村购进这种蔬菜数量为 k 千克, 因为这种蔬菜的边际利润为

$$a = 4.50 - 3.00 = 1.50\text{元};$$

边际损失为

$$b = 3.00\text{元}.$$

故有

$$(1.50 + 3.00)\int_{k}^{+\infty} \frac{1}{\sqrt{2\pi}\sigma}\mathrm{e}^{-\frac{(x-\mu)^2}{2\sigma^2}}\mathrm{d}x = 3.00,$$

即

$$\int_{k}^{+\infty} \frac{1}{\sqrt{2\pi}\sigma}\mathrm{e}^{-\frac{(x-\mu)^2}{2\sigma^2}}\mathrm{d}x = 0.6667,$$

这里的 0.6667 即为前面提到的转折概率, 图 13.6.1 是这种蔬菜需求量的正态分布曲线.

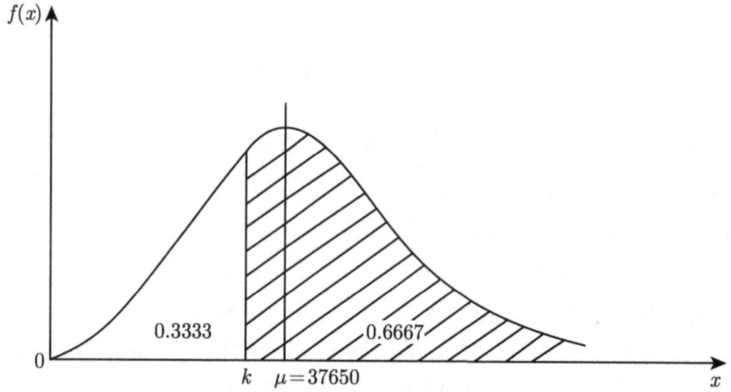

图 13.6.1　蔬菜需求量的正态分布曲线

令 $x = \sigma t + \mu$, 故有

$$\int_{\frac{k-\mu}{\sigma}}^{+\infty} \frac{1}{\sqrt{2\pi}}\mathrm{e}^{-\frac{t^2}{2}}\mathrm{d}t = 0.6667,$$

即

$$\int_{-\infty}^{\frac{k-\mu}{\sigma}} \frac{1}{\sqrt{2\pi}}\mathrm{e}^{-\frac{t^2}{2}}\mathrm{d}t = 0.3333,$$

反查标准正态分布表有

$$t = \frac{k-\mu}{\sigma} = -0.43,$$

故

$$k = -0.43 \times \sigma + \mu = -0.43 \times 9600 + 37650 = 33522.$$

即该批发超市每天应向农村购进 33522 千克这种蔬菜, 此时该批发超市所获取的利润最大. 显然, 该结果与每天蔬菜需求量 37650 千克相差 4128 千克, 若单纯凭经验或者直觉, 每天进货量应该为每天蔬菜需求量, 但是这样会导致利润值显著下降.

13.7 主观概率决策法

13.7.1 主观概率的基本概念

所谓主观概率, 就是在一定条件下, 对未来事件发生可能性大小的一种主观相信程度或置信程度的度量, 它表示个人信任程度的指数. 与之相对应的概率称为客观概率, 它可以通过客观多次重复试验获取, 而主观概率则不能通过随机试验来确定, 只能根据决策者的经验和对事件掌握的知识进行人为设定. 例如, 导弹研制过程中需要考虑导弹的命中率, 这个概率原则上可以通过计算机仿真试验重复模拟, 但实际上发射一枚导弹的费用十分昂贵, 不可能进行多次重复发射的客观试验来确定这个概率, 因此这种问题用随机试验的方法无法解决, 此时的命中率实际上就是一种主观概率.

主观概率与客观概率一样, 必须满足概率的三条基本公理. 设 $p(A_i)$ 为事件 A_i 发生的主观概率, 则

(1) $0 \leqslant p(A_i) \leqslant 1$;

(2) $p(\Omega) = 1$, Ω 为样本空间;

(3) 若 $A_i \bigcap A_j = \varnothing$, $i \neq j$, $i, j = 1, 2, \cdots$, 则

$$p\left(\sum_{i=1}^{\infty} A_i\right) = \sum_{i=1}^{\infty} p(A_i).$$

主观概率与客观概率的主要区别是, 主观概率无法用试验或统计的方法来检验它的正确性. 例如, 在某个项目投标过程中, 某个投标者认为他提出的报价中标的可能性是 10%, 而另一个投标者, 在完全相同的情况下, 则认为中标的可能性为 20%. 对于这两种主观概率的估计, 无法断言哪个是正确的, 即使中了标也如此. 但是主观概率和客观概率又服从相同的公理, 因此可以把适用于客观概率的整套逻辑推理方法搬过来用于主观概率.

13.7.2 主观概率的估计方法

主观概率和客观概率一样, 其概率分布有离散型和连续型两大类, 下面介绍几种估计主观概率的方法.

1. 专家调查法

这种方法类似于德尔菲法, 即把要估计的概率和有关材料整理好, 聘请有经验的专家或有丰富实践经验的经济管理人员进行评估, 填写有关表格, 待专家评估后, 再作适当的数据处理, 把专家估计的结果进行平均处理.

2. 概率盘法

这种方法由美国斯坦福大学 Howard 教授提出, 考虑一概率圆盘, 该圆盘划分为两个扇形区域, 分别标识橙色和蓝色. 两个扇形区域可以任意调整, 例如扩大橙色区域缩小蓝色区域, 或相反. 正面的橙色区域是反面的蓝色区域, 圆盘的反面有刻度, 由刻度可以查得正面的橙色区域占整个圆盘面积的百分比. 假设事件发生在圆盘任何相同面积的扇形区域中的可能性是相等的, 当圆盘调整结束后, 查反面的刻度即可知道事件发生在橙色区域中的概率.

例如, 某公司为是否生产某种新产品进行决策时, 需对未来市场做出主观概率估计. 设未来市场状态有三种可能: 畅销 (产品销量大于 b)、滞销 (产品销量小于 a)、平销 (产品销量介于 a 与 b 之间). 首先, 决策者将圆盘设置在橙色区域和蓝色区域各占一半的位置上 (通过反面刻度即可设置, 下同), 开始同专家谈话, 问专家是愿意打赌新产品销量在 a 以下, 还是愿意打赌指针在旋转后将停在橙色区域内? 假定专家的回答是: "我想指针停在橙色区域内的把握大一些." 于是决策者调整圆盘, 将橙色区域缩小至占圆盘的 25%, 再问, 专家则回答: "我仍坚持刚才的看法." 于是决策者又将橙色区域缩小一半, 即占圆盘 12.5%, 再提请专家发表意见, 专家说: "现在我认为两种打赌差不多." 于是决策者就把产品销量小于 a 的主观概率确定为 12.5%. 接着, 决策者询问, 产品销量在 b 以上的可能性, 同样把圆盘置于橙色区域和蓝色区域各占一半的位置上, 专家若说 "我认为两种打赌方式差不多," 则决策者可得到新产品销量大于 b 的可能性为 50%. 因而产品销量介于 a 与 b 之间的可能性为 $1 - 0.125 - 0.5 = 0.375$. 为了检验上述主观概率估计的合理性, 决策者应将圆盘的橙色区域调整为 37.5%, 并询问专家, 是否愿意销量在 a 与 b 之间和指针旋转后落在橙色区域内进行打赌, 若专家已感到这种打赌无所谓, 则询问到此结束, 即确定销量小于 a 的主观概率为 12.5%, 销量大于 b 的主观概率为 50%, 销量介于 a 与 b 之间的主观概率为 37.5%; 若专家针对打赌并不是感到无所谓, 则说明主观概率的确定有偏差, 需要回到开头的一系列的询问, 重新进行处理.

3. 累积概率法

这种方法是利用累积概率曲线对主观概率进行估计的一种方法, 其做法是, 根据主观判断确定一些特殊点的概率后, 画出概率曲线, 利用它去近似估计其他点的概率.

例 13.7.1 某公司需要估计某种新产品的未来市场需求量的概率分布, 市场营销人员做出了如下估计:

(1) 最高需求量 2400 万件, 最低需求量 400 万件;

(2) 需求量在 400 万—1200 万件和1200 万—2400 万件的可能性各占一半;

(3) 当需求量小于 1200 万件时, 需求量为400 万—900 万件与900 万—1200 万件的可能性各占一半;

(4) 当需求量大于1200万件时, 需求量为1200万—1600万件与1600万—2400万件的可能性相等;

(5) 当需求量大于1600万件时, 需求量为1600 万—1900万件与1900万—2400万件的可能性相等;

(6) 当需求量小于900万件时, 需求量为400万—700万件与700万—900万件的可能性相等;

(7) 当需求量大于 1900 万件时, 需求量为1900万—2100万件与2100万—2400万件的可能性相等;

(8) 当需求量小于700万件时, 需求量为 400 万—600万件与 600万—700万件的可能性相等.

根据上述 8 个方面的主观判断, 得到累积概率如表 13.7.1 所示.

表 13.7.1 累积概率表

需求量/万件	区间中点/万件	需求量区间的概率/%	累积概率/%
400—600	500	6.25	6.25
600—700	650	6.25	12.5
700—900	800	12.5	25
900—1200	1050	25	50
1200—1600	1400	25	75
1600—1900	1750	12.5	87.5
1900—2100	2050	6.25	93.75
2100—2400	2250	6.25	100

将上述累积概率点画成光滑的曲线, 如图 13.7.1 所示, 根据该累积概率曲线,

可以近似得到任一需求量区间的主观概率.

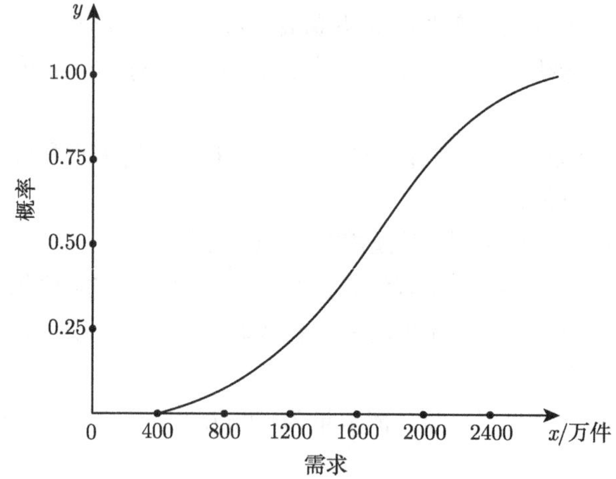

图 13.7.1　累积概率曲线

4. 正态分布法

这种方法主要是根据服从正态分布的研究对象的某些特征来估计正态分布中的参数, 下面以一个例子来说明正态分布的主观求估方法.

例 13.7.2　假设某种商品未来一年的需求量为 $\xi \sim N(\mu, \sigma^2)$, 根据市场营销人员做出的主观估计, 未来一年该商品最可能的需求量为 100 万件, 需求量是 80 万 — 120 万件的可能性为 80%, 则可以认为 $\mu = 100$ 即为需求量数学期望的主观估计值, 且有

$$P(80 < \xi < 120) = 0.8.$$

将 ξ 标准化得到

$$P\left(\frac{80-100}{\sigma} < \frac{\xi - 100}{\sigma} < \frac{120-100}{\sigma}\right) = 0.8,$$

即

$$2\Phi\left(\frac{20}{\sigma}\right) - 1 = 0.8.$$

故 $\Phi\left(\frac{20}{\sigma}\right) = 0.9$, 反查标准正态分布表, 得到 $\frac{20}{\sigma} = 1.29$, 因此得到标准差 σ 的主观估计值为 $\sigma = \frac{20}{1.29} = 15.50$.

13.7.3　主观概率决策

例 13.7.3　某房地产公司预测某市某行政区 2017 年的住房需求量, 选取了

10 位房产营销相关人员进行主观概率法预测, 要求预测误差不超过 67 套, 调查汇总数据如表 13.7.2 所示.

表 13.7.2 调查汇总数据表 (单位：套)

调查人员编号	累积概率								
	0.010	0.125	0.250	0.375	0.500	0.625	0.750	0.875	0.990
	住房需求量								
1	2111	2144	2156	2200	2222	2244	2267	2278	2311
2	1978	2100	2133	2156	2200	2222	2267	2278	2500
3	2044	2100	2133	2144	2244	2267	2289	2311	2444
4	2156	2167	2178	2189	2200	2211	2222	2233	2244
5	2200	2211	2222	2244	2278	2311	2333	2356	2400
6	1867	1989	2000	2044	2111	2133	2156	2178	2200
7	2156	2200	2222	2289	2311	2356	2400	2433	2489
8	2000	2056	2067	2100	2133	2167	2200	2222	2278
9	2089	2100	2111	2122	2133	2144	2156	2167	2178
10	2222	2244	2244	2278	2300	2322	2356	2367	2444
均值	2082.3	2131.1	2146.6	2176.6	2213.2	2237.7	2264.6	2282.3	2348.8

综合考虑每位房产营销相关人员的预测结果, 并取每种累积概率下的均值, 得到对应的住房需求量. 由表 13.7.2 可以看出, 该房地产公司对 2017 年的住房需求量的预测值最低为 2083 套, 小于该数值的可能性只有 1%, 最高可达到 2349 套, 大于该数值的可能性也只有 1%, 而且住房需求量的均值为 2213 套, 其累积概率为 50%. 若取预测误差为 67 套, 则住房需求量预测区间为 $[2213-67, 2213+67] = [2146, 2280]$, 且其可能性为 $0.875 - 0.250 = 0.625$.

可以看成, 主观概率决策法虽然是凭主观经验估测研究对象, 但是在实际应用中也是具有一定的可靠性的, 这是因为长期从事决策分析活动的人员和有关专家的经验和直觉往往具有很强的可靠性, 而且其简便易行的特点, 使得这种方法在决策环境和研究对象的重要影响因素不出现显著变化的情况下, 也具有一定的实用价值.

13.8 贝叶斯决策法

13.8.1 贝叶斯决策的概念和步骤

本章前面几节讨论的决策方法均是根据预测各种事件可能发生的先验概率, 然后采用期望值准则来选择最优方案, 这样的决策具有很高的风险, 因为先验概率是根据历史资料或者主观判断所确定的概率, 未经试验证实. 为了减少这种风险, 需要较准确地掌握和估计先验概率, 需要通过科学试验、调查和统计分析等方法获取较为准确的情报信息, 以修正先验概率, 并据以确定各个方案的期望值, 拟定出可供选择的决策方案, 协助决策者做出正确的决策. 一般来说, 利用贝叶斯定理求得后验概率并据以进行决策的方法称为贝叶斯决策法.

在先验概率已知的情况下, 一个完整的贝叶斯决策过程包括下述步骤:

(1) 进行预后验分析, 决定是否值得搜集补充资料. 这是因为多数情况下, 为取得补充资料, 需要组织调查或试验活动, 必然耗费一定的人力、物力和财力, 所以需要在调查前权衡利弊得失;

(2) 如果后验预分析的结论是值得搜集补充资料, 则应通过调查或试验方式取得所需资料;

(3) 利用贝叶斯定理计算后验概率;

(4) 利用后验概率重新进行决策.

13.8.2 后验预分析

后验预分析是在调查之前进行的一种分析, 其目的有两个: 一是预计调查的各种可能结果, 在每种调查结果出现的情况下, 做出最优方案的选择; 二是通过分析决定是否要进行调查以取得计算后验概率的补充信息.

例 13.8.1 某化工厂正研制一种新型营养护肤品, 并考虑是否正式投产. 如果投产获得成功可获利 800 万元, 如果失败则将损失 500 万元, 经主观分析认为成功与失败的可能性各占一半. 根据企业曾组织的一次关于新护肤品看法的小型抽样调查资料, 假定在认为新护肤品好与不好的顾客中对新护肤品的未来销售前景都存在三种看法, 即乐观、折中和悲观. 令 θ_i 表示新产品好与不好, X_i 表示对新产品前景的看法, 则小型抽样调查所获得的资料如表 13.8.1 所示.

表 13.8.1 抽样调查提供的条件概率

自然状态 θ_i	调查结果		
	乐观态度 X_1	折中态度 X_2	悲观态度 X_3
	条件概率 $P(X_j\|\theta_i)$		
θ_1: 新产品好	0.8	0.1	0.1
θ_2: 新产品不好	0.2	0.1	0.7

假设进行大型调查的费用为 100 万元, 要求根据所给资料进行后验预分析.

首先, 根据所给资料进行先验概率决策分析, 分析结果如表 13.8.2 所示.

由表 13.8.2 所示, 最优方案为投产.

其次, 根据所给资料利用贝叶斯定理计算后验概率 $P(\theta_i|X_j)$, 计算过程及结果如表 13.8.3 所示.

表 13.8.2 先验概率决策分析表

可行方案 s_i	自然状态 θ_i		期望利润
	θ_1: 新产品好	θ_2: 新产品不好	
	先验概率 $P(\theta_j)$		
	0.5	0.5	
	收益/万元		
s_1: 投产	800	−500	150
s_2: 不投产	0	0	0

表 13.8.3 后验概率计算表

X_j	先验概率 $P(\theta_i)$	条件概率 $P(X_j\|\theta_i)$	联合概率 $P(\theta_i)\cdot P(X_j\|\theta_i)$	边际概率 $P(X_j)=\sum P(\theta_i)P(X_j\|\theta_i)$	后验概率 $P(\theta_i\|X_j)$
乐观X_1	0.5	0.8	0.4	$0.4+0.1=0.5$	0.8
	0.5	0.2	0.1		0.2
折中X_2	0.5	0.1	0.05	$0.05+0.05=0.1$	0.5
	0.5	0.1	0.05		0.5
悲观X_3	0.5	0.1	0.05	$0.05+0.35=0.4$	0.125
	0.5	0.7	0.35		0.875

表 13.8.3 中的边际概率是根据全概率公式 $P(X_j)=\sum P(\theta_i)P(X_j|\theta_i)$ 计算的, 而后验概率则是根据贝叶斯公式 $P(\theta_i|X_j)=\dfrac{P(\theta_i)P(X_j|\theta_i)}{\sum P(\theta_i)P(X_j|\theta_i)}$ 计算得到.

再次, 对各种可能调查结果进行决策分析.

(1) 若出现 X_1, 即调查结果为持乐观态度, 则进行投产的期望利润为

$$800\times P(\theta_1|X_1)+(-500)\times P(\theta_2|X_1)=800\times 0.8+(-500)\times 0.2=540(\text{万元});$$

不投产的期望利润为

$$0\times P(\theta_1|X_1)+0\times P(\theta_2|X_1)=0\times 0.8+0\times 0.2=0(\text{万元});$$

故最优方案仍然为投产, 这与先验概率决策的结果一致.

(2) 若出现 X_2, 即调查结果为持折中态度, 则投产的期望利润为

$$800\times P(\theta_1|X_2)+(-500)\times P(\theta_2|X_2)=800\times 0.5+(-500)\times 0.5=150(\text{万元});$$

不投产的期望利润为

$$0\times P(\theta_1|X_2)+0\times P(\theta_2|X_2)=0\times 0.5+0\times 0.5=0(\text{万元});$$

故最优方案为投产.

(3) 若出现 X_3, 即调查结果为悲观态度, 则投产的期望利润为

$$800 \times P(\theta_1|X_3) + (-500) \times P(\theta_2|X_3) = 800 \times 0.125 + (-500) \times 0.875 = -337.5(\text{万元});$$

不投产的期望利润为

$$0 \times P(\theta_1|X_3) + 0 \times P(\theta_2|X_3) = 0 \times 0.125 + 0 \times 0.875 = 0(\text{万元});$$

故最优方案为不投产.

(4) 权衡得失决定是否进行大规模的调查以取得上述资料的补充信息.

首先, 计算调查的期望收益, 调查所有可能选择的方案的期望收益的加权平均值, 即

$$540 \times P(X_1) + 150 \times P(X_2) + 0 \times P(X_3) = 540 \times 0.5 + 150 \times 0.1 + 0 \times 0.4 = 285(\text{万元}).$$

其次, 将调查的期望收益与调查费用相减, 得到的差额就是调查的期望净收益:

$$285 - 100 = 185(\text{万元}).$$

因为 185 万元高于不做调查的期望收益 150 万元, 所以值得进行大规模调查.

整个后验与分析过程可以用决策树表示, 如图 13.8.1.

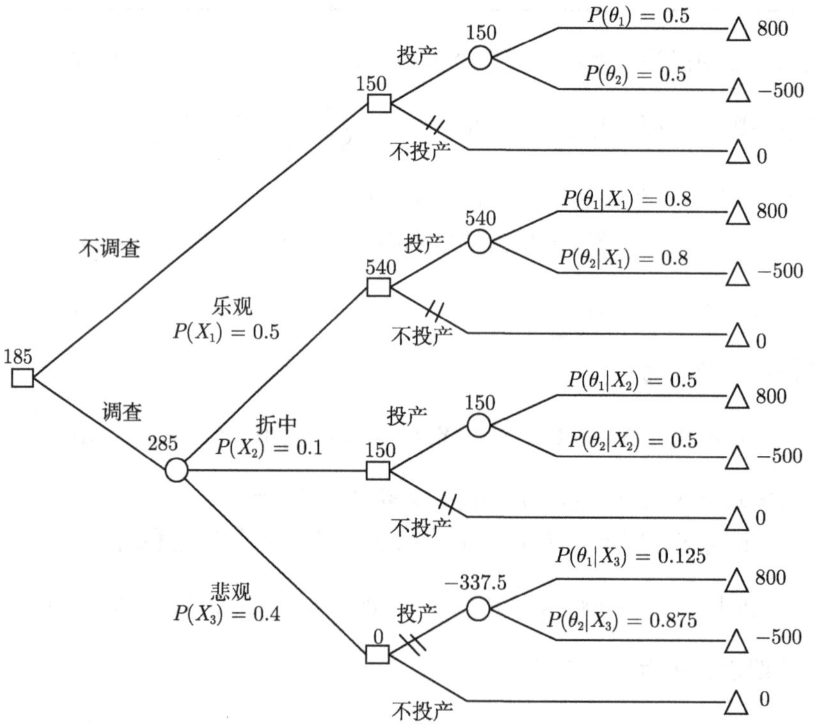

图 13.8.1　新型营养护肤品后验预分析决策树

例 13.8.2 某公司研制开发了一种新型玻璃杯. 经过市场分析认为：当新产品销路好时, 投产新产品可获利 80 万元, 继续生产老产品, 将因其他竞争者开发新产品而使老产品滞销, 估计将造成 40 万元的亏损; 当新产品销路不好时, 投产新产品将产生 30 万元的亏损, 若不投产新产品, 而将更多的资金发展老产品可获利 100 万元. 估计新产品销路好的概率为 0.6, 销路差的概率为 0.4, 根据过去市场调查的经验知道, 市场调查的结果不完全准确, 表 13.8.4 所列的是以真实自然状态为条件的各种调查结果的条件概率. 例如, 当真实自然状态是销路好时, 调查结果是销路好的条件概率为 0.8, 而真实自然状态是销路差时, 调查结果是销路差的条件概率是 0.1, 具体各条件概率值请参阅表 13.8.4. 请帮助该公司进行是否要投产新型玻璃杯的后验分析.

表 13.8.4 调查结果的条件概率

状态	调查结果		
	销路好 X_1	销路不好 X_2	不确定 X_3
	条件概率 $P(X_j\|\theta_i)$		
θ_1：销路好	0.8	0.1	0.1
θ_2：销路不好	0.1	0.75	0.15

首先计算后验概率 $P(\theta_i|X_j)$, 用以修正先验概率, 结果如表 13.8.5 和表 13.8.6 所示.

表 13.8.5 联合概率和边际概率计算表

调查结果	X_1	X_2	X_3	$P(\theta_i)$
$P(\theta_1)P(X_j\|\theta_1)$	$0.8\times0.6=0.48$	$0.1\times0.6=0.06$	$0.1\times0.6=0.06$	0.6
$P(\theta_2)P(X_j\|\theta_2)$	$0.1\times0.4=0.04$	$0.75\times0.4=0.3$	$0.15\times0.4=0.06$	0.4
$P(X_j)$	0.52	0.36	0.12	1.0

表 13.8.6 后验概率表

调查结果	X_1	X_2	X_3
$P(\theta_1\|X_j)$	$0.48/0.52=0.923$	$0.06/0.36=0.167$	$0.06/0.12=0.5$
$P(\theta_2\|X_j)$	$0.04/0.52=0.077$	$0.3/0.36=0.833$	$0.06/0.12=0.5$

根据表 13.8.6 的计算结果, 用决策树进行决策分析, 结果如图 13.8.2 所示.

由图 13.8.2 可以看出, 如果只进行先验分析, 按期望值准则应选方案 s_1, 该方案的期望利润是 36 万元, 如果进行后验预分析, 则可能的期望利润为 68.4 万元, 由于进行后验预分析而带来的净利润为 $68.4-36=32.4$(万元).

因此, 只要调查费用小于 32.4 万元, 就有必要进行调查以修正先验概率.

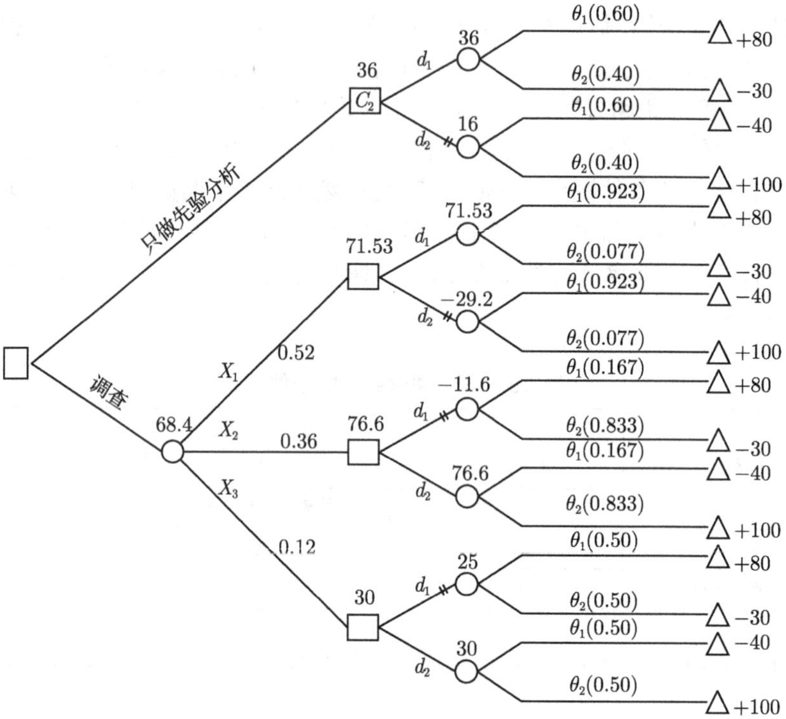

图 13.8.2　玻璃杯后验预分析决策树

13.8.3　贝叶斯决策

如果根据后验预分析结果决定进行调查采集新的补充信息, 那么根据调查结果的新信息重新分析, 计算个方案的期望损益值, 选择最优行动方案的决策过程就称为贝叶斯决策.

例 13.8.3　某公司设计出一种新产品, 有两种方案可供选择：一是进行批量生产; 二是出售专利. 这种新产品投放市场, 估计有三种市场状态：畅销、中等、滞销. 这三种情况发生的可能性依次估计为：0.2,0.5 和 0.3. 各方案在各种情况下的利润及期望利润如表 13.8.7 所示.

假定根据后验预分析决定进行市场前景调查, 于是公司委托专业的市场调查机构调查这种产品的销售前景. 调查结果表明该产品的未来销售状况属于中等. 根据以往资料知当真实市场销售状况为中等时, 调查对销售前景的预测也是中等的概率为 0.8; 当真实市场销售状况为畅销时, 调查的预测结果是中等的概率为 0.1; 当真实市场销售状态为滞销时, 调查的预测结果是中等的概率为 0.2. 根据市场调查机构的调查结果对产品是否批量生产的问题重新进行选择.

表 13.8.7 新产品利润表 (单位: 万元)

方案	自然状态 θ_i			期望利润
	θ_1: 畅销	θ_2: 中等	θ_3: 滞销	
	先验概率 $P(\theta_i)$			
	0.2	0.5	0.3	
	利润			
s_1: 批量生产	800	200	−50	245
s_2: 出售专利	400	70	100	118

根据先验概率, 按照期望值决策准则做出的选择是批量生产. 现在市场调查结果是未来的市场销售前景是中等, 因此需要利用新的信息重新进行决策分析.

首先计算后验概率如下. 令 X_i 为调查的预测结果——畅销、中等和滞销. 已知 $P(\theta_1)=0.2$, $P(X_2|\theta_1)=0.1$; $P(\theta_2)=0.5$, $P(X_2|\theta_2)=0.8$; $P(\theta_3)=0.3$, $P(X_2|\theta_3)=0.2$. 则可以计算后验概率 $P(\theta_j|X_2)$ 如下:

$$P(\theta_1|X_2)=\frac{0.2\times 0.1}{0.2\times 0.1+0.5\times 0.8+0.3\times 0.2}=0.042;$$

$$P(\theta_2|X_2)=\frac{0.5\times 0.8}{0.2\times 0.1+0.5\times 0.8+0.3\times 0.2}=0.833;$$

$$P(\theta_3|X_2)=\frac{0.3\times 0.2}{0.2\times 0.1+0.5\times 0.8+0.3\times 0.2}=0.125.$$

然后根据后验概率重新计算各方案的期望利润, 进行决策, 计算结果如表 13.8.8 所示.

表 13.8.8 后验概率决策分析表 (单位: 万元)

方案	自然状态 θ_i			期望利润
	θ_1: 畅销	θ_2: 中等	θ_3: 滞销	
	后验概率 $P(\theta_i|X_2)$			
	0.042	0.833	0.125	
	利润			
s_1: 批量生产	800	200	−50	193.95
s_2: 出售专利	400	70	100	76.36

根据表 13.8.8, 最优方案仍为批量生产.

例 13.8.4 某投资者打算用 100 万元来投资 A, B, C 三种证券中的一种, 当前他所获得的信息如表 13.8.9 所示. 现在无法获得经济形势的完全情报, 但可通过某些经济指标预测未来的经济形势, 根据历史经验, 在经济形势好的情况下, 经济形势预测结果为好的概率为 0.75; 经济形势一般的情况下, 形势预测结果为好的概率为 0.2; 经济形势差的情况下, 预测结果为好的概率为 0.05. 现在已知补充情报: 经济形势预测结果为好. 试利用贝叶斯决策法进行决策.

表 13.8.9　证券投资决策信息　　(单位: 百万元)

方案	自然状态 θ_i		
	θ_1: 经济形势好	θ_2: 经济形势一般	θ_3: 经济形势差
	先验概率 $P(\theta_i)$		
	$P(\theta_1)=0.3$	$P(\theta_2)=0.5$	$P(\theta_3)=0.2$
	投资收益值		
s_1: 投资证券 A	8	5.5	3
s_2: 投资证券 B	6.5	6	5
s_3: 投资证券 C	2.5	4	10

根据补充情报, 设事件 X 表示经济形势预测结果为好, 则有下列条件概率: $P(X|\theta_1)=0.75, P(X|\theta_2)=0.2, P(X|\theta_3)=0.05$. 根据贝叶斯公式计算各种自然状态下的后验概率. 在经济形势预测结果为好的情况下, 经济形势确实好的概率为

$$P(\theta_1|X)=\frac{P(\theta_1 X)}{P(X)}=\frac{P(\theta_1)P(X|\theta_1)}{\sum_{i=1}^{3}P(\theta_i)P(X|\theta_i)}=\frac{0.3\times0.75}{0.3\times0.75+0.5\times0.2+0.2\times0.05}=0.67;$$

$$P(\theta_2|X)=\frac{P(\theta_2 X)}{P(X)}=\frac{P(\theta_2)P(X|\theta_2)}{\sum_{i=1}^{3}P(\theta_i)P(X|\theta_i)}=\frac{0.5\times0.2}{0.3\times0.75+0.5\times0.2+0.2\times0.05}=0.30;$$

$$P(\theta_3|X)=\frac{P(\theta_3 X)}{P(X)}=\frac{P(\theta_3)P(X|\theta_3)}{\sum_{i=1}^{3}P(\theta_i)P(X|\theta_i)}=\frac{0.2\times0.05}{0.3\times0.75+0.5\times0.2+0.2\times0.05}=0.03.$$

根据概率重新计算期望收益

$$E(s_1)=8\times0.67+5.5\times0.30+3\times0.03=7.1(\text{百万元});$$
$$E(s_2)=6.5\times0.67+6\times0.30+5\times0.03=6.305(\text{百万元});$$
$$E(s_3)=2.5\times0.67+4\times0.30+10\times0.03=3.175(\text{百万元}).$$

故最优方案为 s_1, 即投资证券 A.

习　题　13

1. 若习题 12 中第 1 题的三种状态的概率分别为 0.3,0.4,0.3, 试用期望值决策法和决策树方法进行决策, 并对决策进行灵敏度分析.

2. 某高校某教授有一项塑胶化工专利技术, 他可以出售该技术, 也可以申请贷款购买设备自己生产该专利产品. 该产品未来市场前景可能为乐观、一般和悲观, 各方案在不同状态下的损益值如表 13.1 所示.

表 13.1 决策损益值表 (单位: 万元)

自然状态	乐观	一般	悲观
可行方案	$p_1 = 0.3$	$p_2 = 0.5$	$p_3 = 0.2$
s_1: 贷款生产	800	200	−50
s_2: 出售专利	400	100	20

试用期望值决策法和决策树方法进行决策, 并对决策进行灵敏度分析.

3. 某企业为满足市场需求, 准备建立新厂. 现有贷款生产和出售专利两种方案, 面临的市场状态有畅销、平销和滞销三种, 出现的概率分别为 0.5, 0.3 和 0.2, 各方案的损益值如表 13.2 所示.

表 13.2 各方案损益值表 (单位: 万元)

自然状态	畅销	平销	滞销
可行方案	$p_1 = 0.5$	$p_2 = 0.3$	$p_3 = 0.2$
s_1: 贷款生产	1000	600	−200
s_2: 出售专利	350	200	150

该企业的负责人是一位风险爱好者, 他的效用曲线如图 13.1 所示, 试用效用决策法求出最优的建厂方案.

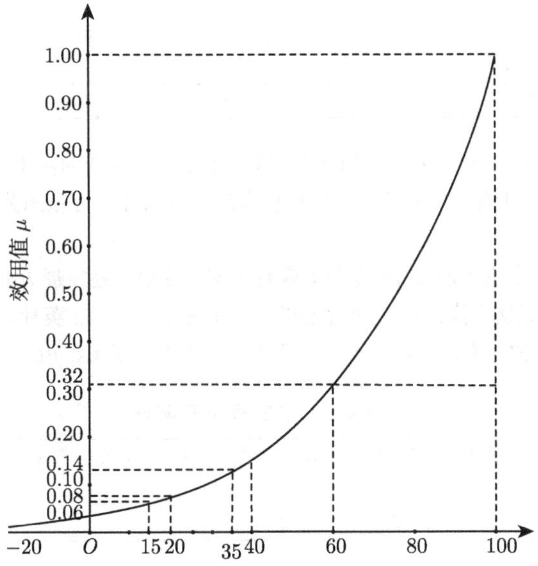

图 13.1 效用曲线图

4. 某商品零售商准备外出组织货源, 收益值资料经预测如表 13.3 所示.

表 13.3　货源收益值资料预测表　(单位: 万元)

自然状态	θ_1	θ_2	θ_3	θ_4
可行方案	$p_1 = 0.2$	$p_2 = 0.4$	$p_3 = 0.3$	$p_4 = 0.1$
s_1	2500	2500	2500	2500
s_2	2350	2750	2750	2750
s_3	2200	2600	3000	3000
s_4	2050	2450	2850	3250

通过对零售商进行提问得到 $u(3250) = 1$, $u(2050) = 0$, $u(2200) = 0.5$, 并基本确定其效用函数为 $u(x) = \alpha + \beta \ln(x + \gamma)$.

(1) 用期望收益值准则对该问题进行决策;

(2) 用期望效用值准则对该问题进行决策;

(3) 对两种准则的决策结果进行对比分析.

5. 某冷饮店拟订某种冷饮在 7、8 月份的日进货计划. 该品种冷饮进货成本为每箱 300 元, 销售价格为 500 元, 当天销售后每箱可获利 200 元. 但如果当天剩余一箱, 则由于冷藏及其他原因而亏损 100 元. 现市场需求情况不清楚, 但有前两年同期计 120 天的日销售资料如表 13.4 所示. 试用边际分析法对进货计划进行决策.

表 13.4　某冷饮店 120 天日销售量资料

日销售量/箱	完成日销售量的天数
100	24
110	48
120	36
130	12
合计	120

6. 现对某种商品的未来需求量做如下主观概率估计: 最可能的需求量为 50 万件, 销售量是 40 万 —60 万件的可能性为 90%, 又知此种商品的需求分布为正态分布, 求此正态分布的参数.

7. 某电视机生产企业曾邀请 15 位专家就我国家用彩电行业发展方向进行预测, 请专家从以下六种方案中选择最优方案, 即 60 英寸及以上、55 英寸、50—52 英寸、45—49 英寸、39—42 寸、32 英寸及以下六种方案. 专家的意见处理结果如表 13.5 所示, 请选择最满意方案.

表 13.5　专家意见预测表

方案	60 英寸及以上	55 英寸	50—52 英寸	45—49 英寸	39—42 英寸	32 英寸及以下
专家选择人数	0	2	4	6	1	2
各方案选择比重	0	13%	27%	40%	7%	13%

8. 某建筑公司考虑安排一项工程的开工计划. 假定影响工程的唯一因素是天气情况. 如

能安排开工按期完成, 可获利 500 万元; 但如遇开工后天气不好而拖延工期, 则将亏损 100 万元. 根据气象资料, 估计最近天气好的概率是 0.2, 天气不好的概率是 0.8. 如果最近不安排开工, 则将负担推迟开工损失费 10 万元. 该公司的目标是获得最多利润, 为了进一步分析, 公司可以从气象咨询事务所购买气象情报, 但这项情报索价 10 万元. 过去的经验表明, 该事务所在天气好时预报天气好的可能性为 0.7, 在天气坏时预报天气坏的可能性是 0.8. 试通过决策分析确定这项情报是否值得购买.

9. 某决策问题有下述损益值表 (表 13.6).

表 13.6 损益值表 (单位: 万元)

决策方案	自然状态 θ_i	
	θ_1	θ_2
	先验概率 $P(\theta_i)$	
	$P(\theta_1)=0.4$	$P(\theta_2)=0.6$
	损益值	
s_1	1000	3000
s_2	4000	2000

若以 X_1 和 X_2 表示市场调查的两种状态, 根据历史资料, 可以得出以下概率值:

$$P(X_1|\theta_1)=0.8,\quad P(X_2|\theta_1)=0.2,\quad P(X_1|\theta_2)=0.4,\quad P(X_2|\theta_2)=0.6.$$

(1) 计算 $P(X_1)$ 和 $P(X_2)$;

(2) 计算后验概率 $P(\theta_1|X_1)$, $P(\theta_2|X_1)$, $P(\theta_1|X_2)$, $P(\theta_2|X_2)$;

(3) 计算进行市场调查获取信息的价值;

(4) 应用决策树法进行决策分析.

10. 某儿童玩具厂拟对一种新的玩具是否投产做出决策. 第一阶段先要考虑是否要试销, 第二阶段要考虑是否要向全国推销. 根据分析, 如果试销, 成功与失败的概率各占 0.5; 如果不试销就直接向全国推销, 成功的概率为 0.4, 失败的概率为 0.6. 在试销成功时, 第二阶段在全国销售成功的概率为 0.8, 失败的概率为 0.2; 而在试销失败时, 第二阶段在全国销售成功的概率仅为 0.1, 失败的概率为 0.9. 另外, 如果在全国销售成功, 可获利润 5000 万元, 如果失败则亏损 1000 万元. 若放弃这个计划, 不影响企业利润. 若第一阶段试销, 需投入 100 万元试销费用, 请帮助该企业进行决策.

第 14 章　多目标决策方法

14.1　多目标决策概述

很多决策问题都有多个目标, 例如, 消费者购买手机, 一般会考虑下述五个目标: 品牌、价格、功能、样式和售后服务, 因而这种购买手机的决策问题就是一个有五个目标的决策问题. 再如, 修建一条铁路, 则铁路的路段设计就是一个多目标决策问题, 因为在地质条件允许的情况下, 如果铁路设计的路程较短, 则会缩短两地之间的运行时间. 但是, 如果设计的路程较短, 则经过的土地和人口的迁移必然很多, 这又会造成很大的损失. 因此在路段设计时, 至少得考虑三个目标, 即路段快捷便利性、路段修建的可实施性和修建铁路带来的经济效益和损失. 又如在人力资源管理问题中, 企业领导干部的选拔任用, 首先必须考虑被选择人的品德和能力, 此外, 还应考虑他的身体健康状况. 因此, 这也可以看作一个有三个目标的决策问题.

上述列举的多目标决策问题都有一些共同的特点, 其中最显著的特点是目标间的不可公度性和目标间的矛盾性. 所谓目标间的不可公度性是指各个目标没有统一的度量标准, 因而难以进行比较. 例如铁路路段的长度以千米度量, 而带来的农田损失则以亩来计算, 又如人才选拔问题中干部的品德、能力和健康状况也都是不可公度的. 因此一般只能根据多个目标所产生的综合效用去估量. 如果决策人不是直接采用效用函数去求解多目标决策问题, 而是借助其他方法, 也需要克服目标间不能公度的困难. 目标间的矛盾性是指如果采用一种方案去改进某一目标值, 可能会使另一目标的值变差. 例如在铁路路段的设计中, 只考虑距离最短, 则会造成一些已经建成的公共设施需要迁移. 又如在干部选拔中, 由于人无完人, 每个人都有其突出的优点, 这样体现在每一个干部身上的德、才、体可能会出现矛盾.

14.1.1　多目标决策过程

多目标决策过程是指采用一种规范的决策方法求解一个多目标决策问题的全过程, 它包括以下五个步骤 (图 14.1.1).

步骤 1　了解待解决的多目标决策问题, 即决策者需要了解待解决的多目标决策问题, 着手剖析情况并提出需要达到的目标.

步骤 2　明确问题, 标明目标和辨识属性. 其任务是: 将关于整体目标的高度概括但又相当含糊的陈述转变为更具体、便于分析的目标, 并且清楚地标明实际问题中的所有主要因素, 如问题的界限和问题所处的环境.

步骤 3 构建模型. 该模型需包含若干个关键变量以及它们之间的逻辑关系, 利用这些关系可以对问题进行分析. 模型有各种形式, 例如简单的思维模型、图表模型、实物模型和数学模型. 这些模型的作用之一是去产生各种行动方案.

步骤 4 分析和评价. 即对各种可行的方案做出比较, 并选择最优方案或最满意方案. 为此, 应对每个目标定一个或几个属性. 这些属性的值可作为采用某方案时各个目标所达到的程度的一种测度. 对于一给定的方案, 这些属性的值能由模型或由主观判断去获得. 为了对方案进行分析和评价, 应当有一预先规定的决策规则进行方案的比较, 然后排列所有方案的优劣次序, 排在最前面的方案将被选中.

步骤 5 方案的实施或重新进行评价. 本步骤将对选出的最优方案或最满意方案实施, 若实施结果不能令人满意, 则需要根据实施方案的具体信息, 重新构造多目标决策问题. 另外, 通过这一步, 多目标决策也真正实现一个闭环过程.

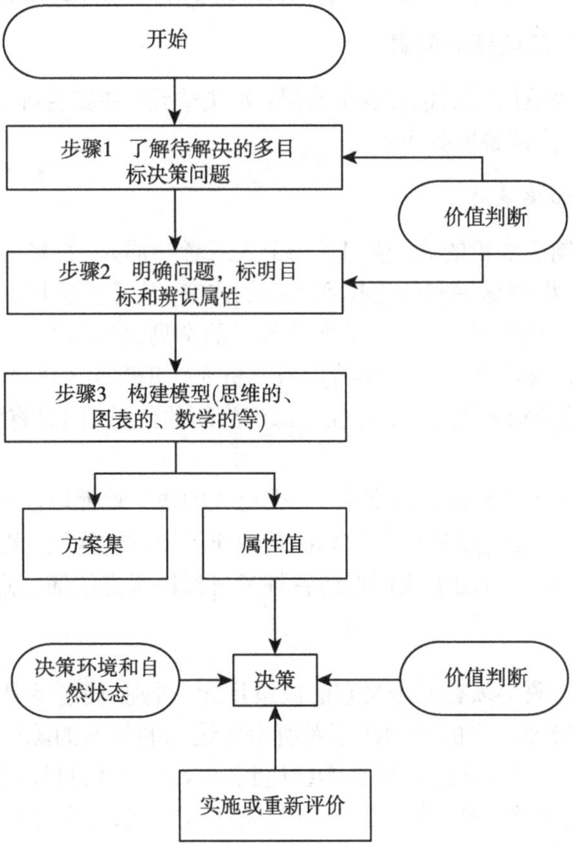

图 14.1.1 多目标决策过程

在图 14.1.1 中, 多个步骤都需要考虑价值判断问题, 下面进行简单的解释. 在每个决策过程中, 都包含有真实的元素和价值的元素. 真实的元素是指那些能用科学的方法去检验, 受到科学的加工, 变换为其他能被检验的元素. 而价值元素却不同, 它们不能直接用任何科学方法去检验和处理. 而判断本身就是在整个决策的过程中最常遇到的价值元素, 价值元素的集合构成价值系统.

在整个多目标决策过程中要多次考虑到价值判断. 在开始步骤认识需要解决的多目标决策问题和了解要达到的整体目标, 这是一个纯粹主观的过程; 而如何明确问题, 并辨认问题的界限和了解它的环境, 确定目标及其适宜的属性等也需要做出主观判断. 在模型的构建过程中, 模型的形式、模型关键变量的选择, 都需要主观判断确定. 例如, 关于思维模型, 可能纯粹依靠主观判断在被选择的决策变量之间和在决策变量和属性之间找出它们的逻辑关系; 但在数学模型中, 这种逻辑关系将依靠解析的和定量的分析, 在其他形式的模型, 例如统计表, 则可能是混合的. 另外, 在分析和评价步骤中, 决策规则的选择则主要依靠决策者来进行主观判断决定.

14.1.2　多目标决策问题的要素

每个多目标决策问题都包含五个要素：决策单元、决策目标、决策属性、决策情况和决策规则, 具体说明如下：

1. 决策单元和决策者

决策者是指制定决策的人, 他们是一个人或者一群人, 直接地或者间接地提供最终的价值判断, 根据这种判断去排列可行的方案, 从而能选择出最优或最满意的方案. 因此方案的 “好” 或 “坏” 是按照决策者的意见去判断的.

决策单元包含决策者, 还有其他的人 (分析人) 和机器, 他们结合起来作为一信息处理器, 通过接受输入的信息, 并在内部产生新的信息, 同时将信息变换为知识, 最后做出决定.

最小的决策单元就是决策者本人. 一个更大的决策单元可能包含决策者、分析人、计算机和绘图仪器. 把决策单元和决策者作了上述的区别, 就比较有利于讨论决策情况的范围, 它将有助于我们理解各种多目标决策方法的特点.

2. 决策目标

多目标决策问题必须首先定义它的决策目标, 否则, 问题就是空洞的. 本质上, 决策目标是关于研究对象的某种决策者所希望达到的状态的陈述. 在多目标决策问题中, 有若干个陈述去表达决策者希望达到的状态. 既然目标是一种要求或者愿望, 它就不一定能达到, 但决策者总是力求能够达到, 从而它能作为衡量一种可行方案的质量标准, 并据此做出评价.

另外, 一个意义明确的决策目标通常可表示为一个层次结构, 如图 14.1.2 所示. 这个层次结构的最高层是总体目标, 是促使人们去研究这个决策问题的原动力, 但是这个目标常常表达的比较含糊、笼统, 不便于运算. 因此, 在层次结构中, 下层的目标比上层的目标更加明确具体和便于运算, 从而可以作为达到上层目标的某种手段.

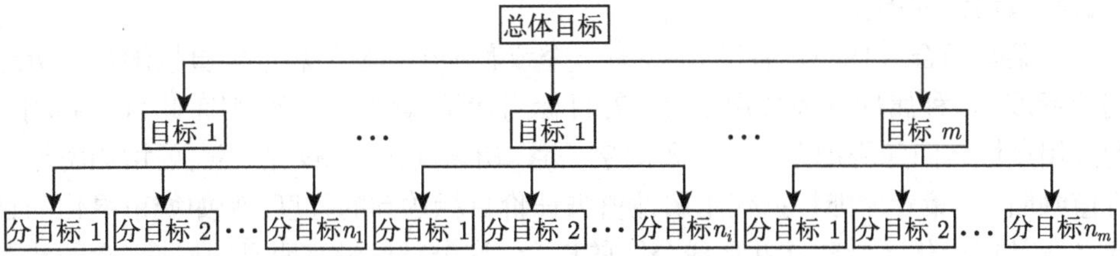

图 14.1.2 目标的层次结构

例如, 某经济特区计划兴建一个大型海港, 海港的选址需要综合考虑经济、技术、环境以及社会四个方面, 这样决策目标就有四个: 经济、技术、环境、社会, 这四个目标均不能直接用一个或几个准则进行评价, 要根据决策主体实际情况的要求, 逐级分解为若干个子目标. 例如, 经济目标可以分解为直接经济效益和间接经济效益两个一级子目标, 而直接经济效益又可以继续分解为投资额、投资回收期和利税总额三个二级子目标等, 其他目标的分解类似, 如图 14.1.3 所示.

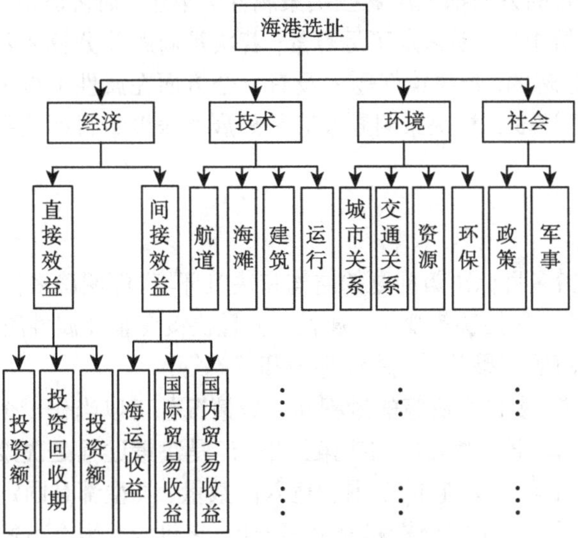

图 14.1.3 海港选址的目标层次结构

3. 决策属性

决策属性反映了达到特定目标的一种测度, 其值称为属性值. 在很多场合, 属性值能明显地且直接地表明相应的目标被达到的程度. 例如, 用 “万元” 作为纯利润的计量单位, 表明达到最大利润这个目标的程度的一种直观测度. 在某些问题中, 所有的目标和相应的属性之间都有直接的关系, 把目标看成一种层次结构也是为了实现这个目的. 对于最低层的每个目标都应当有一个属性或几个属性去直接测量该目标被达到的程度.

在某些场合, 可能有的目标并没有一个或若干个明显的属性去直接测量它所达到的程度. 这种属性称为代用属性. 若目标用代用属性去测度, 则在此目标和相应的代用属性之间隐匿地存在着某种间接关系. 所谓间接关系是指还需要增加附加的价值判断, 决策者才能根据代用属性值去评价目标达到的程度. 例如城市绿化的目标之一是在绿化区域建立并形成公园的机会. 这个目标没有明显的属性, 它的代用属性可以定义为来绿化区域散步的人数. 这里所包含的隐匿的价值判断是, 人数越多, 则绿化区域形成公园的机会就越高.

每个目标的属性都必须满足两个性质：可理解性和可测性. 若属性值足以标定相应的目标达到的程度, 则它是可理解的. 若对给定的方案按照某种标度可以对属性进行赋值, 则该属性是可测的. 直观上, 这两条要求是非常明显和合理的.

当用一些决策属性去表示完整的多目标决策问题时, 这些决策属性必须具有以下五个性质：完全性、可运算性、可分解性、非多余性和最小性. 若一个多目标决策问题的所有重要的方面都能用这些决策属性去表示, 则它是完全的; 若这些属性能有效地用到分析中去, 则它是可运算的; 若决策问题能分解为若干部分, 使评价简化, 则它是可分解的; 若决策问题中没有一个方面在属性中被重复考虑, 则它是非多余的; 若对于该多目标决策问题没有另外属性来度量目标达到的程度, 则它是最小的.

4. 决策情况

决策情况是指多目标决策问题的结构和决策环境, 即明确多目标决策问题各种输入的数量和类型, 包括决策变量、属性、测量决策变量和属性所采用的标度、决策变量和属性之间的因果关系、决策环境和状态等.

从结构上来说, 多目标决策的过程和决策情况都可以当作一个黑箱, 通过输入已知的某些信息, 输出即为做出的决策结果. 但是决策过程是决策的全过程, 包含了图 14.1.1 中所有的五步, 它的范围和输入的数量、类型都是固定的. 而决策情况的最小范围只有图 14.1.1 中分析和评价那一步, 它包含有限个方案、属性和对环境状态的描述. 当环境状态已知时, 输入量可用于计算每个方案的属性值. 在这类决策情况中, 决策单元即决策者本人. 例如购买手机决策, 职业选择决策等, 都是这类决策情况的典型例子. 此外, 还有其他类型的决策情况, 范围包括了图 14.1.1 的整个流程, 这类决策通常具有下述特点：有若干个决策变量, 且这些变量有复杂的因果关系; 在决策变量和属性之间有复杂的手段和目的的关系; 方案有无限个, 因此不能排列为一简单的方案表, 而必须使用因果的或手段和目的的关系形式去隐匿地给出, 一般情况下的这种关系表示为一系列的约束条件, 而方案集则由这一系列约束条件所限制.

从方法论上来说, 区别这两类决策情况的主要标志之一是方案的数目, 前者方案是有限个, 后者方案是无限个, 从而导致了构造问题和求解问题的不同方法. 前者决策情况的决策问题也称多属性决策问题, 后者决策情况的决策问题也称为多目标决策问题, 统称为多准则决策问题. 这两类问题的解法不完全相同. 尽管决策情况决定了相应的多目标决策方法, 但是, 并没有一个适当的准则去指导人们为某一特定的决策问题选择某种最为适宜的决策情况, 这种选择与决策问题的性质、决策者的经验、智慧和判断能力等有关.

5. **决策规则**

在做出最终决策时, 决策者试图选择一种最优或者最满意的方案, 即意味着需要把所有可行方案按照优劣排列先后次序, 而方案的优劣则需要根据所有决策目标的属性值去衡量, 用于排列方案优劣次序的规则称为决策规则. 决策规则和决策目标有密切的关系, 对于某些简单的问题可以直接用决策目标作为决策规则. 例如大多数公司的运行只有单个目标, 即获取最大利润, 其相应的属性 “用万元去度量利润” 可用于衡量已给定可行方案的优劣. 该决策问题的决策规则即为选择获取利润最大的方案. 但是对另一些决策问题, 除目标以外, 可能还要作补充说明才能形成决策规则. 例如, 空气质量模型的单个目标是改进空气质量, 相应的属性是环境空气质量指数 (AQI). 根据《环境空气质量指数 (AQI) 技术规定 (试行)》(HJ 633—2012) 规定: 空气污染指数划分为 0—50, 51—100, 101—150, 151—200, 201—300 和大于 300 六个层级, 对应于空气质量的六个层级, 指数越大, 级别越高, 说明污染越严重, 对人体健康的影响也越明显. 也就是说 AQI 的值越低, 空气质量越好, 有了这种说明以后, 选择使 AQI 的值低于 100 的方案就是一种决策规则. 而在有些决策问题中, 标定了目标的目的 (或称为期望值) 就规定了决策规则. 例如在上述空气质量的例子中, 针对某个问题, AQI 的值需选择为 101—150, 相应的空气质量层级为三级, 空气质量状况属于轻度污染, 它可以作为方案能否接受的一个标准, 根据这个标准, 方案可分为可接受的方案 (AQI$<$100) 和不可接受的方案 (AQI$>$150) 两类. 因此该目的 (期望值) 起到了将方案的优劣进行排序的作用, 尽管这种划分是粗略的.

在多目标决策问题中, 常常需要明确标明决策规则. 例如, 决策问题可能要使每个属性 $c_j(j=1,2,\cdots,n)$ 达到最大, 如果碰巧有一个方案使每个属性 $c_j(j=1,2,\cdots,n)$ 都达到了可能的极大值, 那么无须另外的决策规则, 就能做出选择这个方案的决策. 但是, 这种情况是非常罕见的. 一般情况下, 我们得不到这种最优解, 只能得到非劣解. 简而言之, 一种方案相对于属性 $c_j(j=1,2,\cdots,n)$ 称为非劣的,如果没有另一方案能改进一个属性的值, 而又不使其他属性的值变劣. 如果要从非劣方案中去选择最优方案, 则需要另外的决策规则, 即选择一最满意的非劣方案, 能最好地满足决策者的要求. 在这种情况下, 深入考虑决策者的偏好是求解多目标决策方法问题不可缺少的部分.

因此, 对于一给定的多目标决策问题, 要选择一种适宜的求解方法, 就必须了解这种方法中包含的决策规则是否适合被求解的问题. 这是一项创造性的工作, 决策者和分析人必须有智慧和经验才能做出正确的选择. 实际上, 决策规则包含两大类, 一类是最优规则, 另一类是满意规则. 一种决策规则若能把所有可行方案相对于某个准则排列为完全的次序, 则它属于最优类, 因为在完全的次序中总有一个最好的方案, 而满意类中的决策规则, 则是按这个规则所蕴含的意义去寻求一个满意的方案, 它牺牲了最优性, 即将问题进行简化, 从而能节约分析时间, 降低分析费用. 运用满意规则可以把一系列的可行方案划分为几个有序的子集, 例如, 可接受的和不可接受的两个子集, 或者好的、可接受的、不可接受的、坏的等四个子集. 显然, 不同的子集中的任意两个方案的优劣都是可比较的, 但不能分辨同一子集中的两个方案的优劣.

14.2 层次分析法

层次分析法 (analytic hierarchy process, AHP), 又称为多层次权重解析方法, 是 20 世纪 70 年代由美国著名运筹学家、匹兹堡大学 T.L.Saaty 教授提出的一种系统分析方法. 该方法将定性分析和定量分析相结合, 能够有效分析目标准则体系层次间的非序列关系, 对综合测度决策者的判断和比较带来极大的方便, 因此在社会经济管理许多方面得到越来越广泛的应用.

14.2.1 层次分析法的基本原理

层次分析法的基本思路是通过分析复杂系统所包含的因素及相关关系, 把一个复杂的问题分解成各个组成因素, 并将这些因素按支配关系分组, 从而客观上形成多层次的有序的递阶层次结构. 下面以一个例子来说明.

例 14.2.1 某城市市中心有一座商场, 街道狭窄, 人员车辆流量过大, 经常造成交通堵塞. 市政府决定要改善此处的交通环境, 并经过有关专家会商研究, 制定出三个可行方案:

P_1: 在商场附近修建一座环形天桥; P_2: 在商场附近修建地下人行通道; P_3: 搬迁商场.

根据当地的具体条件和有关情况, 需要考虑通车能力 (C_1)、方便群众 (C_2)、基建费用 (C_3)、交通安全 (C_4) 和市容美观 (C_5) 等一些准则, 通过比较 3 个候选方案, 从中选出最优的方案. 首先考虑这 5 个准则的重要性. 从缓解交通压力角度来考虑首选通车能力, 从市政工程建设角度考虑又得兼顾市容美观, 从关注国计民生角度考虑必须考虑群众方便, 从公共安全角度思考又得强调交通安全, 而如果市政建设费用有限, 则必须重点考虑基建费用. 其次, 需要就每一个准则对 3 个方案进行比较. 比如, 就基建费用而言, P_3 代价最高, P_2 次之, P_1 最小; 就群众方便而言, P_1 最佳, P_2 次之, P_3 最差, 等等. 最后, 需要将两个层次的判断结果进行综合, 在 P_1, P_2, P_3 中选择最优方案. 上述过程可以归结为以下几步.

(1) 该决策问题可以分为 3 个层次, 最上层为目标层, 即改善此处交通环境, 选择一个最优方案, 最下层为方案层, 即包含 P_1, P_2, P_3 这 3 个可行方案, 中间层为准则层, 包含通车能力、方便群众、基建费用、交通安全和市容美观 5 个准则, 每层之间的联系可以用相连的直线表示 (如图 14.2.1 所示).

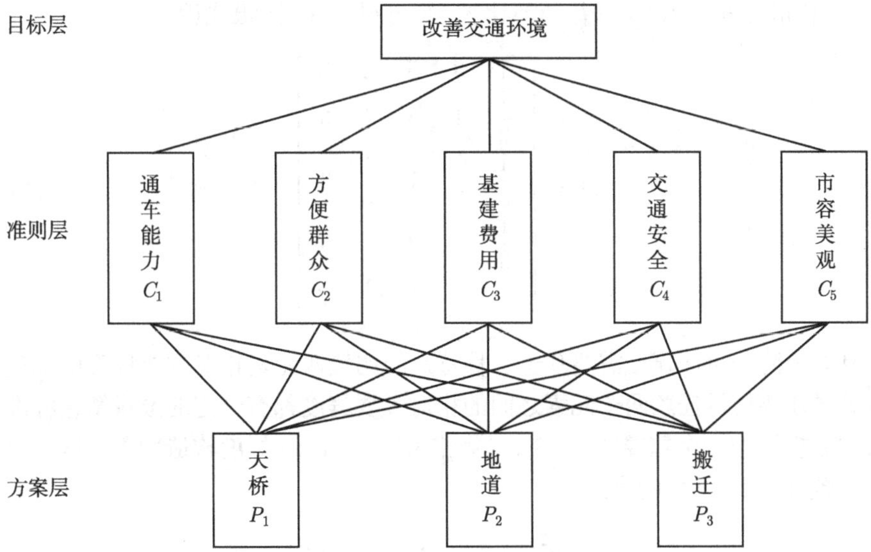

图 14.2.1 改善交通环境的层次结构

(2) 针对决策目标, 对各个准则进行两两比较, 得到准则对于目标的重要性权重; 针对每一个准则, 对各个可行方案进行两两比较, 得到方案对于准则的重要性权重.

(3) 将准则层对目标层的权重及方案层对准则层的权重进行综合, 得到相应的综合权重.

构建了层次结构以后, 该决策问题就转化为可行方案关于具有层次结构的目标准则体系的排序问题. 由于在对多个不同因素进行比较时, 人们经验和知识的不全面和不确定, 导致判断失去准确性. 层次分析法考虑将所有因素进行两两互相对比, 并采用相对尺度, 从而减少多种因素在比较时产生的困难, 提高度量的准确性.

假设要比较层次结构中某一层 n 个因素 $C_1, C_2, \cdots, C_n$ 对上一层次因素 O 的影响, 对因素 C_i 和 C_j 进行对比, 并用 a_{ij} 来表示因素 C_i 相对于因素 C_j 来说对因素 O 影响的重要性程度, 这样得到一个 n 阶的成对比较矩阵

$$A=(a_{ij})_{n\times n},\quad a_{ji}=\frac{1}{a_{ij}},\ a_{ii}=1,\ a_{ij}>0,\quad i,j=1,2,\cdots,n. \tag{14.2.1}$$

由式 (14.2.1), a_{ij} 为正数, 且该矩阵以主对角线为对称轴, 上三角和下三角处于对应位置上的元素互为倒数, 因此 A 经常被称作正互反矩阵, 也被称作互反判断矩阵.

例 14.2.1 中若对准则通车能力 (C_1)、方便群众 (C_2)、基建费用 (C_3)、交通安全 (C_4) 和市容美观 (C_5) 进行两两比较, 则可得到互反判断矩阵

$$A=\begin{bmatrix} 1 & 3 & 5 & 3 & 5 \\ \frac{1}{3} & 1 & 3 & 1 & 3 \\ \frac{1}{5} & \frac{1}{3} & 1 & \frac{1}{3} & 3 \\ \frac{1}{3} & 1 & 3 & 1 & 3 \\ \frac{1}{5} & \frac{1}{3} & \frac{1}{3} & \frac{1}{3} & 1 \end{bmatrix}. \tag{14.2.2}$$

判断矩阵 A 的构造, 需要基于一种特定的比较两元素相对重要程度的标度, 也只有这样才能使得任意两个元素之间的相对重要程度都有一定的数量衡量标准, 这是层次分析法的一个重要特点. Saaty 教授引入了 1—9 标度构造判断矩阵 A, 其标度值的含义如表 14.2.1 所示.

表 14.2.1 1—9 标度

标度 a_{ij}	含义
1	C_i 与 C_j 同样重要
3	C_i 比 C_j 稍微重要
5	C_i 比 C_j 明显重要
7	C_i 比 C_j 强烈重要
9	C_i 比 C_j 极端重要
2,4,6,8	C_i 比 C_j 重要程度介于上述两个相邻等级之间
$1,\frac{1}{2},\cdots,\frac{1}{9}$	C_j 比 C_i 的重要性程度, 为 a_{ij} 的互反数

人们在进行定性比较时, 总是习惯用相同、较强、强、很强、极端强等判断语言, 即对应 5 种明显的等级. 心理学家认为, 大多数人对不同因素在不同方面的比较差异, 分辨能力仅介于 5 到 9 之间, 而 1—9 标度能反映大多数人的判断能力. 实际上, Saaty 曾将 1—9 标度与 1—3、1—5、1—17、1^p—$9^p(p=2,3,4,5)$ 等二十多种标度进行比较, 结果表明, 1—9 标度更能有效地将思维判断结果数量化, 且更容易被人接受.

由式 (14.2.2) 可以看出, 准则 C_1 的重要性程度为 C_2 的 3 倍, 准则 C_2 的重要性程度为 C_3 的 3 倍, 那么准则 C_1 的重要性程度应当为 C_3 的 9 倍, 而不是矩阵 A 中给出的 5 倍. 在对因素进行两两比较的时候, 因为决策者的心理偏差总会导致这种比较上的差异性, 因此 Saaty 提出, 允许矩阵 A 中的元素具有一定的不一致性, 但是需要限于一定的范围. 而如果矩阵 A 中每一个元素都满足这种重要性程度的传递性, 则称 A 是完全一致性矩阵. 下面考虑完全一致性矩阵 A 的数学性质, 然后讨论如何根据完全一致性矩阵 A 来确定因素的排序, 再说明一致性矩阵的检验与不一致性矩阵的处理.

设想一个物体重量为 1, 把它分成 n 小块, 重量分别为 $w_1,w_2,\cdots,w_n$, 第 i 小块与第 j 小块重量之比为 $\dfrac{w_i}{w_j}$, 若将重量看成物体的重要性程度, 则第 i 小块的重量性程度为第 j 小块的 $\dfrac{w_i}{w_j}$ 倍, 即有 $a_{ij}=\dfrac{w_i}{w_j}$, 故有互反判断矩阵

$$A=(a_{ij})_{n\times n}=\left(\frac{w_i}{w_j}\right)_{n\times n}. \tag{14.2.3}$$

矩阵 A 中, a_{jk} 表示第 j 小块的重要性程度是第 k 小块的 $\dfrac{w_j}{w_k}$ 倍, 而 a_{ik} 表示第 i 小块的重要性程度是第 k 小块的 $\dfrac{w_j}{w_k}$ 倍, 此时有 $a_{ij}\cdot a_{jk}=a_{ik}$, 也就是说物体之间的重要性程度满足一致性要求. 一般地, 若正互反矩阵 A 满足

$$a_{ij}\cdot a_{jk}=a_{ik},\quad i,j,k=1,2,\cdots,n, \tag{14.2.4}$$

则称 A 为完全一致性矩阵, 简称为一致性矩阵或一致阵.

显然, 对于一致性矩阵 A 而言, 每列元素对应成比例, 因而 A 的秩为 1. 又因为主对角线上的元素均为 1, 因而 A 有唯一的非零特征根为 n.

对于式 (14.2.3) 中的完全一致性矩阵, 令 $w=[w_1,w_2,\cdots,w_n]^{\mathrm{T}}$, 左乘矩阵 A 得到 $Aw=nw$. 故 w 是矩阵 A 的属于特征值 n 的特征向量, 而该特征向量可以作为 n 个因素重要性程度的评判标准. 也就是说, 若得到的互反判断矩阵是完全一致性矩阵, 则可以取对应于特征根 n 的、归一化的特征向量来表示 n 个因素 $C_1,C_2,\cdots,C_n$ 对上一层次因素 O 影响的重要性权重, 该向量称为权向量, 也称为

排序向量. 若得到的互反判断矩阵不是完全一致性矩阵, 但其不一致性在容许的范围内, Saaty 提出用对应于 A 的最大特征根 $\lambda_{\max}$ 的归一化特征向量作为权向量 w, 即求解

$$Aw = \lambda_{\max} w, \tag{14.2.5}$$

并将权向量归一化. 这种求解 n 个因素重要性权重的方法称为特征根法.

定理 14.2.1 对于正矩阵 A,

(1)A 的最大特征根为正单根 $\lambda_{\max}$;

(2)$\lambda_{\max}$ 对应正特征向量 w;

(3)$\lim\limits_{k\to\infty}\left(A^k R/R^{\mathrm{T}}A^k R\right)=w$, 其中 $R=[1,1,\cdots,1]^{\mathrm{T}}$, w 为对应 $\lambda_{\max}$ 的归一化特征向量.

定理 14.2.2 n 阶互反判断矩阵 A 的最大特征根 $\lambda_{\max}\geqslant n$; 当 $\lambda_{\max}=n$ 时, A 为完全一致性互反判断矩阵.

根据前面的分析和以上两个定理可以看出, 互反判断矩阵 A 为完全一致性矩阵的充要条件是 A 的最大特征根 $\lambda_{\max}=n$, 因此可以用 A 的最大特征根 $\lambda_{\max}$ 的归一化特征向量 w 作为权向量. 而如果 A 不具有一致性, 那么 A 的最大特征根 $\lambda_{\max}$ 就会大于 n, 并且 A 的不一致性程度越高, $\lambda_{\max}$ 比 n 大得就越多, 用 $\lambda_{\max}$ 的特征向量作为权向量引起的偏差就越大.

设 A 的所有特征值为 $\lambda_1,\lambda_2,\cdots,\lambda_n$, 且不妨设 $\lambda_{\max}=\lambda_1$, 因为 $a_{ii}=1(i=1,2,\cdots,n)$, 故 A 的迹为 $\mathrm{tr}(A)=\sum\limits_{i=1}^{n}a_{ii}=n$, 则 $\lambda_{\max}+\sum\limits_{i=2}^{n}\lambda_i=\mathrm{tr}(A)=n$. 因而, $\left|\sum\limits_{i=2}^{n}\lambda_i\right|=\lambda_{\max}-n$. 也就是说, A 要想达到完全一致性, 必须 $\left|\sum\limits_{i=2}^{n}\lambda_i\right|=\lambda_{\max}-n=0$, 因而为了衡量互反判断矩阵 A 的不一致性程度, Saaty 定义了如下一致性指标:

$$\mathrm{CI}=\frac{\lambda_{\max}-n}{n-1}. \tag{14.2.6}$$

由式 (14.2.6) 可以看出, CI 值越大, 说明 $\lambda_{\max}$ 偏离 n 就越多, 即 A 不一致性的程度就越高; 反之, CI 值越小, 说明 $\lambda_{\max}$ 偏离 n 就越少, 即 A 一致性的程度就越高. 特别地, 当 $n\leqslant 2$ 时, CI=0, A 具有完全一致性. 为了通过 CI 值来判断 A 的不一致性程度, 并判断 A 的不一致性是否在容许的范围内, 需要制定一个标准, 因而引入随机一致性指标 RI. 表 14.2.2 给出了不同阶数判断矩阵的随机一致性指标值. RI 值的计算方法是对于固定的矩阵阶数 n, 随机构造 500 个以上 n 阶正互反判断矩阵, 计算每一个矩阵的 CI 值, 然后将这些 CI 值进行平均, 即得到 n 阶互反判断矩阵的随机一致性指标值.

表 14.2.2 随机一致性指标值

n	1	2	3	4	5	6	7	8	9	10
RI	0	0	0.52	0.89	1.12	1.26	1.36	1.41	1.46	1.49
n	11	12	13	14	15	16	17	18	19	20
RI	1.52	1.54	1.56	1.58	1.59	1.61	1.62	1.63	1.63	1.64

当 $n=1$ 或 2 时, 矩阵 A 为一致性矩阵; 当 $n \geqslant 3$ 时, 将 A 的一致性指标 CI 与它的同阶随机一致性指标 RI 作比值, 即

$$\mathrm{CR}=\mathrm{CI}/\mathrm{RI}. \tag{14.2.7}$$

CR 称为一致性比率. CR 的值越小, 说明判断矩阵 A 的一致性就越好. 一般地, 当 CR<0.1 时, 可以认为 A 的不一致性在容许的范围之内, 此时 A 具有满意的一致性, 利用 A 的最大特征值对应的特征向量对因素进行排序. 若 CR⩾0.1, 则需要对判断矩阵 A 进行修正, 或者重新构造矩阵 A.

对于式 (14.2.2) 中的矩阵 A, 计算得到 $\lambda_{\max} = 5.206$, 归一化的特征向量为 $w = [0.461, 0.195, 0.091, 0.194, 0.059]^{\mathrm{T}}$. 由式 (14.2.6) 得到 $\mathrm{CI} = 0.0515$, 再在表 14.2.2 中查出 $\mathrm{RI} = 1.12$, 然后由式 (14.2.7) 计算 $\mathrm{CR}=\dfrac{0.0515}{1.12}=0.0460<0.1$, 故矩阵 A 通过一致性检验, 即 A 的最大特征值对应的特征向量 w 可以作为 5 个准则对目标的重要性权重向量.

在例 14.2.1 中, 我们不仅要计算 5 个准则对目标的重要性权重, 还要计算 3 个方案对每一个准则的重要性权重, 仿照上面的方法, 分别构造通车能力、方便群众、基建费用、交通安全、市容美观这 5 个准则下 3 个方案进行成对比较后的互反判断矩阵如下:

$$B_1=\begin{bmatrix} 1 & 1 & 5 \\ 1 & 1 & 5 \\ \frac{1}{5} & \frac{1}{5} & 1 \end{bmatrix},\quad B_2=\begin{bmatrix} 1 & 3 & 5 \\ \frac{1}{3} & 1 & 2 \\ \frac{1}{5} & \frac{1}{2} & 1 \end{bmatrix},\quad B_3=\begin{bmatrix} 1 & 4 & 7 \\ \frac{1}{4} & 1 & 4 \\ \frac{1}{7} & \frac{1}{4} & 1 \end{bmatrix},$$

$$B_4=\begin{bmatrix} 1 & \frac{1}{2} & \frac{1}{3} \\ 2 & 1 & 1 \\ 3 & 1 & 1 \end{bmatrix},\quad B_5=\begin{bmatrix} 1 & \frac{1}{2} & \frac{1}{3} \\ 2 & 1 & 1 \\ 3 & 1 & 1 \end{bmatrix}.$$

由成对比较矩阵 $B_k(k=1,2,3,4,5)$ 计算权向量 w_k, 最大特征值 λ_k、一致性指标 I_k 和一致性比率 CR_k, 结果如表 14.2.3 所示.

表 14.2.3 5 个准则下 3 个方案比较结果

k	1	2	3	4	5
w_k	0.455 0.455 0.090	0.648 0.230 0.122	0.695 0.229 0.075	0.169 0.387 0.443	0.169 0.387 0.443
λ_k	3	3.005	3.079	3.018	3.018
CI_k	0	0.0025	0.0395	0.009	0.009
CR_k	0	0.0048	0.076	0.0173	0.0173

显然, $\mathrm{CR}_k < 0.1,\ k = 1,2,3,4,5$, 即认为这 5 个判断矩阵都具有满意的一致性, 其归一化的特征向量均可以作为对应准则下各方案的重要性权重向量.

下面考虑将各准则对目标的权向量 w 和各方案对每一准则的权向量 $w_k(k = 1,2,3,4,5)$ 进行综合, 计算各个方案对目标的权向量 W, 该权向量称为组合权向量, 是对各个方案进行排序的排序向量. 令 $W_0 = [w_1, w_2, w_3, w_4, w_5]$, 则各方案对目标的权向量 w 可表示为

$$W = W_0 w = [w_1, w_2, w_3, w_4, w_5]w = [0.442, 0.374, 0.184]^{\mathrm{T}}.$$

因此, 方案 P_1, P_2, P_3 对目标的组合权重分别为 $v_1 = 0.442, v_2 = 0.374, v_3 = 0.184$. 这些组合权重目前还不能作为方案的最终排序向量, 必须要进行组合一致性检验. 组合一致性指标为

$$\mathrm{CI}_{\text{组合}} = [\mathrm{CI}_1, \mathrm{CI}_2, \mathrm{CI}_3, \mathrm{CI}_4, \mathrm{CI}_5]w = 0.006359,$$

组合随机一致性指标为

$$\mathrm{RI}_{\text{组合}} = [\mathrm{RI}_1, \mathrm{RI}_2, \mathrm{RI}_3, \mathrm{RI}_4, \mathrm{RI}_5]w = 0.52,$$

故组合一致性比率为

$$\mathrm{CR}_{\text{组合}} = \frac{\mathrm{CI}_{\text{组合}}}{\mathrm{RI}_{\text{组合}}} = \frac{0.006359}{0.52} = 0.01223 < 0.1,$$

即认为整个层次判断通过一致性检验, 对应的组合权向量可以作为方案排序的依据. 因为 $v_1 > v_2 > v_3$, 所以三个方案的排序结果为 $P_1 \succ P_2 \succ P_3$, 即修建天桥为最满意方案, 其次是修建地下人行通道, 搬迁商场为最差方案.

14.2.2 层次分析法的基本步骤

(1) 明确问题, 提出总目标.

(2) 建立层次结构, 把问题分解成若干层次. 将有关的各个因素按照不同属性自上而下分解成若干层次. 第一层次为总目标, 通常只有一个因素; 中间层有 1 个

或多个层次, 可根据问题的性质分成准则层、子准则层等; 最下层一般为方案层. 具有同一属性且相互独立的因素归为一层, 同一层次的因素既对下一层次因素起制约作用, 又受上一层次因素的制约, 这样形成递阶层次结构, 如图 14.2.2.

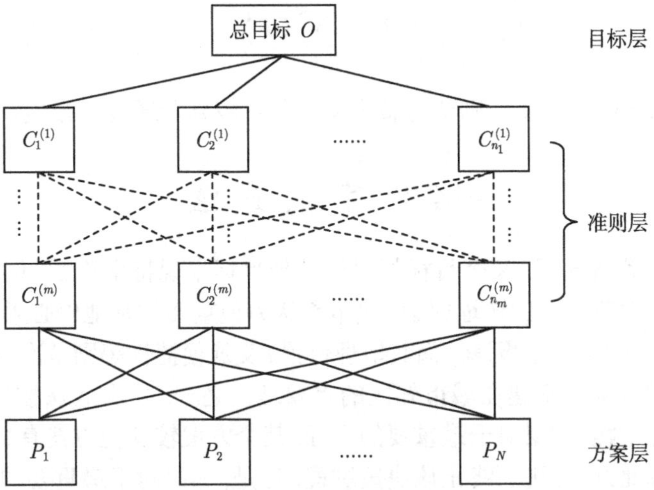

图 14.2.2 递阶层次结构

(3) 构造成对比较矩阵. 从第 2 层开始逐层往下, 用 1—9 标度构造下层因素相对于上一层每个因素的成对比较矩阵, 直到最下层的方案层.

(4) 计算权向量并做一致性检验. 对每一个成对比较矩阵, 用特征向量法计算最大特征值和对应的归一化特征向量. 并计算一致性指标, 查表得到随机一致性指标, 两者一起构造一致性比率, 若矩阵的一致性检验通过, 则归一化的特征向量即为权向量, 若不通过, 则需对判断矩阵进行修正或者重新构造判断矩阵.

(5) 计算组合权向量并做组合一致性检验. 设当前层次上的因素为 $A_1, A_2, \cdots, A_n$, 相关的上一层因素 $C_1, C_2, \cdots, C_m$, 则对每个 C_i, 将 $A_1, A_2, \cdots, A_n$ 进行两两比较, 可求得一个权向量 $w^i = [w_1^i, w_2^i, \cdots, w_n^i]^{\mathrm{T}}$, 若已知上一层 m 个因素的权重分别为 $v_1, v_2, \cdots, v_m$, 则当前层次每个因素的组合权系数为

$$\sum_{i=1}^{m} v_i w_1^i, \sum_{i=1}^{m} v_i w_2^i, \cdots, \sum_{i=1}^{m} v_i w_n^i.$$

如此一层层自上而下求解, 一直到最底层所有因素的权系数都求出来为止.

组合一致性检验需要逐层进行. 设第 k 层的一致性指标为 $\mathrm{CI}_1^k, \mathrm{CI}_2^k, \cdots, \mathrm{CI}_p^k$($p$ 为第 $k-1$ 层因素的个数), 随机一致性指标为 $\mathrm{RI}_1^k, \mathrm{RI}_2^k, \cdots, \mathrm{RI}_p^k$, 则第 k 层的组合一致性比率为

$$\mathrm{CR}^k = \frac{\mathrm{CI}^k}{\mathrm{RI}^k}. \tag{14.2.8}$$

这里 $\mathrm{CI}^k=[\mathrm{CI}_1^k,\mathrm{CI}_2^k,\cdots,\mathrm{CI}_p^k]w^{k-1}$, $\mathrm{RI}^k=[\mathrm{RI}_1^k,\mathrm{RI}_2^k,\cdots,\mathrm{RI}_p^k]w^{k-1}$, w^{k-1} 为第 $k-1$ 层对第 1 层的组合权向量. 若 $\mathrm{CR}^k<0.1$, 则认为第 k 层通过组合一致性检验. 对于整个层次结构来说, 最下层对最上层的组合一致性比率可定义为

$$\mathrm{CR}^*=\sum_k \mathrm{CR}^k. \tag{14.2.9}$$

一般地, 若 $\mathrm{CR}^*<0.1$, 则认为整个层次的比较判断通过一致性检验.

14.3 字典式法

在有些决策情况下, 某个目标相对于其他目标来说特别重要, 例如, 某个汽车生产商需要考虑新工厂的选址问题, 决策者认为最重要的是地价必须便宜, 此时地价是决策者所首先考虑的因素, 而其地理位置、交通便捷性等则是次要考虑的因素, 这也是大多数开发区都建在城市郊区的重要理由之一. 字典式法按目标的重要性去比较所有的方案, 如果对于最重要的目标, 某个方案较其他方案有最好的属性值, 则决策者选择此方案, 进而终止该决策过程. 但是, 如果对于最重要的目标, 同时存在好几个方案在此目标下都有相同的属性值, 或者非常接近的属性值, 则这些方案构成一个子集, 在这些子集中, 需要按照次重要的目标再去评选方案, 以此类推, 直到选中某个合适的方案为止.

假设决策者需解决的多目标决策问题中存在 n 个目标 (指标), 则采用字典式法. 不失一般性, 假设该多目标决策问题中的 n 个目标的重要性优先次序为

$$c_1\succ c_2\succ c_3\succ\cdots\succ c_n.$$

决策者在决策时必须严格按照目标的优先次序, 从而选择出最优方案, 其步骤如下:

步骤 1 $\{x^1\}=\{x_i|\max\limits_{1\leqslant i\leqslant m} c_{i1}\}$, 若 $\{x^1\}$ 中只有一个方案, 则它就是最优方案, 计算终止, 否则转步骤 2;

步骤 2 $\{x^2\}=\{x_i|x_i\in\{x^1\},\max\limits_i c_{i2}\}$, 若 $\{x^2\}$ 中只有一个方案, 则它就是最优方案, 计算终止, 否则转下一步;

……

一直到 $\{x^n\}=\{x_i|x_i\in\{x^{n-1}\},\max\limits_i c_{in}\}$.

例 14.3.1 某公司拟在某城市开发区购买一块地皮用以新厂房的建设, 有四块地皮 (x_i, $i=1,2,3,4$) 可供选择, 其合意程度可用 5 个指标去衡量, 即价格 (c_1)、使用面积 (c_2)、距城市生活区的距离 (c_3)、设备 (c_4) 和环境 (c_5), 决策矩阵如表 14.3.1 所示.

其中, 各指标的单位分别是: 价格为万元, 使用面积是平方米, 距城市生活区的距离单位为公里, 设备和环境的均采用百分制的打分来进行量化. 在这五个目标中, 使用面积、设备和环境都是效益型指标, 它们的值越大越好; 但价格和距城市生活区的距离则为成本型指标, 它们的指标值越小越好.

表 14.3.1 四块地皮相关指标数据

x_i	c_1	c_2	c_3	c_4	c_5
x_1	300	1000	15	70	50
x_2	250	800	10	80	60
x_3	200	500	20	60	80
x_4	230	700	13	70	70

考虑上述问题, 如果该公司把价格作为最重要的目标, 则按字典式法将选择方案 x_3, 尽管该地皮使用面积太小并且距离城市生活区的距离太远. 由此可见, 字典式法虽然简单, 但有比较严重的缺点, 它只考虑加权的极端情况, 即把最重要的目标权重设为 1, 而其余目标的权重均设为 0, 因为它过分强调了某一个目标的重要性, 而忽略了多目标决策的意义, 这与许多实际情况是不符合的.

14.4 TOPSIS 法

TOPSIS 法 (technique for order preference by similarity to an ideal solution) 是 C.L.Hwang 和 K.Yoon 于 1981 年首次提出, 是根据有限个评价对象与理想化目标的接近程度来进行排序的一种决策方法, 其基本原理是通过检测评价对象与理想解、负理想解的距离来进行排序. 所谓理想解是一设想的最优解 (方案), 它的各个属性值都达到各备选方案中的最好的值; 而负理想解是一设想的最劣解 (方案), 它的各个属性值都达到各备选方案中的最坏的值. 例如在例 14.3.1 中四块候选地皮的各属性的最好值分别是: 价格 200, 使用面积 1000, 距城市生活区的距离 10, 设备评分 80 分, 环境评分 80 分, 它构成一理想解, 各属性最差的值分别是价格 300, 使用面积 500, 距城市生活区的距离 20, 设备评分 60 分, 环境评分 50 分, 它构成一负理想解. 虽然在现实生活中一般不存在这样的理想解和负理想解, 但当我们解决实际问题时可以把每个可行方案的实际值和理想解以及负理想解作比较, 若其中有一个方案最接近理想解, 而同时又远离负理想解, 则该方案是备选方案中的最优方案.

事实上, 采用理想解的概念来求解多目标决策问题是一种非常简单而且行之有效的方法, 因为它的概念简单而且容易理解. 然而在实际使用中, 为了计算某个解靠近理想解和远离负理想解的程度, 我们还需要在目标空间中定义一测度去度量它. 此外, 当既使用理想解, 又使用负理想解时, 往往有这样的情况, 即某个解距离理想解虽最近, 但距离负理想解并不是最远的, 因此我们需要采用另一个测度成为理想解的相对接近程度来判断解的优劣.

对 n 维空间中的任意两点 $x=[x_1,x_2,\cdots,x_n]$ 和 $y=[y_1,y_2,\cdots,y_n]$, 称

$$d_\lambda(x,y)=\left\{\sum_{k=1}^{n}|x_k-y_k|^\lambda\right\}^{\frac{1}{\lambda}},\quad \lambda\geqslant 1 \tag{14.4.1}$$

为 x 与 y 的广义距离, 特别地, 当 $\lambda=1$ 时, $d_1(x,y)=\sum\limits_{k=1}^{n}|x_k-y_k|$, 称为 Hamming(汉明) 距离; 当 $\lambda=2$ 时, $d_2(x,y)=\sqrt{\sum\limits_{k=1}^{n}|x_k-y_k|^2}$, 称为 Euclidean(欧几里得) 距离; 当 $\lambda\to+\infty$ 时, $d_{+\infty}(x,y)=\max\limits_{1\leqslant k\leqslant n}\{|x_k-y_k|\}$, 称为 Hausdorff(豪斯多夫) 距离.

例 14.4.1　考虑三维空间上的两个点 $x=(2,6,5)$, $y=(9,12,8)$, 且令

$$d_\lambda(x,y)=(7^\lambda+6^\lambda+3^\lambda)^{\frac{1}{\lambda}},$$

当 λ 取不同值时, x 与 y 的距离见表 14.4.1.

表 14.4.1　不同 λ 情况下 x 与 y 的距离

λ	1	2	5	10	15	$\to+\infty$
$d_\lambda(x,y)$	16	9.6954	7.5680	7.1372	7.0442	7

从表 14.4.1 可以看出, 对于 $\lambda\geqslant 1$, 距离 $d_\lambda(x,y)$ 是 λ 的单调递减函数. 对于已知的空间两点, 总有 $d_1(x,y)\geqslant d_2(x,y)\geqslant d_{+\infty}(x,y)$.

设研究 m 个方案和 n 个目标的决策问题, 不失一般性, 采用欧几里得范数作为距离的测度, 则解 x_i 到理想解 x^+ 的距离是

$$S_i^+=\sqrt{\sum_{j=1}^{n}(x_{ij}-x_j^+)^2},\quad i=1,2,\cdots,m, \tag{14.4.2}$$

式中 x_{ij} 是解 x_i 的第 j 个分量, 即第 i 个指标的规范化的加权值, x_j^+ 是理想解 x^+ 的第 j 个分量, 类似地, 可以定义解 x_i 到负理想解 x^- 的距离是

$$S_i^-=\sqrt{\sum_{j=1}^{n}(x_{ij}-x_j^-)^2},\quad i=1,2,\cdots,m. \tag{14.4.3}$$

此外, 我们还可以定义某一解 x_i 对理想解的相对贴近度为

$$C_i = \frac{S_i^-}{S_i^- + S_i^+}, \quad i = 1, 2, \cdots, m. \tag{14.4.4}$$

显然 $0 \leqslant C_i \leqslant 1$, 如果 x_i 为理想解 x^+, 则 $S_i^+ = 0$, 进而 $C_i = 1$, 反之, 如果 x_i 为负理想解 x^-, 则 $S_i^- = 0$, 进而 $C_i = 0$. 一般的解的 C_i 的值处于 0 与 1 之间, C_i 值越接近 1, 则相应的方案越优.

TOPSIS 法的具体步骤如下:

步骤 1 设有一个多目标决策问题, 其决策矩阵为

$$A = \begin{array}{c} \\ \text{方案 } 1 \\ \text{方案 } 2 \\ \vdots \\ \text{方案} m \end{array} \begin{array}{c} \begin{array}{cccc} \text{指标1} & \text{指标2} & \cdots & \text{指标}n \end{array} \\ \begin{bmatrix} x_{11} & x_{12} & \cdots & x_{1n} \\ x_{21} & x_{22} & \cdots & x_{2n} \\ \vdots & \vdots & & \vdots \\ x_{m1} & x_{m2} & \cdots & x_{mn} \end{bmatrix} \end{array}. \tag{14.4.5}$$

将决策矩阵利用式 (14.4.6) 转化为规范化决策矩阵 $Y = (y_{ij})_{m \times n}$, 其中

$$y_{ij} = \frac{x_{ij}}{\sqrt{\sum_{i=1}^{m} x_{ij}^2}}, \quad i = 1, 2, \cdots, m; j = 1, 2, \cdots, n. \tag{14.4.6}$$

步骤 2 构造加权的规范化决策矩阵 $Z = (z_{ij})_{m \times n}$, 其中

$$z_{ij} = w_j \cdot y_{ij}, \quad i = 1, 2, \cdots, m; \ j = 1, 2, \cdots, n, \tag{14.4.7}$$

其中 $w_j (j = 1, 2, \cdots, n)$ 为第 j 个指标的权重, 满足 $w_j \in [0, 1]$ 且 $\sum\limits_{j=1}^{n} w_j = 1$.

步骤 3 确定理想解和负理想解

$$\begin{aligned} z^+ &= \{(\max_i z_{ij} | j \in J_b), (\min_i z_{ij} | j \in J_c) | i = 1, 2, \cdots, m\} \\ &= \{z_1^+, z_2^+, \cdots, z_n^+\}, \end{aligned} \tag{14.4.8}$$

$$\begin{aligned} z^- &= \{(\min_i z_{ij} | j \in J_b), (\max_i z_{ij} | j \in J_c) | i = 1, 2, \cdots, m\} \\ &= \{z_1^-, z_2^-, \cdots, z_n^-\}, \end{aligned} \tag{14.4.9}$$

其中 J_b 是效益型指标集合, J_c 是成本型指标集合.

步骤 4 计算各方案到理想解和负理想解的距离, 其中各方案到理想解的距离为

$$S_i^+ = \sqrt{\sum_{j=1}^{n}(z_{ij} - z_j^+)^2}, \quad i = 1, 2, \cdots, m; \tag{14.4.10}$$

到负理想解的距离为

$$S_i^- = \sqrt{\sum_{j=1}^{n}(z_{ij} - z_j^-)^2}, \quad i = 1, 2, \cdots, m. \tag{14.4.11}$$

步骤 5　利用下式计算各方案与理想解的相对贴近度

$$C_i = \frac{S_i^-}{S_i^- + S_i^+}, \quad i = 1, 2, \cdots, m. \tag{14.4.12}$$

步骤 6　将 C_i 按从大到小的顺序进行排列, 并选择最大的 C_i 值对应的方案为最优方案.

例 14.4.2　设例 14.3.1 中购买地皮用以厂房建设考虑的 5 个指标的权重为

$$w = [0.3, 0.1, 0.25, 0.15, 0.2],$$

决策矩阵为

$$A = \begin{array}{c} \\ x_1 \\ x_2 \\ x_3 \\ x_4 \end{array} \begin{array}{c} \begin{array}{ccccc} c_1 & c_2 & c_3 & c_4 & c_5 \end{array} \\ \begin{bmatrix} 300 & 1000 & 15 & 70 & 50 \\ 250 & 800 & 10 & 80 & 60 \\ 200 & 500 & 20 & 60 & 80 \\ 230 & 700 & 13 & 70 & 70 \end{bmatrix} \end{array}.$$

下面考虑用 TOPSIS 法确定最优方案.

步骤 1　按照式 (14.4.6) 构建规范化决策矩阵

$$Y = \begin{array}{c} \\ x_1 \\ x_2 \\ x_3 \\ x_4 \end{array} \begin{array}{c} \begin{array}{ccccc} c_1 & c_2 & c_3 & c_4 & c_5 \end{array} \\ \begin{bmatrix} 0.6056 & 0.6482 & 0.5017 & 0.4975 & 0.3790 \\ 0.5047 & 0.5186 & 0.3345 & 0.5685 & 0.4549 \\ 0.4037 & 0.3241 & 0.6689 & 0.4264 & 0.6065 \\ 0.4643 & 0.4537 & 0.4348 & 0.4975 & 0.5307 \end{bmatrix} \end{array}.$$

步骤 2　按照式 (14.4.7) 构建加权的规范化决策矩阵

$$Z = \begin{array}{c} \\ x_1 \\ x_2 \\ x_3 \\ x_4 \end{array} \begin{array}{c} \begin{array}{ccccc} c_1 & c_2 & c_3 & c_4 & c_5 \end{array} \\ \begin{bmatrix} 0.1817 & 0.0648 & 0.1254 & 0.0746 & 0.0758 \\ 0.1514 & 0.0519 & 0.0836 & 0.0853 & 0.0910 \\ 0.1211 & 0.0324 & 0.1672 & 0.0640 & 0.1213 \\ 0.1393 & 0.0454 & 0.1087 & 0.0746 & 0.1061 \end{bmatrix} \end{array}.$$

步骤 3 按照式 (14.4.8) 和 (14.4.9) 计算理想解和负理想解得到

理想解：$z^+ = \{z_1^+, z_2^+, z_3^+, z_4^+, z_5^+\} = \{0.1211, 0.0648, 0.0836, 0.0853, 0.1213\}$,

负理想解：$z^- = \{z_1^-, z_2^-, z_3^-, z_4^-, z_5^-\} = \{0.1817, 0.0324, 0.1672, 0.0640, 0.0910\}$.

步骤 4 计算各方案到理想解的距离.

各方案到理想解的距离分别为

$$S_1^+ = 0.0872, \quad S_2^+ = 0.0448, \quad S_3^+ = 0.0922, \quad S_4^+ = 0.0410.$$

各方案到负理想解的距离分别为

$$S_1^- = 0.0560, \quad S_2^- = 0.0935, \quad S_3^- = 0.0677, \quad S_4^- = 0.0757.$$

步骤 5 计算各方案与理想解的相对贴近度

$$C_1 = 0.3913, \quad C_2 = 0.6761, \quad C_3 = 0.4236, \quad C_4 = 0.6486.$$

步骤 6 因为 $C_2 > C_4 > C_3 > C_1$, 故有 $x_2 \succ x_4 \succ x_3 \succ x_1$, 即最优方案为 x_2.

14.5 ELECTRE 法

另一种常用的可以用于解决有限方案多目标决策问题的方法为 ELECTRE 法, 它是 elimination et choice translating reality 的缩写. 这种方法考虑的排序关系主要是: 一个方案 x' 优于另一个方案 x'', 当且仅当 x' 所对应的每个属性都不小于 x'', 而且至少有一个属性在方案 x' 下的值严格大于该属性在方案 x'' 下的值. 由于在实际的决策问题中, 往往极少有方案能满足这种关系, 所以这些方案无法直接进行排序. 本节引入一种较弱的排序关系称为级别高于关系, 这种关系是建立在决策者愿意承担由于承认假设 $x' \succ x''$ 所产生的一定风险基础上的, 其定义如下:

定义 14.5.1 给定方案集 X, 对于 X 中的每一对方案 x' 和 x'', 称 $x'Sx''$, 或称 x' 的级别高于或无差异于 x'', 当且仅当根据决策者的优先序 $\succ$ 和得到的关于属性 $f_1(x), f_2(x), \cdots, f_n(x)$ 的信息, 有理由相信 $x' \succ x''$; 而称非 $x'Sx''$, 当且仅当根据决策者的优先序 $\succ$ 和得到的关于属性 $f_1(x), f_2(x), \cdots, f_n(x)$ 的信息, 没有理由相信 $x'Sx''$.

和级别高于关系 S 相联系的有级别无差异 (对称) 关系, 记作 $\tilde{S}$, 定义如下:

定义 14.5.2 给定方案集 X, 对于 X 中的每一对方案 x' 和 x'', 称 $x'\tilde{S}x''$, 当且仅当在 X 中有方案 $u_1, u_2, \cdots, u_j$ 和 $v_1, v_2, \cdots, v_k, j \geqslant 1, k \geqslant 1$, 满足 $x'Sx''$ 或 $x'Su_1, u_1Su_2, \cdots, u_jSx''$ 和 $x''Sx'$ 或者 $x''Sv_1, v_1Sv_2, \cdots, v_kSx'$ 两种同时满足.

例如, 设 $X = \{x_1, x_2, x_3, x_4, x_5\}$, 若 x_1Sx_2, x_2Sx_3, x_2Sx_4, x_3Sx_5, x_4Sx_1, x_5Sx_3, 则 X 中的这种级别高于关系可用图 14.5.1 表示, 图中 x_i 指向 x_j 的箭头表示 x_iSx_j.

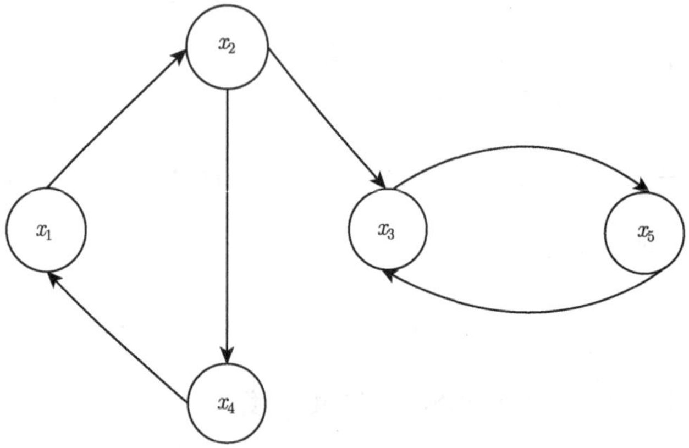

图 14.5.1　级别高于关系示意图

显然, $x'\tilde{S}x''$ 当且仅当有闭的指向路径 (或回路)x' 和 x'' 都在它的上面. 例如图 14.5.1 中的 x_1Sx_2, x_2Sx_4, x_4Sx_1 和 x_3Sx_5. 因此 x_1, x_2 和 x_4 处在同一无差异级, x_3 和 x_5 也是这样.

级别高于关系是 ELECTRE 法的核心, 下面介绍级别高于关系的性质、构造、使用方法和算法步骤.

14.5.1　级别高于关系的性质

级别高于关系 S 和级别无差异关系 $\tilde{S}$ 都是二元关系, 它们的基本性质如下.

对于 X 中的任何方案 x',x'' 和 x''', 级别高于关系的基本公理认为

$$x'Sx''\text{和}f(x'') \geqslant f(x''') \Rightarrow x'Sx''', \tag{14.5.1}$$

以及

$$f(x') \geqslant f(x'')\text{和}x''Sx''' \Rightarrow x'Sx'''. \tag{14.5.2}$$

这是合理的假设, 因为如果有足够的理由相信 x' 优于或无差异 x'', 而 x'' 又优于 x'''(即 $f(x'') \geqslant f(x''')$), 那么必然有足够的理由相信 x' 优于或无差异于 x'''. 这种性质称为弱传递性. 因为级别高于关系 S 是按照承认假说: “某方案 x' 至少不劣于另外的方案 x''” 所承担的风险的可接受值来定义的, 这样的关系不一定是传递的. 例如, 我们可以定义 S 为 $x'Sx''$ 当且仅当 $x' \geqslant x''$ 的概率至少为 0.95. 假设 $x' \geqslant x''$ 和 $x'' \geqslant x'''$ 的概率各为 0.96, 则按照上面的定义 $x'Sx''$ 和 $x''Sx'''$, 但 $x'Sx'''$ 并不真实, 因为 $x' \geqslant x'''$ 的概率是 0.92, 它比接受此假设的阈值 0.95 要低.

另外, 假设 S 是自反的, 即

$$xSx, \text{对于所有的} x \in X. \tag{14.5.3}$$

因为我们有足够的理由相信 x 和其本身并无差异.

从这些定义很容易推导 $\tilde{S}$ 是自反的、对称的和传递的. 这可直接从图 14.5.1 中看出. 假设 X 中的 S 具有连通性, 即允许 X 中的元素有不可比性. 图 14.5.1 中任何一对节点没有一指向弧或一闭的 (指向) 路径连接, 则它们是不可比的. 例如 x_1 和 x_3 是不可比的, 而且 (x_1, x_5), (x_2, x_5), (x_3, x_4) 也都是不可比的. 虽然图 14.5.1 有路径 $x_1 \to x_2 \to x_3$, 把 x_1 和 x_3 连接在一起, 但是由于 S 不一定是传递的, 这样一个路径不能得出 x_1 和 x_3 可以相比的结论.

ELECTRE 法中的一个关键问题是对于某一多目标决策问题, 需要找到一种方法, 去构造级别高于关系 S, 再运用级别高于关系 S 从方案集 X 中筛选出某些级别较高的方案.

14.5.2 级别高于关系的构造

设 X 中的每个 x_i 都可以获得和它对应的属性 c_j 下的属性值 a_{ij}, 不失一般性设每个 $a_{ij}, j = 1, 2, \cdots, n$ 的值都是越大越好. 构造 S 的方法是基于和谐性和不和谐性的概念和两次检验. 第一次称为和谐性检验, 第二次称为不和谐性检验, 和谐性检验有以下步骤:

(1) 决策者给出属性 $c_1, c_2, \cdots, c_n$ 的相对重要性, 并用一组权重 $w_1, w_2, \cdots, w_n$ 表示其相对重要性.

(2) 对于 X 中的每对方案 x_i 和 x_k, 属性集 $c_j (j = 1, 2, \cdots, n)$ 被划分为三个不相交的子集 $I^+, I^=, I^-$, I^+ 由方案 x_i 不劣于方案 x_k 的属性组成, 称为和谐集, $I^=$ 由方案 x_i 与方案 x_k 在同一属性下值相等的组成, 称为无差异集, I^- 由方案 x_i 劣于方案 x_k 的属性组成, 称为不和谐集, 即

$$I^+(x_i, x_k) = \{j | 1 \leqslant j \leqslant n,\ a_{ij} > a_{kj}\}, \tag{14.5.4}$$

$$I^=(x_i, x_k) = \{j | 1 \leqslant j \leqslant n,\ a_{ij} = a_{kj}\}, \tag{14.5.5}$$

$$I^-(x_i, x_k) = \{j | 1 \leqslant j \leqslant n,\ a_{ij} < a_{kj}\}. \tag{14.5.6}$$

(3) 构造和谐性指数 I_{ik} 和 $\hat{I}_{ik}$:

$$I_{ik} = \frac{\sum\limits_{j \in I^+(x_i, x_k)} w_j + \sum\limits_{j \in I^=(x_i, x_k)} w_j}{\sum\limits_{j=1}^{n} w_j} \tag{14.5.7}$$

和

$$\hat{I}_{ik} = \frac{\sum\limits_{j \in I^+(x_i, x_k)} w_j}{\sum\limits_{j \in I^-(x_i, x_k)} w_j}. \tag{14.5.8}$$

(4) 选择一合适的参数 α, 称为和谐性阈值 (这个值可以由分析人和决策者商量决定), 若

$$I_{ik} \geqslant \alpha, \quad \hat{I}_{ik} \geqslant 1, \tag{14.5.9}$$

则认为通过和谐性检验.

第二次检验称为不和谐性检验, 它弥补了和谐性检验中的假设: "不管属性之间被补偿的值是多少都是可接受的" 的局限性, 不和谐检验的步骤如下:

(1) 与和谐性检验一样, 设定属性权重 $w_1, w_2, \cdots, w_n$, 并构造 $I^-(x_i, x_k)$;

(2) 对于每个 $j = 1, 2, \cdots, n$ 构造不和谐性集 D_j, 直观上它是一对方案, 例如 x_i 和 x_k 所对应的属性值 a_{ij} 和 a_{kj} 之间的差值 $a_{ij} - a_{kj}$ 大到不能被其他的属性所赔偿时, 由这些对属性值 (a_{ij}, a_{kj}) 所构成的集. 例如, 可选择属性 c_j 的差的阈值为 $d_j > 0$, 当 c_j 的每一对差值 $a_{ij} - a_{kj}$ 大于这个阈值 d_j 时, 就不能接受其他属性的补偿, 即

$$\begin{aligned} D_j = &\{(a_{ij}, a_{kj}) | a_{ij}, a_{kj} \in c_j, a_{ij} - a_{kj} \geqslant d_j; i, k = 1, \cdots, m, i \neq k\}, \\ &j = 1, 2, \cdots, n. \end{aligned} \tag{14.5.10}$$

这就是说, 对于两个方案 x_i 和 x_k, 若

$$a_{ij} - a_{kj} \geqslant d_j,$$

则不管其他属性值如何, 都不承认 $x_i S x_k$, 这样, d_j 可以当作一个极限, 在它之内补偿是允许的, 在它之外则不能补偿.

(3) 对于给定的方案 x_i 和 x_k, 若

$$(a_{ij}, a_{kj}) \notin D_j, \text{对于所有的} j \in I^-(x_i, x_k), \tag{14.5.11}$$

则称满足不和谐性检验. 因此若仅使用和谐性检验, 则 $x_i S x_k$, 当且仅当式 (14.5.9) 成立. 若不仅使用和谐性检验, 还使用不和谐性检验, 则 $x_i S x_k$, 当且仅当式 (14.5.9) 和 (14.5.11) 都成立.

14.5.3 级别高于关系的应用

当 X 中的每对方案都构造了级别高于关系, 就可以用它去删除那些级别较低的方案. 为了说明其应用步骤, 下面以图 14.5.1 为例来说明. 显然, 图中任何给定的

节点 (表示一个可行方案), 若它至少处在一个有向弧的顶点, 这段弧不是一闭合回路的一部分, 则这个节点至少相对于 X 中的一个方案是级别较低的.

若删除某些或所有这种级别较低的方案, 再加上删除回路中至少一个方案, 则余下的方案称为 X 相对于 S 的最小优势子集 X_1. 最小优势子集 X_1 为 X 中的最小子集, 且满足如下性质: 对于每个 $x' \in \bar{X}_1$, $\bar{X}_1$ 是 X_1 的补集, 且有

$$x^* S x', \text{对于某些} x^* \in X_1. \tag{14.5.12}$$

另外, 最小优势子集 X_1 不一定是唯一的, 例如, 在图 14.5.1 中的 $\{x_1, x_2, x_5\}$ 和 $\{x_2, x_4, x_5\}$ 都是 X 相对于 S 的最小优势子集. 虽然它们不是唯一的, 仍然可以选择任一个最小优势子集, 并进入下一步. 若最小优势子集 X_1 中没有两个方案可以由 S 去比较, 即在 X_1 中没有一对节点直接由指向弧连接, 则这种优势子集称为 X 的核. 若 X 有核存在, 则必须把它用到下一步. 因为它是 X 中仅包含不可比方案的最小优势子集. 但是对于任何给定的 X, 核不一定存在, 例如图 14.5.1 中就没有核, 此时只能从最小优势子集中任选一个.

当得到最小优势子集以后, 若 X_1 已充分小, 决策者能使用价值判断很方便地选择最优方案, 则过程终止, 否则, 构造一更强的级别高于关系去进一步删除 X_1 中级别较低的方案, 这可以由降低和谐性检验的阈值 α 或者调整式 (14.5.10) 中的 d_j 值来达到.

14.5.4 算法步骤

ELECTRE 法步骤如下:

步骤 1 设有一个多目标决策问题, 其决策矩阵为

$$A = \begin{matrix} & \text{属性1} & \text{属性2} & \cdots & \text{属性}n \\ \text{方案 1} & x_{11} & x_{12} & \cdots & x_{1n} \\ \text{方案 2} & x_{21} & x_{22} & \cdots & x_{2n} \\ \vdots & \vdots & \vdots & & \vdots \\ \text{方案}m & x_{m1} & x_{m2} & \cdots & x_{mn} \end{matrix}, \tag{14.5.13}$$

并将决策矩阵转化为规范化决策矩阵 $Y = (y_{ij})_{m \times n}$, 其中

$$y_{ij} = \frac{x_{ij}}{\sqrt{\sum_{i=1}^{m} x_{ij}^2}}, \quad i = 1, 2, \cdots, m;\ j = 1, 2, \cdots, n. \tag{14.5.14}$$

步骤 2 由和谐性检验和不和谐性检验构造级别高于关系 S, 并绘出这种级别高于关系的指向图.

步骤 3 由 X 得到最小优势子集 X_1, 若有核存在, 则选择此核为 X_1.

步骤 4 如 X_1 只有单个方案, 或者方案数目少到可以使用价值判断去选择最终方案, 则过程终止, 否则, 修改 α 或 d_j 的值, 转步骤 2.

例 14.5.1 某从事"互联网 +"项目的企业 A 需要从 $x_1, x_2, x_3, x_4, x_5, x_6$ 这六个候选伙伴中选出最合适的合作伙伴, 建立技术创新联盟. 依据技术创新联盟的候选合作伙伴评价模型的指标可知, 用 AHP 法确定权重为 $w = (0.3, 0.2, 0.4, 0.1)$, 用 ELECTRE 法确定最合适的合作伙伴. 合作伙伴的评价指标体系与六个企业的数据分别如表 14.5.1 和表 14.5.2 所示.

表 14.5.1 公司"互联网 +"项目的技术创新联盟合作伙伴评价指标体系

技术创新与影响能力c_1			投入资源c_2			合作伙伴间的协同性c_3			合作沟通能力c_4		
技术水平	产品销售率	投入产出比	设备更新速度	资金投入数量	企业文化包容	经营战略兼容	发展目标协同	技术优势互补	合作满意度	决策者支持度	有效的沟通
c_{11}	c_{12}	c_{13}	c_{21}	c_{22}	c_{23}	c_{31}	c_{32}	c_{33}	c_{41}	c_{42}	c_{43}

表 14.5.2 A 公司"互联网 +"项目的技术创新联盟合作伙伴数据

可选合作伙伴	c_1	c_2	c_3	c_4
x_1	19	0.43	0.021	一般 (0.6)
x_2	12	0.55	0.04	一般 (0.6)
x_3	15	0.3	0.032	比较强 (0.8)
x_4	26	0.77	0.027	比较差 (0.5)
x_5	7	0.89	0.041	最强 (1)
x_6	38	0.2	0.02	很差 (0.3)

其中创新与经营能力为专家打分 (满分 40) , 投入资源为实际测算值, 合作伙伴之间的协同性为四个二级指标的量化后用欧几里得距离计算的结果, 合作沟通能力通过综合评价语言描述. 假设企业决策者确定和谐指数阈值为 $\alpha = 0.6$, 对创新经营能力设定非和谐属性阈值 $d_1 = 20$, 如果两个合作伙伴在此项指标值的差距超过 20, 后者将被淘汰; 对合作伙伴之间的协同性, 设定非和谐属性阈值 $d_3 = 0.02$, 表示此项指标值的差超过这个限制值, 后者将被淘汰. 决策者对其他两项属性指标没有设定阈值. 下面考虑用级别高于关系 ELECTRE 法, 对六家可选创新联盟合作伙伴进行排序, 并通过优势子集确定最优方案.

对每对可选伙伴 $(x_i, x_k), i < k$ 时, 将属性分类如下, I 和 $\hat{I}$ 表示和谐指数:

$$I_{12}=0.4,\hat{I}_{12}=0.5;\ I_{13}=0.5,\hat{I}_{13}=1;\ I_{14}=0.5,\hat{I}_{14}=1;\ I_{15}=0.3,\hat{I}_{15}=\frac{3}{7};$$

$$I_{16}=0.7,\hat{I}_{16}=\frac{7}{3};\ I_{23}=0.6,\hat{I}_{23}=\frac{3}{2};\ I_{24}=0.5,\hat{I}_{24}=1;\ I_{25}=0.7,\hat{I}_{25}=1;$$

$$I_{26}=0.6,\hat{I}_{26}=\frac{3}{2};\ I_{34}=0.5,\hat{I}_{34}=1;\ I_{35}=0.3,\hat{I}_{35}=\frac{3}{7};\ I_{36}=0.7,\hat{I}_{36}=\frac{7}{3};$$

$$I_{45}=0.3,\hat{I}_{45}=\frac{3}{7};\quad I_{46}=0.7,\hat{I}_{46}=1;\quad I_{56}=0.7,\hat{I}_{56}=7/3.$$

依据和谐指数阈值为 $\alpha=0.6$, 和谐属性阈值 $d_1=20$, $d_3=0.02$, 通过和谐性检验的有

$$I_{16},\hat{I}_{16},I_{23},\hat{I}_{23},I_{25},\hat{I}_{25},I_{26},\hat{I}_{26},I_{36},\hat{I}_{36},I_{46},\hat{I}_{46},I_{56},\hat{I}_{56}.$$

得到六个可选合作伙伴对 $(x_i,x_k),i<k$ 的级别高于关系:

$$x_1Sx_6,x_2Sx_3,x_2Sx_5,x_2Sx_6,x_3Sx_6,x_4Sx_6,x_5Sx_6.$$

上述即确定了合作伙伴对 $(x_i,x_k),i<k$ 时的级别高于关系, 依据方法的规则, 需要进一步确定伙伴对 $(x_k,x_i),k>i$ 时的级别高于关系.

将属性分类:

$$I_{21}=0.7,\hat{I}_{21}=2;\ I_{31}=0.5,\hat{I}_{31}=1;\ I_{32}=0.4,\hat{I}_{32}=\frac{2}{3};\ I_{41}=0.5,\hat{I}_{41}=1;$$

$$I_{42}=0.5,\hat{I}_{42}=1;\ I_{43}=0.5,\hat{I}_{43}=1;\ I_{51}=0.7,\hat{I}_{51}=\frac{7}{3};\ I_{52}=0.7,\hat{I}_{52}=1;$$

$$I_{53}=0.7,\hat{I}_{53}=\frac{7}{3};\ I_{54}=0.7,\hat{I}_{54}=\frac{7}{3};\ I_{61}=0.3,\hat{I}_{61}=\frac{3}{7};\ I_{62}=0.3,\hat{I}_{62}=\frac{3}{7};$$

$$I_{63}=0.3,\hat{I}_{63}=\frac{3}{7};\quad I_{64}=0.7,\hat{I}_{64}=1;\quad I_{65}=0.3,\hat{I}_{65}=\frac{3}{7}.$$

依据和谐指数阈值为 $\alpha=0.6$, 和谐属性阈值 $d_1=20$, $d_3=0.02$, 通过和谐性检验的有

$$I_{64},\ \hat{I}_{64},\ I_{54},\ \hat{I}_{54},\ I_{53},\hat{I}_{53},\ I_{52},\ \hat{I}_{52},\ I_{51},\ \hat{I}_{51},\ I_{21},\ \hat{I}_{21}.$$

得到六个可选合作伙伴对 $(x_k,x_i),k>i$ 的级别高于关系:

$$x_6Sx_4,\ x_5Sx_4,\ x_5Sx_3,\ x_5Sx_2,\ x_5Sx_1,\ x_2Sx_1.$$

依据上面结果画出指向图 (图 14.5.2).

由此确定优势子集 $\{x_5,x_6\}$, $\{x_2,x_4\}$, 其中 x_2 与 x_5 无差别, x_4 与 x_6 无差别. 该企业选择创新联盟伙伴的最优选择是 x_2 或者 x_5, x_4 与 x_6 是次优选择, 应该事先淘汰.

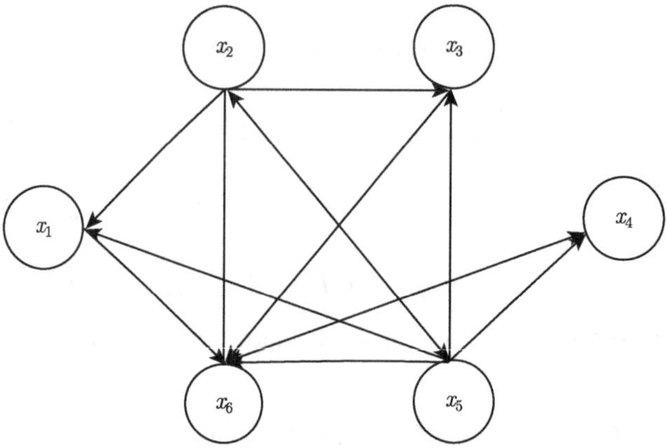

图 14.5.2　技术创新联盟合作关系级别高于关系指向图

14.6　LINMAP 法

LINMAP 为 linear programming techniques for multidimensional analysis of preference 的缩写, 表示多维偏好分析的线性规划方法. LINMAP 法和 TOPSIS 法有类似之处, 这两种方法都借助于理想解去评价方案的优劣. LINMAP 法和 TOPSIS 法不同之处在于 LINMAP 法的理想解不是事先给出的, 而是通过决策者对方案的成对比较去估计权值和理想解的位置.

这里用 n 维目标空间中的 m 个点来表示一个具有 n 个属性的多目标决策问题的 m 个方案, 并设决策者所最偏好的方案 (不一定能实现的理想解) 能用目标空间中的理想点来表示, 一旦理想点被确定, 对于任意两个方案, 决策者会更偏好靠近理想点的那个方案. 为了比较两个方案靠近理想点的程度, 在目标空间中定义一个加权的欧几里得距离. 空间中任一点 $[x_{i1}, x_{i2}, \cdots, x_{in}]$ 到理想点 $[x_1^*, x_2^*, \cdots, x_n^*]$ 的加权欧几里得距离为

$$d_i = \left[\sum_{j=1}^{n} w_j (x_{ij} - x_j^*)^2\right]^{1/2}, \quad i = 1, 2, \cdots, m, \tag{14.6.1}$$

其中 $w_j, j = 1, 2, \cdots, n$ 为第 j 个属性的权重, $[x_{i1}, x_{i2}, \cdots, x_{in}]$ 到理想点 $[x_1^*, x_2^*, \cdots, x_n^*]$ 的平方距离为

$$S_i = d_i^2 = \sum_{j=1}^{n} w_j (x_{ij} - x_j^*)^2, \quad i = 1, 2, \cdots, m, \tag{14.6.2}$$

其中权 $w_j, j = 1, 2, \cdots, n$ 和理想点的位置 $[x_1^*, x_2^*, \cdots, x_n^*]$ 都是待确定的, 下面将通过决策者对方案的成对比较来确定它们的值.

为方便起见, 用 (k,l) 记一对方案 (x_k,x_l), 这对方案有先后次序, 其中 k 表示把方案 k 和方案 l 作比较后决策者更偏好 k 方案. 记 $Q=\{(k,l)\}$ 表示有序对 (k,l) 的集. 若方案有 m 个, 并且把每对方案作比较, 则 Q 中将有 $\dfrac{m(m-1)}{2}$ 个元素.

当选择了权和理性点 (w,x^*) 的值以后, 就能够计算每对方案 (k,l) 和理想点之间的加权的欧几里得距离

$$S_k=\sum_{j=1}^{n}w_j(x_{kj}-x_j^*)^2, \tag{14.6.3}$$

和

$$S_l=\sum_{j=1}^{n}w_j(x_{lj}-x_j^*)^2, \tag{14.6.4}$$

其中 x_{kj} 是第 k 个方案 x_k 的第 j 个属性的值, x_{lj} 是第 l 个方案 x_l 的第 j 个属性的值. 对于 Q 中的一对方案 (k,l), 若相应的 S_k 和 S_l 满足

$$S_l\geqslant S_k, \tag{14.6.5}$$

则方案 k 较方案 l 更靠近或同样靠近理想点, 因此加权距离模型将和决策者的偏好一致, 反之, 若

$$S_l<S_k, \tag{14.6.6}$$

则加权距离模型和决策者的偏好不一致, 权和理想点 (w,x^*) 的选择应使加权距离模型尽量和决策者的偏好一致, 即尽量符合有序对 (k,l) 的集 Q.

为了对加权距离模型和有序对 (k,l) 不一致的程度进行度量, 令

$$\begin{aligned}(S_l-S_k)^- &=\begin{cases}0, & S_l\geqslant S_k,\\ S_k-S_l, & S_l<S_k\end{cases}\\ &=\max(0,\ (S_k<S_l)).\end{aligned} \tag{14.6.7}$$

显然, 若 $S_l\geqslant S_k$, 则模型和有序对 (k,l) 一致, 作为不一致程度度量的量 $(S_l-S_k)^-$ 应为 0. 若 $S_l<S_k$, 则模型和有序对 (k,l) 不一致, S_k 和 S_l 的差越大, 不一致程度越高, 因此 $(S_l-S_k)^-$ 应为 S_k-S_l. 对 Q 中所有的对 (k,l) 求和, 令

$$B=\sum_{(k,l)\in Q}(S_l-S_k)^-, \tag{14.6.8}$$

表示模型和决策者的偏好的总不一致程度, 也称之为不一致度. 多目标决策问题即转化为寻找最优的 (w,x^*) 使得 B 极小. 通常, 这个问题会导致一个平凡解 $w_j=0,\ j=1,2,\cdots,n$. 因此对 B 求极小必须添加另外的约束条件.

定义一致度 G:

$$G = \sum_{(k,l)\in Q} (S_l - S_k)^+, \tag{14.6.9}$$

而

$$(S_l - S_k)^+ = \begin{cases} S_l - S_k, & S_l \geqslant S_k, \\ 0, & S_l < S_k, \end{cases} \tag{14.6.10}$$

即 G 为一测度, 反映了模型和决策者的偏好一致的程度. 再对 B 求极小添加如下约束条件:

$$G > B, \tag{14.6.11}$$

或者

$$G - B = h, \tag{14.6.12}$$

其中 h 为某个正数. 由 $(S_l - S_k)^+$ 和 $(S_l - S_k)^-$ 可得

$$(S_l - S_k)^+ - (S_l - S_k)^- = S_l - S_k. \tag{14.6.13}$$

因此

$$\begin{aligned} G - B &= \sum_{(k,l)\in Q} (S_l - S_k)^+ - \sum_{(k,l)\in Q} (S_l - S_k)^- \\ &= \sum_{(k,l)\in Q} [(S_l - S_k)^+ - (S_l - S_k)^-] \\ &= \sum_{(k,l)\in Q} (S_l - S_k) = h. \end{aligned} \tag{14.6.14}$$

因而 (w, x^*) 即可通过求解如下含约束的最优化模型得到

$$\min\{B = \sum_{(k,l)\in Q} \max\{0, (S_k - S_l)\}\}, \tag{14.6.15}$$

$$\text{s.t.} \sum_{(k,l)\in Q} (S_l - S_k) = h. \tag{14.6.16}$$

该最优化模型可转化为如下线性规划模型:

$$\min \sum_{(k,l)\in Q} \lambda_{kl}, \tag{14.6.17}$$

$$\text{s.t. } (S_l - S_k) + \lambda_{kl} \geqslant 0, \text{对于所有的} (k,l) \in Q, \tag{14.6.18}$$

$$\sum_{(k,l)\in Q} (S_l - S_k) = h, \tag{14.6.19}$$

$$\lambda_{kl} \geqslant 0, \text{对于所有的} (k,l) \in Q, \tag{14.6.20}$$

这里, 由式 (14.6.18) 可以得到

$$\lambda_{kl} \geqslant S_k - S_l. \tag{14.6.21}$$

又由式 (14.6.20)λ_{kl} 的非负性有

$$\lambda_{kl} \geqslant \max\{0, (S_k - S_l)\}. \tag{14.6.22}$$

因为对目标函数 λ_{kl} 求极小, 故

$$\lambda_{kl} = \max\{0, (S_k - S_l)\}. \tag{14.6.23}$$

因而式 (14.6.17) 等价于式 (14.6.15).

由加权的欧几里得距离得到

$$\begin{aligned} S_l - S_k &= \sum_{j=1}^{n} w_j (x_{lj} - x_j^*)^2 - \sum_{j=1}^{n} w_j (x_{kj} - x_j^*)^2 \\ &= \sum_{j=1}^{n} w_j (x_{lj}^2 - x_{kj}^2) - 2\sum_{j=1}^{n} w_j x_j^* (x_{lj} - x_{kj}). \end{aligned} \tag{14.6.24}$$

因为 w_j 和 x_j^* 都是未知数, 故可以用 v_j 去代替 $w_j x_j^*$, 即有线性规划模型

$$\min \sum_{(k,l)\in Q} \lambda_{kl}, \tag{14.6.25}$$

$$\text{s.t.} \ \sum_{j=1}^{n} w_j (x_{lj}^2 - x_{kj}^2) - 2\sum_{j=1}^{n} v_j (x_{lj} - x_{kj}) + \lambda_{kl} \geqslant 0,$$

$$\text{对于所有的}(k,l) \in Q. \tag{14.6.26}$$

$$\sum_{j=1}^{n} w_j \sum_{(k,l)\in Q} (x_{lj}^2 - x_{kj}^2) - 2\sum_{j=1}^{n} v_j \sum_{(k,l)\in Q} (x_{lj} - x_{kj}) = h, \tag{14.6.27}$$

$$w_j \geqslant 0,\ j = 1, 2, \cdots, n, \tag{14.6.28}$$

$$\lambda_{kl} \geqslant 0, \text{对于所有的}(k,l) \in Q. \tag{14.6.29}$$

例 14.6.1 某企业考虑下一年度该企业产品原材料的供应问题, 选取了 5 个业内比较认可的原材料供应商, 从产品综合素质和业务结构两个方面来进行比较, 每个供应商相对于这两个指标都有不同的重要性程度, 且取值由该企业决策者根据企业相关部门对供应商的考核情况进行综合打分得出, 得到下述决策矩阵:

$$A = \begin{array}{c} \\ x_1 \\ x_2 \\ x_3 \\ x_4 \\ x_5 \end{array} \begin{array}{c} \begin{array}{cc} c_1 & c_2 \end{array} \\ \begin{bmatrix} 0 & 5 \\ 5 & 4 \\ 0 & 2 \\ 1 & 3 \\ 4 & 1 \end{bmatrix} \end{array}.$$

决策者通过对这 5 个供应商两两比较, 得出结果如下:

$$Q=\{(1,2),(3,1),(4,1),(5,1),(2,3),(2,4),(2,5),(4,3),(3,5),(4,5)\}.$$

值得注意的是 Q 中有决策者的非传递的偏好判断, 例如 $x_1 \succ x_2$, $x_2 \succ x_3$, 但 $x_3 \succ x_1$.

故上述线性规划模型中的第一个约束条件由成对比较方案 $(k,l)=(1,2)$ 得到

$$\sum_{j=1}^{3} w_j(x_{2j}^2-x_{1j}^2)-2\sum_{j=1}^{3} v_j(x_{2j}-x_{1j})+\lambda_{12}\geqslant 0,$$

即

$$w_1(25-0)+w_2(16-25)-2v_1(5-0)-2v_2(4-5)+\lambda_{12}\geqslant 0,$$

也即

$$25w_1-9w_2+10v_1+2v_2+\lambda_{12}\geqslant 0.$$

类似地, 可以得到其他约束条件, 并得到如下线性规划模型:

$$\begin{aligned}
&\min\ \lambda=\lambda_{12}+\lambda_{31}+\lambda_{41}+\lambda_{51}+\lambda_{23}+\lambda_{24}+\lambda_{25}+\lambda_{43}+\lambda_{35}+\lambda_{45},\\
&\text{s.t. } 25w_1-9w_2+10v_1+2v_2+\lambda_{12}\geqslant 0,\\
&\quad 21w_2-6v_2+\lambda_{31}\geqslant 0,\\
&\quad -w_1+16w_2+2v_1-4v_2+\lambda_{41}\geqslant 0,\\
&\quad -16w_1+24w_2+8v_1-8v_2+\lambda_{51}\geqslant 0,\\
&\quad -25w_1-12w_2+10v_1+4v_2+\lambda_{23}\geqslant 0,\\
&\quad -24w_1-7w_2+8v_1+2v_2+\lambda_{24}\geqslant 0,\\
&\quad -9w_1-15w_2+2v_1+6v_2+\lambda_{25}\geqslant 0,\\
&\quad -w_1-5w_2+2v_1+2v_2+\lambda_{43}\geqslant 0,\\
&\quad -16w_1-3w_2-8v_1+2v_2+\lambda_{35}\geqslant 0,\\
&\quad -15w_1-8w_2-6v_1+4v_2+\lambda_{45}\geqslant 0,\\
&\quad -20w_1+2w_2+8v_1+4v_2=1.\\
&\quad \text{所有}\lambda, w\geqslant 0, v_1, v_2\text{和}v_3\text{无符号限制}.
\end{aligned}$$

用 LINGO 求解得上述模型, 得到最优解为

$$\lambda^*=0.6111,\quad \lambda_{12}^*=0.6111,$$

$$\lambda_{31}^*=\lambda_{41}^*=\lambda_{51}^*=\lambda_{23}^*=\lambda_{21}^*=\lambda_{25}^*=\lambda_{45}^*=\lambda_{35}^*=\lambda_{45}^*=0,$$

$$w^*=[0.0277\ \ 0.0554]^{\mathrm{T}},\quad v^*=[0.0833\ \ 0.1944]^{\mathrm{T}},\quad z^*=[3.0072\ \ 3.5090]^{\mathrm{T}}.$$

各方案到理想点的平方距离为

$$S=[0.3737\ \ 0.1234\ \ 0.3766\ \ 0.1260\ \ 0.3761]^{\mathrm{T}}.$$

由于 $S_1\succ S_2$, 与 $(1,2)$ 的比较偏好不一致; $S_3\succ S_1$, 与 $(1,3)$ 的比较偏好不一致; $S_5\succ S_1$, 与 $(5,1)$ 的比较偏好不一致; $S_3\succ S_5$, 与 $(3,5)$ 的比较偏好不一致; 其他计算结果都与 Q 中的有序对偏好一致, 故可以把比较结果改进为

$$Q=\{(2,1),(1,3),(4,1),(1,5),(2,3),(2,4),(2,5),(4,3),(5,3),(4,5)\}.$$

因而得到 5 个供应商的优先顺序为 $x_2\succ x_4\succ x_1\succ x_5\succ x_3$.

LINMAP 法并不要求集 Q 包含 n 个方案所有的成对比较, 但集 Q 中的有序对的数量大一些, 则由 LINMAP 法求得的权 w 要准确一些. 当方案的数目 n 大于属性的数目 m 时, 采用 LINMAP 法能得到较好的结果, 且该方法不要求方案的成对比较具有传递性.

14.7 优劣系数法

优劣系数法的基本思路是对任意两个备选方案, 分别计算它们之间的优系数和劣系数, 并通过引进一对控制参数, 通过对优、劣系数与控制参数的比较和判断来确定方案优劣, 逐步淘汰劣方案, 最后剩下一个或几个满意的方案.

优劣系数法的基本步骤如下:

步骤 1 计算标准化矩阵.

将决策矩阵先按线性比例变化标准化, 然后再向量归一化标准化, 即

$$A=(x_{ij})_{m\times n}\Rightarrow R'=(r'_{ij})_{m\times n}\Rightarrow R=(r_{ij})_{m\times n},\tag{14.7.1}$$

这里, 效益型指标: $r'_{ij}=x_{ij}/x_j^+, x_j^+=\{(\max\limits_i x_{ij}|j\in J_b)|i=1,2,\cdots,m\}$, 成本型指标: $r'_{ij}=x_j^-/x_{ij}, x_j^-=\{(\min\limits_i x_{ij}|j\in J_c)|i=1,2,\cdots,m\}$,

$$r_{ij}=\frac{r'_{ij}}{\sqrt{\sum\limits_{i=1}^m (r'_{ij})^2}},\quad i=1,2,\cdots,m;\ j=1,2,\cdots,n.$$

这样矩阵 R 中的每一列向量, 即每一指标向量都具有单位模, 且矩阵 R 中的每一元素都是无量纲或单位量纲, 其指标值越大越好.

步骤 2　计算加权标准化决策矩阵.

设 n 个指标的权系数为 w_j, $j=1,2,\cdots.,n$, 则加权标准化矩阵为

$$V=(v_{ij})_{m\times v}=\begin{bmatrix} w_1\cdot r_{11} & w_2\cdot r_{12} & \cdots & w_n\cdot r_{1n} \\ w_1\cdot r_{21} & w_2\cdot r_{22} & \cdots & w_n\cdot r_{2n} \\ \vdots & \vdots & & \vdots \\ w_1\cdot r_{m1} & w_2\cdot r_{m2} & \cdots & w_n\cdot r_{mn} \end{bmatrix}.$$

步骤 3　求一致性集合和不一致性集合.

对每一对方案 x_k 和 $x_l(k,l=1,2,\cdots,m,k\neq l)$, 把评价指标集合 $J=\{j|j=1,2,\cdots,n\}$ 划分成两个互不相交的子集, 一致性集合 J_{kl} 和不一致性集合 J'_{kl}, 即

$$J_{kl}=\{j|v_{kj}\geqslant v_{lj}\},\quad J'_{kl}=\{j|v_{kj}<v_{lj}\},\quad k,l=1,2,\cdots,m,\quad k\neq l.$$

显然有 $J_{kl}+J'_{kl}=J$, 即 J_{kl} 与 J'_{kl} 是互补集合.

步骤 4　计算一致性矩阵.

$$C=(c_{kl})_{m\times m},$$

这里,

$$c_{kl}=\begin{cases} \sum\limits_{j\in J_{kl}} w_j, & k,l=1,2,\cdots,m,k\neq l, \\ 0, & k=l, \end{cases}$$

其中 c_{kl} 是优系数, 它反映了方案 x_k 相对于方案 x_l 的重要性, c_{kl} 值越大, 说明 x_k 越优于 x_l. 矩阵 C 一般来说是非对称的.

步骤 5　计算不一致性矩阵.

$$D=(d_{kl})_{m\times m},$$

这里,

$$d_{kl}=\begin{cases} \dfrac{\max\limits_{j\in J'_{kl}}\{|v_{kj}-v_{lj}|\}}{\max\limits_{j\in J}\{|v_{kj}-v_{lj}|\}}, & k,l=1,2,\cdots,m,k\neq l, \\ 0, & k=l, \end{cases}$$

其中 d_{kl} 是劣系数, 显然有 $0\leqslant d_{kl}\leqslant 1$, 它反映了方案 x_k 相对于方案 x_l 的重要性, d_{kl} 值越大, 说明 x_k 越劣于 x_l. 矩阵 D 一般来说也是非对称的.

步骤 6　确定一致优先矩阵.

先定义

$$c^{\#} = \frac{1}{m(m-1)} \sum_{k=1}^{m} \sum_{l=1}^{m} c_{kl}.$$

若 $c_{kl} > c^{\#}$, 则认为 x_k 优于 x_l. 再构造布尔矩阵

$$F = (f_{kl})_{m \times m},$$

其中,

$$f_{kl} = \begin{cases} 1, & c_{kl} \geqslant c^{\#}, \\ 0, & c_{kl} < c^{\#}, \end{cases} \quad k, l = 1, 2, \cdots, m, k \neq l.$$

若 $f_{kl} = 1$, 则认为 x_k 优于 x_l.

步骤 7 确定不一致优先矩阵.

先定义

$$d^{\#} = \frac{1}{m(m-1)} \sum_{k=1}^{m} \sum_{l=1}^{m} d_{kl}.$$

若 $d_{kl} > d^{\#}$, 则认为 x_k 优于 x_l. 然后构造布尔矩阵

$$G = (g_{kl})_{m \times m},$$

其中

$$g_{kl} = \begin{cases} 1, & d_{kl} \leqslant d^{\#}, \\ 0, & d_{kl} > d^{\#}, \end{cases} \quad k, l = 1, 2, \cdots, m, k \neq l.$$

若 $g_{kl} = 1$, 则认为 x_k 优于 x_l.

步骤 8 确定总体优先矩阵.

$$E = (e_{kl})_{m \times m}, \quad e_{kl} = f_{kl} * g_{kl}, \quad k, l = 1, 2, \cdots, m.$$

步骤 9 淘汰劣方案.

当 $e_{kl} = 1$ 时, 表示无论从优系数还是从劣系数来看, x_k 都优于 x_l, 故可将 x_l 淘汰.

需要说明的是, 在步骤 6 和步骤 7 中, $c^{\#}$ 和 $d^{\#}$ 称为控制系数. 其初始值可分别取步骤 6 和步骤 7 所定义值. 但经过一轮比较后, 若只剩下少数几个非劣方案, 就可停止, 认为它们就是满意方案. 如果剩下的方案较多, 就必须进一步调整控制参数 $c^{\#}$ 和 $d^{\#}$, 即适当增大 $c^{\#}$ 和减小 $d^{\#}$, 不断淘汰劣方案, 直到选择到满意方案为止.

例 14.7.1 设购买地皮用以厂房的建设需要考虑的 5 个指标的权重为

$$w = (0.3, 0.1, 0.25, 0.15, 0.2),$$

决策矩阵为

$$
A = \begin{array}{c} \\ x_1 \\ x_2 \\ x_3 \\ x_4 \end{array}
\begin{array}{c} \begin{array}{ccccc} c_1 & c_2 & c_3 & c_4 & c_5 \end{array} \\
\left[\begin{array}{ccccc} 300 & 1000 & 15 & 70 & 50 \\ 250 & 800 & 10 & 80 & 60 \\ 200 & 500 & 20 & 60 & 80 \\ 230 & 700 & 13 & 70 & 70 \end{array}\right] \end{array},
$$

试用优劣系数法确定最优方案.

步骤 1 将决策矩阵 A 按线性比例变换为标准矩阵 R', 然后再将其归一化变换得到矩阵 R', 其中

$$
R' = \begin{array}{c} \\ x_1 \\ x_2 \\ x_3 \\ x_4 \end{array}
\begin{array}{c} \begin{array}{ccccc} c_1 & c_2 & c_3 & c_4 & c_5 \end{array} \\
\left[\begin{array}{ccccc} 0.6667 & 1.000 & 0.6667 & 0.8750 & 0.6250 \\ 0.8000 & 0.800 & 1.0000 & 1.0000 & 0.7500 \\ 1.0000 & 0.500 & 0.5000 & 0.7500 & 1.0000 \\ 0.8696 & 0.700 & 0.7692 & 0.8750 & 0.8750 \end{array}\right] \end{array},
$$

$$
R = \begin{array}{c} \\ x_1 \\ x_2 \\ x_3 \\ x_4 \end{array}
\begin{array}{c} \begin{array}{ccccc} c_1 & c_2 & c_3 & c_4 & c_5 \end{array} \\
\left[\begin{array}{ccccc} 0.2347 & 0.4202 & 0.2916 & 0.2828 & 0.2299 \\ 0.2816 & 0.3361 & 0.4374 & 0.3232 & 0.2759 \\ 0.3520 & 0.2101 & 0.2187 & 0.2424 & 0.3678 \\ 0.3061 & 0.2941 & 0.3365 & 0.2828 & 0.3218 \end{array}\right] \end{array}.
$$

步骤 2 计算加权标准化矩阵, 得到

$$
V = \begin{array}{c} \\ x_1 \\ x_2 \\ x_3 \\ x_4 \end{array}
\begin{array}{c} \begin{array}{ccccc} c_1 & c_2 & c_3 & c_4 & c_5 \end{array} \\
\left[\begin{array}{ccccc} 0.0704 & 0.0420 & 0.0729 & 0.0424 & 0.0460 \\ 0.0845 & 0.0336 & 0.1094 & 0.0485 & 0.0552 \\ 0.1056 & 0.0210 & 0.0547 & 0.0364 & 0.0736 \\ 0.0918 & 0.0294 & 0.0841 & 0.0424 & 0.0644 \end{array}\right] \end{array}.
$$

步骤 3 根据加权标准化矩阵求一致性和不一致性集合, 得到

$$J_{12} = \{2\}, \quad J_{13} = \{2,3,4\}, \quad J_{14} = \{2,4\},$$

$$J_{21} = \{1,3,4,5\}, \quad J_{23} = \{2,3,4\}, \quad J_{24} = \{2,3,4\},$$

$$J_{31} = \{1,5\}, \quad J_{32} = \{1,5\}, \quad J_{34} = \{1,5\},$$

$$J_{41} = \{1,3,4,5\}, \quad J_{42} = \{1,5\}, \quad J_{43} = \{2,3,4\},$$

$$J'_{12}=\{1,3,4,5\},\quad J'_{13}=\{1,5\},\quad J'_{14}=\{1,3,5\},$$

$$J'_{21}=\{2\},\quad J'_{23}=\{1,5\},\quad J'_{24}=\{1,5\},$$

$$J'_{31}=\{2,3,4\},\quad J'_{32}=\{2,3,4\},\quad J'_{34}=\{2,3,4\},$$

$$J'_{41}=\{2\},\quad J'_{42}=\{2,3,4\},\quad J'_{43}=\{1,5\}.$$

步骤 4 计算一致性矩阵, 有

$$C=\begin{bmatrix} 0 & 0.1 & 0.5 & 0.25 \\ 0.9 & 0 & 0.5 & 0.5 \\ 0.5 & 0.5 & 0 & 0.5 \\ 0.9 & 0.5 & 0.5 & 0 \end{bmatrix}.$$

例如, $c_{13}=\sum\limits_{j\in J_{13}} w_j=w_2+w_3+w_4=0.5.$

步骤 5 计算不一致性矩阵得到

$$D=\begin{bmatrix} 0 & 1 & 1 & 1 \\ 0.2308 & 0 & 0.3857 & 0.3651 \\ 0.5966 & 1 & 0 & 1 \\ 0.5888 & 1 & 0.4694 & 0 \end{bmatrix}.$$

例如,

$$\begin{aligned} d_{21}&=\frac{\max\limits_{j\in J'_{21}}\{|v_{1j}-v_{2j}|\}}{\max\limits_{j\in J}\{|v_{1j}-v_{2j}|\}} \\ &=\frac{\max\{0.0084\}}{\max\{0.0141,0.0084,0.0364,0.0061,0.0092\}}=\frac{0.0084}{0.0364}=0.2308. \end{aligned}$$

步骤 6 确定一致优先矩阵

令

$$c^{\#}=\frac{1}{4\times 3}\sum_{k=1}^{4}\sum_{l=1}^{4}c_{kl}=0.5125,$$

故一致优先矩阵为

$$F=\begin{bmatrix} - & 0 & 0 & 0 \\ 1 & - & 0 & 0 \\ 0 & 0 & - & 0 \\ 1 & 0 & 0 & - \end{bmatrix}.$$

步骤 7 确定不一致优先矩阵

令

$$d^{\#} = \frac{1}{4 \times 3} \sum_{k=1}^{4} \sum_{l=1}^{4} d_{kl} = 0.7197,$$

故不一致优先矩阵为

$$G = \begin{bmatrix} - & 0 & 0 & 0 \\ 1 & - & 1 & 1 \\ 1 & 0 & - & 0 \\ 1 & 0 & 1 & - \end{bmatrix}.$$

步骤 8　确定总体优先矩阵得到

$$E(f_{ij} \cdot g_{ij})_{4\times 4} = \begin{bmatrix} - & 0 & 0 & 0 \\ 1 & - & 0 & 0 \\ 0 & 0 & - & 0 \\ 1 & 0 & 0 & - \end{bmatrix}.$$

步骤 9　淘汰劣方案. 根据总体优先矩阵可知, 方案 x_2 优于方案 x_1, 方案 x_4 也优于方案 x_1, 因此方案 x_1 被淘汰. 剩下的方案 x_2, x_3 和 x_4 是不可比较的非劣方案.

习　题　14

1. 多目标决策的过程是什么? 多目标决策问题的要素有哪些?

2. 用层次分析法解决下列问题:

(1) 要购置一台笔记本电脑, 考虑价格、外观、配置等因素, 构造层次结构模型, 并进行决策.

(2) 要选择考研的学校, 考虑学校名气、专业、难易程度、地理位置等因素, 构造层次结构模型, 并进行决策.

(3) 学校要评选优秀班级, 试给出若干准则, 构造层次结构模型, 并进行决策.

3. 考虑一个购买战斗机的决策问题. 现有 4 种飞机可供选择, 决策者根据战斗机的性能和费用, 考虑 6 项指标 (属性): u_1: 最大速度 (单位: km/h); u_2: 飞行范围 (单位: 10^3km); u_3: 最大负载 (单位: 10^4lb); u_4: 购买费用 (单位: 10^6 美元); u_5: 可靠性 (十分制); u_6: 灵敏度 (十分制). 各种飞机的各项指标的属性值如表 14.1 所示.

表 14.1　4 种飞机指标值

	u_1	u_2	u_3	u_4	u_5	u_6
x_1	2.0	1.5	2.0	4.5	5	9
x_2	2.5	2.7	1.8	6.5	3	5
x_3	1.8	2.0	2.1	4.5	7	7
x_4	2.2	1.5	2.0	4.5	5	5

其中 u_4 为成本型指标, 其他均为效益型指标, 且各指标的重要性为

$$u_4 \succ u_5 \succ u_2 \succ u_3 \succ u_1 \succ u_6.$$

请利用字典式法求解最优方案.

4. 煤矿厂的煤尘会对人的呼吸系统造成危害, 现在检测 5 个煤矿 x_1, x_2, x_3, x_4, x_5 的数据, 测得它们的粉尘浓度 (C_1)、游离二氧化碳含量 (C_2) 和煤肺病的患病率 (C_3), 依据这三项指标给出这 5 个煤矿厂的安全综合排序, 假设各指标赋予等权重. 表 14.2 给出了具体的测量数据.

表 14.2　3 个指标数据

煤矿厂	C_1 /(mg/m^3)	C_2/%	C_3/%
x_1	50.8	4.3	8.7
x_2	200.0	4.9	7.2
x_3	71.4	2.5	5.0
x_4	98.5	3.7	2.7
x_5	10.2	2.4	0.3

试利用 TOPSIS 法进行决策.

5. 请根据表 14.3 的数据, 采用 TOPSIS 法对某市人民医院 2014—2017 年的各年的医疗质量进行综合评价.

表 14.3　医疗质量指标数据

年份	床位周转次数	平均住院日	出入院诊断符合率	手术前后诊断符合率	三日确诊率	治愈好转率	病死率	危重患者抢救成功率	院内感染率
2014	20.97	18.73	99.42	99.80	97.28	96.08	2.57	94.53	4.60
2015	21.41	18.39	99.32	99.14	97.00	95.65	2.72	95.32	5.99
2016	19.13	17.44	99.49	99.11	96.20	96.50	2.02	96.22	4.79

6. 假设某手机生产企业要在 5 个配件商中选择一个作为上游的供应商. 因为手机本身更新的速度较快, 在选择供应商时, 应该依据快速反应型供应链的供应商评价指标体系. 表 14.4 为经过调研分析得到的 5 个备选供应商对于企业的各个指标的评价值. 请用 ELECTRE 法进行决策.

表 14.4　各指标评价值

供应商	产品质量	产品价格/元	交货可靠性	地理位置/km	财务状况	发展能力	库存水平	劳资关系	技术创新能力	信息技术能力
A_1	0.870	10.1	0.817	46	0.215	0.230	520	6.0	0.072	0.115
A_2	0.840	12.6	0.930	86	0.036	0.105	620	5.0	0.051	0.150
A_3	0.790	9.0	0.870	97	0.234	0.090	760	7.0	0.070	0.070
A_4	0.651	6.5	0.782	116	0.148	0.130	830	6.4	0.080	0.120
A_5	0.731	5.0	0.800	134	0.112	0.080	660	8.0	0.010	0.050

7. 某单位工程项目打算从五个承包商中选择一个最优的方案作为项目的承包商, 这五个承包商记为方案集 $X=\{x_1,x_2,x_3,x_4,x_5\}$. 某个专家委员会专家分别从以下五个评估指标对这五个承包商进行评估: 资历 (c_1)、经济实力 (c_2)、社会信誉 (c_3)、人力资源 (c_4)、设备规模 (c_5). 表 14.5 给出了具体的评估情况. 请利用 ELECTRE 方法进行决策.

表 14.5 各指标评估结果

承包商	资历 (c_1)	经济实力 (c_2)	社会信誉 (c_3)	人力资源 (c_4)	设备规模 (c_5)
x_1	1.00	0.80	0.67	0.55	0.60
x_2	0.60	1.00	0.80	0.75	0.55
x_3	0.45	0.80	0.85	0.70	1.00
x_4	0.50	0.60	1.00	0.85	0.80
x_5	0.80	0.85	0.90	0.75	1.00

8. 某企业考虑其供应商选择问题, 主要从产品综合素质、业务结构及生产能力、合作能力三个指标对 5 个供应商进行评价, 其评价值由生产企业决策者根据该企业相关部门对供应商的考核情况做综合打分给出, 得到决策矩阵:

$$A=\begin{matrix} & c_1 & c_2 & c_3 \\ x_1 \\ x_2 \\ x_3 \\ x_4 \\ x_5 \end{matrix}\!\!\begin{matrix} \\ \left[\begin{matrix} 2 & 4 & 5 \\ 1 & 3 & 5 \\ 2 & 1 & 4 \\ 2 & 6 & 2 \\ 3 & 4 & 2 \end{matrix}\right]\end{matrix}$$

且决策者通过对这 5 个供应商进行两两比较得到

$$Q=\{(5,1),(4,3),(3,1),(3,2),(2,4),(1,2),(4,5),(3,5),(2,5),(4,1)\}.$$

试用 LINMAP 方法对供应商进行排序.

9. EPS 是膨胀聚苯乙烯泡沫塑料板的简称, EPS 外墙保温系统是由特种胶泥、EPS 板、玻璃纤维网格布及饰面涂层组成的集墙体保温和装饰功能于一体的新型结构系统. 考虑四种常见的 EPS 外墙保温系统: ①装配式; ② BT 型; ③ 薄抹灰; ④ 无网现浇. 这 4 种 EPS 外保温系统情况见表 14.6.

表 14.6 4 种 EPS 外保温系统情况

系统名称	传热系数/(m/s)	造价/(元/m^2)	安全牢固性	其他优点
装配式	0.620	115.99	一般	干法施工, 耗钢量少
BT 型	0.762	75.00	一般	一次成活, 避免易裂、易渗问题
薄抹灰	0.612	147.74	差	可减少表面处理工作量
无网现浇	0.582	120.00	好	外墙厚减少, 自重减轻

通过对建设单位及用户的调查分析后确定权系数为 $w=[0.35,0.35,0.15,0.15]$. 试用优劣系数法对外保温系统进行选择.

第 15 章　序贯决策方法

生活中有很多决策问题需要进行多次决策, 例如, 某个超市各种商品每天的进货量、某个汽车生产企业每个月的生产计划、飞机的定期维修等, 都需要按照一定的周期和一定的顺序多次进行安排, 这种安排问题即称为序贯决策问题, 也称为动态决策.

一般来说, 序贯决策按照其问题所处状态是否随机可分为确定性序贯决策和随机性序贯决策. 本章主要介绍单目标确定性序贯决策、单目标随机性序贯决策、马尔可夫决策和多目标序贯决策.

15.1　单目标确定性序贯决策

单目标确定性序贯决策的典型问题之一是最短路问题. 如图 15.1.1 所示, 从

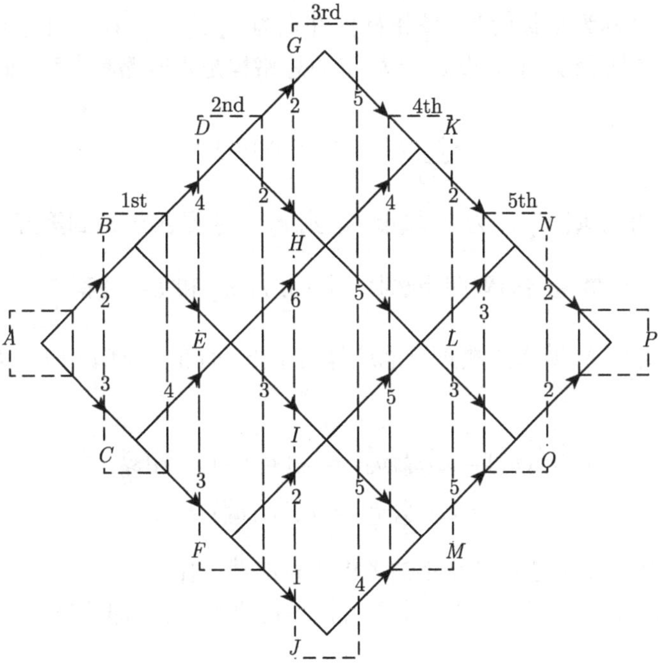

图 15.1.1　最短路问题

A 城市到 P 城市旅行, 途中要经过若干个城市, 可以有很多路线. 图中的箭头表示旅行方向, 数字表示每段路程的距离. 例如, 路径 $ABEILOP$, 其相应的路程为 $2+1+3+5+3+2=16$, 现在要寻找一条由 A 城市到 P 城市的最短路线.

显然, 无论沿哪条路线从 A 城市到 P 城市总要经过五个城市. 其中第一站到达的城市为 B 城市或者 C 城市, 第二站到达的城市为 D,E,F 三个城市之一, 第三站到达的是 G,H,I,J 四个城市之一, 如此等等. 若将第 i 站到达的城市定义为状态 i, 记作 s_i, 所有状态的集合记作 S_i. 则该问题中 $S_3=\{G,H,I,J\}$, 其中 s_3^i 为四个城市之一, 可分别记作 s_3^1,s_3^2,s_3^3 和 s_3^4. 从第 i 站中任何一个城市出发, 有沿着右上方和右下方两条路径可以选择 (这里记 G,K,N 城为可选右上方路径, J,M,O 城为可选右下方路径). 定义在第 i 站的这种选择为决策 i, 记作 u_i, 它的集合为 U_i. 此问题中, U_i 只有两个元素即右上方 u_i^1 和右下方 u_i^2. 若 s_i 和 u_i 均为已知, 则 s_{i+1} 也就被确定了. 这里 s_i 表示第 i 站到达的城市, u_i 表示由此城市出发旅行的方向, 它必然规定了下一站到达的城市. 故可得到以下递归关系:

$$s_{i+1}=T_i(s_i,u_i),\quad i=1,2,3,4,5, \tag{15.1.1}$$

这里 $T_i(\cdot,\cdot)$ 表示一种变换, 称为状态转移函数.

当 s_i 和 u_i 被确定以后, 同时也确定了前一站到下一站的路程. 这一段路程与 s_i 和 u_i 的关系称为目标函数 (或指标), 并记为 $v_i(s_i,u_i)$, 在单目标问题它是纯量函数. 沿任一条路径从 A 城市到 P 城市的总路程是六段路程之和, 记为

$$\sum_{i=0}^{5}v_i(s_i,u_i)+v_6(s_6). \tag{15.1.2}$$

在本例中, s_0 为 A 城市, s_6 为 P 城市, s_1 到 s_5 分别是第一站到第五站沿途经过的城市, $v_6(s_6)\equiv 0$. 最短路问题即为选择 u_1,u_2,u_3,u_4 和 u_5, 使得 $\sum\limits_{i=0}^{5}v_i(s_i,u_i)$ 极小.

由于在 G,K,N 城市的决策只能选择右下方, 而在 J,M,O 城决策又只能选右上方, 故有

$$\begin{aligned}v_3(s_3^1,u_3^1)=&v_4(s_4^1,u_4^1)=v_5(s_5^1,u_5^1)=v_3(s_3^4,u_3^2)\\=&v_4(s_4^3,u_4^2)=v_5(s_5^2,u_5^2)=\infty,\end{aligned} \tag{15.1.3}$$

在选择最优路线时, 这些路径将不被考虑容许路线范围内.

因此, 最短路问题可转化成一个单目标序贯决策问题, 即选择 $u_i,i=1,\cdots,n-1$, 使得

$$\min\sum_{i=0}^{n-1}v_i(s_i,u_i)+v_n(s_n), \tag{15.1.4}$$

其中

$$s_{i+1} = T_i(s_i, u_i), \quad i = 1, \cdots, n-1, \tag{15.1.5}$$

这里 $s_i \in S_i$, $u_i \in U_i$.

设从第 i 个状态 s_i 开始到最终状态 s_n 的目标函数为

$$v_i(s_i, u_i, \cdots, s_{n-1}, u_{n-1}, s_n), \quad i = 0, 1, \cdots, n-1. \tag{15.1.6}$$

这里式 (15.1.6) 是式 (15.1.4) 目标函数的一般形式.

这样就可以根据目标函数来确定从第 i 站 $(i = 1, 2, 3, 4, 5)$ 的一个城市沿着某条路线到 P 城市的路程. 特别地, 第 0 站可定义为 A 城市, 并且, 式 (15.1.6) 表示的动态过程与马尔可夫链具有相似之处, 即满足无后效性, 也就是说, 从第 i 步以后的目标函数值仅依赖于第 i 步的初始状态 s_i 和第 i 步以后各步的决策, 而和第 i 步以前的决策无关. 因为从途中任何一个城市, 例如从 H 城市开始, 到 P 城市的路程只依赖 H 城市以后选择的路径, 而和到达 H 城市以前的路线无关. 本章所讨论的确定性序贯决策问题都是假设问题具有无后效性. 另外还假设式 (15.1.6) 满足如下递归关系:

$$v_i(s_i, u_i, \cdots, s_n) = \Psi_i[s_i, u_i, v_{i+1}(s_{i+1}, u_{i+1}, \cdots, s_n)]. \tag{15.1.7}$$

这里的递归关系表示从第 i 站某城市到 P 城市的路程依赖于第 i 站的某城市到第 $i+1$ 站位于最短路上的城市的路程, 以及第 $i+1$ 站那个选入最短路线上的城市到 P 城市的路程之和.

根据式 (15.1.5), 当第 i 步的状态 s_i 和第 i 步的决策以及以后各步的决策 $u_i, u_{i+1}, \cdots, u_{n-1}$ 确定后, 以后各步的状态也就随之被确定. 对于给定的 $s_i \in S_i$, 记序列 $\{u_i, \cdots, u_{n-1}\}$ 为 $\pi_i(s_i)$, 则 v_i 称为 s_i 和 π_i 的函数. 可表示为 $f_i(s_i, \pi_i)$. $\pi_i, i = 0, 1, \cdots, n-1$ 称为策略, 策略 $\pi_i(s_i)$ 的集合记作 $C_i(s_i)$, 则式 (15.1.7) 可以改写为

$$f_i(s_i, \pi_i) = \Psi_i[s_i, u_i, f_{i+1}(s_{i+1}, \pi_{i+1})], \tag{15.1.8}$$

其中 s_i, u_i 和 s_{i+1} 具有式 (15.1.5) 的递归关系. 式 (15.1.8) 是确定性序贯决策问题的一般表达式. 对于单目标问题, 例如最短路问题, f 和 Ψ 都是纯量函数.

对于单目标确定性序贯决策问题, 一般采用动态规划来处理, 其依据是最优性原理: 一个最优策略具有这样的性质, 无论初始状态和初始决策如何, 对于前一次策略所造成的状态, 其余的决策必须构成一最优策略. 依据该原理, 式 (15.1.8) 的最优策略应该满足下述递归关系:

$$\underset{\pi_i \in C_i}{\text{optimum}}\, f_i(s_i, \pi_i) = \underset{\substack{u_i \in v_i \\ \pi_{i+1} = \pi_{i+1}^*}}{\text{optimum}}\, \Psi_i[s_i, u_i, f_{i+1}(s_{i+1}, \pi_{i+1})], i = 0, 1, \cdots, n-1. \tag{15.1.9}$$

这种递归关系必须满足式 (15.1.5) 的约束. 上式中的 optimum 表示求函数的极小 (min) 或极大 (max), π_{i+1}^* 为

$$\underset{\pi_{i+1}\in C_{i+1}}{\text{optimum}} f_{i+1}(s_{i+1},\pi_{i+1}) \tag{15.1.10}$$

确定的最优策略.

根据式 (15.1.9) 求解最优策略, 一般是从最后一步 (第 $n-1$ 步) 开始, 逆向进行. 首先求

$$\underset{\pi_{n-1}\in C_{n-1}}{\text{optimum}} f_{n-1}(s_{n-1},\pi_{n-1}) = \underset{u_{n-1}\in v_{n-1}}{\text{optimum}} \Psi_{n-1}[s_{n-1},u_{n-1},f_n(s_n)], \tag{15.1.11}$$

其中 s_{n-1},u_{n-1} 和 s_n 满足式 (15.1.5) 的递归关系. $f_n(s_n)$ 是给定的 s_n 的函数. 由此求得第 $n-1$ 步的最优策略 $\pi_{n-1}^*(s_{n-1}) = u_{n-1}^*(s_{n-1})$ 和最优的 $f_{n-1}(s_{n-1},\pi_{n-1}^*(s_{n-1}))$, 然后求

$$\underset{\substack{u_{n-2}\in v_{n-2}\\ \pi_{n-1}=\pi_{n-1}^*}}{\text{optimum}} \Psi_{n-2}[s_{n-2},u_{n-2},f_{n-1}(s_{n-1},\pi_{n-1}^*(s_{n-1}))], \tag{15.1.12}$$

从而求得第 $n-2$ 步的最优策略

$$\pi_{n-2}^*(s_{n-2}) = \left\{u_{n-2}^*(s_{n-2}),\pi_{n-1}^*(T_{n-2}(s_{n-2},u_{n-2}^*(s_{n-2})))\right\}, \tag{15.1.13}$$

依此类推, 直至求得 $\pi_0^*(s_0)$ 为止. 对于最短路问题, 将所有的最优策略连接起来即可得到最短路.

例 15.1.1　用动态规划方法求解图 15.1.1 中从 A 城市到 P 城市的最短路.

按照动态规划, 首先从第五步开始, 状态 s_5 为 N 城市和 O 城市, 分别记作 s_5^1 和 s_5^2, 它们均只有一种决策, 即最优决策, 分别为 u_5^2(右下方) 和 u_5^1(右上方), 且有

$$u_5^*(s_5^1) = u_5^2,\quad u_5^*(s_5^2) = u_5^1.$$

根据图 15.1.1, 由 N 城市到 P 城市的路长均为 2, 故

$$f_5(s_5^1,u_5^*(s_5^1)) = 2,\quad f_5(s_5^2,u_5^*(s_5^2)) = 2.$$

然后考虑第四步, 把 K,L,M 三城个市分别记作 s_4^1,s_4^2,s_4^3, 则有 $u_4^*(s_4^1) = u_4^2$, $u_4^*(s_4^2) = u_4^2$ 或 u_4^1, $u_4^*(s_4^3) = u_4^1$. 此时最优决策 $u_4^*(s_4^2)$ 会出现两个相等的值, 这是因为从 L 城市通过 N 城市到 P 城市和从 L 城市通过 O 城市到 P 城市的路程相等, 都为 5. 因此得到 K,L,M 三个城市到 P 城市的最短路长分别为 $f_4(s_4^1,u_4^*(s_4^1)) = 4$, $f_4(s_4^2,u_4^*(s_4^2)) = 5$, $f_4(s_4^3,u_4^*(s_4^3)) = 7$.

再考虑第三步, 将 G, H, I, J 四个城市分别记为 $s_3^1, s_3^2, s_3^3, s_3^4$, 最优决策分别为 $u_3^*(s_3^1) = u_3^2$, $u_3^*(s_3^2) = u_3^1$, $u_3^*(s_3^3) = u_3^1$ 和 $u_3^*(s_3^4) = u_3^1$, 相应的最短路长为 $f_3(s_3^1, u_3^*(s_3^1)) = 9$, $f_3(s_3^2, u_3^*(s_3^2)) = 8$, $f_3(s_3^3, u_3^*(s_3^3)) = 10$ 和 $f_3(s_3^4, u_3^*(s_3^4)) = 11$.

同理还可以计算第二步, 第一步和第零步的最优策略, 最终可以得到从 A 城市到 P 城市的最短路线有三条, 即 $A–B–D–H–K–N–P$, $A–B–E–I–L–O–P$ 和 $A-B-E-I-L-N-P$, 且路长均为 16.

15.2 单目标随机性序贯决策

在实际应用中, 很多序贯决策过程中会出现一些随机因素, 此时用动态规划的方法也可以进行处理, 但是其状态转移函数不能完全确定, 而是按照某种已知的概率分布取值, 此时的序贯决策称为随机性序贯决策, 相应的动态规划也称为随机动态规划. 本节主要讨论单目标随机性序贯决策模型及其处理方法. 单目标随机性序贯决策的基本结构如图 15.2.1 所示:

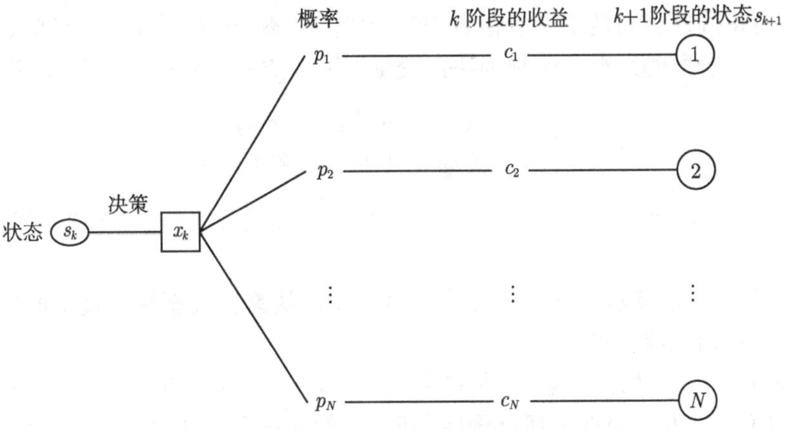

图 15.2.1 随机性序贯决策的基本结构

图 15.2.1 中 N 表示第 $k+1$ 阶段可能的状态数, $p_1, p_2, \cdots, p_N$ 为给定状态 s_k 和决策 x_k 的前提下, 可能达到下一个状态的概率. c_i 为从 k 阶段状态 s_k 转移到 $k+1$ 阶段状态为 i 时的指标函数值.

在随机性序贯决策问题中, 由于下一阶段到达的状态和阶段的效益值不确定, 只能根据各阶段的期望效益值进行优化, 而运用随机动态规划方法求解随机性序贯决策问题的最优解是一种常见的处理方法. 本节从一个实际案例出发, 说明随机性序贯决策问题的求解方法.

例 15.2.1 某公司因生产某种产品需要在近 5 周内采购一批原料, 根据各方

面的信息和资料, 这种原料在未来 5 周内价格会有波动, 其浮动价格和相应的概率预测值如表 15.2.1 所示:

表 15.2.1　原料浮动价格和相应的概率

单价/元	500	600	700
概率	0.3	0.3	0.4

请给出最优采购策略, 使得该公司平均采购价格最小, 并给出相应的最小期望价格.

显然, 该问题中的价格是一个随机变量, 具有已知的概率分布. 若将采购期限内的 5 周看成 5 个阶段, 即每周做一次决策 (当然也可以将每天做一次决策而 5 周看成 35 个阶段), 则该问题转化为在每个阶段进行决策是否购进原料, 并使得原料的采购价格的期望值达到极小. 这是一个单目标的随机性序贯决策问题, 下面先对该问题提出下述基本假设和符号说明:

(1) 所需原料在购买期限内必须一次性购买, 而不是可以分批购买.

(2) 原料价格波动的概率规律在每周内都是一样的.

(3) 将每周原材料的实际价格看作各阶段的状态, 记为 $s_k(k=1,2,3,4,5)$.

(4) 每一阶段的采购策略视为决策变量, 用 $x_k(k=1,2,3,4,5)$ 表示, 其中

$$x_k=\begin{cases}1, & \text{表示第 } k \text{ 周决定采购},\\ 0, & \text{表示第 } k \text{ 周决定等待观望}.\end{cases}$$

(5) 用 w_k 表示第 k 周时决定等待观望, 而在以后采取最优策略时采购价格的期望值.

(6) 用 $E_k(s_k)$ 表示第 k 周实际价格为 s_k 时, 从第 k 周至第 5 周采取最优策略时采购价格的最小期望值.

当第 $k(k<5)$ 周原材料实际价格为 s_k 时, 若 $w_k<s_k$, 即若第 k 周采取最优采购策略的价格的期望值低于现行价格, 那么显然应该在第 k 周采取等待观望态度. 此时有 $E_k(s_k)=w_k$. 若 $w_k>s_k$, 则以后采购的价格期望值将高于现行价格, 此时显然最优策略就应该是采购了, 即有 $E_k(s_k)=s_k$.

故可建立如下模型:

$$\begin{cases}E_k(s_k)=\min\limits_{s_k\in S_k}\{s_k,w_k\},\\ E_5(s_5)=s_5,\end{cases}\tag{15.2.1}$$

其中, $S_k=\{500,600,700\}$, $k=1,2,3,4,5$.

由 w_k 和 $E_k(s_k)$ 的定义可得到下述状态转移函数:

$$w_k=E_{k+1}(s_{k+1})=0.3E_{k+1}(500)+0.3E_{k+1}(600)+0.4E_{k+1}(700),\tag{15.2.2}$$

最优决策变量为

$$x_k=\begin{cases}1, & E_k(s_k)=s_k,\\ 0, & E_k(s_k)=w_k.\end{cases} \tag{15.2.3}$$

从第 5 周开始逐步向前逆推对模型进行求解, 过程如下:

(1) 当 $k=5$ 时, 因为 $E_5(s_5)=s_5, s_5\in S_5$, 有

$$E_5(500)=500,\quad E_5(600)=600,\quad E_5(700)=700.$$

根据式 (15.2.3) 知, $v_5=1$, 即在第 5 周时, 应采取购买决策. 显然, 若在第 5 周时所需的原材料尚未买入, 则无论市场价格如何, 都必须采购, 而此时的采购价格期望值就是现行的实际价格.

(2) 当 $k=4$ 时, 即此时意味着前 3 周的策略都是等待观望. 首先计算第 4 周仍然采取等待观望策略而在以后采取最优采购策略的采购价格的期望值. 根据式 (15.2.2) 得

$$\begin{aligned}w_4=&0.3E_5(500)+0.3E_5(600)+0.4E_5(700)\\ =&0.3\times 500+0.3\times 600+0.4\times 700=610.\end{aligned}$$

由式 (15.2.1) 有

$$E_4(s_4)=\min_{s_4\in S_4}\{s_4,w_4\}=\min_{s_4\in S_4}\{s_4,610\}=\begin{cases}500, & s_4=500,\\ 600, & s_4=600,\\ 610, & s_4=700,\end{cases}$$

故由式 (15.2.3) 得到第 4 周的最优策略为

$$x_4=\begin{cases}1, & s_4=500或600,\\ 0, & s_4=700,\end{cases}$$

(3) 当 $k=3$ 时, 由式 (15.2.2) 得

$$w_3=0.3E_4(500)+0.3E_4(600)+0.4E_4(700)=0.3\times 500+0.3\times 600+0.4\times 610=574.$$

由式 (15.2.1) 知

$$E_3(s_3)=\min_{s_3\in S_3}\{s_3,w_3\}=\min_{s_4\in S_4}\{s_3,574\}=\begin{cases}500, & s_3=500,\\ 574, & s_4=600或700,\end{cases}$$

故由式 (15.2.3) 可得第 3 周的最优策略为

$$x_3=\begin{cases}1, & s_3=500,\\ 0, & s_3=600或700.\end{cases}$$

(4) 当 $k=2$ 时, 由式 (15.2.2) 得

$$w_2=0.3E_3(500)+0.3E_3(600)+0.4E_3(700)=0.3\times500+0.3\times574+0.4\times574=551.8.$$

由式 (15.2.1) 可得

$$E_2(s_2)=\min_{s_2\in S_2}\{s_2,w_2\}=\min_{s_2\in S_2}\{s_2,551.8\}=\begin{cases}500, & s_2=500,\\ 551.8, & s_2=600\text{或}700,\end{cases}$$

故由式 (15.2.3) 可得第 3 周的最优策略为

$$x_2=\begin{cases}1, & s_2=500,\\ 0, & s_2=600\text{或}700.\end{cases}$$

(5) 当 $k=1$ 时, 由式 (15.2.2) 得

$$w_1=0.3E_2(500)+0.3E_2(600)+0.4E_2(700)=0.3\times500+0.3\times551.8+0.4\times551.8=536.26.$$

由式 (15.2.1) 知

$$E_1(s_1)=\min_{s_1\in S_1}\{s_1,w_1\}=\min_{s_1\in S_1}\{s_1,536.26\}=\begin{cases}500, & s_1=500,\\ 536.26, & s_1=600\text{或}700,\end{cases}$$

故由式 (15.2.3) 可得第 3 周的最优策略为

$$x_1=\begin{cases}1, & s_1=500,\\ 0, & s_1=600\text{或}700.\end{cases}$$

综上所述, 最优采购策略顺序为 $\{x_1,x_2,x_3,x_4,x_5\}$. 根据 x_1,x_2,x_3 的表达式知, 在前 3 周时, 若价格为 500, 就应该采购; 否则应该采取等待观望的态度. 在第 4 周, 若价格为 500 或者 600 时就应该采购, 否则采取等待观望的策略. 若前 4 周都采取了等待观望策略, 则在第 5 周, 无论什么价格都采用采购策略.

若第 5 周采购, 则说明前 4 周都是采取等待观望策略. 根据最优策略知, 前 3 周原材料价格不是 500, 第 4 周的价格是 700. 根据乘法公式, 这一事件发生的概率为

$$0.7\times0.7\times0.7\times0.4,$$

此时购买价格的期望值为 $0.3\times500+0.3\times600+0.4\times700$.

若第 4 周采购, 则说明前 3 周都是采取等待观望策略. 根据最优策略知, 前 3 周原材料价格不是 500. 根据乘法公式, 这一事件发生的概率为

$$0.7\times0.7\times0.7,$$

此时购买价格的期望值为 $0.3 \times 500 + 0.3 \times 600$.

若第 3 周采购, 则说明前 2 周都是采取等待观望策略. 根据最优策略知, 前 2 周原材料价格不是 500. 根据乘法公式, 这一事件发生的概率为 0.7×0.7, 此时购买价格的期望值为 0.3×500.

若第 2 周采购, 则说明第 1 周是采取等待观望策略. 根据最优策略知, 第 1 周原材料价格不是 500. 这一事件发生的概率为 0.7, 此时购买价格的期望值为 0.3×500.

若第 1 周采购, 则说明第 1 周原材料价格是 500, 该情况发生的概率为 0.3. 据最优策略, 第 1 周购买价格为 500, 所以此时购买价格的期望值为 0.3×500.

根据上述分析, 可知采取最优策略的购买价格的期望值为

$$
\begin{aligned}
E =& 0.7^3 \times 0.4(0.3 \times 500 + 0.3 \times 600 + 0.4 \times 700) + 0.7^3 \times (0.3 \times 500 + 0.3 \times 600) \\
&+ 0.7^2 \times 0.3 \times 500 + 0.7 \times 0.3 \times 500 + 0.3 \times 500 = 525.82 \approx 526.
\end{aligned}
$$

显然, 根据最优采购策略, 采购价格的期望值仅比可能出现的最低价格 500 高出 5%, 因此效果明显.

15.3 马尔可夫决策

马尔可夫决策就是根据研究对象现有的状态和状态转移规律, 预测它在未来某一特定阶段可能出现的状态, 从而为决策提供依据. 显然, 马尔可夫决策是一种特殊的随机性序贯决策, 马尔可夫决策的基本方法就是利用状态转移概率矩阵进行决策.

15.3.1 状态转移概率矩阵及其决策特点

马尔可夫决策方法是基于第 5 章介绍的状态转移概率矩阵模型的决策方法. 设 p_{ij} 表示概率值, $P^{(k)}$ 表示 k 步状态转移概率矩阵, 即

$$
P^{(k)} = \begin{bmatrix} p_{11}^k & p_{12}^k & \cdots & p_{1n}^k \\ p_{21}^k & p_{22}^k & \cdots & p_{2n}^k \\ \vdots & \vdots & & \vdots \\ p_{n1}^k & p_{n2}^k & \cdots & p_{nn}^k \end{bmatrix}.
$$

本节介绍的马尔可夫决策方法主要是利用状态转移概率矩阵用于市场决策, 矩阵中的元素是市场或顾客的保留、获得或流失的概率. 矩阵第 i 行概率表示状态 s_i 出发经过 k 步转移分别到达各个状态的概率. 矩阵第 j 列概率表示分别从各个状态出发经过 k 步转移到状态 s_j 的概率. 矩阵中用概率表示的得失元素在一定条件下是互相转移的, 所以称为状态转移概率矩阵. 状态转移概率矩阵中的元素都是非

负的, 即 $p_{ij}^{(k)} \geqslant 0$; 且矩阵各行元素之和等于 1, 即 $\sum\limits_{j=1}^{n} p_{ij}^{(k)} = 1$.

利用马尔可夫决策方法进行决策具有以下特点:

(1) 状态转移概率矩阵中的元素是根据近期市场或顾客的保留与得失流向资料确定的.

(2) 下一期的概率只与上一期的结果有关, 不取决于更早时期的概率.

(3) 利用状态转移概率矩阵进行决策, 其最后结果取决于状态转移概率矩阵的组成, 不取决于原始条件, 即最初市场占有率.

15.3.2　马尔可夫决策的应用步骤

马尔可夫决策的具体步骤如下:

(1) 建立状态转移概率矩阵.

(2) 利用状态转移概率矩阵进行模拟预测.

(3) 求出状态转移概率矩阵的平衡状态, 即稳定状态.

(4) 应用状态转移概率矩阵进行决策.

例 15.3.1　已知 A, B 和 C 三个公司在某地区销售同种商品, 统计七月份的销售情况, 发现:

(1) A 公司的 200 名顾客中有 160 名继续订购 A 公司商品, 有 20 名转向订购 B 公司的商品, 20 名转向订购 C 公司的商品;

(2) B 公司的 500 名顾客中有 450 名继续订购 B 公司商品, 有 35 名转向订购 A 公司的商品, 15 名转向订购 C 公司的商品.

(3) C 公司的 300 名顾客中有 255 名继续订购 C 公司商品, 有 25 名转向订购 A 公司的商品, 20 名转向订购 B 公司的商品.

如果三公司在该地区的初始市场占有率分别为: $r_A = 0.22$, $r_B = 0.49$ 和 $r_C = 0.29$. 在三个公司都不改变各自的服务态度、商品质量以及广告宣传策略的前提下, 求

(1) 接下来两个月三个公司在该地区市场占有率分别是多少?

(2) 稳定状态下, 三个公司的市场占有率?

(3) A 公司为了提高自己的市场占有率. 现有两种方案: 与 B 公司竞争 (从流失到 B 公司的顾客中争回 5%)、与 C 公司竞争 (从流失到 C 公司的顾客中争回 5%). 在两个方案花费费用相同的情况下, 试给出最优的决策方案.

解　根据题意可得

(1) 建立状态转移概率矩阵

$$
\begin{array}{cc} & \begin{array}{ccc} A & B & C \end{array} \\ P = \begin{array}{c} A \\ B \\ C \end{array} & \left[\begin{array}{ccc} 0.800 & 0.100 & 0.100 \\ 0.070 & 0.900 & 0.030 \\ 0.083 & 0.067 & 0.850 \end{array}\right] \end{array},
$$

其中, 每行表示各公司失去顾客到其他公司的概率; 每列表示各公司从其他公司获得顾客的概率. 例如, $p_{12} = 0.100$ 表示 A 公司失去 10%顾客到 B; $p_{21} = 0.070$ 表示 A 公司得到 B 公司 7%的顾客.

(2) 利用状态转移概率矩阵进行模拟预测.

已知本月各公司占有率分别是 $r_A = 0.22$, $r_B = 0.49$ 和 $r_C = 0.29$. 预测八月份各公司市场占有率为

$$
R' = [0.220, 0.490, 0.290]\left[\begin{array}{ccc} 0.800 & 0.100 & 0.100 \\ 0.070 & 0.900 & 0.030 \\ 0.083 & 0.067 & 0.850 \end{array}\right] = [0.234, 0.483, 0.283].
$$

预测 9 月份各公司市场占有率为

$$
\begin{aligned}
R'' &= [0.234, 0.483, 0.283]\left[\begin{array}{ccc} 0.800 & 0.100 & 0.100 \\ 0.070 & 0.900 & 0.030 \\ 0.083 & 0.067 & 0.850 \end{array}\right] \\
&= [0.220, 0.490, 0.290]\left[\begin{array}{ccc} 0.800 & 0.100 & 0.100 \\ 0.070 & 0.900 & 0.030 \\ 0.083 & 0.067 & 0.850 \end{array}\right]^2 \\
&= [0.245, 0.477, 0.278].
\end{aligned}
$$

依据计算结果可知, 8 月份各公司市场占有率分别为 0.234, 0.483 和 0.283; 9 月份各公司市场占有率分别为 0.245, 0.477 和 0.278.

(3) 求出状态转移概率矩阵的平衡状态, 即稳定状态.

只要状态转移概率矩阵不变, 不管市场占有率如何变化, 最后总会达到平衡状态, 即所谓的稳定状态. 此时, 市场占有率不再发生变化, 称此市场占有率为最终市场占有率.

假定 A, B, C 三个公司的市场占有率分别稳定在 r_1, r_2 和 r_3. 根据稳定状态的定义, 有

$$
[r_1, r_2, r_3]P = [r_1, r_2, r_3],
$$

其中, $r_1+r_2+r_3=1$.

即可转化成以下线性方程组来求解 r_1, r_2 和 r_3:

$$\begin{cases} 0.8r_1+0.07r_2+0.083r_3=r_1, \\ 0.1r_1+0.9r_2+0.067r_3=r_2, \\ 0.1r_1+0.03r_2+0.85r_3=r_3, \\ r_1+r_2+r_3=1. \end{cases}$$

解方程组, 可得 $r_1=0.273$, $r_2=0.454$ 和 $r_3=0.273$. 即为最后稳定状态市场占有率.

由此可得出市场占有率与矩阵平衡状态的关系如下:

(1) 市场占有率不能决定状态转移概率矩阵的最后平衡状态, 只有状态转移概率矩阵才能决定市场占有率的最后平衡状态.

(2) 最初市场占有率越接近平衡状态时的占有率, 则能越快达到平衡状态.

(3) 只要没有一个公司市场占有率为零, 不论各个公司的最初市场占有率 (原始状态) 如何, 其最后的平衡状态是相同的.

(4) 应用状态转移概率矩阵进行决策.

由于最后市场占有率不取决于原始条件, 而取决于状态转移概率矩阵, 所以, 决策的对策是加强经营管理的各种措施, 如提高商品质量、降低商品成本和销售价格、改善服务态度、加强宣传和推销等, 改善状态转移概率矩阵的组成, 以增强竞争能力, 提高市场占有率, 获得更多的利润.

A 公司为了提高市场占有率, 有两种可选方案.

(1) 与 B 公司竞争, 从流失到 B 公司的客户中争回 5%, 状态转移概率矩阵如下:

$$P_1=\begin{bmatrix} 0.850 & 0.050 & 0.100 \\ 0.070 & 0.900 & 0.030 \\ 0.083 & 0.067 & 0.850 \end{bmatrix},$$

求得最后市场占有率分别为

$$r_1=0.336, \quad r_2=0.367, \quad r_3=0.297.$$

(2) 与 C 公司竞争, 从流失到 C 公司的客户中争回 5%, 状态转移概率矩阵如下:

$$P_2=\begin{bmatrix} 0.850 & 0.100 & 0.050 \\ 0.070 & 0.900 & 0.030 \\ 0.083 & 0.067 & 0.850 \end{bmatrix}.$$

求得最后市场占有率分别为

$$r_1 = 0.330, \quad r_2 = 0.467, \quad r_3 = 0.203.$$

可知, 在两个方案费用相同的情况下, 第一个方案的最后市场占有率高于第二个方案的市场占有率, 即 A 公司应当采取第一种方案.

例 15.3.2 某租车公司有 A, B, C 三个汽车站, 顾客可以在三个汽车站任意租车, 汽车用完就近开回汽车站, 根据一段时间营业发现, 汽车从这三个车站开出和开回的概率如表 15.3.1 所示:

表 15.3.1 各汽车站汽车开出和开回的概率

开出	开回		
	A	B	C
A	0.8	0.1	0.1
B	0.4	0.5	0.1
C	0.2	0.1	0.7

试判断经过长期运营之后在哪个汽车站附近修建汽车维修厂最好?

解 由题意可知, 状态转移概率矩阵为

$$P = \begin{bmatrix} 0.8 & 0.1 & 0.1 \\ 0.4 & 0.5 & 0.1 \\ 0.2 & 0.1 & 0.7 \end{bmatrix}.$$

假设营业状态稳定发展, A, B, C 三个汽车站将拥有全公司汽车概率向量为 (x_1, x_2, x_3), 根据马尔可夫方法知:

$$[x_1, x_2, x_3]P = [x_1, x_2, x_3].$$

最终得到 $x_1 = 0.583$, $x_2 = 0.167$, $x_3 = 0.250$. 根据计算结果可知, 经过长时间的营业后, 每辆车回到 A, B, C 三个汽车站概率分别为: 0.583, 0.167 和 0.250, 即该公司的全部汽车有 58.3%在 A 汽车站, 16.7%在 B 汽车站, 25%在 C 汽车站. 显然, 应该在 A 汽车站附近修建汽车维修站最好.

15.4 多目标序贯决策

15.4.1 多目标序贯决策的理论模型

设一个 n 阶段决策过程的多目标优化问题, 其过程的目标函数 F 可表示为由 m 个子目标函数所构成的向量形式:

$$F = [f^{(1)}, f^{(2)}, \cdots, f^{(m)}]^{\mathrm{T}}, \tag{15.4.1}$$

则多目标序贯决策问题可表示为下列一般形式:

$$\min[f^{(1)}(p_{1,n}),\cdots,f^{(m)}(p_{1,n})], \tag{15.4.2}$$

约束条件为

$$p_{1,n}\in P_{1,n}, \tag{15.4.3}$$

式中, $p_{1,n}$ 表示由初始状态 x_0 出发, 由第 1 个阶段到第 n 个阶段的一个允许策略; $P_{1,n}$ 表示所有允许策略的集合.

与求解一般多目标决策问题一样, 多目标序贯决策问题的解也可能出现下列几种情况:

(1) 设 $\bar{p}_{1,n}\in P_{1,n}$, 若对任意的 $p_{1,n}\in P_{1,n}$, 均有

$$F(p_{1,n})\geqslant F(\bar{p}_{1,n}), \tag{15.4.4}$$

则定义允许策略 $\bar{p}_{1,n}$ 为多目标动态规划问题的绝对最优策略, 它的全体记为 P^*_{ab}.

(2) 设 $\bar{p}_{1,n}\in P_{1,n}$, 若不存在 $p_{1,n}\in P_{1,n}$, 满足

$$F(p_{1,n})\leqslant F(\bar{p}_{1,n}), \tag{15.4.5}$$

则定义 $\bar{p}_{1,n}$ 为多目标序贯决策问题的有效策略, 它的全体记为 P^*_{pa}. 这里 $F(p_{1,n})\leqslant F(\bar{p}_{1,n})$ 意味着

$$\begin{cases} f^{(i)}(p_{1,n})\leqslant f^{(i)}(\bar{p}_{1,n}), & \text{对所有的} i=1,\cdots,m,\\ f^{(i_0)}(p_{1,n})< f^{(i_0)}(\bar{p}_{1,n}), & \text{至少一个} i_0\in\{1,\cdots,m\}. \end{cases}$$

(3) 设 $\bar{p}_{1,n}\in P_{1,n}$, 若不存在 $p_{1,n}\in P_{1,n}$, 满足

$$F(p_{1,n})< F(\bar{p}_{1,n}), \tag{15.4.6}$$

则定义 $\bar{p}_{1,n}$ 为多目标序贯决策问题的弱有效策略, 它的全体记为 P^*_{wp}.

本节将仅讨论上述有解的多目标序贯决策问题.

15.4.2　多目标序贯决策的分层解法

在求解多目标决策问题时, 通常将问题转化为相应的单目标问题, 然后进行求解. 本节也将引用这一基本原则, 建立多目标序贯决策的分层解法, 其求解步骤简述如下.

设多目标序贯决策问题

$$\min_{p_{1,n}\in P_{1,n}}[f^{(1)},f^{(2)},\cdots,f^{(m)}]^{\mathrm{T}}. \tag{15.4.7}$$

首先按子目标函数的重要性, 依次排队, 其次序假设为 $f^{(1)}, \cdots, f^{(m)}$; 然后, 按照对各目标函数的优化要求给出相应优化值的容许范围. 这样, 即将原问题转化为求解一系列带容许范围条件的极值问题.

下面假设系统的初始状态 x_0 已给定, 各目标函数最优解的容许范围 (即容许偏差) 依次为 $\alpha_1, \alpha_2, \cdots, \alpha_m$, 则多目标序贯决策的分层解法具体步骤如下:

(1) 求出第一个目标函数 $f^{(1)}$ 最小化的最优决策 $p_{1,n}^{(1)}$, 满足

$$f^{(1)}(p_{1,n}^{(1)}) = \min_{p_{1,n} \in P_{1,n}} f^{(1)}(p_{1,n}). \tag{15.4.8}$$

(2) 在第一个目标最优解的容许范围内求出使第二个目标最小化的最优决策 $p_{1,n}^{(2)}$, 且满足

$$f^{(2)}(p_{1,n}^{(2)}) = \min_{p_{1,n} \in P_{1,n}^{(1)}} f^{(2)}(p_{1,n}), \tag{15.4.9}$$

这里

$$P_{1,n}^{(1)} = \{p_{1,n} | f^{(1)}(p_{1,n}) < f^{(1)}(p_{1,n}^{(1)}) + \alpha_1, p_{1,n} \in P_{1,n}\}. \tag{15.4.10}$$

(3) 在第二个目标最优解的容许范围内求出使第三个目标最小化的最优化策略 $p_{1,n}^{(3)}$, 满足

$$f^{(3)}(p_{1,n}^{(3)}) = \min_{p_{1,n} \in P_{1,n}^{(2)}} f^{(3)}(p_{1,n}), \tag{15.4.11}$$

这里

$$P_{1,n}^{(2)} = \{p_{1,n} | f^{(2)}(p_{1,n}) < f^{(2)}(p_{1,n}^{(2)}) + \alpha_2, p_{1,n} \in P_{1,n}^{(1)}\}. \tag{15.4.12}$$

(4) 依此类推, 直至求出使第 m 个目标最小化的最优策略 $p_{1,n}^{(m)}$, 且满足

$$f^{(m)}(p_{1,n}^{(m)}) = \min_{p_{1,n} \in P_{1,n}^{(m-1)}} f^{(m)}(p_{1,n}), \tag{15.4.13}$$

这里

$$P_{1,n}^{(m-1)} = \{p_{1,n} | f^{(m-1)}(p_{1,n}) < f^{(m-1)}(p_{1,n}^{(m-1)}) + \alpha_{m-1}, p_{1,n} \in P_{1,n}^{(m-2)}\}. \tag{15.4.14}$$

例 15.4.1 图 15.4.1 表示某化工过程中的一个三级反应器系统, 其中各级反应器进、出物料的浓度间的关系可描述为

$$C_k = C_{k-1}/(0.1\sqrt{v_k} + 2^{0.1(T_k-40)}, \quad k = 1, 2, 3,$$

其中 v_k, T_k 分别表示第 k 级反应器的搅拌速度和反应温度. 各级反应器搅拌器马达所需功率假设为

$$E_k = 0.1v_k + T_k, \quad k = 1, 2, 3.$$

这个过程最优化问题的目的是在原料供给及设备容量给定的前提下, 使能耗最小和最终产品流出浓度最低. 假设原料浓度 $C_0=30\%$, 并限制 $C_3=2\%$. 显然这是一个典型的多目标序贯决策问题.

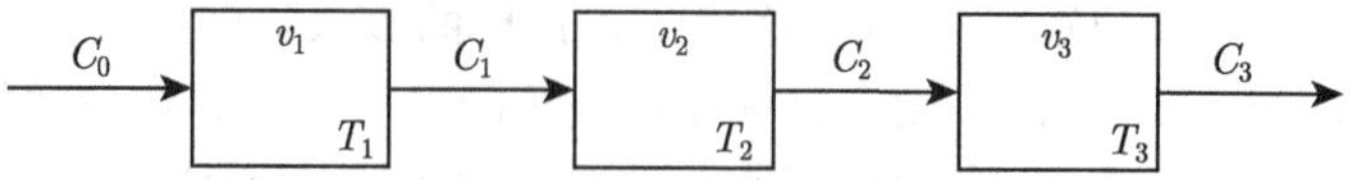

图 15.4.1　多级反应系统

下面应用上述分层解法求解这一问题. 首先将目标函数按重要顺序排队, 则这个多目标序贯决策问题可以表示为

$$\min_{p_{1,3}\in P_{1,3}}\{f^{(1)}\ f^{(2)}\}=\min_{p_{1,3}\in P_{1,3}}\{C_3\ E\},$$

其中 $E=\sum\limits_{k=1}^{3}E_k$.

然后, 按工艺过程的要求, 取反应器的操作方式, 即反应温度和搅拌速度的组合方式为决策变量, 即

$$U_k=(T_k,v_k).$$

为了简化问题的求解过程, 在操作过程中, 假设反应温度分为 (40℃, 50℃, 60℃) 三档; 搅拌速度为 (100, 400) 二档, 则操作方式可以归纳为六种组合方式, 如表 15.4.1 所示.

表 15.4.1　操作方式的六种组合方式

操作方式	状态转移方程	消耗的电功率值
$u(1)=(40,\ 100)$	$C_k=C_{k-1}/2$	$E_k=60$
$u(2)=(40,\ 400)$	$C_k=C_{k-1}/3$	$E_k=120$
$u(3)=(50,\ 100)$	$C_k=C_{k-1}/3$	$E_k=70$
$u(4)=(50,\ 400)$	$C_k=C_{k-1}/4$	$E_k=130$
$u(5)=(60,\ 100)$	$C_k=C_{k-1}/5$	$E_k=80$
$u(6)=(60,\ 400)$	$C_k=C_{k-1}/6$	$E_k=140$

由表 15.4.1 可见, $u(2),u(4)$ 两种操作方式, 明显地劣于其他方式, 为了简化计算量, 往往可予以淘汰.

首先对第一个目标进行优化, 计算结果表明, 除第三阶段 $C_3(111),C_3(113)$, $C_3(131)$ 和 $C_3(311)$ 四个状态超过 0.02 外, 其余均在允许范围之内. 然后, 在第一个目标的容许范围之内, 对第 2 个目标进行优化, 这里可采用逆序动态规划方法, 其递推公式如下:

$$f_{k-1}(C_{k-1})=\min_{uk}\{f_k(C_k)+E_k\},\quad k=3,2,1.$$

计算结果表明，该过程的最小能耗为 200，在容许范围内相应的弱有效策略共有六种：

(i) $p_{1,3} = \{u(1),\ u(1),\ u(5)\}, C_{3(115)} = 0.015$;

(ii) $p_{1,3} = \{u(1),\ u(3),\ u(3)\}, C_{3(133)} = 0.017$;

(iii) $p_{1,3} = \{u(1),\ u(5),\ u(1)\}, C_{3(151)} = 0.015$;

(iv) $p_{1,3} = \{u(3),\ u(1),\ u(3)\}, C_{3(115)} = 0.017$;

(v) $p_{1,3} = \{u(3),\ u(3),\ u(1)\}, C_{3(115)} = 0.017$;

(vi) $p_{1,3} = \{u(5),\ u(1),\ u(1)\}, C_{3(115)} = 0.015$.

在实际应用中，可结合其他有关条件，从上述弱有效策略中选择一种作为优选操作方式. 不难看出，若选用第 (iii) 种方式，则恰好为绝对最优策略.

习 题 15

1. 用动态规划求解图 15.1 中从 v_1 城市到 v_7 城市的最短路和最短路长.

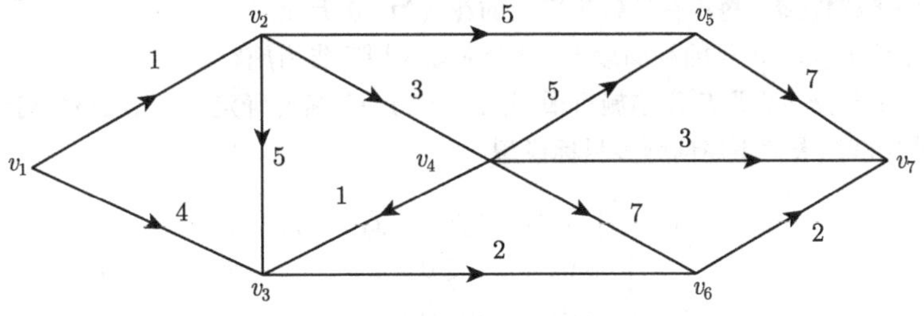

图 15.1

2. 一台设备有运转和故障这两种运行状态. 维修工人定期检查该设备，其中检查方式为每班一次. 如果设备在检查时是好的，则继续运转. 如果出现故障，则进行修理. 设备在本班运转到下班仍可继续运转，则获得报酬 m_1 元. 相反，如果出现故障，则报酬为 0 元. 设该设备在本班运行到下班还可以继续运行的概率为 p，则出现故障的概率为 $1-p$. 设备出现故障后有两种修理方法：第一种是快修，当班就修理好的概率为 q_1，需付修理费 m_2 元 (即报酬为 $-m_2$ 元)，当班未修好的概率为 $1-q_1$，无须付修理费；第二种是常规修理，当班修好的概率为 q_2，需付修理费 m_3 元 ($m_2 > m_3$)，当班未修好的概率为 $1-q_2$，无须付修理费. 设备前一班未修好下一班采用相同的方法继续修理，修好的概率和需支付的费用同前. 试问采用什么方法修理能使一段时间的期望总报酬最大?

3. 有三家生产同类产品的厂商 C_1, C_2, C_3，其中厂商 C_1 生产商标为 l_1 的产品，厂商 C_2 生产商标为 l_2 的产品，厂商 C_3 生产商标为 l_3 的产品. 厂商 C_1 为了与另外两个厂商 C_2, C_3 竞争，有三种选择的方案：(a) 发放有奖债券；(b) 利用广告宣传；(c) 改善售后服务. 三种不同

的方案实施以后, 经调查可知, 该类商品的市场占有率的状态转移概率矩阵分别为:

$$P_1=\begin{bmatrix}0.80 & 0.15 & 0.05\\0.20 & 0.45 & 0.35\\0.30 & 0.40 & 0.30\end{bmatrix};\quad P_2=\begin{bmatrix}0.90 & 0.05 & 0.05\\0.10 & 0.80 & 0.10\\0.10 & 0.15 & 0.75\end{bmatrix};\quad P_3=\begin{bmatrix}0.90 & 0.05 & 0.05\\0.10 & 0.80 & 0.10\\0.10 & 0.15 & 0.75\end{bmatrix}.$$

已知三种商标的商品 l_1,l_2,l_3 的月总销售量为 1000 万件, 每件可获利 2 元. 另外, 三种措施的成本费分别是 150 万, 40 万和 30 万. 从长远的利益角度考虑, 生产商标 l_1 的厂商 C_1 应该采取何种措施使得自己的获利最大?

4. 某跨国公司生产某种设备在国际市场上销售, 其销售状况有两种: 畅销与滞销. 在畅销的情况下每年可获利 2000 万元, 滞销情况下每年仅仅可获利 15 万元. 在一年内, 如果不采取广告推广该设备的措施和采用广告措施, 状态转移概率矩阵如表 15.1 所示.

表 15.1　状态转移概率矩阵

不采取广告措施			采取广告措施		
状态	畅销	滞销	状态	畅销	滞销
畅销	0.7	0.3	畅销	0.8	0.2
滞销	0.4	0.6	滞销	0.7	0.3

若上一年处于畅销状态, 每年在广告推广上的花费为 70 万元.

(1) 为了保证今后 3 年的利润最大, 是否应该采用广告措施?

(2) 如果每年是否采取广告措施可根据上一年的经营情况确定, 那么应该如何进行决策?

5. 用分层解法求解下述问题多目标模型

$$\max[f_1(x),f_2(x),f_3(x),f_4(x),f_5(x)]$$
$$\text{s.t.}\begin{cases}0.01\leqslant x_1\leqslant 0.45,\\0.01\leqslant x_2\leqslant 0.1,\\0.01\leqslant x_3\leqslant 0.1.\end{cases}$$

其中, $f_1(x)=-x_2-x_3-0.58$; $f_2(x)=-x_1$; $f_3(x)=-x_2$; $f_4(x)=-\mathrm{e}^{(-39.75x_2+9.9x_3+2.74)}$; $f_5(x)=-\dfrac{1}{3554x_1x_2}-x_3+0.02$.

参考文献

陈刚, 曲宏巍, 2013. 一种新的模糊时间序列模型的预测方法 [J]. 控制与决策, 28(1): 105-108.

陈华友, 2004. 基于 Theil 不等系数的优性组合预测模型的性质 [J]. 电子科技大学学报 (自然科学版), 33(1): 105-108.

陈华友, 2008. 组合预测方法有效性理论及其应用 [M]. 北京: 科学出版社.

陈华友, 周礼刚, 刘金培, 2014. 数学模型和数学建模 [M]. 北京: 科学出版社.

陈华友, 周礼刚, 刘金培, 2015. 运筹学 [M]. 北京: 人民邮电出版社.

陈华友, 刘春林, 2003. 基于 IOWA 算子的组合预测方法 [J]. 预测, 22(6): 61-65.

陈珽, 1987. 决策分析 [M]. 北京: 科学出版社.

邓聚龙, 1990. 灰色系统理论教程 [M]. 武汉: 华中理工大学出版社.

邓聚龙, 2002. 灰理论基础 [M]. 武汉: 华中科技大学出版社.

冯文权, 2008. 经济预测与决策技术 [M]. 5 版. 武汉: 武汉大学出版社.

郭雷, 唐文哲, 吕晖, 2011. 基于 GM(0,h) 和离散型 GM(1,1) 模型的工程装备费用预测模型研究 [J]. 项目管理技术, 09(2): 99-103.

哈明虎, 王丽敏, 胡运权, 2000. 一种新的模糊时间序列预测模型 [J]. 预测, 19(3): 63-65.

韩天锡, 周禄新, 魏雪丽, 2006. 管理数量方法 [M]. 西安: 西北工业大学出版社.

李峰, 刘静延, 蒋录全, 2005. 预测方法的发展及最新动态 [J]. 情报杂志, 24(6):76-77.

李华, 胡奇英, 2012. 预测与决策教程 [M]. 北京: 机械工业出版社.

理查德 A. 约翰逊, 迪安 W. 威克恩, 2001. 实用多元统计分析 [M]. 4 版. 陆璇, 译. 北京: 清华大学出版社.

刘豹, 胡代平, 1999. 神经网络在预测中的一些应用研究 [J]. 系统工程学报, 14(4):338-344.

吕伏, 梁冰, 孙维吉, 等, 2012. 基于主成分回归分析法的回采工作面瓦斯涌出量预测 [J]. 煤炭学报, 37(1): 113-116.

罗艳, 栾荣生, 朱军, 等, 2005. 尿道下裂与环境污染的关系——Poisson 回归模型与 GM(1,N) 模型结合分析 [J]. 现代预防医学, 32(1):1-2.

毛艺萍,2006. 统计预测模型的算法研究及新发展 [D]. 广州: 暨南大学.

邱望仁, 刘晓东, 2012. 基于证据理论的模糊时间序列预测模型 [J]. 控制与策, 27(1):99-103.

苏维, 2007. 马氏链在市场占有率预测和促销决策中的应用 [J]. 重庆理工大学学报, 21(1): 49-52.

孙丽, 吕正建, 王秀伦, 2007. 柴油机气缸套磨损问题的 GM(1,h) 模型及其应用 [J]. 现代制造工程 (8): 103-107.

唐小我, 马永开, 曾勇, 杨桂元, 2003. 现代组合预测和组合投资决策方法及应用研究 [M]. 北京：科学出版社.

万红燕, 李仕兵, 2009. 基于主成分回归分析的我国城镇居民收入差异的实证研究 [J]. 预测, 28(1): 77-80.

汪同三, 张涛, 2008. 组合预测: 理论、方法及应用 [M]. 北京：社会科学文献出版社.

王备战, 赵体顺, 王楠, 1997. 用 GM(n,h) 模型预测森林资源发展趋势 [J]. 生物数学学报 (S1): 585-589.

王斌会, 2006. 统计预测方法及预测软件的发展现状 [J]. 统计与预测, (4): 33-35.

王立新, 2003. 模糊系统与模糊控制教程 [M]. 北京: 清华大学出版社.

王燕, 2008. 应用时间序列分析 [M]. 2 版. 北京: 中国人民大学出版社.

王应明, 傅国伟, 1994. 基于不同误差准则和范数的组合预测方法研究 [J]. 控制与决策, 9(1)：20-28.

王应明, 罗英, 1998. 广义加权算术平均组合预测技术研究 [J]. 预测, 17(1)：51-53.

王玉兰, 陈华友, 2014. 基于集成算子的预测和决策方法与应用 [M]. 合肥：安徽大学出版社.

王振龙, 2007. 应用时间序列分析 [M]. 北京: 科学出版社.

王忠玉, 吴柏林, 2008. 模糊数据统计学 [M]. 哈尔滨: 哈尔滨工业大学出版社.

魏艳华, 王丙参, 郝淑双, 2014. 统计预测与决策 [M]. 成都：西南交通大学出版社.

吴今培, 2002. 模糊时间序列建模及应用 [J]. 系统工程, 20(4): 72-76.

项静恬, 史久恩, 1997. 非线性系统中数据处理的统计方法 [M]. 北京：科学出版社.

徐国祥, 2016. 统计预测和决策 [M]. 上海：上海财经大学出版社.

徐国祥, 1999. 统计预测方法的特点研究 [J]. 统计研究, 16(2): 52-56.

徐勇勇, 陈长生, 张成岗, 1994. 曲线拟合中的几个问题 [J]. 中国卫生统计, (2): 58-60.

徐泽水, 2005. 不确定多属性决策方法与应用 [M]. 北京：清华大学出版社.

杨德平, 刘喜华, 孙海涛, 2012. 经济预测方法及 MATLAB 实现 [M]. 北京：机械工业出版社.

易晖, 陈德棉, 2005. 基于 Delphi 法的中国生物制药行业技术发展趋势预测分析 [J]. 中国生物工程杂志, 25(5):85-89.

张世强, 1997. 常用非线性函数模型的新近似回归方法及应用 [J]. 中国卫生统计, 1: 20-22.

张世强, 2002. 曲线回归的拟合优度指标的探讨 [J]. 中国卫生统计, 19(1): 9-11.

朱建平, 2012. 经济预测与决策 [M]. 厦门: 厦门大学出版社.

Bates J M, Granger C W J, 1969. The Combination of Forecasts [J]. Operational Research Quarterly, 20(4): 451-468.

Chen S M, Chung N Y, 2006. Forecasting enrollments using high - order fuzzy time series and genetic algorithms[J]. International Journal of Intelligent Systems, 21(5): 485-501.

Chen S M, Hwang J R, 2000. Temperature prediction using fuzzy time series[J], IEEE Transactions on Systems, Man and Cybernetics, 30: 263-275.

Chen S M, Tanuwijaya K, 2011. Fuzzy forecasting based on high-order fuzzy logical relationships and automatic clustering techniques[J], Expert Systems with Applications, 38: 15425-15437.

Lee L W, Wang L H, Che S M, et al., 2006. Handling forecasting problems based on two-factors high-order fuzzy time series[J]. IEEE Transactions on fuzzy Systems, 14 (3): 468-477.

Song Q, Chissom B S, 1993. Forecasting enrollments with fuzzy time series Part I [J], Fuzzy Sets and Systems, 54(1): 1-9.

Song Q, Chissom B S, 1993.Forecasting enrollments with fuzzy time series [J], Fuzzy Sets and Systems, 54(3): 269-277.

Song Q, Chissom B S, 1994. Forecasting enrollments with fuzzy time series Part II [J], Fuzzy Sets and Systems, 62(1): 1-8.

Xie N M, Liu S F, 2009. Research on property of GM(n,h) model under data multiple transformation[J]. Control & Decision, 24(9):1294-1299.

Yager R R, 1993. Families of OWA operators[J]. Fuzzy Sets and Systems, 59: 125-148.

Yager R R, 2003. Induced aggregation operators[J]. Fuzzy Sets and Systems, 137: 59-69.

Yager R R, 1988. On ordered weighted averaging aggregation operators in multicriteria decisionmaking[J]. IEEE Transactions on Systems, Man, and Cybernetics, 18: 183-190.